"十四五"时期国家重点出版物出版专项规划项目(重大出版工程)

中国工程院重大咨询项目

国际化绿色化背景下国家区域食物安全可持续发展战略研究丛书

第 七 卷

现代农业转型发展与食物安全
供求趋势研究

中国工程院"现代农业转型发展与食物安全供求趋势研究"课题组

黄季焜　王济民　刘　旭　主编

科学出版社

北　京

内 容 简 介

本书是中国工程院重大咨询项目"国际化绿色化背景下国家区域食物安全可持续发展战略研究丛书"的第七卷。在全球背景下,我国农业生产结构如何根据食物供求变动而调整?如何发挥我国农产品比较优势,促进现代农业结构调整并保障食物安全?如何理清现代农业转型的方向与趋势,并提出可行的农业生产方式转变的途径和发展战略?为此,本书在全球背景下理清了目前我国农业的主要特征和未来农业发展面临的主要挑战,从发挥农产品比较优势和新型经营主体发展角度探讨了我国食物安全保障战略和现代农业转型发展路径,揭示了我国主要农产品近期和中长期的供需变化趋势,基于此,提出国际化绿色化背景下现代农业转型发展的总体思路、发展战略、重大措施和主要政策保障。

本书是食物安全宏观战略研究成果,适合作为农业高等院校和科研院所的参考用书,也可供国家及地方农业农村行政主管部门政策决策者、农业生产经营者及关心国家食物安全问题的各界人士参考。

图书在版编目(CIP)数据

现代农业转型发展与食物安全供求趋势研究/黄季焜,王济民,刘旭主编. —北京:科学出版社,2023.6

(国际化绿色化背景下国家区域食物安全可持续发展战略研究丛书;第七卷)

"十四五"时期国家重点出版物出版专项规划项目(重大出版工程)
中国工程院重大咨询项目

ISBN 978-7-03-075758-6

Ⅰ.①现⋯　Ⅱ.①黄⋯　②王⋯　③刘⋯　Ⅲ.①农业经济–经济发展–研究–中国　②粮食安全–研究–中国　Ⅳ.①F323②F327

中国国家版本馆 CIP 数据核字(2023)第 102038 号

责任编辑:马　俊　闫小敏 ／责任校对:郑金红
责任印制:吴兆东 ／封面设计:刘新新

科 学 出 版 社 出版
北京东黄城根北街 16 号
邮政编码:100717
http://www.sciencep.com
北京建宏印刷有限公司 印刷
科学出版社发行　各地新华书店经销
＊

2023 年 6 月第 一 版　　开本:787×1092　1/16
2023 年 6 月第一次印刷　　印张:17 3/4
字数:420 000
定价:**238.00 元**
(如有印装质量问题,我社负责调换)

"国际化绿色化背景下国家区域食物安全可持续发展战略研究"项目组

顾 问

宋　健　徐匡迪　周　济　潘云鹤　沈国舫

组 长

刘　旭

副组长

邓秀新　尹伟伦　盖钧镒

成 员

陈温福	康绍忠	陈剑平	山　仑	荣廷昭	朱有勇
宋宝安	刘广林	李召虎	梅旭荣	姚江林	万　忠
曾玉荣	吴普特	郑有良	陈代文	上官周平	黄季焜
王济民	吴伯志	高中琪	左家和	王东阳	王秀东

项目办公室

高中琪	左家和	黄海涛	张文韬	鞠光伟	王　波
宝明涛	宋莉莉	闫　琰	韩昕儒	王浩闻	王　庆

"现代农业转型发展与食物安全供求趋势研究" 课题组成员名单

组　　长：黄季焜　　北京大学现代农学院，教授

　　　　　刘　旭　　中国工程院，院士

副 组 长：王济民　　中国农业科学院农业经济与发展研究所，研究员

主要成员：解　伟　　北京大学现代农学院，研究员

　　　　　王晓兵　　北京大学现代农学院，研究员

　　　　　侯玲玲　　北京大学现代农学院，研究员

　　　　　王金霞　　北京大学现代农学院，教授

　　　　　盛　誉　　北京大学现代农学院，教授

　　　　　胡向东　　中国农业科学院农业经济与发展研究所，研究员

　　　　　辛翔飞　　中国农业科学院农业经济与发展研究所，研究员

　　　　　周　慧　　中国农业科学院农业经济与发展研究所，副研究员

　　　　　王祖力　　中国农业科学院农业经济与发展研究所，副研究员

　　　　　仇焕广　　中国人民大学，教授

　　　　　司　伟　　中国农业大学经济管理学院，教授

　　　　　肖红波　　北京农学院，副教授

　　　　　丁吉萍　　西北农林科技大学，副教授

　　　　　梅方权　　中国农业科学院农业信息研究所，研究员

　　　　　朱希刚　　中国农业技术经济学会，研究员

丛 书 序

食物安全既是一个经济问题，更是一个重要的社会问题，事关国民经济发展和社会稳定大局。近些年我国的粮食连续增产，为保障国家粮食安全和食物安全，支撑经济社会发展提供了有力保障。但与此同时，我国生态环境承载压力在不断加大，耕地水资源的约束也越来越紧，农业环境污染比较突出，耕地质量下降，生产成本上升，灾害风险加大。面对资源、市场、气候、生态等各方面的挑战，实施新形势下国家粮食安全战略势在必行。2015 年《中共中央 国务院关于加快推进生态文明建设的意见》明确要求，"协同推进新型工业化、信息化、城镇化、农业现代化和绿色化"，从而形成新型工业化、城镇化、信息化、农业现代化和绿色化"五化"协同发展的战略推进格局。绿色化成为我国现代化建设的重要内涵，自然也成为农业现代化的重要遵循。"绿起来"同时也成为我国新阶段食物安全发展的新目标和新遵循。同时，加入世贸组织近 20 年来，我国农业全面对外开放的格局基本形成，我国农业与世界市场的关联程度日益增强，对我国农业产生了深刻的影响。

面对经济新常态和国际发展新形势，如何在国际化和绿色化背景下，充分发挥自然禀赋优势和市场决定性作用，促进资源、环境和现代生产要素的优化配置，加快推进形成人口分布、食物生产布局与资源环境承载能力相适应的耕地空间开发格局，就成为保障我国食物安全的关键问题。

2016 年 1 月至 2019 年 3 月，中国工程院开展了"国际化绿色化背景下国家区域食物安全可持续发展战略研究"重大咨询项目研究。项目在自然资源可持续利用原则指导下，以地理位置、地貌、气候、经济、农业与农作制的综合相似性为依据（分东北、华北、华中、东南沿海、西北、西南六个研究区域），结合经济社会发展重大区域（"一带一路"、京津冀和长江经济带）战略布局及产业效率效益引导，对我国区域食物安全可持续发展战略分专题进行系统深入研究。

项目对我国食物生产能力、消费水平、贸易情况及食物生产对环境影响情况进行了整体分析，并对我国区域食物在生产区域格局、区域自给率、各品种消费区域特征及粮食区域供需及流通格局进行了研究，发现如下问题：一是绿色化背景下我国区域食物安全面临着农产品国际竞争力不足的状况；二是资源环境约束日益趋紧，各区域面临不同模式资源环境制约绿色发展的现状；三是西部地区基础设施薄弱；四是区域食物安全协同发展存在利益协调机制不健全、协同调控机制不完善的问题。在此基础上，对我国区域食物安全保障应对国际化绿色化发展的资源、经济、环境及科技潜力进行了分析，为国际化绿色化区域食物安全可持续发展提出全国层面及各区域的战略构想和相关政策建议。

研究认为，我国粮食生产区域格局呈现生产重心由南向北、由东西部向中部转移；各区域食物自给率不均，呈现东北、华北、华中地区较高，西南、东南地区较低的特征；谷物各品种消费区域特征明显，稻谷消费主要集中于华东、中南和西南地区，玉米消费主要集中在中南、华东和西南地区，小麦消费主要集中于华东、中南和华北地区；中国粮食主产区和主销区位置变迁，由历史上的"南粮北调"变为"北粮南运"，三种类型粮食流通区域基本形成，六大跨省物流通道保障区域产销平衡。

研究提出了国际化绿色化区域食物安全可持续发展的战略构想，为确保实现区域粮食安全、食物质量安全、生态环境安全、农业竞争力提升和农民持续增收提供了重要决策依据。全国层面战略主要包括区域大食物安全战略、区域产业融合战略、区域统筹协调发展战略、区域绿色可持续战略、区域国际化开放战略及农业品牌提升战略六大战略，各区域重点战略主要如下：东北地区为"保护黑土地，推进'粮经饲'三元结构和农牧结合"；华北地区为"发展水资源短缺条件下的适水农业"；华中地区为"走资源集约、资本集约、技术集约和规模经营发展道路"；东南沿海地区为"发展特色农业、精品农业、开放农业和三产融合新业态"；西南地区为"生态屏障、适度发展"；西北地区为"退耕还林还草、调整产业结构"。

"国际化绿色化背景下国家区域食物安全可持续发展战略研究"丛书是众多院士和

多部门多学科专家、企业工程技术人员及政府管理者辛勤劳动和共同努力的结果，在此向他们表示衷心的感谢，特别感谢项目顾问组的指导。

希望本丛书的出版，对深刻认识国际化绿色化背景下我国食物安全面临的新挑战和新机遇，强化各区域食物安全保障能力，确保国家食物安全起到积极的作用。

"国际化绿色化背景下国家区域食物安全

可持续发展战略研究"项目组

2021 年 11 月 23 日

前　言

21世纪以来，我国农业发展进入了新的阶段，长期积累下来的问题和矛盾相继凸显。其中，食物安全（粮食安全）、农业可持续发展是我国农业发展面临的最重要挑战。就食物安全而言，我国从2004年开始，由食物净出口国变成了净进口国，到2015年食物自给率下降到了94.5%，这引起了政府部门的高度关注。就农业可持续发展而言，我国农业的快速增长是以牺牲资源环境为代价的，许多地区出现了地下水水位下降、耕地质量退化、农业面源污染等新问题。在此背景下，近年的中央一号文件多次强调，立足国内保障粮食等重要农产品供给，统筹用好国际国内两个市场、两种资源，健全保障体系。

为更好地适应农业发展新形势，我国应发挥农产品比较优势、进行现代农业结构调整，从以下方面做好食物安全保障工作。

从产品上，要稳定稻谷和小麦生产。稻谷和小麦生产事关我国口粮绝对安全和国家粮食安全的大局，应优化品种结构、提高产品质量、降低生产成本和提升产品竞争力，以减轻进口冲击压力。要进一步提高蔬菜和果业比较优势。在继续抓好蔬菜水果出口质量的同时，依靠科技进步和提高生产经营管理水平，降低生产成本，保持出口价格优势，扩大国际市场占有率。要提高养殖业的比较优势。与发达国家相比较，我国养殖业在消费市场方面具备比较优势，消费者对养殖产品的消费更加偏向生鲜产品。因此，要充分利用我国居民生鲜产品消费偏好优势，提高养殖业产品质量，增强养殖业比较优势。要发展具有比较优势的资本密集型农产品。当前，我国农业产业正处于转型升级的关键时期，传统的劳动密集型农产品的相对优势渐渐减弱或消失。应从长远出发，引导相关产业增加资本投入，加大政策扶持力度，提高具有一定比较优势的资本密集型农产品的生产份额，增强有比较优势的资本密集型农产品在国际市场上的竞争力。

从政策上，要从干预市场向提高农产品生产力和竞争力转变。要把目前财政支农的重点逐渐从农业补贴、农产品购销和市场干预等转向为对提升生产力和降低生产成本的投入，并加大支持优质、高效农产品和优势特色产业发展，支持农产品质量安全提升。要完善农民收入稳定增长支持政策。支持高效养殖业和乡村休闲旅游业发展，促进第一、第二和第三产业融合发展，拓展农业产业链和价值链，促进农民稳定就业和收入增长；支持发展适度规模经营，提高规模效益；完善农业保险政策，提高农民抵御自然灾害风险和市场风险的能力。要完善绿色发展支持政策。坚持以"绿色、生态、可持续"为导向，支持农药、化肥减量行动；支持农作物秸秆和畜禽粪便的资源化利用；支持发展节水农业；支持耕地、草原的生态保护，对按计划休耕、轮作和退牧还草的农户给予相应补贴。

工作的总目标是要保障国家粮食安全和主要农产品有效供给，优化产品产业结构，保持农民收入稳定增长，实现生产生态协调发展，增强农业内在发展动力，提高农业生产力水平，促进农村全面发展。具体内容包括以下方面。①保障国家口粮和畜产品安全，稳步提升农业综合生产能力，确保谷物基本自给、口粮绝对安全，提升畜产品生产力和竞争力；优化口粮和畜产品产业结构。②深入推进农业供给侧结构性改革，改善农产品供求结构，提升农产品质量安全水平；实现农业生产生态协调发展。③推行绿色生产方式，落实农药、化肥零增长计划，大力提高水资源利用效率，有效治理农村环境突出问题；增强农业内在发展动力。④坚持以市场为导向，完善主要农产品价格形成机制和调节机制。

未来农业发展与食物安全展望。①未来 15 年是我国农业发展和转型的关键期。首先，农业劳动力的数量将持续减少，但农民素质将不断提高；其次，食物消费总量预计在 2035 年前后达到高峰，但食物需求结构向多样化、高价值及安全方向转变；再次，养殖业向规模化、专业化方向转型，同时种植业的生产社会化服务水平不断提高。②国民食物消费更加向园艺作物（主要是蔬菜、水果）产品、畜产品、水产品等倾斜。根据 2025 年、2035 年和 2050 年模拟预测结果，稻谷和小麦的需求将有所下降；与此同时，蔬菜和水果、肉类、牛奶、水产品的需求将大幅增加。虽然主要食物的自给率仍然接近 90%，但玉米、牛羊肉和牛奶的自给率会明显下降。此外，2050 年净进口虚拟作物种植面积将约占我国耕地面积的 47%，其中南美洲和北美洲是我国进口农作物的主要来源地。③未来政策建议。近期，应当进一步夯实"藏粮于地、藏粮于技"战略。对于口粮，应推进供给侧结构性改革，建议实施水稻、小麦"价补分离"政策，加大补偿政策力度；建立高效的粮食库存保障体系。中长期，口粮绝对安全与谷物基本自给是底线，坚持"藏粮于地、藏粮于技"战略，增加饲料粮或畜产品供给，发展草牧业，坚持绿色、高效、高值和永续农业的转型发展战略。

本研究持续时间为 2016 年 1 月至 2019 年 3 月，书稿中涉及的数据等内容也基本在此时间范围内，在编辑出版过程中有部分更新。

"现代农业转型发展与食物安全供求趋势

研究"课题组

2021 年 12 月

目　　录

第一章 引 言

过去30多年中国农业发展取得了举世瞩目的成就,据国家统计局数据计算,1978~2012年农业国民生产总值年均增长率达4.36%,是同期人口年均增长率(1.03%)的4.2倍,在为国民提供适量甚至充足的衣食方面所做的贡献得到了国际社会的广泛认可。然而,21世纪初以来,中国农业在面临发展机遇的同时,也面临来自需求、生产和市场的一系列挑战。

本章重点讨论中国未来农业面临的来自需求、生产和市场的一系列挑战,并探讨现代农业转型在保障食物安全中的战略地位,在此基础上,提出中国现代农业转型与保障食物安全的关键问题。

第一节 中国未来农业发展面临的主要挑战

未来一段时间,中国农业生产在面临发展机遇的同时也将面临一系列挑战,包括食物与食品安全问题、农产品比较优势不足、农业生产力增长乏力、农业生产经营规模小、农产品市场发展与保护、自然资源约束和气候变化等。

一、食物与食品安全方面的挑战

(一)食物总体供需难以平衡,部分农产品结构性短缺已成常态

近年来食物需求的持续增长已使中国食物安全保障出现转折,食物总体供需难以平衡的局面也开始呈现。中国食物总自给率从2008年前的100%下降到2011年的97%,近年还在逐渐下降。

21世纪初,中国农产品缺口主要是大豆和棉花,到2010年大豆和棉花进口额分别占农产品总进口额的35%和8%(中华人民共和国海关总署,2011~2013)。与此同时,中国已于2010年由21世纪初世界主要玉米出口国转变为玉米净进口国,2012年净进口量就达到518万t。

近年来食糖进口量也快速增长,从21世纪初的年均100万t左右增长到2010年的168万t和2012年的292万t;奶制品进口量更是持续增长,从2001年的42万t增长到2012年的613万t(折算为鲜奶)。我们预测,中国结构性明显短缺农产品的范围和程度还将逐渐扩大,除大豆、棉花和食用油外,玉米、糖、奶制品和牛羊肉等都将成为重要的短缺农产品(黄季焜等,2013)。

未来的粮食问题实际上是养殖业发展和饲料问题,因为大米和小麦的消费量将分别出现稳定与下降的趋势,国内生产基本能够满足国内需求。如果要保持畜产品供需的基

本平衡，那么随着畜产品需求的增长，饲料粮玉米和大豆进口量到 2030 年预计将分别超过国内需求量的 15% 和 80%，牧草进口量也将显著增长，届时中国将成为世界最大的牧草进口国（黄季焜等，2013）。另外，虽然在蔬菜、水果、花卉和水产品等方面中国还将在相当长的时期内保持净出口国的地位，但劳动力成本的提高也将显著影响这些产品在国际市场的比较优势。

（二）食品安全问题和消费者对国内食品安全的信心

改革开放以来，中国食物消费总量以很快的速度增长，食物消费结构得到明显改善，但食物品质和安全也面临巨大挑战。在食物消费总量显著增长的同时，人均大米、小麦和其他口粮消费已从 20 世纪 90 年代中期达到峰值后开始缓慢下降，蔬菜消费增长从数量增长向多样化转变，植物油（包括大豆油）、食糖、水果、畜产品和水产品等高附加值农产品的消费以较快速度增长。随着居民食物需求结构的显著改变，饲料产业和工业对粮食的需求也将快速增长。但与此同时，受一味追求高产目标的影响，许多农产品的质量还难以满足人民对食物质量提高的需求，食品安全事件也影响着消费者对食品安全的信心和信赖。

（三）营养不良和微量营养素缺乏现象依然普遍

经过 30 多年的快速发展，虽然中国人民的生活水平有显著提高，但营养不良和微量营养素缺乏现象依然普遍，这在相对落后的农村地区尤为突出。根据中国科学院农业政策研究中心的调查，相对落后的农村地区小学生贫血比例高达 33%，农村寄宿学生营养不良的情况更为严重；婴幼儿营养不良现象普遍，高达 49% 的相对落后地区农村婴幼儿存在贫血；相对落后地区育龄妇女营养不良的情况也较为突出，约 23% 的产妇存在贫血问题。这些问题得不到很好解决在很大程度上会影响家庭食物安全保障，不利于落后问题的有效解决。根据最近的一项调查，相对落后的农村地区 24% 的 6～12 个月婴幼儿智力发育滞后于正常儿童，而运动能力滞后于正常儿童的比例更高达 33%。大量研究表明，促进 0～3 岁婴幼儿的能力发展可以显著提高他们未来的受教育水平、工作后的收入。

二、生产成本上升和比较优势方面的挑战

（一）劳动力工资上涨给农业生产带来新的挑战

随着大量农村劳动力转移到工业和服务业，以及人口增速的下降与老龄化，近年来劳动力实际工资正以每年 8% 左右的速度增长，农业生产的劳动力机会成本显著提高，如果没有较好地采取资本（如机械）替代劳动力，劳动力工资上涨将显著影响农产品的生产成本，从而影响中国农产品，特别是劳动较为密集的农产品（如棉花、油料、水果、蔬菜等作物）在国际市场的比较优势和竞争力。

（二）与发达国家或地区相比，中国大多数农产品已不具有比较优势

与世界主要地区或农业大国相比，中国大多数农产品已不具有比较优势。与美国、欧盟、东盟、巴西和印度等国家或地区相比，近年来中国许多农产品不具有比较优势。

在粮食作物中，玉米、大豆和小麦具有明显比较劣势；棉花、牛羊肉和奶制品也均呈现比较劣势；猪肉、鸡肉和大米比较劣势微弱；少数具有比较优势的农产品是蔬菜和水果。

（三）近年来中国农产品比较优势呈现不断下降态势

猪肉的技术复杂度指数（technological sophistication index，TSI）值从 2006 年的 0.9 下降到 2015 年的-0.63，从比较优势变为比较劣势，主要原因是这个时期国内玉米价格的显著上涨而导致畜产品生产成本上升；玉米比较优势在 2007 年之后开始直线下降，2010 年后变为明显的比较劣势；棉花于 2003 年开始就同大豆一样，成为明显的比较劣势产品；蔬菜、水果始终保持比较优势，但比较优势水平有所下降。

（四）劳动密集型农产品的比较优势呈现下降趋势，土地密集型农产品已没有任何贸易比较优势

劳动密集型农产品的 TSI 值不断下降，由 2001 年的 0.35 下降到 2015 年的 0.05，年均下降近 0.02；如果按照这种下降速度，预计在未来几年中国劳动密集型农产品在贸易上也将失去比较优势。与此同时，土地密集型农产品的 TSI 值由 2001 年的-0.34 下降到 2015 年的-0.96，已完全没有比较优势。

三、农业科技创新不足导致农业生产力增长降速

农业生产力（特别是土地生产力）的增长速度呈现下降的趋势。过去 30 多年中国农作物产量增长主要来自单产的提高。1978～2011 年，中国粮食、棉花、油料作物和水果的单产增加对这 4 类农产品产量增长的贡献率分别为 114%、97%、57%和 46%，但从趋势来看，农作物单产的增长速度在逐渐下降。

国际组织和各国政府都一致认为技术进步是促进粮食和农业增产的主要源泉，但同时指出技术进步面临巨大挑战。借鉴美国、欧盟等的农业发展经验，由于有形资本、土地等物质要素的贡献率逐年下降，技术进步成为与农业增长相关的最重要因素。即使在南美，如巴西等农业生产资源充沛的国家，可持续农业发展模式也正在从增加耕地使用的战略转向技术推广等有利于全要素生产率提高的农业活动。然而，全球技术进步也面临诸多挑战。《2008 年世界发展报告》指出，不论是发达国家还是发展中国家主要作物单产增幅都出现了下滑的趋势。

科技进步也是过去和未来中国农业生产力增长和保障粮食安全的主要驱动力。已有的多项研究表明，20 世纪 80 年代中期以来中国粮食和其他主要农产品的全要素生产率年均增长率能够保持在 3%左右的主要原因是技术进步（Jin *et al.*，2010）；科技进步更将是未来中国农业生产力增长的主要驱动力，在水土等自然资源约束日益突出的情况下，科技进步必须在提高中国未来农业生产力、确保国家粮食安全和重要农产品有效供给中起更大的作用。

然而，中国农业科技在取得了一系列成就的同时，作为农业科技创新的源头，农业科技体系也面临着巨大的挑战。现有研究表明，目前的农业科研体制和激励机制不但制约着农业的科技创新，而且影响着企业成为农业科技创新的主体，难以解决农业科研和

农民技术需求严重脱节的问题。同时，农业农技推广体系也面临着更大的挑战，如公共技术推广职能定位不清和投入不足、管理体制和激励机制问题、推广人员能力建设和推广方式都制约着农业技术进步与创新（黄季焜，2013b）。党的十八大报告已提出，增强农业综合生产力是确保国家粮食安全和重要农产品有效供给的关键；而增强农业综合生产力的关键是农业科研和技术推广体系的改革与创新，以及农业科技发展战略的调整。

四、农户小规模生产限制了农业生产方式转变

小规模的农业生产经营方式同劳动生产力提高和农业现代化的矛盾将日益突出。小规模生产难以提高劳动生产力和支撑农民增收，目前农作物生产体系主要由 2 亿多小农户组成，户均耕地从 20 世纪 80 年代初约 0.80hm^2 下降到 2003 年的不足 0.54hm^2，虽然之后耕地经营规模有所上升，但到 2011 年全国户均耕地也只有 0.62hm^2。靠如此小的生产规模来提高农民生产积极性、实现农民增收，难度极大，结果必然是农业兼业化、农业副业化和农业人口老龄化的趋势日益突出。同时，小规模生产同技术推广、机械化、信息化和食品安全的矛盾也日益突出，制约着农业现代化的进程。

五、农产品价格与保护方面的挑战

未来几年国际农产品价格难以上升，将对缩小国内外价差和进口压力产生重要影响。这意味着未来几年，中国三大粮食（大米、小麦和玉米）、畜产品和食糖等农产品价格还将显著高于国际市场价格，进口压力不会有多大改观，种粮农民实现农业增收将相当困难。

近期的贸易争端将给中国农业发展带来很多的不确定因素。发达国家[如经济合作与发展组织（OECD）国家]同中国在农业生产者支持度和农产品价格保护率变化趋势方面的比较表明，未来中国将成为许多农产品出口大国的攻击对象，实际上贸易争端现在已经开始。例如，2016 年 9 月 13 日美国就中国小麦、大米、玉米三种农产品的最低收购价、临时收储等补贴政策，已向世界贸易组织（WTO）（简称世贸组织）提起诉讼，指称中国在 2012~2015 年为上述三种农产品提供的年度补贴超过了中国加入世贸组织的承诺水平，违反了世贸组织《农业协定》和中国加入世贸组织承诺。这是美国在世贸组织框架下首次起诉中国农业补贴和市场干预政策，这对中国农业生产和贸易等将产生重大影响；一旦败诉，未来几年如果中国不降低农产品价格保护率，美国及其他主要农产品出口国还可能对中国的棉花、油料和糖类作物等的国内保护政策提出起诉。

农业补贴政策财政成本高，但对农业生产力和可持续发展影响甚微。黄季焜等（2011）对 21 世纪初以来的三项农业支持保护补贴（粮食直接补贴、良种补贴和农资综合补贴）的研究表明，补贴政策没有扭曲生产者的决策，包括粮食播种面积和农业生产投入，所以对生产没有产生影响。补贴实际上是转移性收入，因此仅仅通过影响资金约束间接影响农户生产投入，但这种间接影响相当小（Yi et al.，2015）。

农产品购销和价格干预政策不但没有降低生产成本，反而对农产品竞争力和可持续发展产生了负面影响。农产品购销和价格干预政策主要指：2004 年和 2006 年先后启动

的稻谷和小麦最低收购价政策，2008 年启动的玉米（至 2015 年）、大豆（至 2013 年）和油菜籽（至 2014 年）、2011 年启动的棉花和 2012 年启动的食糖临时收储政策（至 2013 年），以及 2014 年在东北和内蒙古启动的大豆与在新疆启动的棉花目标价格改革试点。这些政策属于购销和价格干预政策，所以对农产品生产成本没有产生影响（或对提高产品竞争力没有实质作用）；但这些政策提供了农产品价格，必然对农产品在国际市场的竞争力起直接的负面影响。同时，因为农产品价格提高，促进了对水土资源的高强度利用，从而影响了农业的可持续发展。

农产品购销和价格干预政策虽然促进了国内的短期生产，但更多的是带来许多弊端。这些政策在短期保护农民利益和促进粮食等产品增产的同时，也扭曲了市场机制，影响了资源有效配置，使农业生产结构严重失衡。以玉米、大豆为例，2008~2013 年，玉米、大豆收储价格分别提高了 49%和 23%，导致大豆和玉米临时收储价格比从 2008 年的 2.45∶1 降至 2014 年的 2.05∶1，低于合理价格比区间，过度刺激玉米生产，导致资源错配，农民减大豆扩玉米，大豆面积和产量逐年萎缩，进口量持续增加。玉米的临时收储提高了它的市场价格，但国内外价差扩大，进口压力增大，形成了产量、进口、库存三量齐增的怪象，而养殖业和玉米加工业受到冲击，畜产品进口量增加，政策也到了不可持续局面。对于市场已开放的农产品（如大豆），临时收储价格和目标价格对其市场价格基本没有影响；除可提高农民收入和间接帮助国外"收储农产品"外，没有其他明显效果。库存量与进口量激增的情况已使现有政策的实施难以为继，最终并不能真正有效保护农民利益，更不利于农业的可持续发展。

关税制度和政策保护中国农产品免受国际市场冲击的作用有限。中国农业贸易开放程度高，农产品的平均关税水平（15%）远低于世界农产品的平均关税水平（62%），中国使用关税配额制以外制度的农产品（各种粗粮、油籽与食油、各种畜产品和奶制品、水产品、各种加工食品等）的贸易几乎没有有效的贸易保护措施，采用有争议的非贸易壁垒措施也只能在短期产生极其有限的影响（而这常常会引起贸易争端），未来其国内生产和国际贸易将主要依赖产品的市场竞争力。使用关税配额制的产品主要有三大粮食（大米、小麦和玉米）、棉花、食糖和羊毛。对于大米、小麦和玉米，进口配额量分别为 532 万 t、964 万 t 和 720 万 t，配额内和配额外的关税都分别为 1%和 65%。值得注意的是，如果玉米和棉花进口量超过配额量而采取配额外关税（65%），这将对玉米替代品（如各种粗粮）、畜牧业、玉米和棉花的下游产业产生致命的影响，这些产品的进口量将显著增长并影响国内的生产和就业。

《跨太平洋合作伙伴关系协定》（TPP）将对中国农业产生一定程度的冲击。在美国的主导下，TPP 已经从一个亚太经济合作组织（APEC）框架内的小型多边贸易协定转型为覆盖面更广、更有约束力的自由贸易协定。中国与 TPP 成员间的农产品贸易非常紧密。中国对 TPP 成员主要出口加工食品、园艺产品和动物产品等劳动密集型农产品。中国从 TPP 成员主要进口谷物、植物油籽和棉花等土地密集型农产品。中国出口到 TPP 成员的农产品与 TPP 成员之间的贸易农产品存在较高的相似度，产品替代性较强。随着 TPP 逐步实施，TPP 成员之间农产品贸易将进一步增强，这对中国出口农产品将产生较显著的替代性影响。我们基于全球贸易分析模型（GTAP）的分析结果表明：如果参加 TPP 的 12 个成员之间完全消减进口关税，中国加工食品、蔬菜水果、部分畜产品、水产品和其他园艺产品等具有比较优势的农产品出口量将有所下降，生产也将相应降低。同时，TPP 对中国纺织和服装产业的负面影响较大，对棉花生产将产生不利影响。从总体影响上看，TPP 将导致中国农业产值有所下降，农业收入有所减少。

六、农业资源环境不断恶化

农业生产将面临日益严峻的水资源短缺和耕地退化的威胁。水资源危机已被联合国与世界银行等国际机构列为威胁全球食物安全和农业发展的最大影响因素。中国作为世界水资源最短缺的国家之一，面临的问题尤其尖锐。中国农业用水占全国总用水的比例已从 1949 年的 97%降低到了 2004 年的 65%，未来随着工业化和市场化进程的加速，以及生态保护用水需求的不断增加，农业用水比例到 2050 年将进一步下降到 40%以下（中国科学院农业领域战略研究组，2009）。同时中国是人多地少的大国，拥有 1/5 的世界人口，但仅占有 1/15 的世界耕地，未来随着工业化和城市化的继续推进，保住目前有限耕地的数量和质量是巨大的挑战。更需要注意的是，水土资源的质量恶化也威胁着农业生产，过去以经济增长为主要发展目标的工业化已导致水土污染日益严重，同时以不断增加化肥与农药投入来保障粮食安全和稳定农业生产的措施也付出了极高的环境代价。

农业还将面对气候变化的冲击，气候变化将给中国农业生产带来许多极不确定的影响和风险。全球气候变化在威胁人类生存和生态系统的同时，也给中国农业发展带来许多极不确定的影响。气候变化国家评估报告表明（第二次气候变化国家评估报告编委会，2011），未来中国气候变化的速度将进一步加快，全国平均温度很可能在未来 50～80 年升高 2～3℃；气候变暖将使北方江河径流量减少，南方径流量增加，各流域年均蒸发量增大，旱涝等灾害的出现频率增加，并加剧水资源的不稳定性与供需矛盾；气候变暖将增加农业的需水量，加大供水的地区差异；同时海平面的上升将提高海岸区洪水泛滥的出现频率，对沿海地区的耕地、海洋资源利用和海洋生物多样性产生新的威胁。总之，气候变化可能将对中国的农业生产产生显著影响，并将增加农业生产的不稳定性，放大农产品产量的波动。

第二节　现代农业转型在保障食物安全中的战略地位及关键问题

农地制度创新始终是中国农业发展的主旋律之一。以家庭联产承包责任制为核心的农地制度改革，极大地提高了农业生产力，不但成为改革初期农业生产快速发展的主要源泉（McMillan *et al.*，1989；Fan，1991；Lin，1992；Huang and Rozelle，1996），还为 20 世纪 80 年代中期以来开展的各项改革奠定了基础（黄季焜等，2008）。然而，随着劳动力成本和食品安全需求的提高，小规模的农户经营同农民增收和食品安全的矛盾日益突出。为此，近年来党中央明确提出，完善农地制度，执行耕地集体产权、农民承包权和经营权的"三权分置"，引导和规范土地经营权有序流转，发展各类新型农业经营主体，坚持以粮食和农业为主，避免"非粮化"，坚决禁止耕地"非农化"。

以上政策的出台对农业生产和粮食安全的影响是政府与学术界关注的问题。"三权分置"的农地制度改革是一项新政策，它对土地经营权流转、农业生产与国家粮食安全的影响是一个新的研究领域；同时现阶段对农地流转市场化在多大限度上能减轻土地细碎化和规模经营，学者们有不同看法（钟甫宁和王兴稳，2010）。在新型农业经营主体问题上，学者也存在争议（何秀荣，2009；黄祖辉和俞宁，2010；罗必良等，2012），但公司和土地合作社等新型农业经营主体对粮食安全与农业发展的影响还需做更深入的实证研究。对于农地经营规模，国内外学者也都有不同的看法。早期基于发展中国家的研究表明，农场规模与作物单产之间存在负相关关系（Feder，1985；Eswaran and Kotwal，1986）；但也有研究表明，生产要素市场化和机械化等的发展在一定程度上会改变农场规模与土地生产力的负相关关系（Binswanger *et al.*，1995），而且大农场的生产效率可能会由于劳动力工资的上升而提高，并增强国家粮食生产的竞争力（Otsuka *et al.*，2013）。国内的研究也存在争论，一些研究表明粮食生产力同经营规模呈正相关关系（廖洪乐，2005），而另外一些研究表明几乎不存在显著的规模收益递增（许庆等，2011；刘凤芹，2006），甚至认为土地生产力与耕地规模是负相关关系，支持"小农更有效率"的观点（钱贵霞和李宁辉，2006；李谷成等，2009）。

完善农产品市场价格形成机制是国家粮食安全保障体系和农业现代化发展的重要组成部分。从政策分析上看，主要是分析政府对市场的各种干预及其对市场价格的扭曲和对农产品贸易的影响，这些干预包括政府补贴、市场购销、价格管制、储备调控和贸易政策等。从中长期价格预测分析上看，主要是基于农产品供需变化所做的模拟分析，分析认为当农产品价格在一段时间里出现飙升，主要是由长期的需求增长与供应短缺及市场扭曲的供需矛盾所致（Headey and Fan，2008）。近年来，一些非传统因素对农产品价格造成的影响也引起了学术界的高度关注，如生物质能源、投机因素、气候变化、粮食收储政策等（Yang *et al.*，2011）。

保障生态安全、建立农业可持续发展长效机制是保证子孙后代食物安全的根本。水土流失、化肥与农药过量施用、农业面源污染和草地退化等都影响着农业生态功能的发挥，从而进一步影响食物安全和可持续发展。中国政府已认识到农业生态环境恶化现状及保护农业生态环境的重要性，2014年中央一号文件提出，建立农业可持续发展长效机制，包括促进生态友好型农业发展、开展农业资源休养生息试点和加大生态保护建设力度。农业生态环境经济与政策领域的研究是国际学术界极其关注的问题（Hoepner *et al.*，2012），但中国经济与管理界学者在这方面的研究只处于起步阶段，还难以为国家相关政策提供决策依据。

由此提出，现代农业转型与保障食物安全的关键问题。①在全球背景下中国农业结构如何调整？②如何发挥中国农产品比较优势，促进现代农业结构调整并保障食物安全？③现代农业生产方式转变和生产力增长对农业永续发展与食物安全有何影响？④如何依据农产品供需变动趋势，促进现代农业结构调整并保障食物安全？

为回答以上问题，除第一章引言外，本书的结构和内容安排如下：第二章，描述全球背景下中国农业的结构调整和食物安全；第三章，分析中国及主要农产品贸易国的比较优势及中国农业转型方向；第四章，从生产方式转变视角探讨现代农业转型发展路径；第五章，探讨农产品供需趋势与未来农业结构调整和食物安全；第六章，提出了现代农业转型的战略重点和政策建议。

第二章 全球背景下中国农业的结构调整和食物安全

第一节 食物需求变动趋势与特征

发展中国家是未来人口增长的主体，是未来全球食物需求增长的决定因素（PRB，2012）。发展中国家的人口增长是促进食物消费需求增长最重要的因素。联合国粮食计划署预测（表 2-1），全球人口将从 2012 年的 70.58 亿增长到 2050 年的 96.24 亿，净增加的人口数量将达 25.66 亿，增长 36%。增长的 25.66 亿人口中将有 24.72 亿来自低收入的发展中国家。

表 2-1　未来世界人口预测

地区	2012 年（×10⁶）	2050 年（×10⁶）	变化（×10⁶）	增长比例（%）
全球	7058	9624	+2566	36
高收入国家	1243	1338	+95	8
低收入国家	5814	8286	+2472	43

发展中国家未来人均畜产品消费量将成倍增长，是推动全球食物需求增长的另一重要决定因素。收入增长是人均食物消费需求增长的主要驱动力。除此之外，还有城市化等其他影响因素。其中收入增长对高价值农产品（如畜产品、水产品、蔬菜和水果等）需求增长具有显著的正向影响，特别是收入增长促进了肉食消费需求增长（图 2-1）（World Bank，2010；FAO，2014）。国际食物政策研究所的研究表明：至 2050 年全球人均畜产品需求增长主要来源于低收入地区，而发达国家畜产品需求增长乏力，进一步说明发展中国家的畜产品需求增长旺盛（图 2-2）。

中国人均口粮消费量显著下降，但畜产品、水产品、食用油、蔬菜和水果等消费量显著增长。1980～1989 年，中国人均口粮的消费量，比如大米和小麦整体呈先增长后下降的趋势。但从 1990 年开始，中国的实际人均口粮消费量呈显著下降趋势（图 2-3）。自 1980 年以来，中国畜产品、水产品、食用油、蔬菜水果等的消费需求不断增长。其中，畜禽肉的消费量增长最快，到 2012 年畜禽肉达到了年人均 50kg。同时，奶类从 1980 年到 2012 年，增长了 23.1 倍（图 2-4），而牛肉、羊肉从 1980 年到 2012 年分别增长了 11.8 倍和 4.4 倍，并且牛肉、羊肉在整个人均食物消费量中所占的比例也由 7%提高到 10%。

城乡居民收入增长加速了其食物消费结构的升级换代。城乡居民收入增长对食物消费的影响主要分为两类，一类是在家食物消费，另一类是在外食物消费。我们透过对这两类消费分析，预测未来的收入增长对食物消费需求的影响。所有分析都是基于国家统计局的数据和中国科学院中国农业政策研究中心（China Center for Agricultural Policy，CCAP）的 14 个城市调查数据（Huang and Cui，2016）。

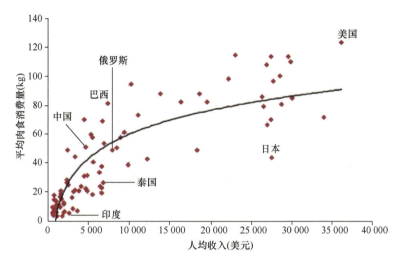

图 2-1　人均肉食消费与人均收入的关系

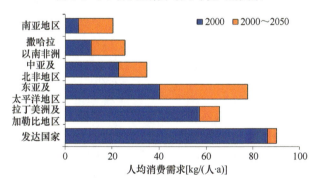

图 2-2　目前和未来世界发达国家和发展中国家人均畜产品消费变化

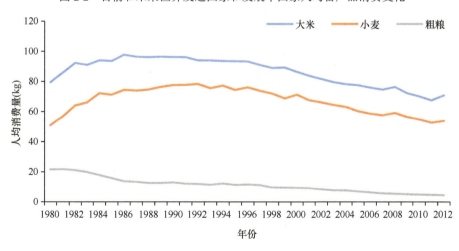

图 2-3　1980～2012 年中国人均大米、小麦和粗粮消费量

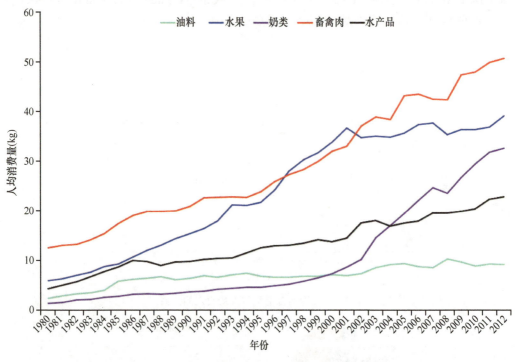

图 2-4 1980～2012 年中国人均油料、水果、奶类、畜禽肉、水产品消费量动态
数据来源：国家统计局，2014

中国口粮在家消费量将随着收入增长继续呈现下降的趋势（图 2-5）。城镇居民粮食（口粮）直接消费的收入弹性指数为负并呈现下降趋势，这意味着收入增长将导致城镇居民人均口粮需求加速下降；虽然目前农村居民口粮消费的收入弹性指数为正，但已接近于零，收入增长不会导致其粮食需求明显增长。

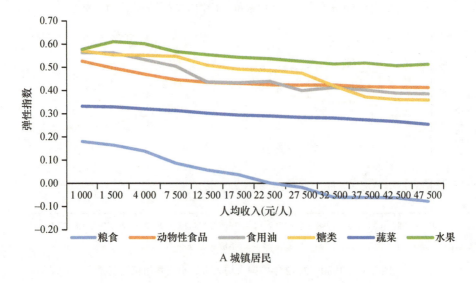

A 城镇居民

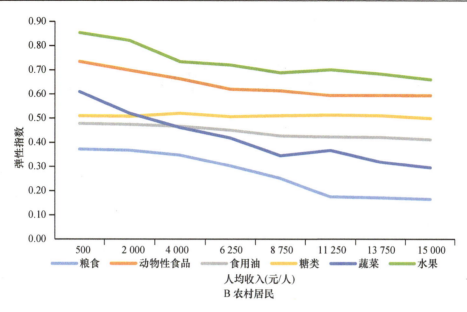

图 2-5　中国城镇与农村居民各种食物在家消费的收入弹性指数与人均收入关系

　　然而，除口粮外，城乡居民的其他所有食物在家消费的收入弹性指数都为正且较大，这意味着收入增长将显著提高城乡居民对这些食物的需求。在家食物消费中，水果消费的收入弹性指数最高，其次为动物性食品（Huang and Cui，2016）（图 2-5）。与中国城镇居民在家食物消费的收入弹性指数相比较，中国城镇居民在外食物消费的收入弹性指数较高，尤其在肉蛋奶的消费中，羊肉、牛肉在外消费比在家消费所占比例高（Huang and Cui，2016）。主要原因是城镇居民，尤其是非牧区的居民，受烹饪技术的限制，大多选择在外面餐馆食用牛羊肉。收入增长将显著提高居民牛羊肉的在外消费。

第二节　耕地和水资源分布特征

　　全球水土资源的空间分布同人口的空间分布极不相符，保持全球各地区农产品供需平衡要依靠农产品的国际贸易。例如，东亚和太平洋沿岸国家占世界耕地的比例只有 14%，而人口却占全球人口的 31%；经济合作与发展组织（OECD）国家占全球可耕地的 26%，而人口只占世界的 14%（图 2-6）。全球各地区的淡水资源分布更为不均（WRI，2014a）。各国都基于其耕地和水资源的比较优势进行农产品生产，所以保障食物安全要充分考虑资源禀赋，充分利用耕地和水资源，充分利用国际和国内市场，农业应根据比较优势调整结构。

　　中国淡水资源、可耕地仅占世界的 5%、8%，但人口占世界的 20%。在水土资源紧缺的约束下，中国 2015 年通过进口大豆节约的耕地约合总耕地面积的 20%。从这个视角看，贸易能够帮助各国充分利用全球农业资源，也是缓解区域农业资源短缺的重要途径。未来为保障中国食物安全，农业结构调整要充分考虑中国资源禀赋，充分利用全球耕地资源和水资源。中国属于耕地短缺的国家，未来通过扩大耕地面积来增加食物生产

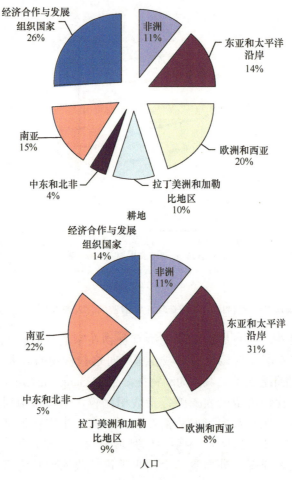

图 2-6   全球耕地与人口分布不一致
数据来源：FAOSTAT，2016

非常困难。同时，中国属于水资源短缺的国家，特别是北方粮食主产区隶属于水资源高风险地区。另外，预计到 21 世纪末，全球温度将升高 2～4℃，势必会对全球食物安全形势提出新的挑战[参考国际应用系统分析研究所（IIASA）信息]，而气候变化对中国农业生产的影响更是不可低估。这一切都促使我们反思：我们过去的农业发展之路已无法应对耕地资源、水资源和全球气候变化等方面的挑战。中国农业结构必须基于资源禀赋，依据比较优势进行调整。

第三节   食物生产趋势与分布

虽然全球谷物面积呈现下降趋势，但谷物的总产不断提高（图 2-7）。谷物总产增长主要是来自谷物单产的提高。许多研究表明，单产提高主要依靠两个因素，一个是生产投入增加，即化肥、农业、机械等的投入，另一个是技术进步。但生产投入增加带来了许多问题，到目前为止中国的化肥与农药投入还在增加，而欧洲国家在 20 世纪 80 年代已经开始减少。

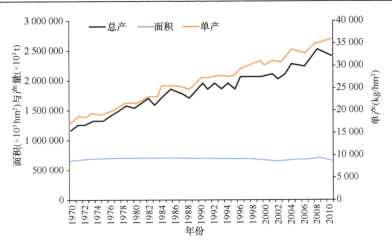

图 2-7　1970～2010 年全球谷物的面积、单产和总产的变化趋势

数据来源：FAO，2014

全球粮食生产有很大的增长潜力，但粮食生产力区域差异巨大。全球粮食的一半是由那些生产力较低或粮食单产低于 3.1t/（hm²·a）的国家生产的；全球粮食单产超过 6t/（hm²·a）的国家只贡献了全球粮食总产的 12.5%（图 2-8）。这也意味着，如果能够显著提高单产较低国家的生产力，全球粮食总产将会得到显著提高。

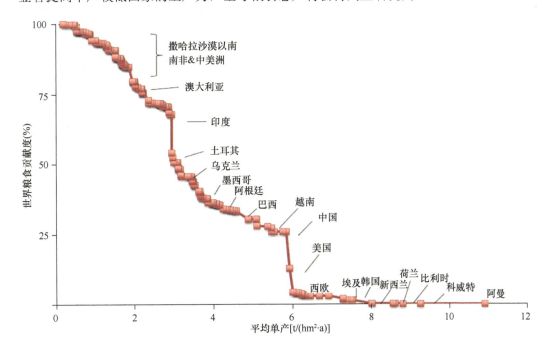

图 2-8　2013 年各国粮食贡献度（所占比例）

数据来源：FAO，2014

中国粮食生产力已达到相当高的水平，未来继续增长难度将加大。中国粮食单产已达 6t/（hm²·a），全要素生产率的增长率在全球已达到较高水平，已不具备大幅提高的潜力。中国草地生产力水平较低。表 2-2 比较了中国与其他国家同种草地类型的生产力差

异，结果显示中国草地生产力与草地畜牧业发达国家相比尚有很大差距。究其原因，一部分是超载过牧造成草地退化，更重要的是对草地的投入过低。提高草地生产力需要加大投资力度。中国草地农业生产力低，这也意味着我们还有很大的发展潜力。

表 2-2　草地生产力水平比较

草原类型	地点	生产力（APU/hm²）	
		现状	改进后
极干旱荒漠草原类	澳大利亚伍默拉	2.90	—
	中国阿拉善左旗	1.66	2.16
微温微干典型草原类	美国东海伦娜	46.16	—
	中国环县	17.30	23.92
	中国锡林浩特	31.60	41.74
寒温微润草甸草原类	加拿大斯威夫特卡伦特	27.44	—
	中国肃南	16.68	27.72

数据来源：Research Group of Strategies to Ensure Grassland Ecological and Food Security in China，2016；"—"表示此项无数据，余同；APU（animal product unit），含义为畜产品单位

发达国家的经验表明，农区发展栽培草地是促进草地农业发展的重要途径。在中国，作为草业现代化水平指标的栽培草地，只占草原总面积的 2.1%，与澳大利亚（58%）、新西兰（69.1%）、美国（13%）、北欧国家（50%以上）相比，差距明显。栽培草地不仅在草原地区，在农区也是非常重要的。荷兰、澳大利亚等国家一开始也是发展耕地农业，后来随着畜产品需求的增长，逐渐由耕地农业转向草地农业。比较而言，中国过去几十年基本上是由林地、草地转向耕地。虽然退耕还林、退耕还草已经进行了 7~8 年，产生了一定效果，但总体而言，我们在栽培草地上的投入太少。

草地是草牧业发展的重要载体，在促进中国食物消费结构转变中起到了重要的作用。从上面分析可以看出，过去 30 多年，中国居民的食物消费结构发生了显著的变化，特别是牛羊肉、奶等食草动物产品的需求显著增长。

在草原牧区，为分析草原生产力增长对主要畜产品生产的影响，"中国草地生态保障与食物安全战略研究"项目组就未来前景设置了 3 个方案，即基准方案（现在政策的延续）、草原生产力低增长方案（政府适当增长对草原牧区的投入）和高增长方案（政府显著增长对草原牧区的投入）。研究结果如图 2-9 所示，未来 20 年，高增长方案同基准方案相比，对草原牧区大量投入，其生产力得到提高，牛羊肉生产会比原始方案增长 7%左右，低增长方案相比增长 3%~4%。虽然有人认为发展草牧业会对其他产品产生较大影响，但我们的研究结果表明，其对猪肉和禽类的影响不大。

（1）草地农业可提高未来中国畜产品安全保障能力

就农区草地发展问题，"中国草地生态保障与食物安全战略研究"项目组专门做了研究。该研究团队设置了未来发展的几个前景，即基准方案（现在政策的延续）、农区草地农业低增长方案、中增长方案和高增长方案，对每种方案情况下的各种农产品生产做了模拟分析。他们的研究表明，农区草业发展不仅能促进农区生态保障功能的发挥，还可以提高畜产品生产水平。如图 2-10 所示，未来 20 年，同基准方案相比，高方案

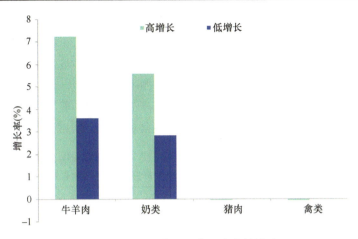

图 2-9　不同方案对畜产品生产的影响

牛羊肉产量将增长 40%（图 2-10），可完全满足中国居民未来牛羊肉的增长需求。即使在中方案情况下，即对农区草业适当投入的情况下，也能基本满足中国牛羊肉的增长需求；而按照低方案，则需要适当进口一部分牛羊肉和奶类。综上可见，农牧区草业的发展，不仅能够促进中国牛羊肉、奶类等畜牧业的生产发展，提高农牧区农民的收入，还可以有效提高未来中国畜产品供给保障能力。

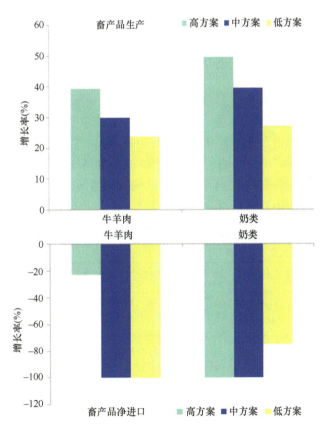

图 2-10　农区草业发展对畜产品生产以及净进口的影响

（2）农区草业发展对未来中国主要粮食作物生产和贸易的影响

高、中、低方案较基准方案，大米、小麦、玉米产量下降，但下降较小，大米、小麦进口量的差异也不大。而玉米在高、中、低方案下进口量中依次降为2713万t、2750万t和3808万t。这是因为虽然农区草业发展会占用部分耕地，但根据市场替代效应，牛羊肉、奶类等畜产品的增多会替代猪肉等其他产品的需求，养猪生产减少则其饲料需求也会降低，因此农区草业发展不会导致中国粮食进口的显著增加，在高增长方案下甚至还可以减少玉米的进口量（表2-3）。

表2-3　农区草业发展对主粮生产及其净进口的影响

粮食	基准方案	农区草业发展方案		
		高方案	中方案	低方案
生产（万t）				
大米	10 931	10 687	10 909	10 914
小麦	10 273	10 012	10 037	10 119
玉米	24 329	22 405	23 502	23 672
净进口（万t）				
大米	47	60	43	41
小麦	246	308	286	263
玉米	4 200	2 713	2 750	3 808

第四节　发达国家和地区农业政策演变

一、农业支持政策的转型

发达国家和地区都对农业进行高补贴，其中日本和欧盟的补贴力度更大，但各方的支持政策都逐渐减少对农产品价格的直接干预，减少价格支持政策，向提升本国和本地区农产品竞争力的目标转变（表2-4）。同时发达国家和地区的农业补贴政策有立法依据，并根据当时的整体环境不断修正相关的农业法律。

表2-4　发达国家和地区农业支持政策演变的时间划分

国家和地区	第一阶段	第二阶段	第三阶段
美国	紧急价格支持政策（1929～1945年）	价格支持与保护制度化政策（1945～1996年）	从价格支持向直接补贴、风险管理转变（1996年至今）
日本	粮食增产奖励、分配种植面积政策（1945～1960年）	经济高速发展阶段，利用价格和流通政策稳定农产品价格（1960～1999年）	经济衰退期逐步减少价格直接干预，谨慎改变对大米的政策（1999年至今）
欧盟	实施农产品供给充裕的价格干预政策（1962～1992年）	第一轮CAP改革，降低农产品价格支持力度（1992～2002年）	新一轮CAP改革，减少和废除部分产品的价格干预政策或措施，生产配额注重农村发展（2002年至今）

来源：作者整理而成

CAP（common agriculture policy），共同农业政策

二、农业贸易政策的转型

贸易自由化的大趋势不会改变，各国的贸易政策越来越多地受到 WTO 等的贸易协定约束。

美国是世界上主要的农产品出口国，其主要的贸易政策目标是遏制海外农产品进口，保护国内农产品市场的同时开拓海外市场。作为关税税率最低的国家之一，美国主要采用反倾销遏制进口，以此抵抗来自其他国家的产品冲击；同时，美国还采用 WTO 的《农业协议》（AOA）引入临时关税来遏制进口。美国采取的贸易政策，另一方面是促进出口，所采取的手段主要包括出口补贴、出口信贷和粮食援助等。

日本是世界上最大的农产品进口国之一，其贸易政策的变化与其参与的贸易谈判同步。1993 年，"乌拉圭回合"贸易谈判促使参与谈判的各方在市场准入、出口补贴和国内支持三个领域的农产品政策上达成框架协议，并计划在 1995~2009 年予以实施。新一轮的"多哈回合"贸易谈判除了围绕市场准入、出口补贴和国内支持等方面政策进行减让之外，还将有关"非贸易关注"等事项列入了议题。随着加入 TPP，日本国内的贸易保护政策正在逐渐减退，正在逐渐取消一些应对贸易冲击的价格保护措施。

欧盟早期采用的贸易政策与日本类似，也是通过高关税来保护国内农产品的生产。中期受到"乌拉圭回合"贸易谈判的影响，欧盟主要采取市场准入、关税配额、出口补贴等措施，欧盟是出口补贴最高的 WTO 成员之一。后期受到"多哈回合"贸易谈判的影响，保留了出口退税政策，更多采用"绿箱"政策、"蓝箱"政策。

三、环境保护政策的转型

无论是美国、日本还是欧盟，都意识到农业可能带来的环境污染问题，也意识到农业可以成为开展环境保护的重要抓手。

为解决农业生产活动造成的环境污染问题，美国政府采取了各种政策措施，希望通过发展绿色农业来改善农业污染问题。主要采取了绿色农业补贴政策、杀虫剂规制政策、资源保护政策和环境立法政策。

20 世纪 50 年代以来，随着工业革命和技术创新的不断发展，日本农业技术革新有了显著的进展，与此同时，农业活动对农业环境产生的不良影响也开始显现，然而生态环境问题并没有引起当时政府的足够重视。20 世纪 70 年代以后，日本政府开始倡导发展循环型农业，发挥农业所具有的物质循环功能。

在农业"生产主义"时期，欧盟各国农业政策旨在不惜一切代价追求粮食增产，因此产生了严重的环境问题，这与日本的情形十分相似，如农村传统景观从根本上改变，本土植物和动物种群数量与分布发生变化，农药与化肥等过量投入已经对环境造成污染。第二轮共同农业政策（CAP）改革后，欧盟的农业政策旨在实现除农业生产之外的目的，采取了绿色补贴，加强农村环境保护，试图重建已遭破坏的栖息地，恢复农村自然生态系统原貌。

四、发达国家和地区对中国农业政策转变的启示

无论是美国、日本还是欧盟，其农业各方面的政策都经历了漫长复杂的发展过程，

从 20 世纪 30 年代的罗斯福新政到第二次世界大战结束再到 21 世纪的今天，90 年来，农业支持政策随着不同时期的农业目标在不断调整，其农业政策的具体措施是根据各国和各地区的实际情况而开展的，并不一定适用于中国的具体情况，但是其设定政策的方式和方向，值得我们借鉴和研究。

（一）与时俱进的农业补贴法律制度

美国和欧盟的农业补贴支持政策是在不断调整中发展和完善起来的，如美国自 1933 年通过《农业调整法》，几乎每隔几年就修改旧法案出台新法案，先后通过 10 部农业法案，这些法案基本上都是围绕着经营主体、农业环境、产品供给的保护与扶持展开的，这些法案依据美国现有财力进行修订和完善，与美国的农业发展现状和财政现状相符。

（二）明晰的农业补贴制度整体框架

中国许多农业补贴政策是在不同时期"挤牙膏式"出台的，缺乏对政策目标、政策工具的系统规划。借鉴欧盟经验，中国农业补贴政策既要适应农业发展大趋势和落实新发展理念，又要有阶段性的时代特征，满足当前时期中国农业发展的实际需求。

（三）细致强化的相关基础性工作

欧盟 CAP 的实施是以非常扎实、细致的基础性工作为支撑的。而且，为避免土地所有者不种地又领取补贴，保证补贴发给实际生产者，有的成员制定了详细、严格的法律。这些工作为政策的有效实施提供了保障。

从市场干预向市场化转变，从巨额补贴向生产力、产品质量和环境保护转变。美国率先从以价格干预为主的政策向以直接补贴、农业保险为主的政策转变。日本、欧盟也正在不同程度地改变原本的高额补贴和价格干预政策，以提高本国和本地区优势产品的国际竞争力为主要政策目标。另外，各方也逐渐意识到农业现代化过程中环境正在遭受巨大压力，政策的重心也不断转向环境保护、农产品质量。

第三章　中国及主要农产品贸易国的比较优势及中国农业转型方向

第一节　中国农产品竞争力变动趋势

一、中国及主要农产品贸易国主要农产品的竞争力评价

中国是农业大国，66%的人口生活在农村，48%的劳动力依靠土地生活，农产品国际贸易的变化直接影响农民的增收、就业和农村经济的发展。以比较优势参与国际经贸活动并获取比较利益，是自由贸易理论学派的一贯主张。认清中国农产品的比较优势和劣势，这将对中国参与国际经贸活动具有非常重要的意义。

中国农产品国际贸易的优势和劣势主要有以下方面的特征。

1）中国处于劣势的农产品主要是关系国计民生的粮食、棉花、油料、糖类等大宗农产品，中国每年都大量进口这几类产品。2000年以前，中国粮食、棉花的国内价格均低于国际市场水平，有较强的竞争优势。但近10年来，中国粮食生产成本平均每年以1%的速度递增，小麦、玉米、大豆、棉花、油料、糖类等大宗农产品的国内价格已高于国际市场价格二至五成，失去了以往的竞争优势。国内市场花生油、菜油和豆油的价格已分别高出国际市场价格24%、43%和45%。这种价格上的劣势使得中国的粮食、棉花、油料等农产品极易遭到国外价廉质优的同类农产品的冲击。

2）出口农产品结构不合理，出口市场过于单一。长期以来粮食一直是中国对外贸易中的大宗农产品类别，而价值比较高的农产品如蔬菜、鲜花、水果等出口数量有限，这种低级农产品出口结构不符合世界农产品贸易发展的趋势。与农产品出口结构不合理相对应的是农产品的出口市场单一化。①出口地区过于集中。据统计，近年来外贸农产品多集中在沿海的广东、浙江、江苏、山东等地区生产，而中部和西部地区的外贸农产品生产量偏低，说明中国外贸农产品生产地域分布不合理。②出口市场过于单一。中国农产品出口主要集中在日本、韩国等亚洲国家和地区。

3）出口农产品生产成本过高。过去的计划体制促使多数农产品价格低于国际市场价格，从而形成了一定的竞争优势。然而，首先，随着农业政策倾向转变，农产品提价，外贸农产品价格日益提高。其次，中国劳动力价格低廉的优势正逐步消失，使直接生产费用不断提高，粮油生产几乎无利可图。再次，如果按照国外统计口径计算完全生产成本（包括土地费用、劳动费用、固定资产折旧、直接费用和税收等），外贸农产品的成本会更高。成本偏高，将会直接削弱价格竞争优势。国内主要粮食生产成本每年递增，目前大米、小麦、玉米和大豆等几大粮食作物的国内市场价格都已超过国际市场，严重影响了中国农产品的国际市场竞争力。

4）出口农产品品质不高，市场竞争力不强。中国农产品的品质、加工程度和附加值都比较低，与国外相比差距明显。中国畜产品用于加工的肉、蛋产品占全国总产的3%～4%和1%左右，而发达国家达到3%～4%，有的高达7%。就农产品质量而言，中国主要农产品与国外农产品相比的质量差距参差不齐。就大米来说，国外消费者喜食长粒米，而中国优质大米粒长平均为6.8mm，比国际名牌大米短0.4mm；影响煮熟及食品品质的直链淀粉含量，国外名牌大米平均为2.1%，中国8种优质大米平均为17.5%。从小麦来看，中国小麦品种与国外代表性品种在蛋白质含量、赖氨酸含量等主要指标上差异不大，但在特质粉、专用粉的专用品种上差距较大，不仅数量少，而且质量差。除此以外，中国的许多农产品在加工处理、储藏包装、花色品种、卫生检疫等诸多方面有明显的劣势，这都影响了出口农产品的品质。

二、中国及主要农产品贸易国主要农产品的竞争力分析

根据国际市场竞争力理论等，一般从竞争力的状态、结果及原因来分析一个国家的产品的国际竞争力，产品或产业的国际竞争力一般用状态性指标进行衡量，如贸易竞争力指数（TC）、国际市场占有率（WMS）和显示比较优势指数（RCA）。通常这几种方法各有利弊，但是获得的结论基本上一致。根据数据的可获得性、项目周期的长短等因素，我们选择 RCA 作为本研究的参考指标。

已有的研究主要是针对单一农产品或者农产品整体的竞争力，研究内容比较单一，缺乏主要农产品贸易国之间的分农产品的竞争力分析。本研究以 RCA 为主要代表指标，建立了包括中国在内的 8 个主要农产品贸易国的多种主要农产品近 10 年的显性比较优势指数体系。式（3-1）为 RCA 的计算方法，表 3-1 则显示了 RCA 结果与对应的贸易比较优势情况。

$$RCA = \frac{X_i / X_t}{W_i / W_t} \tag{3-1}$$

式中，X_i 表示一国某种农产品的出口值；X_t 表示一国农产品出口总值；W_i 表示世界某农产品的出口值；W_t 表示世界农产品出口总值。

表 3-1　RCA 与对应比较优势

RCA	该国竞争力和比较优势
RCA>2.5	极强
1.25≤RCA≤2.5	较强
0.8≤RCA<1.25	中度
RCA<0.8	较弱

本研究选择了中国及 7 个主要农产品贸易国的大米、小麦、玉米、大豆、猪肉和牛肉等几种主要农产品作为研究对象。时间跨度为 2001～2017 年（中国加入 WTO 之后）。

从表 3-2 可以看出，加入 WTO 之后的 21 世纪，中国主要农产品的比较优势都呈下降趋势，原本略有优势的农产品也因受到各种各样的影响而优势不再，劣势明显。

表 3-2　2001～2017 年中国主要农产品的显性比较优势指数（RCA）

年份	大米	小麦	玉米	大豆	猪肉	牛肉
2001	1.1893	0.0732	1.6015	0.1692	2.7667	0.0045
2002	1.2181	0.0893	2.2975	0.1395	0.3797	0.0047
2003	1.1614	0.2858	2.7066	0.0954	0.3690	0.0021
2004	0.4056	0.0882	0.4218	0.1417	0.4366	0.0099
2005	0.2978	0.0276	1.2993	0.1443	0.2980	0.0197
2006	0.4756	0.0956	0.3825	0.1109	0.2528	0.0262
2007	0.4019	0.1756	0.4728	0.0953	0.1487	0.0227
2008	0.2492	0.0075	0.0296	0.1093	0.1124	0.0206
2009	0.2802	0.0007	0.0162	0.0727	0.1132	0.0129
2010	0.1940	0.0000	0.0136	0.0281	0.1258	0.0175
2011	0.1673	0.0034	0.0128	0.0330	0.1012	0.0119
2012	0.0999	0.0000	0.0247	0.0457	0.0842	0.0061
2013	0.1380	0.0002	0.0079	0.0294	0.0875	0.0015
2014	0.1146	0.0001	0.0018	0.0264	0.1048	0.0005
2015	0.1845	0.0004	0.0025	0.0322	0.1629	0.0000
2016	0.1623	0.0002	0.0014	0.0242	0.1422	0.0002
2017	0.1322	0.0002	0.0012	0.0223	0.1023	0.0002

数据来源：UN Comtrade（联合国贸易数据库）

　　从表 3-3 可以看出，泰国大米具有极强的比较优势，而中国大米 RCA 较低，大米行业已经变成比较劣势的行业，其他国家保持稳定。中国大米的 RCA 在 2001～2017 年逐年降低，主要是由于中国大米产业的发展速度相对于其他产业的发展速度较慢，大米产业缺乏技术创新，国内大型加工企业较少，95%都是中小型加工企业，且遭受着大量周边国家进口廉价大米的冲击。因此，中国大米产业相对于其他国家逐渐缺乏竞争力，丧失比较优势。泰国大米 RCA 一直保持增长，但是 2009 年开始有几年大幅下降，这是由于金融危机爆发后，全球大米价格激增，泰国政府制定的大米收购价格过高，这样泰国米商从政府手中购买大米成本过高，迫使一些大型米商不得不提高泰国大米在国际市场的售价，比其他世界主要大米出口国的售价高出很多，因此泰国大米原有的比较优势出现下降。

表 3-3　2001～2017 年中国及其主要贸易国的大米显性比较优势指数（RCA）

年份	中国	美国	泰国	日本	德国	巴西	阿根廷	澳大利亚
2001	1.1893	0.9441	23.3739	2.2306	0.0653	0.0915	2.7691	2.8079
2002	1.2181	1.1660	24.9616	0.0148	0.0726	0.1054	1.9320	1.3841
2003	1.1614	1.4662	23.4448	0.0138	0.0622	0.0697	1.9448	0.8705
2004	0.4056	1.4786	28.9390	0.0234	0.0515	0.0820	2.2131	0.3386
2005	0.2978	1.4414	21.2945	0.0098	0.0524	0.4838	2.2690	0.3010
2006	0.4756	1.3967	22.2659	0.0173	0.0516	0.4898	1.2434	3.9522

续表

年份	中国	美国	泰国	日本	德国	巴西	阿根廷	澳大利亚
2007	0.4019	1.2308	23.1583	0.0142	0.0444	0.3404	1.0786	2.2006
2008	0.2492	1.2613	25.7119	0.0187	0.0503	1.1659	0.9397	0.5236
2009	0.2802	1.3305	21.2811	0.0157	0.0491	1.1246	1.1388	0.2910
2010	0.1940	1.3417	20.1136	0.0267	0.0429	0.5873	0.8104	0.6046
2011	0.1673	1.0604	21.1492	0.0192	0.0548	1.7798	3.2013	0.7503
2012	0.0999	0.9979	15.1877	0.0329	0.0484	1.6938	2.8124	1.0430
2013	0.1380	1.0125	14.1494	0.0185	0.0479	1.2100	2.7776	1.0731
2014	0.1146	0.8726	16.9557	0.0251	0.0510	1.2506	2.8615	1.0411
2015	0.1845	2.1633	33.9326	0.0900	0.1145	2.8853	4.3340	2.5073
2016	0.1623	1.9023	25.8765	0.0065	0.0987	1.5543	3.5639	1.5654
2017	0.1322	1.5897	26.8756	0.0047	0.0678	1.6656	5.8634	1.6546

数据来源：UN Comtrade

由表 3-4 发现，中国小麦完全处于贸易竞争劣势，澳大利亚、阿根廷等国的小麦竞争优势明显，美国具有一定的竞争优势，指数保持在 2 附近。受生产成本增加、最低收购价提高等因素影响，中国小麦国内价格仍呈上涨趋势，但国际小麦市场供需形势好转，价格持续走低，这进一步加剧了中国小麦的贸易竞争劣势。

表 3-4　2001～2017 年中国及其主要贸易国的小麦显性比较优势指数（RCA）

年份	中国	美国	泰国	日本	德国	巴西	阿根廷	澳大利亚
2001	0.0732	1.9222	0.0000	0.0000	0.6271	0.0011	20.3231	14.6814
2002	0.0893	2.1754	0.0001	0.0000	0.5751	0.0016	17.7232	14.3846
2003	0.2858	2.5851	0.0000	0.0000	0.4292	0.0479	14.8458	10.5778
2004	0.0882	2.9570	0.0000	0.0002	0.3648	1.0032	18.4354	16.6408
2005	0.0276	2.7715	0.0000	0.0000	0.4486	0.0706	18.2641	12.2811
2006	0.0956	2.3434	0.0000	0.0000	0.5333	0.2684	6.8576	31.2837
2007	0.1756	3.1989	0.0056	0.0000	0.3908	0.0819	6.3636	13.1551
2008	0.0075	3.0399	0.0000	0.0000	0.5998	0.3604	4.7646	15.9357
2009	0.0007	1.9484	0.0000	0.0000	0.7459	0.1569	2.4916	25.6687
2010	0.0000	2.4179	0.0023	0.0000	0.7050	0.5237	1.9392	25.7084
2011	0.0034	2.8065	0.0000	0.0000	0.4969	1.0180	11.1329	8.6898
2012	0.0000	1.9374	0.0000	0.0000	0.5763	0.8996	13.3323	9.6420
2013	0.0002	2.5162	0.0006	0.0000	0.7056	0.5424	3.5702	8.7885
2014	0.0001	1.8398	0.0000	0.0000	0.7861	0.1713	3.3830	8.5110
2015	0.0004	2.9212	0.0024	0.0000	1.4294	1.4561	14.3594	18.3354
2016	0.0002	2.6744	0.0001	0.0000	0.8756	0.4532	15.5440	17.9898
2017	0.0002	2.8764	0.0002	0.0000	0.7856	0.5654	14.4353	18.4674

数据来源：UN Comtrade

中国小麦 RCA 始终远远低于小麦出口国,亚洲主要国家的小麦竞争力都十分薄弱。原本小麦竞争力较强的法国、加拿大,近年来其竞争优势正在被澳大利亚、阿根廷这样的新大陆国家所取代。

表 3-5 显示中国玉米 RCA 在逐年走低,完全不具有竞争力。原因如下:①与国外的转基因玉米相比,中国玉米的生产力较低,科技含量有待进一步提高;②中国加入 WTO 后,逐步取消了玉米、棉花和大米等农产品的出口补贴,国家对玉米出口贸易支持力度的削弱,不利于中国玉米出口贸易的发展,中国玉米渐渐转为内销;③人民币升值不利于中国玉米的出口贸易,而有利于国外玉米出口到中国;④因耕地等资源的不足,国家调整了玉米进出口政策。

表 3-5　2001~2017 年中国及其主要贸易国的玉米显性比较优势指数(RCA)

年份	中国	美国	泰国	日本	德国	巴西	阿根廷	澳大利亚
2001	1.6015	4.4404	0.5813	0.0000	0.1306	5.8124	25.3146	0.0780
2002	2.2975	4.7405	0.2589	0.0000	0.1220	2.8376	23.0534	0.0767
2003	2.7066	4.6128	0.3030	0.0000	0.1495	3.4405	27.6997	0.0470
2004	0.4218	5.7915	1.1196	0.0000	0.1902	4.7688	26.6480	0.0396
2005	1.2993	5.0302	0.2259	0.0017	0.1702	0.9211	30.7822	0.0294
2006	0.3825	6.3299	0.4741	0.0009	0.1548	3.1445	9.2159	0.0562
2007	0.4728	5.7325	0.4433	0.0000	0.1058	7.8813	10.5302	0.0386
2008	0.0296	6.1654	0.7099	0.0000	0.0992	4.0976	10.9080	0.0935
2009	0.0162	5.2892	0.9798	0.0000	0.1092	5.2353	6.4484	0.0674
2010	0.0136	5.0815	0.4645	0.0000	0.0980	7.2397	9.5670	0.0433
2011	0.0128	4.9306	0.3794	0.0000	0.1041	5.5527	28.1412	0.0327
2012	0.0247	3.1404	0.1984	0.0000	0.1358	11.1032	29.9294	0.0687
2013	0.0079	2.3017	0.4509	0.0000	0.1383	13.7654	40.3318	0.0943
2014	0.0018	3.8488	0.6817	0.0000	0.0818	9.7743	28.8628	0.0573
2015	0.0025	6.6823	0.4759	0.0000	0.1265	30.3778	63.9565	0.1596
2016	0.0014	4.5643	0.5727	0.0000	0.0634	31.3546	45.3325	0.0765
2017	0.0012	4.3233	0.5347	0.0000	0.0563	30.7568	43.2354	0.0345

数据来源: UN Comtrade

表 3-6 显示中国大豆 RCA 也在逐年走低,大豆完全不具有竞争力。世界范围内,巴西和阿根廷已经超越美国,成为大豆最有竞争力的国家。大豆的情形与玉米的情形十分相似,巴西、阿根廷和美国的转基因大豆竞争优势明显,已经占据世界大豆市场的主要份额。

表 3-6　2001~2017 年中国及其主要贸易国的大豆显性比较优势指数(RCA)

年份	中国	美国	泰国	日本	德国	巴西	阿根廷	澳大利亚
2001	0.1692	4.3528	0.0015	0.0003	0.0039	27.2950	27.2970	0.0213
2002	0.1395	4.8046	0.0029	0.0004	0.0073	29.7116	25.7728	0.0251
2003	0.0954	5.2677	0.0017	0.0002	0.0046	28.1501	29.5236	0.0095
2004	0.1417	4.7456	0.0035	0.0002	0.0062	32.3661	29.1903	0.0263

年份	中国	美国	泰国	日本	德国	巴西	阿根廷	澳大利亚
2005	0.1443	4.5338	0.0056	0.0005	0.0070	29.2352	37.1087	0.0166
2006	0.1109	4.9169	0.0056	0.0001	0.0063	30.2701	10.6256	0.0251
2007	0.0953	5.0989	0.0062	0.0035	0.0054	24.7164	14.3992	0.0184
2008	0.1093	5.3216	0.0025	0.0001	0.0071	24.6343	10.9208	0.0086
2009	0.0727	5.7460	0.0031	0.0000	0.0060	27.5185	4.0121	0.0288
2010	0.0281	5.4704	0.0030	0.0001	0.0052	20.9899	8.8185	0.0110
2011	0.0330	4.6031	0.0032	0.0001	0.0063	24.6949	25.1433	0.0023
2012	0.0457	5.3848	0.0024	0.0002	0.0051	23.8447	13.2256	0.0031
2013	0.0294	4.4039	0.0033	0.0002	0.0034	30.2870	17.1594	0.0085
2014	0.0264	4.5760	0.0100	0.0002	0.0080	63.0612	17.1357	0.0047
2015	0.0322	7.3824	0.0140	0.0003	0.0185	64.2764	44.0539	0.0082
2016	0.0242	6.4323	0.0078	0.0001	0.0092	64.7454	42.8783	0.0056
2017	0.0223	5.2334	0.0103	0.0002	0.0078	65.6344	45.6433	0.0784

数据来源：UN Comtrade

根据文献分析，中国猪肉产品在 20 世纪 90 年代还具有较强的国际竞争力，但是对 2001 年以后的数据计算发现，21 世纪以来，中国猪肉整体处于劣势，并且竞争力还在持续减弱。表 3-7 显示，与世界其他猪肉出口大国相比较，中国猪肉产品在出口贸易中基本不具备竞争力。根据其他文献分析，世界范围内，猪肉竞争力最强的国家是丹麦、荷兰等欧洲国家，德国、美国、巴西的猪肉产品竞争力也在保持稳定的基础上有所提高。

表 3-7　2001～2017 年中国及其主要贸易国的猪肉显性比较优势指数（RCA）

年份	中国	美国	泰国	日本	德国	巴西	阿根廷	澳大利亚
2001	2.7667	0.9516	0.1584	0.0022	0.7535	3.2224	0.0016	1.0522
2002	0.3797	1.0079	0.1761	0.0001	0.8917	4.5845	0.0008	1.3220
2003	0.3690	1.0261	0.1086	0.0001	0.8676	4.3217	0.0000	1.2056
2004	0.4366	1.1547	0.0525	0.0001	0.8860	4.3395	0.0007	0.7940
2005	0.2980	1.2758	0.0559	0.0004	1.1559	5.2986	0.0009	0.5300
2006	0.2528	1.3088	0.0297	0.0006	1.2971	4.3893	0.0000	1.4905
2007	0.1487	1.3678	0.0276	0.0010	1.3755	4.6237	0.0003	1.3227
2008	0.1124	1.7003	0.0337	0.0015	1.5652	4.0207	0.0040	0.8582
2009	0.1132	1.5590	0.0141	0.0013	1.8325	3.7647	0.0010	0.8644
2010	0.1258	1.6505	0.0077	0.0017	1.9051	3.7145	0.0000	0.8677
2011	0.1012	1.8649	0.0119	0.0017	1.9554	2.9582	0.0000	0.2444
2012	0.0842	1.8308	0.0108	0.0018	2.0755	3.2475	0.0002	0.2032
2013	0.0875	1.6695	0.0193	0.0022	2.1718	3.0105	0.0007	0.1839
2014	0.1048	1.7483	0.0124	0.0041	1.9590	3.7328	0.0005	0.2053
2015	0.1629	3.0814	0.0310	0.0098	3.4393	7.0482	0.0106	0.5125
2016	0.1422	2.6532	0.0231	0.0076	3.6523	8.0623	0.0004	0.6443
2017	0.1023	3.0564	0.0256	0.0084	3.7565	7.5454	0.0005	0.6745

数据来源：UN Comtrade

表 3-8 显示，2001～2017 年，中国牛肉 RCA 均小于 1，并且全部小于 0.1，不具有比较优势，国际竞争力较弱。在国际市场上，2001～2017 年，澳大利亚、阿根廷、巴西牛肉 RCA 均大于 1，并且澳大利亚大部分年份都大于 10，具有较高的比较优势，国际竞争力强。此外，本次研究并未将新西兰作为主要农产品贸易国列入研究对象，但是全球范围内牛肉竞争力最强的国家是新西兰，其次是澳大利亚。新大陆国家在牛肉方面的贸易竞争力强主要体现在价格优势上。

表 3-8　2001～2017 年中国及其主要贸易国的牛肉显性比较优势指数（RCA）

年份	中国	美国	泰国	日本	德国	巴西	阿根廷	澳大利亚
2001	0.0045	1.7274	0.0000	0.0024	1.0248	3.3144	1.7192	12.0231
2002	0.0047	1.5261	0.0000	0.0000	1.1460	3.2906	6.3769	9.8565
2003	0.0021	1.7449	0.0000	0.0001	0.9436	4.2874	7.1304	10.4262
2004	0.0099	0.4319	0.0001	0.0000	1.0590	4.8642	9.2310	14.0050
2005	0.0197	0.6178	0.0000	0.0000	1.0179	4.1195	11.3249	12.1901
2006	0.0262	0.9455	0.0001	0.0036	1.1372	3.8961	3.6975	29.6217
2007	0.0227	1.0256	0.0001	0.0145	0.9128	3.9363	4.5433	25.2230
2008	0.0206	1.1388	0.0000	0.0170	1.0666	1.2232	3.6168	21.4169
2009	0.0129	1.0628	0.0002	0.0176	1.0749	1.6744	3.2248	18.9401
2010	0.0175	1.2094	0.0000	0.0166	1.0834	2.0250	2.4531	20.5926
2011	0.0119	1.3856	0.0009	0.0136	1.0901	2.0890	7.1474	5.8994
2012	0.0061	1.4448	0.0001	0.0208	1.0525	2.8823	7.2538	6.5194
2013	0.0015	1.5925	0.0000	0.0316	0.9968	3.0184	7.3263	6.5841
2014	0.0005	1.5375	0.0042	0.0457	0.8529	2.9861	7.8199	7.7860
2015	0.0000	2.4230	0.0022	0.1113	1.3281	4.9650	12.2707	18.2233
2016	0.0002	1.5856	0.0020	0.1243	1.2443	2.6545	10.6586	17.4544
2017	0.0002	1.8756	0.0015	0.0986	1.1223	2.0973	10.3465	18.3454

数据来源：UN Comtrade

与世界上主要贸易国的 6 种主要农产品的 RCA 对比后发现，2001 年以来中国主要农产品均不具有贸易竞争优势，且竞争劣势还有不断加剧的趋势。这一结论与许多前人的研究结果一致。如果再往前 10 年，其中一部分产品如大米、玉米、猪肉还具有一定的竞争优势，但进入 21 世纪以来，这种竞争优势逐渐减小，RCA 逐渐小于 1，变成竞争劣势，而另一部分产品如小麦、大豆、牛肉等则始终处于竞争劣势。从农产品贸易发生情况来看，中国农产品的主要出口市场为亚洲地区，农产品主要进口市场为北美洲和南美洲。从中国农产品进出口品种上看，粮食、蔬菜、水果和水产品出口量增长较快，大豆、油脂和棉花进口量较大。

尽管中国主要大宗农产品在出口竞争力方面均已处于劣势，但从 2017 年的农产品自给率来看，除大豆以外，其他主要农产品的自给率都仍然保持在一个良好的水平，特别是大米、小麦等主粮作物的自给率都在98%左右，水果、蔬菜的竞争力稍强，能够达到 100%及以上（表 3-9）。

表 3-9　2017 年主要农产品自给率

产品	自给率	产品	自给率
大米	98%	糖料	76%
小麦	98%	蔬菜	102%
玉米	98%	水果	100%
大豆	11%	猪肉	99%
棉花	80%	牛肉	91%
油籽	84%	牛奶	75%

数据来源：国家农业部门均衡模型（CAPSiM）模拟结果

综合而言，尽管在出口贸易方面中国主要的大宗农产品已经不具有竞争优势，但是在蔬菜、水果等园艺作物方面还保持一定的优势，在自给率，即实现主粮完全自给的目标方面完成较好。在土地资源十分紧张、土地资源禀赋并不占优势的条件下，能够保证土地密集型农产品如大米、小麦、玉米等主粮自给率保持在一个较高的水平，说明中国农产品综合竞争力并没有 RCA 显示的那么差。

三、中国及主要农产品贸易国形成农产品竞争力差距的原因分析

影响农产品竞争力的主要因素包括科技、资源禀赋和政策支持等方面。农产品的单产体现了综合因素的影响。就单产而言，中国的农产品生产水平处在世界中等水平，有些农产品（如水稻）的生产水平甚至是世界领先的。从单产来看，中国大多数农产品与世界上先进水平的差距并不显著。其中差距较大的是大豆和牛肉的单产水平（表 3-10）。

表 3-10　中国与主要农产品贸易国农产品单产的对比　（单位：kg/hm², kg/头）

农产品	国家	2005 年	2010 年	2011 年	2012 年	2013 年	2014 年
水稻	中国	6 260.1	6 553.0	6 687.3	6 741.1	6 717.3	6 815.2
	日本	6 648.3	6 513.5	6 662.4	6 738.8	6 728.0	6 697.8
	泰国	2 962.5	2 883.7	3 101.3	3 178.1	3 146.3	3 058.6
	美国	7 424.5	7 537.5	7 921.0	8 348.7	8 623.2	8 491.9
小麦	中国	7 436.6	4 748.4	4 837.4	5 013.5	5 055.3	50 48.1
	德国	7 465.1	7 310.2	7 013.9	7 331.2	7 997.9	8 629.6
	美国	2 823.1	3 116.7	2 942.2	3 115.4	3 172.0	2 943.8
玉米	中国	5 287.4	5 459.8	5 748.1	5 883.5	6 016.1	—
	阿根廷	7 358.7	7 804.0	6 350.3	6 350.3	6 603.7	6 600.0
	巴西	3 040.3	4 366.7	4 210.7	5 005.7	5 253.6	5 176.2
	美国	9 285.2	9 592.3	9 236.3	7 743.9	9 969.5	10 732.6
大豆	中国	1 834.3	1 771.1	1 836.1	1 814.4	1 759.9	1 812.8
	阿根廷	2 728.7	2 905.3	2 605.3	2 281.4	2 539.1	2 773.5
	巴西	2 230.3	2 947.5	3 121.4	2 636.6	2 928.5	2 865.9
	美国	2 896.0	2 922.4	2 819.9	2 686.7	2 961.5	3 213.4
猪肉	中国	75.8	73.2	73.3	73.8	74	—
	德国	93.3	93.6	94.0	93.8	93.7	—

续表

农产品	国家	2005 年	2010 年	2011 年	2012 年	2013 年	2014 年
猪肉	美国	87.8	92.3	93.1	93.2	93.7	
牛肉	中国	138.7	141.3	141.5	142.2	142.5	—
	巴西	244.2	254.2	266.8	269.9	263.0	—
	阿根廷	217.9	231.3	230.9	231.5	232.6	—
	澳大利亚	309.3	316.8	314.7	313.7	317.3	—
	日本	407.7	422.6	426.1	432.4	428.7	—
	美国	336.1	341.0	339.6	348.1	350.7	—

数据来源：联合国粮食及农业组织统计数据库（FAOSTAT）

"—"表示此处无数据。下同

在资源禀赋方面，中国并不占优势，主要的资源要素包括土地、劳动力和资金。特别是从人均农业增加值的对比来看，虽然从 2001 年中国人均农业增加值增长迅速，但是与农业发达国家相比，还是有较大差距，只比泰国稍强一些（表 3-11）。

表 3-11　以 2005 年不变价计算的中国及主要农产品贸易国人均农业增加值

（单位：美元/人）

年份	阿根廷	澳大利亚	巴西	中国	德国	日本	泰国	美国
2001	3627.29	7990.78	1096.13	286.14	899.23	2499.93	369.63	1699.81
2002	3574.98	6312.44	1173.21	299.09	890.48	2889.11	372.56	1761.60
2003	3856.83	7944.79	1247.43	311.64	912.57	2862.39	420.35	1930.55
2004	3834.21	8274.79	1279.73	337.013	1216.02	2816.69	419.98	2051.07
2005	4326.26	8477.83	1296.76	361.06	879.50	3112.307	425.12	2148.32
2006	4571.67	7172.11	1369.45	385.80	832.54	3310.964	448.88	2234.07
2007	4885.95	7619.90	1425.78	407.45	1054.49	3798.512	465.94	1926.90
2008	4379.03	8903.49	1517.72	437.38	1279.25	4396.59	489.58	2055.4
2009	4167.28	8773.79	1474.14	464.46	1249.82	4305.587	499.02	2318.05
2010	4858.35	9068.68	1589.46	494.00	954.285	4615.082	507.63	2360.40
2011	4737.77	9137.39	1695.41	525.70	863.694	5098.678	551.12	2256.26
2012	4386.68	8625.00	1668.81	561.108	923.278	5544.83	581.71	2072.68
2013	4887.07	8989.25	1817.53	595.61	971.548	6146.714	595.86	2459.35
2014	5139.07	9397.71	1842.68	633.86	1053.54	6591.511	609.91	2526.52

数据来源：FAOSTAT

竞争力产生差距的原因是多方面的。

1）汇率。人民币坚挺走高，使国际农产品折算后的价格低于国内市场价格，加剧了国内外农产品比价关系的失衡。

2）成本。国内农产品生产成本上升导致价格提高，其中劳动力成本上涨最快，涨幅超过 1.5 倍，土地成本涨幅超过 1 倍，物质投入的成本虽然占比有所下降，但是绝对值仍然在上涨。

3）价格。国际市场上国际能源价格低迷与国际粮食价格下跌的同步加剧了价差的形成，其中低迷的能源价格令运输成本大幅度下降，这进一步刺激了国际贸易，使国外农产品的到岸价格更具优势。

具体分析一下成本和价格两个方面的因素。

（一）成本比较

1. 主要粮食作物

根据《全国农产品成本收益资料汇编》数据计算，国内主要粮食作物每 50kg 主产品生产成本增长速度均明显快于美国，2012 年中国主要粮食作物的生产成本已全线高于美国，包括原来具有成本优势的水稻与小麦（表 3-12）。进一步分析可以发现，中国粮食作物生产成本上升主要是由人工成本与土地成本上升所导致的，过去 10 年，四大作物的人工成本占比、土地成本占比均出现了上升，物质与服务费用则出现了相对下降。

表 3-12　2009～2014 年中美主要粮食作物成本与出售价格对比　　　　（单位：元）

农产品	指标	国家	2009 年	2010 年	2011 年	2012 年	2013 年	2014 年	2009～2014 年变化幅度
水稻	总成本	美国	83.64	87.45	92.92	87.91	87.48	86.15	3.00%
		中国	72.44	84.04	95.15	108.65	120.34	119.78	65.35%
	平均出售价	美国	109.09	84.33	105.18	102.25	115.86	106.33	-2.53%
		中国	99.08	118.00	134.53	138.07	136.52	140.63	41.94%
小麦	总成本	美国	89.93	71.03	89.25	78.52	91.22	96.32	7.11%
		中国	73.03	81.58	89.19	105.60	119.48	110.53	51.35%
	平均出售价	美国	68.01	59.08	87.23	88.02	80.63	72.64	6.81%
		中国	92.41	99.01	103.95	108.31	117.81	120.59	30.49%
玉米	总成本	美国	47.11	49.90	55.08	67.28	52.84	48.98	3.97%
		中国	62.21	67.89	78.91	91.55	101.07	103.86	66.95%
	平均出售价	美国	48.27	58.64	72.87	84.25	56.17	42.79	-11.35%
		中国	82.01	93.62	106.07	111.13	108.81	111.85	36.39%
大豆	总成本	美国	96.08	100.93	108.79	116.33	123.75	112.24	16.82%
		中国	143.40	142.38	163.40	193.37	222.39	228.21	59.14%
	平均出售价	美国	117.20	119.41	142.31	158.95	142.98	117.48	0.24%
		中国	184.17	193.61	204.17	236.39	234.36	219.41	19.13%

注：根据《全国农产品成本收益资料汇编》整理，其中美国农产品成本收益数据来源于美国农业部经济研究局（ERS），各年美元与人民币汇率按当年全年平均汇率计算

2. 主要畜禽产品

现代农业产业技术体系提供的资料显示，中国主要畜禽产品生产成本同样高于发达国家。从 2008 年开始，中国生猪生产成本超过加拿大，2010 年超过美国，2012 年超过部分欧洲国家。2013 年中国生猪生产成本达到了 1.78 欧元/kg，高于西班牙、法国、丹麦、荷兰、比利时和奥地利，只低于德国和欧盟的平均水平，但已经非常接近。2013 年中国猪肉生产成本中饲料成本所占比例达到 74.57%，每千克猪肉所需要的饲料成本为 1.33 欧元/kg，明显高于美国、加拿大、巴西、西班牙、丹麦等国。中国生猪养殖的人工成本为 0.36 欧元/kg，是北美 3 倍多，欧洲 2 倍多。

　　2007年以前中国牛肉生产相比进口牛肉具有成本优势，但这种优势在逐年降低。2008年以后国产牛肉生产成本开始高于其他国家，逐步转化为成本劣势。中国肉牛养殖以家庭经营为主，农户经营分散、规模小，生产成本日益提高，分摊后单位肉牛产品成本显著高于其他国家。从中国肉牛养殖的生产成本构成来看，在物质与服务费用上显著高于美国，导致其市场竞争力日益下滑，很难抵御发达国家牛肉的低成本优势。

（二）价格比较

1. 主要粮食作物

　　生产者价格是生产者出售其商品时的价格。通过比较中国与典型国家主要粮食作物的生产者价格，可以发现国内的粮食生产者价格全面高于典型国家（表3-13和表3-14）。表3-14为中美两国主要粮食作物每50kg主产品的出售价格，可以看出近年来美国主要粮食作物的出售价格基本不变或大幅下降，2009～2014年最大的变化幅度为减少11.35%，中国主要粮食作物的出售价格则大幅上升，增幅最少的是大豆，上涨了19.11%；最多的是水稻，上涨了41.94%。

表3-13　中国与典型国家主要粮食作物的生产者价格比较

作物	国家	2000 年	2005 年	2010 年	2011 年	2012 年	2013 年
水稻	泰国（美元/t）	108.47	172.24	270.48	335.42	318.08	257.16
	中国（美元/t）	205.35	320.99	296.60	403.87	456.42	492.31
	中泰价格比	1.89	1.86	1.10	1.20	1.43	1.91
小麦	美国（美元/t）	96	126	209	266	286	252
	加拿大（美元/t）	91.58	98.27	177.09	236.89	253.71	255.28
	法国（美元/t）	93.70	116.48	244.77	268.49	284.57	246.75
	中国（美元/t）	118.26	171.21	279.47	321.52	323.30	355.11
	中美价格比	1.23	1.36	1.34	1.21	1.13	1.41
	中加价格比	1.29	1.74	1.58	1.36	1.27	1.39
	中法价格比	1.26	1.47	1.14	1.18	1.14	1.44
玉米	美国（美元/t）	73	79	204	245	271	176
	巴西（美元/t）	110.37	118.95	169.89	256.47	226.92	202.02
	中国（美元/t）	410.70	189.18	273.26	321.83	383.52	489.09
	中美价格比	5.63	2.39	1.34	1.31	1.42	2.78
	中巴价格比	3.72	1.59	1.61	1.25	1.69	2.42
大豆	美国（美元/t）	167	208	415	459	529	478
	巴西（美元/t）	156.27	199.78	359.83	426.17	508.56	465.08
	中国（美元/t）	287.49	401.55	738.55	803.41	841.52	677.94
	中美价格比	1.72	1.93	1.78	1.75	1.59	1.42
	中巴价格比	1.84	2.01	2.05	1.89	1.65	1.46

注：根据联合国粮食及农业组织（FAO）数据整理

表 3-14　中美主要粮食作物每 50kg 主产品出售价格比较

作物	国家	2009 年	2010 年	2011 年	2012 年	2013 年	2014 年	2009~2014 年变化幅度
水稻	美国（元）	109.09	84.33	105.18	102.25	115.86	106.33	-2.53%
	中国（元）	99.08	118.00	134.53	138.07	136.52	140.63	41.94%
	中美价格比	0.91	1.40	1.28	1.35	1.18	1.32	—
小麦	美国（元）	68.01	59.08	87.23	88.02	80.63	72.64	6.81%
	中国（元）	92.41	99.01	103.95	108.31	117.81	120.59	30.49%
	中美价格比	1.36	1.68	1.19	1.23	1.46	1.66	—
玉米	美国（元）	48.27	58.64	72.87	84.25	56.17	42.79	-11.35%
	中国（元）	82.01	93.62	106.07	111.13	108.81	111.85	36.39%
	中美价格比	1.70	1.60	1.46	1.32	1.94	2.61	—
大豆	美国（元）	117.20	119.41	142.31	158.95	142.98	117.48	0.24%
	中国（元）	184.17	193.61	204.17	236.39	234.36	219.41	19.11%
	中美价格比	1.57	1.62	1.43	1.49	1.64	1.87	—

注：根据《全国农产品成本收益资料汇编》整理，其中美国农产品成本收益数据来源于美国农业部经济研究局（ERS），各年美元与人民币汇率按当年全年平均汇率计算

2. 主要畜禽产品

与典型国家主要畜禽产品的生产者价格对比中，中国猪肉、羊肉、肉鸡、牛奶四大主要畜禽产品生产者价格增长速度明显快于典型国家，2013 年单位畜禽产品的生产者价格高于美国、法国等典型国家，不具有竞争优势。以肉鸡为例，中国肉鸡价格在 2002 年以前具有较大的价格优势，但是由于中国肉鸡生产成本及人民币汇率不断上升，2003 年之后肉鸡生产者价格呈现快速增长态势，明显高于美国和巴西这两个肉鸡生产国，也明显高于其他发达国家（表 3-15）。

表 3-15　中国与典型国家主要畜禽产品的生产者价格比较

产品	国家	2000 年	2005 年	2010 年	2011 年	2012 年	2013 年
猪肉	美国（美元/t）	1332.39	1539.44	1680.28	2028.17	1992.96	2087.32
	法国（美元/t）	1187.48	1555.08	1581.61	1884.99	1915.20	2019.88
	中国（美元/t）	1064.20	1475.59	2400.30	3540.25	3350.24	3234.75
	中美价格比	0.80	0.96	1.43	1.75	1.68	1.55
	中法价格比	0.90	0.95	1.52	1.88	1.75	1.60
肉鸡	美国（美元/t）	1027.40	1328.77	1489.04	1386.30	1543.84	1809.59
	巴西（美元/t）	—	976.58	1452.40	1961.66	2100.10	2526.86
	中国（美元/t）	774.78	1437.76	2484.49	2910.22	2839.94	3041.05
	中美价格比	0.75	1.08	1.67	2.10	1.84	1.68
	中巴价格比	—	1.47	1.71	1.48	1.35	1.20

注：根据 FAO 数据整理

中国主要农产品均存在国内外价格倒挂现象，不具有成本与价格优势。一方面是因为当前世界经济形势不佳、国际粮食供给充足、美元走强等因素综合作用，推动国际农产品价格持续走低；另一方面是因为国内农业生产仍以分散式经营为主，以土地、劳动力为主的生产成本上升直接导致国内农业生产高成本与农产品价格高企。另外，国内农

产品品质较低，在品相、口感、抗逆性等方面与发达国家存在一定差距，体现不了质量优势，使得中国农产品总体竞争力普遍较弱。

第二节 世界主要农产品贸易国农业政策转型
及典型案例分析

一、美国农业政策转型

（一）农业商品支持政策转型

1. 紧急价格支持政策时期（1929～1945 年）

美国最初的农业支持政策并非用于鼓励生产，因为此时美国所面临的问题不是农产品不足，而是农产品过剩。美国联邦政府于 1933 年开始对农业实施保护政策，并以《农业调整法》的形式开展，这种"紧急价格支持"政策从最初应对经济危机，到后期应对第二次世界大战以及战后一些由美国主导的局部战争，维持了很长时间。主要的目标是控制供给、提高农民收入。主要采取的措施是：休耕补贴，即农户减少过剩农产品的种植面积即可获得补贴。此外还有无追索权贷款，无追索权贷款允许农户在农产品价格下降，且农产品价格低于保护价水平时，保护价作为价格地板，农户通过质押低价农产品来代替偿还贷款，即无追索权贷款本身成为补贴农户的资金（崔海霞和宗义湘，2017）。这些政策的实施在提高农户收入、稳定市场方面起到了积极作用，之后爆发的第二次世界大战为美国解决了农产品剩余问题。

2. 价格支持与保护制度化时期（1945～1996 年）

第二次世界大战后，美国的农业保护政策出现一些新的争论，但是价格保护政策仍然是农业保护政策的核心。从 1985 年《食品安全法》开始实施，美国农业政策的重心在于削减联邦政府预算支出，同时增强美国农产品的国际竞争力。美国政府逐渐将自身角色从农业发展的直接干预中剥离，更多地依靠市场机制来调节农业的生产和销售，而将政策的重点放在对农业的支持和保障农民的收入上。具体措施为：降低对农产品价格的支持标准、减少政府补贴面积；鼓励农场主根据市场需求调整产品结构；通过国际农产品贸易谈判等方式积极扩大出口。特别值得注意的是，美国 1985 年的农业法为 1986 年美国积极倡导开展的"乌拉圭回合"贸易谈判埋下了伏笔。"乌拉圭回合"贸易谈判首次将农业纳入《关税及贸易总协定》（GATT）谈判，旨在降低各国农业关税、改善市场准入、减少国内支持对贸易的扭曲，这从国际市场的角度扩大了美国农产品的需求，而且提供了一条国内农业政策与国际贸易谈判结合的相辅相成的思路。在这一大背景下，1990 年《食品、农业、资源保护和贸易法》延续了 1985 年农业法的调整方向，继续降低价格支持水平，放松生产控制，减少农业补贴，积极扩大农产品出口，这些农业政策进一步推动了农业生产的市场化。

3. 从价格支持向直接补贴、风险管理转变时期（1996 年至今）

以"乌拉圭回合"贸易谈判协定的履行为契机，1996 年农业法进一步减少了政府对农业生产的直接干预，其核心内容为实施脱钩直接补贴，以建立在历史记录基础上的直接支付来取代价格支持与供给管理计划，农民的收入保障从以价格支持为重点转向以直接的收入保障为重点。2002 年农业法重点关注农场安全，更加重视经营风险管理和灾害援助，建立了反周期支付、农作物平均收入选择计划和补充农业灾害援助等一些新制度，构筑了有效的农场安全网。2008 年《食品、保护和能源法》在完善农业安全网的基础上，更注重食品安全、环境保护和能源安全等。最新的 2014 年农业法更是将风险管理、农业保险等政策手段作为主要的政策工具（詹琳，2015）。可以看出美国农业政策，特别是支持政策的转型是逐渐从价格干预向风险管理转变的。

（二）贸易结构变化与贸易政策转型

美国是世界上主要的农产品出口国，其主要贸易政策的目标是遏制海外农产品进口，保护国内农产品市场的同时开拓海外市场。

美国采取的贸易政策，一方面是遏制进口。美国是世界上关税税率最低的国家之一，所以主要采用控制进口的反倾销手段，以抵抗来自其他国家的产品冲击。同时，美国采用 WTO 的《农业协议》（AOA）引入临时关税，并采用非关税壁垒，如农产品质量准入、卫生和植物检疫措施、原产地标识等来抑制进口。

美国采取的贸易政策，另一方面是促进出口。在受到"乌拉圭回合"贸易谈判以及 AOA 政策的限制前，美国主要采取的手段是出口补贴、出口信贷和粮食援助。在 20 世纪 50 年代，美国凭借其出口补贴、粮食援助等手段，大量向国际市场倾销其农产品，尤其以小麦为最。直到 20 世纪 90 年代，美国才允诺逐渐减少直接出口补贴政策。农产品出口振兴项目直到 2008 年的农业法实施才被取消，而牛奶的出口鼓励计划到 2014 年的农业法实施才宣布取消。美国目前每年仍拿出 2 亿美元来开展在海外市场拓展的一系列项目，主要的扶持对象是各大主要协会。

（三）农产品质量安全转型

农产品质量安全关系到广大人民群众的生命和身体健康。20 世纪之前，美国农产品质量安全问题虽时有发生，但并未受到太多重视。直到 20 世纪初，美国政府逐渐认识到农产品质量安全的重要性，开始制定一系列法律法规，也慢慢积累了许多行之有效的制度和管理经验。

1. 法律法规的基础保障

1906 年 6 月 30 日，美国国会颁布了农产品质量安全监管史上一部里程碑式的法律——《纯净食品和药品法》（Pure Food and Drug Act），这部法律镌刻着进步时代的气质，它是美国农产品规制的肇始，首次全面规定了联邦政府在美国食品规制中所应承担的责任，奠定了美国现代食品药品法的雏形与骨架，促成了美国食品药品监督管理局的诞生。而实际上，在 1879 年 1 月 20 日到 1906 年 6 月 30 日，美国国会规制食品和药品的动议有 190 次之多，但屡遭挫败。学者研究表明，在 1906 年《纯净食品和药品法》

的形成过程中，有科学家的奔走呼号，有政治家的纵横捭阖，有产业界的战略策划，有传媒业者的不懈呼吁，有畅销书作家的推波助澜。1996年，美国制定了《食品质量保护法》，对初级农产品质量安全专门进行了全面的规定。

2. 积极开展农产品认证

作为世界上最大的农产品生产国和出口国，为满足农产品国内和国际市场贸易的需要，美国积极开展农产品认证。从19世纪初的种子认证开始，经过100多年的发展，美国逐渐形成了认证种类齐全、功能定位明确的多元化农产品认证体系。在保障农产品质量安全、提高农产品竞争力、规范市场行为、指导消费、保护环境和人民生命健康以及促进对外贸易等方面发挥了重要的作用。目前美国有十几种与农产品相关的认证种类，按照其执行标准大致可分为强制性认证和自愿性认证两大类。具体来看，为满足各界公众对农产品质量安全的要求，美国政府在农产品生产、加工和流通领域进行强制性认证，这些强制性认证有药品生产质量管理规范（GMP）、危害分析的临界控制点体系（HACCP）、良好农业规范（GAP）等；除此之外，还有属于自愿性认证的有机食品认证、公平贸易认证等。

3. 建立可追溯制度

从20世纪90年代开始，许多国家和地区通过建立追溯制度来推进食品质量安全管理，美国是较早开展食品追溯标准化工作的国家。2002年美国国会通过了《生物性恐怖主义法案》，将食品安全提高到国家安全战略高度，提出"实行从农场到餐桌的风险管理"。国家对食品安全实行强制性管理。在该法案的指导下，食品药品监督管理局（FDA）制定了《记录建立和保持的规定》《生产设施注册及进口食品运输前通知的规定》和《管理性扣留的规定》等法规，为企业和执法者提供了实施食品追溯的技术与执法依据。例如，从2003年开始，美国农业部在畜产品方面开始计划建立家畜追溯体系，要求生产者、零售商和加工厂商认真做好家畜跟踪记录，以便建立家畜标识，帮助消费者了解家畜的出生、养殖、屠宰和加工过程。2004年FDA又公布了《食品安全跟踪条例》，要求所有涉及食品加工、运输、配送和进口的企业建立并保全相关食品流通全过程的记录，并要求所有与食品生产有关的企业到2006年底都必须建立食品质量可追溯制度。此外，美国食品药品监督管理局和食品安全检验局（FDA-FSIS）制定了食品召回规定和规范市场的《联邦安全和农业投资法案》。

4. 监管部门分工明确各司其职

美国负责农产品安全的机构主要包括3个部门：农业部（USDA）、卫生和公共事业部（HHS）及环境保护署（EPA）。农业部主要负责肉类、家禽及相关产品和蛋类加工产品的监管；卫生和公共事业部负责其他食品、瓶装水、乙醇含量低于7%的葡萄酒饮料的监管；环境保护署则主要监管饮用水和杀虫剂。此外，美国商业部、财政部和联邦贸易委员会也不同程度地承担了部分食品安全监管职能。在美国这种多部门管理的模式下，农业部的管理环节也涵盖了其管理农产品（肉、禽、蛋）的生产、加工、销售乃至进口环节，如为生产、加工厂商制定生产标准并进行检查、采样分析，要求厂商召回不安全的产品，对向美国出口肉类和家禽产品的出口厂商进行检查等。由于美国的食品安全监督管理由多个部门负责，因而其特别强调团队管理的方法，强调各机构间的协调和配合。1998 年，美国先后成立了"食品传染疾病发生反应协调组"和"总统食品安全委员会"，以加强各食品安全机构之间的协调与联络。

（四）农业环境保护与农村发展转型

为了解决农业生产活动造成的环境污染问题，美国政府采取了各种政策措施，希望通过发展绿色农业来改善农业污染问题。

1. 绿色农业补贴政策

虽然美国农业已基本实现了现代化，但在发展过程中已经造成了生态环境的破坏。因此，美国农业部门对原有的农业法案进行了如下修改。

1）着手改革商品粮生产计划和其他政策条款。首先，给农民更大的自由度去选择他们自己愿意种植的农作物。农民可用其拥有土地的 25%面积种植其他作物，虽然这部分无法获得政府补贴，但是可以促进种植品种的多样化，对于改善土壤、水质，减少温室效应有决定性的作用。其次，农业政策改革聚焦，采用农业环境保护标准来衡量休耕的土地。据此，在土地经营中，农业部官员有权根据环境保护标准对休耕地面积进行适当调整。在保持每年休耕地总面积不变的情况下，每户农民的休耕地面积会有不同。休耕地面积较大的一方农业收入减少，但获得的政府补贴增加；另一方却相反，通过这种措施从而使得双方都有积极性。

2）将农业支持与环境保护进行捆绑，逐步将农业补贴转化为农业污染补贴。美国政府要求受补贴农民必须自觉地检查他们的环保行为，定期对自己农场所属区域的野生资源、森林、植被进行调查；同时要对土壤、水质、空气进行检验和测试，限期向有关部门提交报告。政府根据农民的环境保护情况来决定是否给予补贴以及补贴的金额。

2. 杀虫剂规制政策

美国的杀虫剂规制经历了漫长的历史过程，起初是鼓励杀虫剂的使用，在其负面效应逐渐暴露之后，政府开始控制。1947 年，美国国会通过《联邦杀虫剂、杀真菌剂和灭鼠剂法》（FIFRA），设立了杀虫剂登记制度，法规要求环境保护署在兼顾各方利益的前提下尽可能限制那些对人体或环境有害的杀虫剂；要求在美国销售的任何杀虫剂必须登记注册并对其使用和限制条件进行标注，否则禁止销售。此外，制造厂每年要接受政府执法部门的检查并且每 5 年登记一次。从此，杀虫剂规制将环境影响纳入其关注范围，并引入成本收益分析方法来权衡使用杀虫剂带来的收益及相关的经济、社会和环境成本，从而平衡各方利益。

上述规制曾经发挥过一定作用，但人们对使用杀虫剂所产生的风险和收益难以给予准确判断，所以成本收益分析方法依然存在一定的缺陷。在此基础上，美国政府提出了综合性害虫控制体制，考虑农业生产中的诸多因素，并试图减少作物生产中杀虫剂的使用。农业生产技术强调综合使用一般的害虫控制手段来控制害虫的破坏及其传播，以经济和生态友好的方式最大限度地控制害虫，通过综合使用各种技术策略确保农业产量，并确保害虫造成的农业损害最小化，同时使人类、动植物和环境遭受危险的程度最小化。

3. 资源保护政策

美国绿色农业的一个目标是防止或减少农业生产直接导致环境问题。由此实施的资源保护政策成为其推广绿色农业的一项重要举措，具体包括以下几个方面。

（1）土地休耕计划

美国土地休耕计划是自愿性计划，其主要目的是通过在退耕土地上种植耐久性的草本、灌木和树木来保护土壤、水源与野生动物，政府提供年度租金、特定活动的激励金和在适宜庄稼地上种植被批准的保护层的成本补贴，通过扩大土地休耕计划的成本效益来实现所设定的土地休耕目标。土地休耕政策可从根本上减少对土地的利用，从而降低因过度耕种而带来的资源环境破坏。

（2）在耕土地保护政策

在耕土地保护政策支持农民在农业土地（包括耕地、牧场、树林等）上采用，并且保持利于环保的土地管理和结构保护方法，政府则提供成本分担，或者奖励、补贴。与土地休耕政策相比，在耕土地保护政策灵活性较强，因而农民可以自己根据土壤、天气、管理技术等的实际情况，以最低的成本制定资源保护策略。

（3）环境质量激励政策

环境质量激励政策指政府针对农民在土壤、水分、空气和相关自然资源方面所面临的生态问题，为农民提供资金补贴和技术援助，鼓励农民采取适当的生态措施开展农业生产，实现促进农业生产和改善生态质量。该政策能够从资金和技术等方面协助农民在农业生产过程中充分考虑环境质量问题，提高了农民的环保积极性，对美国绿色农业的发展起到了推动作用。

4. 环境立法政策

美国习惯通过制定法律解决各类问题。农业资源和生态环境涉及整个国民的利益，美国更加重视依靠法律来解决问题。

（1）土地资源保护立法

1933 年，美国国会通过了《国家工业复兴法》，明确提出控制土壤侵蚀计划。1936 年，国会通过了专门的土壤保护法律，即《土壤保护和国内配额法》，把土壤保护和调整农业结构结合起来。1956 年，《土地法》提出土地银行计划，分为耕地面积储备计划和土壤保护储备计划。可见，美国在很早就已经意识到保护环境的重要性，对土地资源的利用以法律形式进行规范。

（2）水资源保护立法

1965 年，美国通过了第一个水资源保护法律《水质法》，到 1970 年，又开始实施《国家环境政策法》。1976 年，颁布《有毒物质控制法》，进一步加强了对有毒物质的控制，以保护水资源的清洁。1977 年，美国国会通过了一个关于农村清洁水计划的修正法案，为那些采用措施减轻无定点污染的农场主分摊一部分费用。

（3）农药生产使用立法

为了保护人类生存环境，美国对杀虫剂立法工作十分重视。1947 年，通过《联邦杀虫剂、杀真菌剂和灭鼠剂法》，首次提出杀虫剂要进行登记，规定了杀虫剂登记和标签的内容。1954 年和 1958 年，相继通过 3 个补充规定，对杀虫剂在农业初级产品中的允许残留量作了明确限制。1972 年，通过《联邦环境杀虫剂控制法》，第一次规定将杀虫剂分为两类，即通用类和限制类，并实施杀虫剂使用许可证制度。

二、日本农业政策转型

日本是世界主要农产品进口国。进入 21 世纪以来，日本的农业同样面临诸多挑战，受地理和地形限制，日本能够用于耕作的土地仅有 480 万 hm^2，户均占有的土地面积也较小，仅为 1.5hm^2；不仅如此，农业人口减少、农业劳动力高龄化等问题也困扰着日本。为了保护本国农业，日本采取了高补贴、高关税的农业保护政策。但是这种高补贴、高关税的农业保护政策导致了目前日本农业竞争力低下，农业设备不够先进等状况（OECD，2009a，2009b）。

近年来，日本政府逐渐将农业政策的重心向提高农业竞争力方向转移，通过为大农户提供直接补贴、改革土地制度等方式来提高农户生产规模。尽管农业仍然以小规模的农户经营为主，但通过 50 年的发展与改革，日本农业逐步从战后的落后状态走向了现代化。本部分主要介绍日本农业保护政策的变迁和日本农业补贴概况，着重介绍大米的一些保护与补贴政策，并对日本农业政策的效果进行评估。日本的农业补贴政策经历了几十年的变化，这其中既有值得我们学习的经验，也有值得我们借鉴的教训。

（一）农业产业支持政策转型

日本的农业政策大体上可以分为以下三个阶段。

1. 战后重建阶段（1945～1960 年）

这一时期，日本面临战后粮食严重不足的困境，其主要的政策目标是提高粮食产量，主要实施的是粮食增产奖励、分配种植面积等政策。

2. 经济高速发展阶段（旧《农业基本法》时期，1960～1999 年）

进入 20 世纪 60 年代之后，粮食不足得到缓解，农工收入差距扩大，消费者消费偏好发生变化，贸易自由化压力逐渐加大，这一时期的政策目标从粮食增产向缩小城乡收入差距、发展农业转变。这一时期的政策主要是有选择性地扩大农作物，如畜产品、果蔬等的生产，提高农业生产力，通过价格和流通政策稳定农产品价格，确保农户所得，并通过结构政策扩大农业经营规模和提高现代化程度。《农业基本法》在这一时期建立，并制定了一系列相关法律，以保护农业生产。

3. 经济衰退阶段（新《农业基本法》时期，1999 年至今）

经历了几十年的发展和变革，日本农业在 20 世纪末已经基本实现现代化，但是出现食物自给率下降、耕地面积减少、农业从业人口高龄化等问题，加上国际贸易自由化压力日益增大，为日本农业又提出了新的课题。这一时期日本农业政策的核心从"农业"向"食物"转移。1999 年日本制定了新的《农业基本法》，即《食物、农业、农村基本法》,主要政策目标是稳定粮食供给、充分发挥农业农村的多功能性、确保农业的可持续发展,并在2005年颁布《食物、农业、农村基本计划》等政策。

(二)贸易政策的变化——贸易保护政策

日本是世界上最大的农产品进口国之一,其贸易政策的变化与日本的贸易谈判同步。1993年底,"乌拉圭回合"贸易谈判在市场准入、出口补贴和国内支持三个领域的农产品政策上达成框架协议,并计划在1995~2000年予以实施。其中,日本最关心的就是农产品进口关税化问题,特别是大米的关税化政策问题。由于面临着巨大的国内政治压力,经过利弊权衡,最终日本还是决定推迟实施大米的关税化措施,转而选择履行进口义务,但自《农业协议》开始实施起,日本连续三年出现大米丰产,致使大米库存增加,因履行义务而进口的大米对国内市场形成了压力。尽管已经取消一切形式的出口补贴,但为了保护国内大米市场,日本政府将进口配额内的部分大米作物粮食援助出口至不发达国家,这实质上是一种变相的出口补贴。在国内,日本也根据WTO的相关规则进行了政策调整,如将大米、蔗糖等产品原来得到的价格支持逐步转向"绿箱"政策中的直接支付等。为了保护本国农业,日本政府灵活运用了《关税及贸易总协定》(GATT)和WTO体制下的其他相关规定,继续实施严密的农业贸易保护政策。

新一轮的"多哈回合"贸易谈判除了围绕市场准入、出口补贴和国内支持等方面政策进行减让之外,还将有关"非贸易关注"等事项列入了议题。在这一轮谈判中,日本提出了农业多功能性和多样性农业共存的观点,其实质仍然是试图维持现状并强调保护的必要性,其目的是削减对农业的保护,但保留适当限度的保护措施。

随着加入TPP,日本国内的贸易保护政策正在逐渐减让,正在逐渐取消一些应对贸易冲击的价格保护措施,如取消了针对牛肉、猪肉的价格保护带政策,取而代之的是由民间组织进行保护以应对贸易冲击。

(三)土地及农场规模转型

在20世纪下半叶,随着经济的发展,第二、第三产业日益强大,日本政府更加重视对农业的补贴和支持政策,使得日本的农业结构、农民收入、农产品贸易、食品自给率等都发生了很大变化。

从农户类型的变化看,专业农户所占的比例越来越小,兼业农户越来越多。其中,兼业农户包括第一种兼业农户和第二种兼业农户两种。第一种兼业农户是指以农业收入为主,非农业收入为辅的农户;第二种兼业农户是指以非农业收入为主,农业收入为辅的农户。

表3-16显示了日本专业农户向兼业农户演变的过程。1960年专业农户还占日本农户总数的1/3以上,2005年专业农户就已经减少到农户总数的1/6以下。在兼业农户中,大多数人的收入以非农业收入为主。第二种兼业农户占总农户数的比例到2005年则增加到了61.7%。

尽管农业从业人口和农户数量都在减少,但是每户的经营规模都在日益扩大,种植业尤其是在北海道地区的规模扩张更快。在北海道以外的地区,除受到严格保护的大米之外,畜产品的生产规模扩张速度也十分迅速(表3-17)。

表 3-16　日本农户数量变化情况

年份	农户（含兼业）（万户）	专业农户（万户）	专业农户所占比例	年份	农户（含兼业）（万户）	专业农户（万户）	专业农户所占比例
1960	606.7	207.8	34.25%	2002	302.8	43.9	14.50%
1965	566.5	121.9	21.52%	2003	298.1	44.3	14.86%
1970	534.2	83.1	15.56%	2004	293.4	44.1	15.03%
1975	495.3	61.6	12.44%	2005	284.8	44.3	15.55%
1980	466.1	62.3	13.37%	2010	252.8	45.1	17.84%
1985	437.6	62.6	14.31%	2011	156.1	43.9	28.12%
1990	383.5	47.3	12.33%	2012	150.4	42.3	28.13%
1995	344.4	42.8	12.43%	2013	145.5	41.5	28.52%
2000	312.0	42.6	13.65%	2014	141.1	40.6	28.77%

数据来源：日本农林水产省统计局

表 3-17　日本农户的经营规模变化

地区或农产品		1965 年	1975 年	1985 年	1995 年	2005 年	2014 年
地区							
	北海道（hm^2）	4.09	6.76	9.28	12.64	16.45	21.06
	北海道以外地区（hm^2）	0.79	0.80	0.83	0.92	0.95	1.32
农产品							
	大米（hm^2）	0.58	0.60	0.61	0.85	0.96	1.12
	奶牛（头）	3.4	11.2	25.6	44.0	59.7	71.4
	肉牛（头）	1.3	3.9	8.7	17.5	30.7	42.9
	生猪（头）	5.7	334.4	129	545.2	1233.3	1872.3

数据来源：日本农林水产省数据库

（四）农业环境保护与农村发展转型

1. 日本农业政策目标的调整与农业环境政策的初步形成

20 世纪 50 年代以来，随着工业革命和技术创新的不断发展，日本农业技术革新有了显著的进展，农药、化肥、除草剂、植物生长调节剂等农业化学品开始广泛应用。与此同时，农业活动对农业环境产生的不良影响也开始显现：土壤污染、水质恶化、大气污染等农业环境问题日益严重。然而，在这一时期，农业生产所引发的生态环境问题并没有引起日本政府的足够重视，日本的农业政策主要还是围绕农业生产展开的。在 1961 年颁布的战后第一部有关农业的《农业基本法》中，确立的政策目标是如何提高农业生产效率、增加农民收入和缩小工业农业收入差距，并没有涉及农业引起的环境污染问题。在 1970 年 12 月召开的临时国会上，公害问题成为其议论的焦点。会议制定和修改了 14 部与公害相关的法律，并于第二年增设了专职环境问题的环境厅。但这时的公害问题主要指的是工业污染，农业生产带来的环境污染和农产品安全问题仍没有得到足够重视，农业仅仅被视为工业和城市污染的受害者。

20 世纪 70 年代以后，随着国民环保意识的增强，以及由近代集约型农业生产方式带来的环境污染和农产品安全问题逐渐显现，日本政府开始倡导发展循环型农业，发挥农业所具有的物质循环功能。1992 年，农林水产省发布了《新的食物、农业、农村政策方向》（通称"新政策"），首次正式提出"环境保全型农业"的概念。环境保全型农业兼顾农业生产力的提高和减少化肥、农药等农业化学品对环境的负荷，因此也被称为"可持续性农业"。尽管新政策在当时并没有实质性的具体措施，但重要的是农业价值观发生了根本变化：日本农业政策关注的对象不再仅仅是农业，而是扩展为食品、农业、农村；政策目标不再局限于提高农业生产力、缩小工农业收入差距的层面，而是转变为农业的可持续发展、农业多元化功能的发挥、食物的稳定供给和农村振兴的"农业可持续和农村整体发展"综合层面。为具体落实环境保全型农业新政策，1994 年农林水产省设立了环境保全型农业推进本部，并制定了《环境保全型农业推进基本方案》。1999 年，《食物、农业、农村基本法》颁布实施。新农业法的出台宣布了从 1961 年开始指导日本农业长达 38 年的旧《农业基本法》使命的结束，进而从法律层面正式确定了农业政策目标的转变。2004 年 1 月，农林水产省下设的"食物、农业、农村政策审议委员会"对2000 年制定的《食物、农业、农村基本计划》进行了审议和修改。在这次会议上，"农业环境、资源保全政策"作为正式议题被提出并加以讨论，表明"农业环境政策"已与"经营安定对策""核心经营者与农地制度改革"等议题具有同等重要的地位，日本的农业政策已经开始正式朝着"农业环境政策"方向转变。2005 年，随着新的《食物、农业、农村基本计划》和《农业环境规范》等政策的颁布实施，日本环境保全型农业新政策开始进入实施阶段。

2. 落实环保农业扶持政策

环保农业扶持政策是日本农业环境政策的组成部分。日本政府通过财政补贴的方式，鼓励农民采取环境保全型农业生产方式。财政补贴的范围较为广泛，与农业环境保护密切相关的活动都可能获得政府的政策优惠。例如，为从事有机农业生产的农户提供农业专用无息贷款；对采用可持续型农业生产方式的生态农业者给予金融、税收方面的优惠政策；对堆肥生产设施或有机农产品贮运设施等进行建设资金补贴并实施税款返还政策。一般来讲，补贴途径分为现金补贴、政府贴息和税收减免等方式。具体实施方式是先由政府按照一定标准确认环保型农户，对于确定的环保型农户，银行可以提供额度不等的无息贷款，贷款时间最长可达 12 年；在设施农业建设上，政府或农业协同工会（农协）提供 50%的资金扶持，在税收上第一年可减免 7%～30%，之后 2～3 年还可酌情减免。上述优惠政策有效调动了农业经营者的积极性，对农业环境保护和可持续发展起到了积极的作用。

（五）日本农业政策效果评价

关于日本农业补贴政策的评价主要来自各国学者特别是日本本国学者的文献评价，还包括一些国际组织的政策评估。他们对日本所实施的农业补贴政策褒贬不一。日本的主要农业政策通过高关税、高补贴来保护本国农业生产。

正面评价：第二次世界大战后，通过几十年不断变革的补贴保护政策，日本的农业不断从传统模式向现代模式转型（OECD，2009a，2009b）；农业从事人口逐年下降，农户的经营规模正在不断扩大；农户的户数在逐年下降，专业农户相对保持稳定，农业专业化分工更为明确；而且通过各种补贴和保护政策，农户的收入也较为稳定，与城镇居民的收入相当。

负面评价：尽管日本的农业补贴政策为日本农业现代化进程作出了贡献，但高补贴、高关税的农业保护政策并不能完全解决日本农业所面临的危机，甚至有学者评价日本的大米保护政策形同虚设，这种高补贴、高关税的农业保护政策同时造就了日本国内农产品的高价格。这种农业保护政策集中在大米、小麦和牛奶这三种农产品上，以至于日本本国的农产品价格可能是国际市场价格的 6 倍甚至更高（温铁军等，2016；张斌，2016）。

尽管日本采取了高补贴的保护政策，但仍然不能改变日本食物自给率低下的状况，热量供应的食物自给率在 1961 年还高达 78%，到了 1995 年就已经降低到 43%，并在此后的 20 年始终保持在 40%左右（表 3-18）。而其中除了家庭主食用大米的自给率可以达到 100%以外，小麦、大豆等谷物的自给率甚至仅在 10%左右或以下。

表 3-18　日本主要食物自给率的变化　　　　　　　　　　（%）

项目		1995 年	2005 年	2006 年	2007 年	2008 年	2009 年	2010 年	2011 年	2012 年	2013 年
分品种自给率	大米	104	95	94	94	95	95	97	96	96	96
	主食用大米	100	100	100	100	100	100	100	100	100	100
	小麦	7	14	13	14	14	11	9	11	12	12
	豆类	5	7	7	7	9	8	8	9	10	9
	大豆	2	5	5	5	6	6	6	7	8	7
	蔬菜	85	79	79	81	82	83	81	79	78	79
	水果	49	41	38	40	41	42	38	38	38	39
	肉类（不含鲸鱼肉）	57	54	56	56	56	57	56	54	55	55
	鸡蛋	96	94	95	96	96	96	96	95	95	95
	牛奶及乳制品	72	68	67	66	70	71	67	65	65	64
主食用谷物自给率		65	61	60	60	61	58	59	59	59	59
热量供应自给率		43	40	39	40	41	40	39	39	39	39
生产额供应自给率		74	69	68	66	65	70	69	67	67	65

数据来源：日本农林水产省数据库

三、欧盟农业政策转型

欧盟的前身是 20 世纪 50 年代由 6 个主要的西欧国家建立的欧洲共同体（以下简称欧共体）。欧洲一体化的思潮由来已久，并在第二次世界大战结束之后达到高潮。1957 年 3 月 25 日，法国、联邦德国、意大利、荷兰、比利时与卢森堡在意大利罗马签订了《欧洲经济共同体条约》和《欧洲原子能共同体条约》（合称《罗马条约》），宣告欧共体的成立。1991 年 12 月 11 日，欧共体马斯特里赫特首脑会议通过了建立欧洲经济货币联盟和欧盟的《欧洲联盟条约》（通称《马斯特里赫特条约》，简称《马约》）。1992 年 2 月 7 日，各国正式签署《马约》。经欧共体各成员国批准，《马约》于 1993 年 11 月 1 日正式生效，欧共体开始向欧洲联盟过渡。

（一）欧盟农业补贴政策的历史进程

欧盟的农业补贴政策同样是在欧共体农业政策的基础上发展而来的。1962 年 1 月，欧共体成员国签署了《建立农产品统一市场的折中协议》，标志着欧共体共同农业政策（CAP）的诞生。

欧盟前期的农业补贴政策在最初实施的时间纬度和背景方面与日本的农业补贴政

策有许多相似之处。两者都是在第二次世界大战后，农业生产都受到极大创伤，通过利用战后的机遇期发展农业生产来改变农产品供不应求的状况。在改善了农产品供不应求特别是粮食不足的现状之后，尽管欧盟和日本都仍然采取了高保护、高补贴的政策，但是双方在农业保护、补贴的方式上走了完全不同的道路。20世纪90年代以后，原有的高补贴以及价格干预手段给欧盟各成员国带来了较重的财政负担，同时为了应对"乌拉圭回合"贸易谈判以及之后的"多哈回合"贸易谈判等一系列贸易自由化协议，欧盟对其成员国的农业政策开展了一系列的改革，逐步减少价格干预手段，进行收入直接补贴，并实行了与生产脱钩的"单一支付补贴"方案（韩喜平和李罡，2007），逐步从"黄箱"政策向"蓝箱"和"绿箱"政策转移。农业政策的主要目标也从最初的保障农产品供应，向提高农产品竞争力、改善农村环境、维护农业可持续发展等方向转变（表3-19）。

表3-19　欧盟主要农业补贴政策的变迁

时间段	政策实施背景	主要政策目标	主要政策内容
1962～1992年	第二次世界大战结束后，欧共体各成员国面临农产品供给不足，需要大量进口	提高欧共体各成员国农产品供应能力	制定和实施了共同农业政策，加大对农业的补贴力度，主要内容是实施农产品价格干预政策
1992～2002年	原有的高额农业补贴加重了欧盟各成员国的财政负担，同时为应对"乌拉圭回合"贸易谈判、"多哈回合"贸易谈判等要求，欧盟对原有的农业补贴政策开展了第一次改革；同时，大面积的粮食生产导致了环境恶化	提升欧共体农产品在世界市场上的竞争力、实施环境保护、促进农村发展	降低农产品的价格支持水平，控制农产品产量，实施农田休耕计划；导入农业生产者的收入直接支付政策和与粮食基础面积挂钩的直接补贴政策；调整农业产业结构和实施环境保护，充分发挥农业的多功能性和可持续性
2002年至今	进一步受到新一轮农产品贸易谈判的影响，也为了应对人们对食品安全、动物福利、生态保护等方面的要求，欧盟对农业补贴政策进行了进一步改革	更加注重农业农村的可持续发展	减少和废除对部分产品的价格干预政策；由直接补贴向与生产脱钩的"单一支付补贴"转变；削减大农场主的补贴，并用节约资金支持落后地区的农业农村发展

欧盟在20世纪90年代中期逐步削减其对农业的支持，特别是对有可能扭曲生产和贸易的农业支持进行削减。价格扭曲的情况得以减少和得到控制。从欧盟近30年农业支持的变化来看，尽管农业支持总量仍然较大且绝对值在上升，但是其占比正在逐步下降，其中市场价格补贴下降幅度最大，说明欧盟的农业支持补贴方式正在从价格补贴向更为符合贸易协定的其他补贴形式转变（表3-20）。

表3-20　近30年欧盟农业支持的变化

指标	1986～1988年	1995～1997年	2012～2014年	2012年	2013年	2014年
总生产价值（百万欧元）	211 380	239 230	375 560	371 766	377 458	369 580
总消费价值（百万欧元）	188 226	230 175	367 160	369 110	377 824	354 547
生产者补贴等值（百万欧元）	88 006	94 287	85 072	83 838	91 376	80 003
市场价格补贴（百万欧元）	74 791	54 160	17 893	17 318	22 510	13 852
生产者补贴比例（%）	39.2	33.8	19.2	19.1	20.5	18.0
一般服务支持估计（百万欧元）	9464	70 229	13 711	13 489	14 179	13 466
消费者补贴等值（百万欧元）	−65 589	−47 207	−16 879	−15 951	−21 826	−12 860
总支持补贴（百万欧元）	101 912	708 371	99 786	98 689	106 434	94 235
总支持补贴占GDP的比例（%）	2.6	1.5	0.8	0.8	0.8	0.7
GDP指数（以1986～1988年为基期）	100	139	168	187	—	—

数据来源：OECD，2015

（二）CAP 的基本框架

为更好地实现欧盟 CAP 的三大长期目标，即可靠的粮食生产、自然资源可持续管理和区域平衡发展，欧盟几年前又开始对 CAP 进行新一轮改革，并于 2015 年正式实施。改革后，CAP（2014～2020 年）依然由第一支柱和第二支柱构成，第一支柱包括直接支付和市场支持，第二支柱为农村发展政策（张天佐等，2017）。

1. 第一支柱

（1）直接支付（direct payment）

直接支付分为两大部分 7 个项目，其中 6 项都要求满足交叉遵守（cross compliance）原则。

1）强制部分：这是成员国必须实施的直接支付项目，包括以下三个方面。

基础直接支付计划（basic payment scheme）或单一区域支付计划（SAPS）。基础直接支付计划是将现有的所有直补模式整合为一个统一的计划，不再区分单一支付计划（SPS）和单一区域支付计划（SAPS），并重新分配给付权（entitlement，又称补贴权），统一按照该计划实施第一年农户可支配的有效土地公顷数来计算，逐步在全欧盟实现每公顷土地补贴金额统一标准，即统一费率，以形成一个平衡、透明和更加公平的分配体系。基础直接支付低于直接支付总额的 70%。保加利亚等 10 个成员国将单一区域支付计划延期执行到 2020 年，也要低于直接支付总额的 70%。

绿色直接支付（green payment）。这是 CAP 最重要的变化之一。所有成员国必须将 30% 的直接支付总额用于支持农民开展保护永久性草场、生态重点区域（ecologic focus areas，EFA）和作物多样性等活动，促进农业生产地区环境保护和气候条件改善。农民会因为保护自然环境、生物多样性等作出贡献而获得补偿。通常，有机农场和农业环境绿色计划下的措施可视为绿化。在作物多样性方面，$10hm^2$ 以上的农场必须种植两种以上的作物；$30hm^2$ 以上的农场必须种植三种以上的作物，其中最多作物的种植面积不得高于 75%，最少作物的种植面积不得少于 5%。可耕地面积大于 $15hm^2$ 的农场必须保留 5% 的生态重点区域。生态重点区域在政策执行中有一定的灵活性，并不是只有休耕一种方式，还可以选择种植固氮作物、填闲作物、速生灌木等。生态重点区域不一定完全不能生产，符合要求的也可以生产。永久草地政策在成员国的国家层面和区域层面执行，由成员国决定有多少不可改变的永久草地，在保证现有草地面积不减少、生产水平不降低的基础上，更好地促进可持续发展。

青年农民计划（young farmers scheme）。成员国可以将不超过 2% 的直接支付总额用于支持 40 岁以下的青年农民。所有从事农业生产的青年农民可以获得一定的额外补贴，补贴期限不超过 5 年。

2）自愿部分：这是成员国结合本国实际情况申请自愿执行的直接支付项目，包括以下四个方面。

挂钩支持（coupled support）。允许成员国为农业中潜在的易受影响的产业提供有限的与产品挂钩的直补。成员国可以将不超过本国直接支付总额的 8%（若目前挂钩直接支付比例高于 5%，则可提高到 13%）用于支持对经济、社会和环境非常重要的农产品生产。如果理由充分合理，欧盟委员会有权批准成员国发放更高比例的挂钩补贴，如可能为蛋白质作物提供额外 2% 的挂钩支持。

自然条件限制地区支持（support in natural constraints area）。允许成员国对自然条件限制地区发放特定补贴，满足对特定环境和地区实施保护措施的需求，补贴金额不超过本国直接支付总额的 5%。

再分配补贴（redistribute payment）。为了促进国家或地区范围内补贴的公平，成员国可以把不超过本国直接支付总额的 30% 重新分配于农场主的第一个 30hm²。即如果农场的土地面积大于 30hm²，只补贴其中第一个 30hm²；如果小于 30hm²，则按实际面积补贴。

小农户计划（small farmer scheme）。采用单一区域支付计划国家的农场主、一个财年获得总支付（补贴）低于 100 欧元的农场主和获得直接支付面积不足 1hm² 的农场主可以申请加入小农户计划。加入后，无论农场面积大小，农场主可以享受绿色和环保豁免，每年获得一笔固定的补贴，金额为 500～1250 欧元，具体由各成员国自行确定。当然，如果农场参加了小农户计划，就不能参加其他补贴计划了。小农户计划资金不能超过本国直接支付总额的 10%。

（2）市场支持

CAP（2014～2020 年）减少了对市场的直接干预，更加侧重于生产者支持和危机应对。具体来看，保留了出口退税、学校牛奶和水果计划，减少了公共干预和私人存储的产品品种，废除了食糖、红葡萄酒和乳品的产量限制，建立了危机储备资金，加强对生产者合作的支持。改革后，市场支持资金总额不超过 CAP 总支出的 5%。

2. 第二支柱

第二支柱改革通过协调整合现有各种农村发展方面的投入，进一步促进农村可持续发展、环境保护和地区间平衡发展。改革后，第二支柱资金占 CAP 总支出的 25%（不考虑两个支柱之间的资金转换）。第一支柱和第二支柱的资金不再截然分离，可相互调剂，调剂金额不超过本国 CAP 总支出的 15%。对于环境保护、支持青年农民、支持小农户、保护自然生态等方面的行动，两个支柱可以共同资助，进一步提高资金的协同效应。

改革后，欧盟要求成员国农村发展项目优先用于六个方面：一是促进农业和农村地区知识传播与创新；二是促进农业科技研发推广，鼓励将知识转化为实用技术，增强农场活力和竞争力；三是促进食物链完善，将农产品加工营销、动物福利保护和农业风险管理等纳入对应的供应链管理；四是恢复、保护和强化农林业生态系统；五是提升资源效率，支持农业低碳发展；六是促进社会融合和农村经济发展，减少农村贫困。

四、荷兰、以色列典型案例分析

（一）荷兰

1. 荷兰农业产业特点

荷兰国土狭小，资源贫乏，是典型的人多地少国家。但是荷兰是在世界上占有重要地位的农业强国，在世界农产品市场上占有十分重要的地位，表现如下。

（1）农产品出口率世界第一

荷兰进出口额通常占国内生产总值的 90%以上，其中农业的出口率高居世界第一。主要特点：一是人均创汇率高，按涉农就业人数计算，平均每人创汇超过 48 691 美元，遥遥领先于其他世界各国；二是单位面积土地的创汇率高，荷兰的农用地（主要为耕地和牧场）总面积约 197.1 万 hm^2，$1m^2$ 农用地净出口额达 1.5 美元，更是许多国家望尘莫及。

（2）设施农业建设世界第一

由于缺乏土地，荷兰投入大量资金建立起世界一流的农业设施。一是高标准的水利和防洪设施。拦海大坝工程把围起来的海域变成了 $1240km^2$ 的大淡水湖——艾瑟尔湖，向大自然夺得了 $17 350hm^2$ 土地；"三角洲工程"的完成，使荷兰高标准防洪大坝和内河堤坝的长度达到了 2800km，堪称世界第一；无数交错的排水沟渠保护着农田，使低于海平面 4~6m 的农田也能获得高产，为世界奇观。二是玻璃温室面积世界最大。全国的玻璃温室面积已经超过 1.1 万 hm^2，占世界温室总面积的 1/4 以上。特别是在西部的威斯兰地区，温室集中连片，设施先进，以"玻璃城"驰名于世。

（3）农业生产科技含量高

荷兰在农业生产中高度重视农业科研和采用先进科学技术。为了节省耕地，荷兰大力推行温室农业，利用温室进行农业工厂化生产，该国的蔬菜、花卉、水果等大部分农产品采用温室栽培。温室采用无土栽培方法，室内温度、湿度、光照、施肥、用水、病虫害防治等都用计算机监控，作物产量很高。荷兰还用温室养鱼，不仅产量高，而且节省了大量水面。荷兰农业部门特别注重遗传工程的投资，优选本国或适合于本国环境的世界各地的家禽、农作物良种，依靠遗传工程进行改良，生物防病和遗传防病并举，替代对人体有害的各种化学药剂的使用，这不仅取得了显著的经济效益，而且有效地保护了自然生态环境（尹彬，2016）。

（4）农业生产力世界最高

荷兰 197.1 万 hm^2 的农业用地中，耕地 89.4 万 hm^2、牧场 106.4 万 hm^2。在有限的农业用地中，荷兰农民通过改善农业结构，加大资金与专业知识技术的投入，在农牧业生产方面，许多指标名列世界第一或第二，创造出了常规农业难以想象的高生产力，成为人多地少国家发展高效农业的典型。

2. 荷兰的农业补贴政策

荷兰农民能够创造出如此惊人的成就，得力于政府特有的农业政策。荷兰农业政策的基本目标是建立人与自然协调发展、可持续发展和具有国际竞争力的农业，并以此为中心制定政策措施。荷兰农业政策主要有结构政策和环境政策两部分。

视地如金的荷兰政府为使有限的土地得到高效的利用，采取了一系列符合国家气候特点和国情的农业发展战略及政策，如鼓励农民避开需要大量光照和生产销售价位低的禾谷类作物的生产，充分利用地势平坦、牧草资源丰富的优势，大力发展畜牧业、奶业和高附加值的园艺作物。不仅如此，政府通过提供补贴、政策引导，扶持了一批私人公司，这些公司包括一些专业化的咨询公司、生产资料公司、技术服务公司等。在市场体系下这些公司的作用日益明显，在促进技术推广、信息流通和社会化服务方面起到了重要的补充作用。此外，政府也会根据市场情况调整政策。

在欧洲，人们对自然、环境、食物安全表现出空前的关注。根据欧洲环境立法的要求，荷兰加强了对农用地肥料用量、农药用量的控制。国家通过立法、政府计划和税收等强化了对环境的保护。农业方面的重点是：控制农用化学品的使用，防止水体和土壤污染；加强厩肥的无害处理，控制氨、磷的释放量等。国家实行了相应的税收政策和财政政策，以未来的企业为发展目标，鼓励发展可持续的生产体系、动物福利和从事"绿色"的经济活动。由于环境政策已经成为农业生产的一个准绳，生产者及产销各环节都要在市场上通过环境质量认定来显示自己的特色，以提高产品的质量。

另外，荷兰农业补贴均以相关法案为基础，补贴预算具有强制性和稳定性。对于欧盟成员国，欧盟共同农业政策是各项补贴的基石，各个成员国都要遵守，在荷兰每4年要进行一次本国预算法案的研究，确定补贴政策。由于有比较明确的法律依据，每年补贴预算法案安排、补贴额相对固定。因此，农民对其享受的补贴项目和补贴金额有比较明确的预期，能够合理地据此安排生产活动。同时，大量实行基于历史数据的脱钩补贴，既相对稳定了农民每年享受的补贴数额，也有利于比较准确地核定补贴规模。

同时，为促进农场发展，荷兰早在1951年就建立了农业贷款担保基金来支持农场，特别是中等规模农场的建立、兼并和提升等。目前，每年担保基金规模达1亿欧元，担保贷款额达5亿欧元，占到每年农业投资的10%，每笔贷款担保一般在5万~250万欧元。由于管理得当和投资有效，过去15年担保的损失率仅为0.6%。从2009年开始，担保基金由农业部负责管理，政府每年补助200万欧元。

荷兰长期实行较高水平的农业补贴，并建立了比较完整的补贴政策体系，对稳定农民收入，促进农业、农村经济发展和农业生态环境保护发挥了重要作用，随着经济社会发展形势变化，农业补贴的重点和目标取向也在相应调整与强化。

（二）以色列

1. 以色列农业产业特点

（1）独特的农业组织形式

以色列由于长期与周边国家或民族发生冲突，以及自然资源的匮乏，只有人民生产联合在一起才能抵御不利的条件，所以形成了两种独特的农业组织——基布兹和莫沙夫。基布兹，即"集体农庄"，最主要的特征有三个：①所有的生产资料包括土地归集体所有；②所有收入（包括其成员在外面聘任所得的个人收入）全部归集体所有，基布兹每个农民按月发给生活津贴，生活必需品实行供给制，其余收入、积累主要用于扩大再生产；③内部实行民主管理、民主理财，由选举产生的管理委员会管理基布兹的内部事务。莫沙夫的意思是"合作社"，是以家庭为生产单位的村庄。莫沙夫的基本特征是：土地和水资源所有权归国家，但经营权归家庭个人，其他生产资料及收入均归农户，教育、医疗、文化、产品供销等服务统一由村里提供。依靠这两种高效的农业组织，以色列农业实现了集约化生产，壮大了农业产业化规模，促进了农民增收。

（2）农业结构多元化

以色列各地土地和气候差异较大，作物品种多，主要分冬季作物和夏季作物。2008

年，大田作物种植面积 18.70 万 hm²，其中 14.30 万 hm² 为冬季作物，4.40 万 hm² 为夏季作物。冬季作物主要包括小麦、玉米、棉花、柑橘、葡萄、蔬菜和花卉，其中柑橘产量居世界前列。夏季作物主要包括棉花、向日葵、山藜豆、玉米、番茄等。小麦生产主要用于满足国内需要，2008 年种植面积 13.75 万 hm²，其中 80%的产量用于制作面粉，20%用作青贮饲料。受降水影响，小麦单产年度变化在 2.5～6.2t/hm²。棉花主要用于出口，2008 年播种面积 5200hm²，不同品种的皮棉单产在 2.2～5.3t/hm²。以色列园艺业最为发达，在种植业中具有举足轻重的地位，1995 年用地 13.76 万 hm²，虽仅占种植业用地面积的 35.5%，但产值高达 16.34 亿美元，占种植业总产值的 79.94%。

以色列畜牧业发展快速，主要饲养猪、牛、羊（绵羊与山羊）、鹅、鸭、火鸡、蛋鸡等，家禽业、养牛业都是十分重要的产业部门，生产力都较高。其中，家禽业产值在全部农业生产中约占 20%，保证了以色列为世界人均禽肉、禽蛋消费量最高的国家之一。2008 年，奶牛与肉牛产值在农业总产值中占比为 13.9%，平均每头肉牛胴体重366kg，每头奶牛产奶 11 903kg，奶牛单产高于世界平均水平。畜牧业与种植业占总产值比例之比为 4∶6。

（3）先进的生产技术和节水灌溉及施肥系统

以色列处于干旱和半干旱地区，光照充足，水资源极其匮乏。基于这些条件，实施水肥一体化管理和精准农业。通过计算机收集棚内感应系统采集的数据，自动控制植物生长所需要的水、肥、光、热、二氧化碳、氧气等，应用智能功率模块（IPM）测试系统进行病虫害的综合防治，用二氧化碳发生器产生气体，果树嫁接技术、剪枝技术的集成应用保证了作物的品质和产量，在市场上有很强的竞争优势。

（4）实用高效的农业科研体制与农业推广服务体系

以色列高度发达和集约化的农业是以强大的农业科研、教育和推广体系作为后盾与支柱的。政府每年用于教育的支出占 GDP 的 10.4%，研发经费占 GDP 的 4%，均位居世界前列。同时，将科技的制高点转化为产品竞争力的制高点，就要将先进的技术推广出去。以色列农业科技的研究、示范和推广基本上是同步进行的，已建立一整套由政府部门、研发机构和农民合作组织紧密配合的农业研究与推广体系（朱艳菊，2015）。

2. 以色列农业贸易政策

以色列农业在建国后的几十年里，主要满足本国粮食及农副产品需求。随着贸易自由化推进，农业技术水平提高，加之国内政策有力支持及果蔬、花卉等具有季节性生产优势，以色列农业逐渐形成了今天的以出口创汇为主的农业发展模式，农业出口占农业净产值（ANDP）的 80%～90%。尽管出口快速增长，但以色列依然是农业净进口国，且近年来贸易逆差不断加大。进口以小麦、食糖、牛肉等为主，大体分别占国内消费量的 90%、90%和 50%。虽然进口量较大，但对国内相关产业影响不大，除国内支持政策外，高水平关税和较严格非关税措施等为产业安全提供了屏障。

在关税措施方面，以色列平均约束税率为 22.4%，其中农产品为 76.7%，非农产品为 10.8%。2013 年平均最惠国实施税率为 4.6%，其中农产品为 13.2%，非农产品为 3.2%。从约束税率的零关税税目比例来看，农产品零关税税目数占农产品总税目数的 3.6%，而非农产品零关税税目数占非农产品总税目数的 9.1%。从关税税率来看，以色列高关税集中于农产品，关税高于 100% 的税目占农产品税目总数的 33.5%。自 1995 年签署"乌拉圭回合"贸易谈判协定后，以色列对从其非自由贸易协定伙伴国进口的 12 种农产品实施关税配额管理，包括小麦、玉米等粮食作物，以及动物脂肪、油籽、牛肉、蔬菜及柑橘汁等，进口配额由以色列农业和农村发展部及工业、贸易和劳工部分别管理，包括发布配额计划、发放进口许可证及检查配额使用情况。以色列对所有商业活动都征收 15.5% 增值税，进口产品也不例外（表 3-21）。

表 3-21 以色列农产品分类产品关税状况　　　　　　　　（%）

类别	约束税率		实施税率	
	平均税率	最高税率	平均税率	最高税率
农产品	76.7	560	13.2	212
动物及其产品	103.5	190	19.8	170
乳制品	170.8	247	78.6	212
水果、蔬菜等	106.1	560	17.0	183
咖啡、茶	9.2	25	0.2	8
谷物及其制品	61.9	255	10.7	114
脂肪、油及制品	37.4	128	5.8	81
糖和糖果	9.7	35	1.2	8
饮料、酒和烟草	133.7	255	12.8	100
棉花	76.0	76	0	0
其他农产品	38.0	170	2.5	55
鱼和水产品	7.5	170	8.6	91

数据来源：宗会来，2016

以色列对进口农产品还采取非关税措施。一是进口管制，包括禁止进口、数量限制和设置进口许可证。例如，禁止进口未按规定制作的肉及肉产品，对一些农产品和破坏臭氧层的物质实行配额限制。二是从安全、环境、卫生、检验检疫等方面提出严格要求。以色列在安全、环境、消费者保护等方面对进口商品制定了一系列强制和非强制标准。其中，强制标准大多用于食品、饮料、烟草等。而卫生、检验检疫及健康规定的标准适用于饲料、植物及其产品、活动物、生肉及其制品、动物产品、疫苗、血清、微生物、动物饲料和蜂蜜产品等。三是宗教特殊要求。例如，进口商必须获得由宗教签发的证书后，方可在以色列销售相关的食品，但获得证书的手续烦琐、成本较高。四是对商品有严格的标签及包装要求，包括注明原产地等。此外，还对占整个税目 0.8% 的近百种产品实施保障措施，以调节农业和渔业生产、需求或消费，保护本国生产不受到进口产品的实质损害。

第三节　国外农业政策、农业转型和对中国的启示

一、美国农业政策和对中国的启示

从美国以往的农业法以及现行的 2014 年农业法可以看出，美国一直根据不同阶段

的经济发展特点制定农业法,对农业补贴政策进行相应调整,适时调整农业补贴方式,做到既与农业经济发展相协调,又保持一定的稳定性和持续性,为美国农业走向世界奠定了良好的基础。结合中国的实际情况,美国农业补贴政策在以下几个方面值得中国借鉴。

(1)完善农业补贴法律制度,健全农业补贴法律体系

中国尚没有专门的农业补贴法,关于农业补贴的规定散见于《中华人民共和国农业法》《中华人民共和国农业技术推广法》《中华人民共和国农业机械化促进法》等法律法规中,不仅存在内容陈旧和补贴措施贫乏等问题,而且规定过于简略、笼统和宽泛,不太具有可操作性。

(2)充分利用WTO《农业协定》中"绿箱"补贴规则,拓宽现有农业补贴方式

WTO《农业协定》规定,政府执行某项农业计划时,其费用由纳税人负担而不是从消费者转移而来,没有或仅有最微小的贸易扭曲作用,对农产品生产影响很小的支持措施,以及不为生产者提供价格支持作用的补贴措施,均被认为是"绿箱"措施,属于该类措施的补贴被认为是"绿箱"补贴。"绿箱"补贴系不可诉补贴,为WTO《农业协定》所允许。与生产脱钩的收入补贴、自然灾害救济补贴、农业生产者退休或转业补贴、农业资源储备补贴、农业结构调整投资补贴、农业环境保护补贴、地区援助补贴等都属于"绿箱"补贴。美国政府一直非常重视"绿箱"补贴的利用,其运用手法相当娴熟,国内支持以"绿箱"补贴为主。2008年农业法生效的5年(2008~2012年)内,美国政府计划投入到农业项目350亿美元,其中直接补贴(直接补贴为"绿箱"补贴)就占250亿美元,计划投入到资源保护的支出也高达250亿美元,而2014年美国农业法的预计投入更是高达4890亿美元。此外,农业收益保险、农业灾害援助计划也都属于WTO《农业协定》规定的"绿箱"补贴。

(3)积极推行农业保险,保障农民收入

直接补贴流通环节少,可以使农民得到真正的实惠。在有限财政资金条件下,中国宜加大对重点领域的补贴力度,采取专项生产补贴政策,继续对农产品良种推广给予直接补贴,增加退耕还林、草原治理等生态环境保护补贴。还应考虑效仿美国的农产品价格损失补贴,面向主要从事农业经营、就业和收入主要来自农业的农民,建立农民收入补贴制度,当农作物价格低于设定的目标价格水平时,给予农民补贴,借此保障农民收入、稳定农业经营者队伍。另外,由于农业生产过于依赖自然气候,具有相当的脆弱性,近年来全国各地更是灾害频发,农民收入受到很大影响,效仿美国推行的政策性农业保险,能够有效保障农民收入。建立政策性农业保险制度,可以运用政府和市场相结合的方式,政府决定农业保险供给的方向和数量,制定统一的制度框架,各种被批准的组织机构在这个框架中经营农业保险和再保险,同时政府对规定的农业保险产品给予可能的相应补贴。

二、日本农业政策和对中国的启示

日本对农业开展的是高保护、高补贴政策,其投入到农业中的补贴形式多样,补贴金额也很高,这种政策是基于该国农业从业人口占比较低的情况开展的。由于农业从业人口少,农户户均获得的补贴品种、补贴金额就比较可观,在稳定农民收入方面能够起

到较好的作用，然而就中国当前的客观情况而言，尚无法通过高补贴来稳定农民收入，但是日本 50 多年的农业补贴变革，确实有一些经验值得我们借鉴。

（1）修订农业法案以补充相关法律条案，为调整农业支持政策提供法律依据

尽管日本《农业基本法》的变化并不如美国那么敏感，但是日本在一定时期内会根据当期的情况适时调整农业政策的目标以及农业保护政策的形式，并制定一系列相应的法律来补偿和完善《农业基本法》，且这些法律条文系统、实用，具有良好的可操作性，在实际应用中起到良好的作用。对于中国来说，在确立补贴政策的同时，制定补贴政策的实施年限，有利于在发现政策效果之后灵活地进行修订与变通。

（2）明确农业补贴的目标

在不同时期，日本农业政策的目标不尽相同，但是每一个时期都有一个明确的目标，或者是提高粮食产量，或者是稳定农民收入。无论是为了保障粮食安全还是为了增加农民收入，不同的目标决定了补贴的种类和力度。中国传统上的农业补贴是为了保障粮食安全，提高粮食的自给率。从实践来看，这一目标基本实现。但是为了中国工业化的发展，农业的比较收益不断下降，农民种植粮食的积极性不在，种粮农民的收入增长成为保障粮食安全的一个重要方面。农村富余劳动力转移的结果是很多地区出现了土地撂荒的现象，这也严重影响了粮食安全。因此，从国际经验来看，目前应该以提高农民收入作为补贴的目标。

（3）农业补贴形式逐渐由价格支持转向收入支持，从"黄箱"政策逐渐向"绿箱"政策转变

日本农业补贴已从过去以生产、流通环节为主，转变为近年来以提高农民收入、促进农业结构调整为主的政策上来。近几年来，日本政府明显加大了对"绿箱"政策范围内农业项目的支持力度，增加了基础设施投入，加大了农业科技投入。日本政府还将培养新时代高水平的农业从业人员作为农业政策目标的一方面。

三、荷兰农业转型和对中国的启示

中国人多地少、自然资源相对短缺、独立分散的农民个体生产经营方式均与荷兰有相近之处。因此，借鉴荷兰现代农业发展经验，依靠科技和市场之力迅速提升农业生产的国际竞争力，应该成为当前中国提高农村综合生产能力这一长效机制的基本战略。

（一）创建面向农户的农业科技创新体系

荷兰农业近几十年来发展很快，主要得益于农民技能的提高、政府对农业的保护等各方面的因素，同时国家教育、信息化、科学研究也发挥了重要作用。荷兰农业的生产者和经营者，把运用现代科学技术看成是企业生存与发展的源头，从种植品种选育到栽培过程的管理，每个环节都以先进的技术为基础，不断进行技术创新。中国农业现处于由传统农业向现代农业转变的过程中，迫切需要科技资源投入和力量驱动。

（二）完善并切实发挥农业合作组织的作用

荷兰确保农业支持政策实施的重要力量之一是能切实代表农民利益的农民自己的组织——农业合作社或农协等农民组织。这些组织架起了农民与政府、科研机构、大

学、非政府组织之间的桥梁。我们可以借鉴荷兰的农民合作社经验，建立能有效地稳定并增加农民收入的农村民间组织，特别是一些与生产技能联系密切的专业性协会，它们是提高农业生产效率和技术水平的重要资源与基础性力量。

（三）加强政府在农业发展中的作用

荷兰政府制定了正确的农业发展战略和政策，相当重视农业教育的发展及农业科技的研究和应用，并且在几十年中持续不断地向农业大量投入，进行大规模的农业基础设施建设和公共产品投资，所以荷兰农业产业才形成了巨大的国际竞争优势。20 世纪 90 年代以后，所以荷兰政府改革农业支持政策，逐步向削减贸易类、发挥市场导向、增加对农业支持的方向改革。由于历史等多方面的原因，中国农业支持政策的制定，需要借鉴世界各国量力而行、区别对待的经验，以中国现实国情、国力为基础，集中有限资源，对最需要而且是本国最为关键的区域和农产品进行补贴，即侧重于对不同区域的关键农产品进行有重点的支持。同时中国政府必须加强对农业综合生产能力提高有重要影响的农村公共产品的投资力度，强化基层政府对农业生产者的服务功能。

总之，从中国国情出发，借鉴荷兰经验，充分发挥中国的区域农业资源优势和人力资源潜能，多层次地开发利用现代科学技术成果，探索适合于中国的农业现代化之路，应该成为中国提升农业综合生产能力和农业产业国际竞争力的基本战略。

四、以色列农业转型和对中国的启示

经过 60 多年发展，以色列在土地贫瘠和严重缺水的条件下，不仅生产出了粮食，解决了建国后长期的食物短缺问题，而且逐渐形成了农业技术与产业优势，创造出世界一流的现代农业模式，其农业发展经验带给中国的启示表现在以下几方面。

（一）不具竞争力的农业需要给予高度保护与支持

以色列农业在早期发展阶段是相对脆弱的，政府在资源投入、价格保护等方面给予了大力扶持和支持。现虽已度过了粮食短缺年代，农业产值占全国总产值比例已由 20 世纪 60 年代的 10% 下降到现在的不到 2%，但加强农业支持与贸易保护依然是以色列的一项基本国策。中国农产品进口关税已经很低，只有通过加大国内支持力度，改善进口管理才能培育产业优势，并有效抑制过度的、不合理的进口，从而保证农业稳定、健康发展。

（二）农业发展需要准确定位，找对突破口

以色列迫于农业资源约束，将农业定位为以现代科技为支撑，走资源高效利用的集约化发展道路。高科技让以色列农业摆脱了土地、水资源等自然资源瓶颈，不仅大田作物产量持续增长，还催生了果蔬等新产业优势，更为保护生态、推动可持续发展提供了强有力的技术保障。中国现代农业建设正面临关键时期，必须加大科技投入与创新、转变生产方式、减少资源消耗、提高生产效率、降低环境污染，实现农业可持续发展。

（三）发挥优势，积极拓展优势产业

以色列出口创汇产业的发展优势是伴随着国内经济发展、科技进步及产业结构调整而逐渐显现出来的。以色列具有多种多样的气候条件,在现代科技带动下,其水果、蔬菜产业异军突起、发展迅速,出口份额不断增长,因品种多、品质好,深受欧洲等海外市场的欢迎。中国水果总体出口规模不算小,但品种相对单一、品质不具优势,应加强品种培育、不断改善品质,将优势产业做大做强。

(四)提高农民素质,强化现代农业驾驭能力

以色列农场平均耕地面积在 20hm^2 左右,虽具有从事规模化、机械化、集约化经营的基础与优势,但高素质的农民才是其现代农业发展的关键因素。只有高素质的农民才能掌握现代科学技术与驾驭现代农业管理,才能提高生产效率和市场竞争力。中国应借鉴以色列的农业服务体系,注重对农民的教育与培训,有效推动中国的农业现代化进程。

第四节　发挥农产品比较优势与现代农业结构调整和食物安全保障

一、产品

1. 稳定稻谷和小麦生产

稻谷和小麦生产事关中国口粮绝对安全与国家粮食安全的大局,应优化品种结构、提高产品质量、降低生产成本、提升产品竞争力,以减轻进口冲击压力。

2. 继续提高蔬菜和果业比较优势

在继续抓好蔬菜水果出口质量的同时,依靠科技进步和生产经营管理水平提高,降低生产成本,保持出口价格优势,扩大国际市场占有率。

3. 提高养殖业的比较优势

与发达国家相比,中国养殖业在消费市场方面具备比较优势,中国消费者对养殖产品的消费更加偏向生鲜产品。因此,要充分利用中国居民生鲜产品消费偏好,提高养殖业等的产品质量,增强相对比较优势。

4. 发展有比较优势、资本密集型的农产品

当前,中国农业产业正处于转型升级的关键时期,传统的劳动密集型农产品的相对优势渐渐减弱或消失。应从长远出发,引导相关产业增加资本投入,加大政策扶持力度,提高有一定比较优势、资本密集型的农产品的生产份额,增强有比较优势、资本密集型农产品在国际市场的竞争力。

二、政策

1. 创新农业供给侧结构性改革支持政策

重点支持粮经饲种植结构的合理调整,支持优质、高效农产品和优势特色产业发展,

支持农产品质量安全提升。

2. 完善农业补贴方式

在农业补贴方式上，由过去的价格支持为主转向价格支持和收入支持分类实施。对粮食作物中的水稻、小麦继续实行合理的价格支持，坚持并完善最低收购价政策，确保口粮绝对安全。

3. 完善农民收入稳定增长支持政策

在对小麦、水稻实行合理价格支持和对其他粮食作物及非粮作物实行收入补贴的同时，大力支持高效养殖业和乡村休闲旅游业发展，支持第一、第二、第三产业融合发展，拓展农业产业链和价值链，促进农民就业和收入增长；支持发展适度规模经营，提高规模效益；提高农业保险保费补贴标准，扩大农业保险覆盖范围，提高理赔标准，帮助农民提高抗御自然灾害风险和市场风险的能力。

4. 完善绿色发展支持政策

坚持以绿色、生态、可持续为导向，支持化肥与农药减量行动；支持农作物秸秆和畜禽粪便的多样化处理；支持发展节水农业；支持耕地、草原的生态保护，对按计划休耕轮作和退牧还草的农户给予相应补贴。

三、效果与目标

1. 总目标

保障国家粮食安全和主要农产品有效供给，优化产品产业结构，保持农民收入稳定增长，实现生产生态协调发展，增强农业内在发展动力，提高农业生产力水平，促进农村全面发展。

2. 具体目标

1）保障国家粮食安全和主要农产品有效供给。稳步提升农业综合生产能力，确保谷物基本自给、口粮绝对安全。

2）优化产品产业结构。深入推进农业供给侧结构性改革，改善农产品供需结构，提升农产品质量安全水平。

3）实现生产生态协调发展。推行绿色生产方式，落实农药、化肥零增长计划，大力提高水资源利用效率，有效治理农村环境突出问题。

4）增强农业内在发展动力。坚持以市场为导向，完善主要农产品的价格形成机制和价格调节机制。

第四章 从生产方式转变视角探讨现代农业转型发展路径

第一节 农业生产经营主体转变与生产力

一、研究背景

改革初期家庭联产承包责任制对形成以家庭为单位的生产模式和提升农业生产力起到极其重要的作用，近年来以家庭为单位的小规模生产模式也引起许多人的关注。过去的许多研究都表明，家庭联产承包责任制调动了农民的生产积极性，是 1978～1984 年中国粮食增产和农业生产力提高的主要源泉。但 21 世纪初以来，随着劳动力工资增长，人们开始关注和担心以家庭农户为单位的小规模经营在生产与市场等方面面临的各种挑战。

与同样是人多地少的其他亚洲国家相比，中国近年来的家庭农户经营规模变动趋势独树一帜。全世界近 90% 的小规模农户（经营规模小于 $2hm^2$）集中在亚洲，依据世界农业普查数据，过去数十年几乎所有亚洲国家的平均农业生产经营规模都出现下降趋势：印度从 1960 年的 $2.7hm^2$ 下降到 2013 年的 $1.3hm^2$；印度尼西亚从 1960 年的 $1.2hm^2$ 下降到 21 世纪初的 $0.97hm^2$；韩国从 1960 年的 $2.1hm^2$ 下降到近期的 $1.5hm^2$ 左右；日本虽然从 1960 年的 $1.2hm^2$ 上升到 2010 年的 $1.44hm^2$，但也是小规模农户主导农作物生产。中国农户平均农地经营规模在 1984～2003 年经历了略有下降趋势后，已从 2003 年的 $0.57hm^2$ 提高到 2013 年的 $0.78hm^2$，我们估计近年已超过了 $1hm^2$。研究数据表明，农地流转出现速度加快和主体多元化趋势，家庭农场/大户、农业企业和农业合作社等新型经营主体开始出现，这同 2013 年中央一号文件中提出培育农业新型经营主体的政策基本一致。

在国内外学术界，农业生产经营规模是人们长期关注的问题，且存在不少争论。在 20 世纪 20 年代农业经济界首次提出农业生产"小而美"（或"规模小、效率高"）的观点之后，很多实证研究发现农地经营规模与单产或劳动生产力之间存在反向关系，进一步验证了为什么几乎所有国家的农业是以农户或家庭为生产主体的事实。但随着社会经济的发展、农业科技的创新和全球化进程的加速，近些年也有一些研究表明，小规模农户经营不仅在满足多样化的市场需求时缺乏足够的应对能力，而且在应对贸易自由化和气候变化带来的风险时也面临越来越严峻的挑战。此外，过小的农业生产经营规模不仅限制了农民收入水平的提高，而且会导致农业环境污染和农产品质量安全等问题。

国内的政策部门和学术界近年来特别关注农业生产与其经营主体及经营规模之间的关系。推进不同形式的农业生产新型主体发展已成为各地政府发展农业的重要抓手之一；学术界对农业生产的各种新型主体和生产经营规模在促进农业现代化与农业发展中的作用也开展了许多讨论，支持发展规模经营和反对的观点并存。但综观所有讨论，定性分析的多，开始实证研究的少；即使有部分研究开展了实证分析，但数据往往是基于个别地方的调查或典型案例，缺乏研究结果的代表性。

基于以上背景，我们认为在新型农业经营主体发展和农地经营规模等问题上，有一系列学术和政策问题需要开展深入研究。目前，核心问题集中在：农业生产经营主体和农地经营规模的变化特征与趋势如何？哪些因素影响了农业生产经营模式和农地经营规模？不同农地经营规模在生产效益或生产力上是否存在差异？农业生产经营模式、农地经营规模与农民增收和粮食安全存在怎样的关系？

本研究以三大粮食为研究对象，试图对以上问题开展实证研究，在研究的基础上，提出培育新型农业经营主体要按农产品分类实施；大田农作物生产要以家庭农场或大户为主体；要关注资本和劳动力市场改革，以及通过创造新的制度安排实现跨生产者之间的要素配置，进而推进新型农业经营主体发展等方面的政策建议。

本研究的数据主要来自中国科学院农业政策研究中心的如下两项调查。①2013 年采用分层随机抽样方法在东北和华北 6 省（黑龙江、吉林、辽宁、河北、山东和河南）开展的实地调研，包括 21 个县、42 个乡镇和 845 户、4 个公司、56 个耕地经营合作组织。②2016 年同样采用分层随机抽样方法在全国代表性的 9 省开展的实地调研，包括在东北（黑龙江和吉林）和华北（山东和河南）的跟踪调查（即 2013 年的调查样本），在华南（广东）、华东（浙江）、华中（湖北）、西南（四川）和西北（陕西）开展的类似调研；本项调查包括 9 省的 39 个县和 78 个乡镇，重点了解各地农业生产经营方式发展情况和当地领导对种植业农户经营规模的看法。

二、发展现状和原因分析

（一）农业生产新型经营主体及农地经营规模的变动趋势

1. 2008 年以来平均农地经营规模呈现较快增长的趋势

我们在东北和华北的调查表明，农业生产者（包括农户、耕地合作社和企业）平均农地经营规模已经从 2003 年的 13.8 亩[①]提高到 2008 年的 15.5 亩，之后快速增长到 2013 年的 26.0 亩和 2016 年的 30.4 亩，2008 年以来的 8 年内几乎增长了一倍（增长 96%）。4 省样本由于平均耕地面积大于 6 省样本，因此其平均经营规模要大于 6 省样本，但从变动趋势上看情况基本相似；生产者的平均耕地经营规模从 2003 年的 16.9 亩增加到 2008 年的 18.8 亩，进而到 2016 年的 37.2 亩，主要是 2008 年以后增长较多（表 4-1）。

2. 2008 年以来不同形式的新型经营主体呈现快速增加的趋势

根据我们在东北和华北的调查数据，过去 10 多年，大户（或家庭农场）、土地合作社和农业企业等新型经营主体比例增长迅速。特别是 2008 年以来，土地合作社和经营农地的农业公司开始独立于家庭农户，成为新的生产经营主体（表 4-2）。这些新

---

① 1 亩≈667m^2，下同。

表4-1　东北、华北地区农户平均经营规模变化

年份	平均耕地经营规模（亩）	
	6省样本	4省样本
2003	13.8	16.9
2004	14.5	17.9
2005	15.0	18.3
2006	15.3	18.9
2007	15.5	19.1
2008	15.5	18.8
2009	17.5	21.3
2010	21.1	25.7
2011	24.1	29.2
2012	25.8	31.0
2013	26.0	31.8
2014	26.2	32.1
2015	28.2	34.5
2016	30.4	37.2

注：数据来源于作者调研；2013年调查的6省样本为黑龙江、吉林、辽宁、山东、河北、河南，2014～2016年的数据是基于4省调研数据的趋势而估计的；2016年调查的4省样本为黑龙江、吉林、山东、河南；所有的数据均为加权计算

表4-2　不同经营规模的经营主体的比例及其平均经营规模

经营主体或经营规模	不同经营规模经营主体的比例（%）				平均经营规模（hm²）			
	2003年	2008年	2013年	2016年	2003年	2008年	2013年	2016年
土地合作社	0	0.0007	0.14	0.20	—	55	216	339
a）仅支付租金型	0	0	0.01	0.05	—	—	109	—
b）仅利润分红型	0	0.0005	0.12		—	67	138	—
c）既支付租金又利润分红	0	0	0.01		—	—	128	—
公司	0	0.0002	0.01		—	43	500	400
农户	100	99.9993	99.85	99.75	1.7	2.2	4.5	5
<1hm²	73.3	68.5	59.5	53.9	0.5	0.5	0.5	0.5
1～2hm²	15.7	17.2	18.8	21.2	1.4	1.4	1.4	1.5
2～3hm²	6.6	8.6	12.7	13.7	2.4	2.4	2.3	2.5
3～7hm²	4.1	5.4	8.1	9.6	4.4	4.6	4.4	5.0
7～15hm²	0.2	0.2	0.5	1.1	9.7	9.7	9.9	10.1
>15hm²	0	0	0.2	0.3	24.2	33	50.6	31.1

注：数据来源于作者调研；2003年、2008年、2013年数据为6省样本，分别为黑龙江、吉林、辽宁、山东、河北、河南；2016年数据为4省样本，分别为黑龙江、吉林、山东、河南；所有的数据均为加权计算

的生产经营主体（定义为经营规模大于7hm²的生产者），尽管2013年其在不同经营规模经营主体中所占比例很小，但其所拥有耕地的比例在2013年已达到较高水平。

（二）新型经营主体发展及农地经营规模扩大的主要影响因素

我们对东北和华北的实证研究表明，如下三大市场驱动力和两大政策因素促进了近年来新型经营主体的快速发展和耕地经营规模的显著提高，特别是规模化经营的生产者补贴与政策支持。

1. 市场驱动力之一：劳动力工资的快速增长

2008 年以来，非农就业工资（或农业生产机会成本）和农业生产雇工工资都以年均8%左右的速度增长，劳动力成本上升促进了城乡居民的流转，并提高了使用劳动密集型生产技术的家庭农户的生产成本，从而加快了耕地流转和土地整合。

2. 市场驱动力之二：农地市场发育和完善

虽然这两年有不少地方建立的土地流转平台名不符实，但前几年在一些地方发展起来的土地流转平台是土地流转市场的重要制度创新，它显著降低了农地流转的交易成本和风险，在促进土地流转和规模经营方面起到积极的推动作用。在东北和华北地区，2003 年租入和租出土地的农户比为 1∶1.3，这一比例到 2013 年为 1∶3，2016 年达到 1∶4。

3. 市场驱动力之三：以市场为导向的机械社会化服务体系的快速发展

农村资本市场的开放和各地迅速发展起来的有偿社会化服务，为农户扩大经营规模提供了机械设备。特别是机械社会化服务体系的发展克服了许多农户为扩大耕地经营规模而受到的投资约束；我们的实证研究结果表明，其对农户经营规模的综合影响为正。

4. 政策支持之一：粮食等农产品目标价格和收储政策

水稻和小麦粮食最低收购价，以及玉米和其他农产品的临时收储政策抬高了粮食及主要农产品的销售价格，降低了农产品的市场风险，从而吸引了不少农业企业、个体或新的生产者加入农业生产行业，在一些地方他们已成为农业生产的重要经营主体。

5. 政策支持之二：针对耕地经营大户、合作社和企业等新型主体的补贴等扶持政策

目前在许多地方，地方政府培育新型农业经营主体的主要目标是扩大耕地经营规模，甚至把农业规模化当作农业现代化来推进。特别是 2008 年以来，许多地方对新型主体实施了各种补贴和优惠政策，获得政策支持的最低耕地经营规模因地而异（从不小于 100 亩到超过 250 亩），这些支持性政策显著推动了新型经营主体的发展，扩大了农地经营规模。

（三）农业生产经营规模同农业生产效益之间的关系

1. 玉米生产农地经营规模与效益的关系

（1）玉米生产中不同规模农户的亩均生产成本存在显著差异

本章的附表 A4-1 统计了东北与华北地区玉米不同生产经营规模与各种效益指标之

间的关系。从中可以发现，随着玉米经营规模的逐渐提高，亩均物质成本超过 50 亩后出现显著下降，但雇工成本随着经营规模的增加而提高，在 100 亩以上，又呈现下降的趋势。这主要是因为经营规模扩大后，农户自有劳动力不足需要雇佣劳动力进行生产；而当规模达到一定程度之后，生产者就会用农业机械替代雇佣劳动力。耕地成本在 50～100 亩这一档比其他规模的生产者低。

（2）玉米生产的经营规模与生产效益呈现倒"U"形关系

从东北、华北地区玉米经营规模与亩均利润的关系中可以发现，经营规模与利润之间呈现倒"U"形关系，而且在经营规模为 50～100 亩时农户的亩均利润最高。当生产者的经营规模从 10 亩以下上升到 50 亩时，利润提高很快，从 2 元/亩提高到 144 元/亩。这主要是由于随着经营规模提高，各生产要素得到较好的优化配置，出现了规模经济，经营收益有所上升。然而，当经营规模继续提高并超过 100 亩，利润开始出现下滑。可能的原因是，当经营规模很大时需要投入大量的人力和机械设备，尤其是雇佣劳动力的数量要提高。由于雇佣劳动力工作的质量很难被观测，这就产生了大量的监督成本。因此，当经营规模继续扩大时，农户的亩均利润出现了下滑。每千克成本表明，在 50～100 亩的时候，为 1.3 元，低于其他经营规模。

2. 水稻生产农地经营规模与效益的关系

（1）水稻生产农地经营规模与生产成本的关系同玉米比较相似

水稻生产相对于玉米生产来讲，其物质成本和耕地成本均略高一些（见附表 A4-2）。由于水稻生产属于劳动相对密集型生产，因此水稻的每千克成本高于玉米，达到了 2.7 元/kg。

（2）水稻生产农地经营规模与生产效益同样呈现倒"U"形关系

与玉米生产相似，当水稻经营规模为 50～100 亩时亩均利润最高，这时生产要素得到最优化配置。水稻每千克成本表明，在 50～100 亩的时候，水稻的每千克成本为 2.5 元，低于其他生产经营规模。

3. 小麦生产农地经营规模与效益的关系

东北、华北地区玉米和小麦的样本规模在 10 亩以下为最多（见附表 A4-3），这也与前面部分的研究结论是一致的。从具体生产成本比较来看，小麦生产的每亩平均物质成本较玉米高出 199 元。2015 年玉米平均单产水平比小麦稍高一些，虽然最终小麦的平均出售价格比玉米平均高出大约 0.3 元，但最终玉米亩均利润仍然比小麦高。

与东北、华北地区玉米和水稻生产类似，小麦生产经营规模与效益之间也呈现倒"U"形关系。可以观察到，在 50～100 亩时小麦亩均利润也达到了最高，为 343 元/亩。比 50～100 亩更高或者更低的规模，亩均利润均出现了下降。生产规模过小和过大时，每亩效益都不如 50～100 亩时高。小麦每千克成本表明，在 50～100 亩和 200～500 亩的时候，小麦的每千克成本为 1.6 元，低于其他生产经营规模。

概括来说，在东北、华北地区农户经营规模与效益之间呈现倒"U"形关系。这表明，单纯从每亩成本收益和净利润的角度来看，经营规模过小会浪费人力，经营规模过大也会出现不经济现象。因此，适度规模经营才能实现农民增收。

（四）粮食生产农地经营规模与单产之间的关系

除了分析农业生产经营模式与利润之间的关系以外，一个更重要的问题是农户生产经营规模改变如何影响土地生产力。土地生产力与经营规模之间的关系意义重大，特别是对于中国这种人口多、耕地资源有限的发展中大国，提高土地单产、确保粮食安全一直是政策的重点。由于激励机制和管理方面存在问题，公司与合作社经营模式下的单产可能不如农户经营模式。此外，农业生产经营模式中最重要的是家庭经营模式，因此，在以下分析中我们将重点探讨家庭经营模式中不同经营规模与土地生产力之间的相关关系。

表 4-3 显示了东北和华北地区不同农户经营规模与作物单产之间的关系。首先，从东北地区来看，玉米和水稻的农户经营规模与单产之间基本也呈现倒"U"形关系。玉米在规模 50～100 亩时单产达到最高，水稻在规模 30～50 亩时达到单产最高。从经营规模不足 10 亩到 30～50 亩时，玉米的单产水平增加了 39%。但是，当经营规模继续扩大，单产开始出现下降趋势，到 200～500 亩时玉米单产比 30～50 亩时下降了 18%。与玉米相类似，水稻在从规模不足 10 亩上升到 30～50 亩时，虽然平均单产水平有小幅的波动，但总体仍呈上升趋势。然而当经营规模继续增加到 200～500 亩时，单产比 30～50 亩时下降了 13%。

表 4-3　东北和华北地区三大作物生产经营规模与单产的关系

作物	平均单产（kg/hm²）	单产（kg/hm²）					
		10 亩以下	10～30 亩	30～50 亩	50～100 亩	100～200 亩	200～500 亩	500～800 亩
东北								
玉米	8663	6638	8820	9233	9638	8318	7553	—
水稻	7665	7830	7740	7830	7448	6743	6788	—
华北								
玉米	7748	7868	7883	7463	7718	7875	6675	5865
小麦	6964	6861	7095	6895	7122	6788	6426	5885

数据来源：作者调查

从华北地区来看，玉米和小麦的经营规模同样与单产呈现倒"U"形的先升高后降低的关系，并且在规模 10～30 亩时单产达到最高。玉米和小麦从 10 亩以下到 10～30 亩时平均单产水平分别增加了 0.2% 和 3.4%，规模从 10～30 亩扩大到 500～800 亩，单产水平分别下降了 26% 和 14%。

此外，东北和华北三种作物经营规模与单产之间的倒"U"形关系在不同时点（即 2003 年、2008 年和 2013 年）保持了基本一致的态势，这也从另一个角度佐证了上述经营规模与单产之间关系的稳定性。

（五）农户适度经营规模与资本和劳动投入

一般认为，农地适度经营规模不仅取决于农户生产技术、管理经验，而且受到农户资本和劳动力使用情况的影响。在新大陆国家（如美国、加拿大和澳大利亚等），农户在种植业中通常使用大型机械替代人力劳动，因此受规模经济的影响，单产会随农地经营规模扩大持续上升。但是，在亚洲国家，劳动力的供给量和质量则在很大程度上影响着这一关系。

根据我们的研究，农户对资本和劳动力的选择对新型经营主体农地生产经营的适度规模具有决定性的影响。以东北和华北地区的玉米生产农户为例，研究结果总结如下。

首先，随着农户经营规模的扩大，其对劳动和资本的选择在很大程度上会影响单产，从而形成表观单产与农户经营规模的倒"U"形关系。如图 4-1 所示，当控制了农户选择的劳动密度和质量，估计的单产与经营规模关系更呈现负相关关系，但是其影响效果主要集中在生产规模在 15 亩以下的农户。

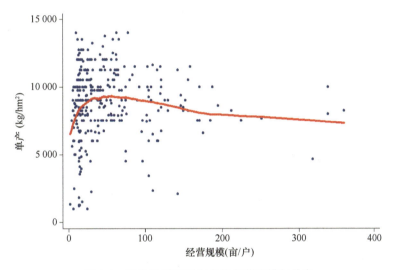

图 4-1　东北地区玉米农户的经营规模与单产

对这一现象的解释，我们认为当农户经营规模较小时，除了年龄较大或其他原因不能外出就业，"一亩三分地"的农业收入可能不是农户收入的主要来源，而非农收入是农户收入的重要构成。这种情况下农户对粮食种植业一般属于兼业化经营，农业生产投入并不是特别多。尤其是当农户从事与种植业争夺劳动力、资金等的其他活动时，由于经济效益的引力作用不同，就非常容易出现影响粮食土地生产力的情况。随着经营规模的继续扩大，但仍在主要依靠自家劳动力经营能力范围之内，农户会减少非农就业，这时农业收入成为其主要收入来源。农户大部分的时间都用来从事农业劳动，因此有效提高单位面积产量。

其次，资本和劳动力对农户最优的有效规模的影响效果不同，资本选择效果对大农户的影响比对小型农户更加明显。特别是机械租赁，在农户扩大经营规模过程中的解决劳动力短缺问题和维持单产方面，发挥着一定的作用。

再次，农户特征相关因素对单产和农户经营规模之间存在倒"U"形关系的解释能力有限。实证分析表明：土壤质量等与农户特征相关的自然因素对解释表观单产和农户经营规模之间存在倒"U"形关系具有一定的作用，但是其解释能力非常有限。扣除这些因素的影响后所得到的单产和农户经营规模之间的关系基本平行于使用基本模型所得到的关系，且移动的距离不大。这一结果表明，仅仅使用土壤质量和相关的自然因素无法有效地解释农户单产随经营规模先增后降的趋势与土地边际收益递减之间的矛盾。

概括来说，在控制资本和劳动的使用条件下，东北、华北地区玉米农户经营规模与单产之间变成了正"U"形关系。这表明，改善农户资本和劳动的使用是提高农户适度经营规模（或最优有效规模），从而进一步推动农业生产新型经营主体发展的重要途径。

图 4-1～图 4-6 进一步显示了不同农户经营规模与东北及华北不同作物单产之间的相关关系。

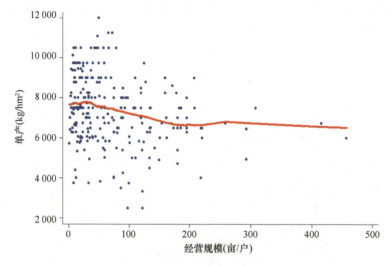

图 4-2　东北地区水稻农户的经营规模与单产

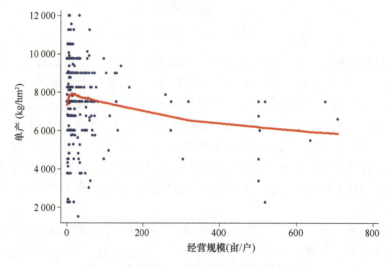

图 4-3　华北地区玉米农户的经营规模与单产

三、存在的主要问题

（一）基于华北和东北的研究

我们于 2013 年和 2016 年在华北与东北的实证研究结果表明：发展新型经营主体，适度经营规模是关键；小于适度经营规模时，扩大经营规模利大于弊；超过适度经营

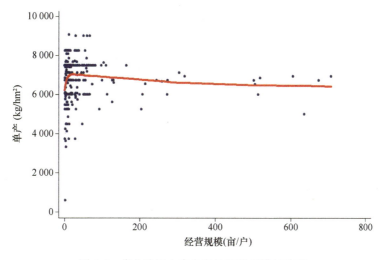

图 4-4　华北地区小麦农户的经营规模与单产

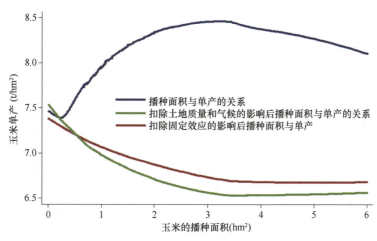

图 4-5　土地质量和气候条件对玉米单产与播种面积关系的影响

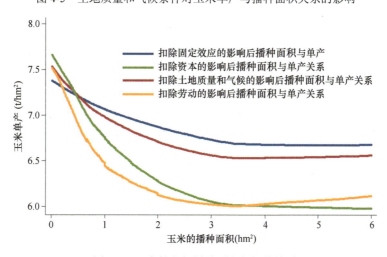

图 4-6　玉米单产与播种面积之间的关系

规模的生产者，如果不考虑政府补贴，则扩大经营规模弊大于利，对国家和广大农民收入与就业也是弊大于利。具体结果如下。

1）大田农作物生产都存在适度经营规模问题，目前许多新型经营主体的生产水平超过其适度经营规模。

耕地经营规模与粮食单产呈倒"U"形关系，平均转折点不到 100 亩，但这个转折点因各村庄的耕地规模、地块平整与连片程度、粮食作物种类、田间管理水平、社会化服务发展水平、粮食生产经营者的务农能力等不同而变化。在现有的生产环境、技术、管理和市场条件下，不同地方的适度经营规模从不到 40 亩至超过 200 亩。

耕地经营规模与粮食成本（元/kg）呈"U"形关系，平均转折点在 100 亩左右，略高于单产的平均转折点；同单产一样，适度经营规模的转折点也因地、因时、因人而异。

2）培育起来的规模偏大的新型经营主体正面临巨大挑战。2008～2013 年，即使在粮食价格年年攀升的情况下，多数规模偏大的新型经营主体也只有在考虑政府补贴后才有盈余；2015 年以来粮价下降，这些新型经营主体多数出现大幅度的亏损现象，已进入了进退两难的局面；随着粮价的继续下跌，不是超大规模的新型主体更将面临倒闭的风险。

3）培养和补贴"非适度经营规模"新型经营主体对国家弊大于利。目前的补贴等扶持政策提高了农业劳动生产力，但扭曲了土地市场，助长了低效新型经营主体的产生，这不但降低了粮食生产力和市场竞争力，而且降低了全国农业增加值，并对广大农民增收和社会就业产生负面影响。

（二）基于 9 个省的调研

我们于 2016 年对全国代表性的 9 个省的调查结果表明，新型农业经营主体发展的推进速度过快，"拔苗助长"现象普遍存在。

1. 新型农业经营主体受资金、技术和人才等因素的制约

不少地方新型经营主体成立的自身条件不成熟。46%的县级农业主管领导和近 1/3 的乡镇干部认为资金、技术和人才是目前制约新型农业经营主体发展的主要因素，这从另一侧面反映了规模经营的发展是有条件的，超适度经营规模主体发展会面临更多挑战。

2. 新型农业经营主体培育存在缺乏监管和政策影响评估等问题

新型农业生产经营主体缺乏监管和套取国家补贴的现象较为普遍；部分新型生产经营主体更是名不符实，还有一些种植大户为了套取补贴而虚报耕地面积；调研的所有地方都没有对扶持政策的效果开展过评估工作。

3. 部分农民积极性不高，人为地推进新型主体发展已产生社会问题

受外出务工能力制约（或劳动分工比较优势）和家庭食物需求（如蔬菜需求等）的影响，许多中年妇女、中老年男性劳动力主要从事小规模农业生产。但个别地方因为全村土地集中流转给企业或大户，原来务农的中老年劳动力往往失业在家，在目前农村文化生活还不是很丰富的情况下，常常产生新的农村社会问题。

四、政策建议

第一，目前新型经营主体的提法过于笼统，建议在农业生产领域按产品分类实施新型经营主体的发展政策。

建议新型农业经营主体按农产品的生产特性分类：①大田农作物生产；②非大田农作物生产（如蔬菜与花卉设施农业和果园等）；③养殖业（如畜牧业和水产业等）。

分类实施相应政策，重点关注大田农作物生产的适度经营规模和扶持政策；创造良好的市场环境，让市场自主确定"非大田农作物"和养殖业的适度规模。

第二，大田农作物适度规模的新型经营主体应以大户（如专业大户或家庭农场）为主，因地制宜地发展合作经营等其他经营模式。目前在许多地方，培育新型农业经营主体的主要目标是扩大生产规模，对单位产品生产成本（元/kg）、农民增收和农业可持续发展的关注不够。

政策目标：提高全要素生产率和农产品竞争力（降低单位产品生产成本，元/kg）、促进广大农民增收。

政策措施：对适度经营规模的生产主体（特别是农户）实施扶持政策；同时，适度规模扶持政策要因地制宜、动态调整。对超过适度经营规模的经营主体停止国家扶持政策，并采取限制其发展的相关规定与政策。

第三，完善土地流转市场和社会化服务体系，稳妥地推进新型农业经营主体的发展。

加快农村生产要素（劳动力、水土资源和资本等）的制度创新，提高农业全要素生产率。通过生产各环节社会化服务体系建设，提升农业生产技术装备水平，在提高劳动力生产效率的同时提升资本利用率和技术采用率。让市场成为资源配置的主要决定因素，通过制度创新降低农地流转的市场交易成本和风险，通过政策扶持（如财政、信贷、技术和市场等服务）促进适度经营规模生产主体的发展，提高其在农业生产中的比例。

第四，要与城镇化的实际进程同步发展，稳妥、渐进地推进农地规模化经营。

如果全国农地平均经营规模达 100 亩，全国只需要 1800 万个家庭农场；如果平均规模达到 250 亩，只需 720 万个农场。数以亿计的农民如何就业是一个值得考虑的社会问题，推进新型农业经营主体和适度规模经营发展是个长期的过程。

第五，通过制度革新改善农户对资本和劳动的配置，使其能够有效地优化经营规模。

第二节　农作物生产活动分工（机械社会化服务）与生产力

一、背景

近年来，劳动力工资快速上涨、农村劳动力相对短缺，为中国农业发展带来挑战的同时，也为实现农业机械化发展带来了机遇。实际工资的增长会诱导农民采用劳动力节约型技术，如机械化；也可能导致制度创新，如通过土地集约实现节省人力资源和降低机械成本的目标。受农业劳动力短缺的制约，中国农业机械化生产已逐步彰显了其优势。随着非农部门就业机会的增多，过去 15 年农业机械化发展水平不断攀升。研究表明，1990～2016 年，中国农作物机耕、机播和机收的耕地面积年均增长率分别为 3.8%、5.8%

和 8.8%（中国农业年鉴编辑委员会，2015）。截至 2016 年，全国作物机耕面积达到 1.21 亿 hm²，机播和机收面积也都上升至接近 8800 万 hm² 和 9170 万 hm²；机耕、机播和机收面积占作物总播种面积也都增长至 72.6%、52.8% 和 55%。

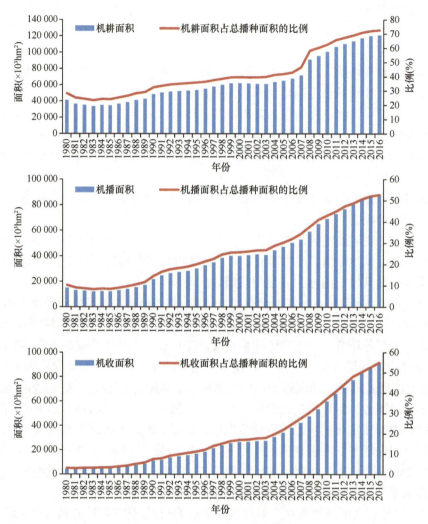

图 4-7　1980～2016 年中国农业机械化作业水平
数据来源：1990～2017 年《中国农业年鉴》（中国农业出版社出版）

　　在农业生产中，中小农户多面临资金约束，如何能够使中小农户在不承担农业机械购置成本的条件下实现机械化生产是诱致性技术变迁的重要方向。农业机械化生产能够在有限经营规模的条件下提高农户生产的专业化、标准化和集约化程度，并确保其生产力长期稳定增长。中国的农机社会化服务就在这样的背景中应运而生。

　　农机社会化服务是指农机服务组织、农机户为其他农业生产者提供机耕、机播、机收、排灌、植保等各类农机作业服务，以及相关的农机维修、供应、中介、租赁等有偿服务的总称。农机社会化服务与农机化公共服务相互结合、相互补充，分别为农业生产提供了经营性、公益性的农机化服务，共同构成了推进农业机械化发展的重要力量。2008～2016 年，中国农业机械合作社数量呈增长趋势，从 2008 年的 0.86 万个增长至 2016

年的 6.32 万个，增长了超过 7 倍（图 4-8）。参加农业机械化合作社的人员增长了 13 倍多，从 2008 年的 10.7 万人增长至 2014 年的 144.94 万人。近年来重要农时农机化生产有力有序，特点鲜明。一是抗灾保丰收主力军作用彰显，长江中下游各省市农机化主管部门积极应对夏季洪涝灾害，迅速组织农机投入抗灾复产，力保水稻颗粒归仓、能种尽种。东北地区在秋粮作物成熟期推迟一周的情况下，保质保量完成了粮食抢收和深松整地任务。二是新技术、新机具应用力度加大，保护性耕作、玉米籽粒机收、油菜机直播等新技术示范应用步伐加快，"机收+秸秆还田离田+机种"等"一条龙"作业模式广泛应用，农机作业服务效率和作业质量明显提升。三是信息化手段充分应用，"跨区直通车"、手机应用程序等"互联网+"农机服务方式开始普及，供需对接顺畅有效，全国冬小麦集中收获时间同比缩短一天。四是农机服务规模化、全程化、品牌化水平持续提高，以规范化建设为导向。

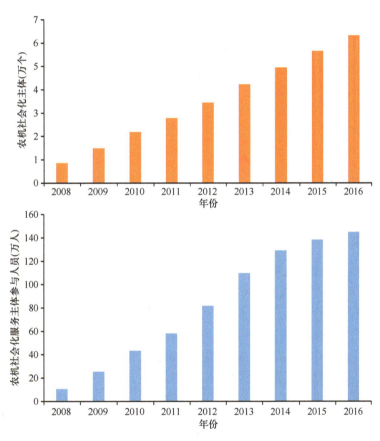

图 4-8　2008～2016 年中国农机社会化主体及其参加人员发展趋势
数据来源：2009～2017 年《中国农业机械工业年鉴》

　　与欧美农场通过自主购买农机具实现机械化生产不同，中国农民自发形成的农机服务队专门从事"整地、播种、收割等农业机械作业"，是推动机械化生产的主要力量（Ji *et al.*，2012；Yang *et al.*，2013；Wang *et al.*，2016）。农机服务队的出现实现了农业机械作业的专业化，在一定程度上突破了农地细碎化对农业机械化作业造成的障碍，提升了小规模农户的生产竞争力。刘凤芹（2003，2006）认为，单纯的大型机械化农场式的农业发展道路在当前的条件下还是适合中国农业生产的。同时,经营规模较大的农户(或者几户联合)能够承担投资大型机械设备和采用先进技术的相关成本。农机合作社也开始租入耕地,通过扩大生产规模实现"规模经济",并通过使用固化在机械设备中的"蕴含技术"获得技术效率的提高(Sheng *et al.*,2016)。本部分主要分析中国农业转型过程中农机社会化服务的发展历程,并对目前农机社会化服务的现状进项分析。

二、数据来源

本项目采用北京大学中国农业政策研究中心的实地调查数据。该数据库收集了9个省农机服务队的数据。样本的具体抽样原则为按照地理位置、经济发展水平和农业生产特征,将全国划分七大区域。东北和华北地区由于是中国主要的粮食产区,农业机械使用比较频繁,农机社会化服务的发展起步较早,据此,本项研究在华北、东北各抽取两个省,希望更加全面地了解东北与华北地区农机社会化服务的发展情况;其他5个区域,每个区域随机抽取一个省。最终选取黑龙江、吉林、山东、河南、陕西、四川、湖北、浙江、广东9个样本省。根据种植结构、人均工业总产值等指标,样本县、乡镇和村采用分层抽样的方法,因此最终县级样本39个,乡级样本78个,村级样本156个。

农机服务队样本的抽样:每个村内随机抽取一个农机服务队。如果本村没有农机服务队,则随机抽取一个为本村服务的外村农机服务队。如果没有为本村服务的农机服务队,则在外村寻找一个为外村服务的农机服务队。

按照以上的抽样方法,除去个别样本村附近区域没有提供机械服务的农机服务队,共有140个有效农机服务队样本。

三、研究结果

农机服务队已经成为农业生产中提供机械作业服务的重要形式。在所有的样本村中,136个村(87.2%)的农户能够获得至少1个农机服务队提供的农机服务。在没有农机服务队服务的20个村,主要是农户的经营规模较大,农户多自有农业机械;或者当地的地形(耕地的坡度等)限制了农业机械的使用。总体而言,如果农户需求机械社会化服务,依据市场机制形成的为农户提供农机服务的农机服务队就会蓬勃发展。

机械社会化服务的提供者包括个体农民和村内外的农民机械合作社/公司。研究结果表明,61.4%的机械服务主体为个体农户,5%为农户联户,合作社形式的农机服务队为33.6%。表4-4显示了农机服务队的自有机械资产数量和资产总现值。统计性描述分析表明,农机服务队自有资产的投资保证其能在农业各生产环节提供多元化的服务,满足农户的需求。

我们的调研数据表明,农机服务队的服务半径更趋向于本乡甚至本村。自2013年以来,90%的机械社会化服务(作业面积)是在本乡内,其中超过70%是为本村农户服务。这也暗示农户有农机服务需求,就会有农机服务队根据市场需求提供服务。农机服务队能够为主要粮食作物(如水稻、玉米和小麦)和棉花、薯类、糖类(如甘蔗)和油料作物(油菜籽)提供机械社会化服务。

表4-4 2015年分省的农机服务队自有资产数量和总现值

地区	农业机械数量（台）									资产现值（万元）
	平均	拖拉机	旋耕机	联合收割机	起垄机	免耕播种机	插秧机	秸秆还田机	联合收割机	其他	
黑龙江	33.6	9.2	8.7	0.1	0.5	0.3	5.5	0	3.3	5.8	21.6
吉林	24.4	6.0	2.8	1.3	1.3	1.1	1.9	0.4	1.7	7.2	52.7
山东	25.6	4.9	3.5	1.3	1.0	0	0	3.3	3.3	6.2	14.2
河南	15.3	1.5	1.5	0.3	0.3	0.2	0	1.8	0.5	8.8	10.1
陕西	6.6	1.0	0.9	0.8	0.1	0.3	0.1	0.1	0.1	2.6	116.9
浙江	28	3.5	2.4	0.8	0.8	0.3	3.9	0.2	2.0	13.8	8.1
四川	21.6	1.8	4.4	0.4	0.2	0.1	0.5	0.4	0.3	13.5	4.8
湖北	9.6	2.4	2.9	0.1	0	0.2	0.2	0.2	0.5	3.1	15.9
广东	15.6	5.9	0.4	1.4	0.3	0	3.4	0.1	1.1	3.1	155
平均	20.3	4.0	3.0	0.7	0.5	0.3	1.9	0.6	1.5	7.3	33.5

数据来源：作者调查

机械社会化服务的提供在中国已经存在了很多年。这些有偿服务主要包括土地准备和收获，但在一些地区，也扩展到其他业务，如种植/播种、化肥和农药应用。表4-5显示了分作物、分农业生产环节农机服务队的机械化作业面积。统计性描述分析结果与国家统计的机械化作业水平一致，机耕是中国机械化作业的最主要形式。此外，机械化作业也向集约化方向发展，也出现了耕整地与施底肥同步操作等。然而，除了主要主粮作物外，其他作物如大豆、油菜籽等的机械化水平尚需提高。

表4-5 2015年分作物分农业生产环节农机服务队的机械化作业面积

类别	小麦		玉米		水稻		其他作物	
	面积（亩）	比例（%）	面积（亩）	比例（%）	面积（亩）	比例（%）	面积（亩）	比例（%）
耕整地	780	63	1047	65	570	70	791	47
播种	970	78	959	78	1045	70	1047	69
收获	899	68	1601	61	1150	63	2680	52
施肥	0	–	2700	100	1816	24	0	–
打药	1637	67	7344	69	5505	55	1586	67

注：数据来源于作者调研；%指机械化作业面积中本村所占的百分比

农户对农机社会化服务的需求与服务价格的高低密不可分。当机械服务价格越便宜，农户越会选择用更多的机械服务去替代劳动力。以下为各省小麦、玉米和水稻这三种主粮作物在耕整地、播种、植保与收获环节的农机社会化服务价格分析，所有的数据已经除以2015年为基期的农村消费者物价指数（CPI）。综合来看，小麦各环节的服务价格都在逐年上涨。各个环节的服务价格与各个环节消耗能量的程度有关，因此耕整地环节和收获环节是所有环节中服务价格最高的两项。山东省的耕整地环节服务价格最高，达到了70.9元/亩，湖北省的收获环节服务价格最高，达到了90元/亩。播种、施肥和打药这几个环节的平均价格在各个省份相差不多。

玉米生产与小麦生产类似，也是收获和耕整地这两个环节农机服务价格比较高，播种与施肥和打药环节的价格较低一些。需要特别关注四川省，由于交通不便和地块狭小，耕整地和收获的亩均服务价格远高于其他省份。除此之外，黑龙江、吉林、山东和河南这 4 个东北、华北粮食主产区的服务价格相对比较平稳，扣除物价因素后，各个环节的真实服务价格从 2003 年开始几乎没有变化。而其余省份在 2005～2010 年收获的服务价格有小幅的上涨。

由于水稻是水田生产，农业劳动的强度较其他作物大，因此水稻的农机社会化服务价格平均来看是所有作物中最高的。与小麦生产和玉米生产一样，水稻生产中收获和耕整地的服务价格较高。并且由于播种环节较旱地作物麻烦很多，因此播种环节的服务价格与耕整地环节接近。值得注意的是，从 2003 年开始，各个环节的农业机械服务价格涨幅较小，许多社会化服务的价格几乎没有变化，这说明在剔除了物价上涨因素之后，机械服务的价格其实一直相对比较平稳。

总体来看，标准亩价格呈现整体缓慢上升的趋势。2015 年，小麦生产中 5 省样本的服务价格（52.3 元/标准亩）高于华北地区（46.4 元/标准亩）。玉米生产的服务价格中 5 省样本是最高的，达到了 79.9 元/标准亩，华北地区其次，由于东北地区机械发达，服务价格是所有区域最低的，只有 48.5 元/标准亩。水稻是所有作物中服务价格最高的，东北地区和 5 省样本分别为 72.7 元/标准亩和 104.3 元/标准亩。

附　件

附表 A4-1　东北、华北地区玉米的不同生产经营规模与收益

规模	样本数	单产[①]（斤/亩）	产值（元/亩）	物质成本（元/亩）	雇工成本（元/亩）	耕地成本（元/亩）	家庭劳力成本（元/亩）	亩均利润（元/亩）	户均利润（元）	每千克成本（元）
平均	593	1 147	951	442	7	416	95	−8	−81	1.7
10 亩以下	466	1 140	954	438	6	412	101	−2	−9	1.7
10～30 亩	98	1 224	980	455	6	456	67	−5	−87	1.6
30～50 亩	12	1 151	937	412	12	417	59	37	1 480	1.5
50～100 亩	11	936	746	255	34	286	27	144	12 394	1.3
100～200 亩	5	860	704	297	21	310	36	40	4 436	1.7
200～500 亩	1	800	640	280	8	400	1	−49	−24 450	1.7

注：数据来源于作者实地调研；平均是经过加权计算的；1 斤=500g

附表 A4-2　东北、华北地区水稻的不同生产经营规模与收益

规模	样本数	单产/斤/亩	产值（元/亩）	物质成本（元/亩）	雇工成本（元/亩）	耕地成本（元/亩）	家庭劳力成本（元/亩）	亩均利润（元/亩）	户均利润（元）	每千克成本（元）
平均	230	1 126	1 861	470	62	610	392	328	5 165	2.7
10 亩以下	136	1 126	1 864	478	82	576	442	286	1 584	2.8
10～30 亩	68	1 131	1 898	463	39	687	339	369	6 308	2.7
30～50 亩	12	1 100	1 782	537	19	528	389	308	12 413	2.7
50～100 亩	10	1 123	1 720	478	16	597	186	443	27 466	2.5
100～200 亩	3	1 039	1 669	559	25	633	177	275	36 300	2.8
200～500 亩	1	1 440	2 030	826	20	670	166	349	73 206	2.7

注：数据来源于作者实地调研；平均是经过加权计算的

①斤，质量单位，1 斤=500g。后同。

附表A4-3　东北、华北地区小麦的不同生产经营规模与收益

规模	样本数	单产 （斤/亩）	产值 （元/亩）	物质 成本 （元/亩）	雇工 成本 （元/亩）	耕地 成本 （元/亩）	家庭劳 力成本 （元/亩）	亩均 利润 （元/亩）	户均 利润 （元）	每千克 成本 （元）
平均	358	990	1 116	641	6	379	103	−14	−131	2.3
10亩以下	326	992	1 116	685	4	384	110	−66	−197	2.4
10~30亩	12	1 035	1 187	582	17	354	66	168	4 708	2.0
30~50亩	4	948	1 111	388	34	350	25	314	14 645	1.7
50~100亩	10	930	1 081	363	43	305	27	343	30 666	1.6
100~200亩	5	866	1 013	488	28	325	29	143	17 074	2.0
200~500亩	1	1 100	1 210	493	11	400	3	303	151 527	1.6

注：数据来源于作者实地调研；平均是经过加权计算的；1斤=500g

第三节　农业生产力总体趋势与区域差异及潜力

一、背景

近年来中国经济的发展可以被归纳为具有两大特点：国民经济迅速发展和区际差距不断扩大，目前学界对此已达成广泛共识（Chen and Fleisher，1996；Fan and Zhang，2002；Groenewold *et al.*，2008；Chen，2010；Fan *et al.*，2011）。自1978年以来，中国政府实施了一系列的农村改革政策，为其今后若干年经济高速增长奠定了基础。世界银行2015年的数据显示，1978~2014年，中国的实际GDP以年均约10%的速度增长，属同时期世界范围内最高。然而，以往的改革似乎导致了地区上的不平等。例如，根据国家统计局的数据，2010年以来，内陆地区人均GDP不足沿海地区水平的一半。若从人均收入来看，内陆农村和城镇居民的收入仅为沿海地区对应收入的2/3。

有研究显示，中国农业生产力增长的区际差距主要在1990~2003年持续扩大（Chen *et al.*，2008）。此外，Wang等（2013）发现中国区域性农业生产力虽然增长强劲，但区域间发展速率并不均衡。1985~2007年，中国经济和若干全要素生产率（TFP）水平较低的西部省份的发展主要依靠诸多沿海地区尤其是生产力增长较快的省份带动。为了缩小日益扩大的区际差距，中国政府在2005年明确提出"和谐发展"的目标，旨在协调地区间均衡发展，并发布了多个相关政策规划，包括西部大开发战略、东北振兴战略和中部崛起战略。然而，尽管近些年经历了一系列改革，但是我们尚不清楚目前中国农业TFP水平在生产力居前和落后地区的差距，相对之前的区际差距，是在缩小还是扩大？

考虑到中国在国际粮食市场上的重要作用和国内不断扩大的区际差距，我们将检验农业TFP收敛的假设和中国农业区域的"赶超"效应。已存在的收敛暗示着区际差距得到改善；然而就目前已经扩大的TFP区际差距进行因素研究，又将有助于加速部分农业区域的"赶超"进程，对特定地区发展有着重要的政策意义。

基于资产收益递减的假设，新古典增长理论（Solow，1956）预测资本–劳动比率相对较低的经济体将有较高的资本边际产出，发展较快并能收敛至资本–劳动比率较高的平稳状态，这种收敛被称为绝对收敛。Barro和Sala-I-Martin（1991）描述了收敛的两种类型：一个是σ收敛，适用于研究不同经济体或地区间人均收入或支出的离散程度随着

时间的推移而成比例降低的情况；另一个是 β 收敛，适用于研究贫穷的经济体或地区发展快于富裕的经济体而产生的"赶超"效应。Barro 和 Sala-I-Martin（1991）在后来的研究中讨论了有条件的 β 收敛的一种形式，即基期人均产出位于起点的经济体将具备较高的人均产出增速。在这种情形下，收敛可以在具备相似特点的不同经济体间出现。对于中国农业区域，有研究发现其劳动生产力在 1985～1992 年发散，但在 1992～2000 年收敛；Li 等（2008）利用数据包络分析法（DEA）发现中国农业生产力在 1980～2005 年存在 σ 收敛。因为增加其他投入也会影响劳动生产力，所以劳动生产力并不一定能反映技术进步的程度；同时，DEA 也只能提供增速的信息而不是相对水平，故不能检验 β 收敛。而本研究使用多边全要素生产率的面板估计来检验中国农业部门的劳动生产力收敛问题。

二、数据来源

为了计算农业生产的全要素生产率，我们构建了 1985～2013 年有关农产品的投入和产出数据库，农产品包括粮食作物（小麦、水稻、玉米、高粱、谷子、大豆和马铃薯）、油料作物（花生、油菜籽、芝麻、胡麻籽和向日葵）、棉花、麻类、糖料作物、烟草、蔬菜及畜产品。投入主要包括播种面积、劳动力、化肥、机械和其他中间产品等。这些数据来自历年《中国统计年鉴》和《中国农业年鉴》；农产品和投入品的价格数据来自历年《全国农产品成本收益资料汇编》。

为了分析导致不同省份"赶超"效应速率异质性的因素，我们引入了一系列的控制变量，包括教育（Edu）、研究与发展（R&D）、相对投入要素比率（资本/劳动力，K/L；中间商品/劳动力，M/L）和出口（Export）。教育变量利用农村劳动力中完成高中及其以上教育的人口占总劳动力比例来测度。由于省级 R&D 数据中有关研发支出的数据缺失，因此我们采用在农业科研机构从事研究工作的员工总数作为 R&D 的代理变量。中国农业研发体系是一个规模庞大而分散的公共部门（Huang and Rozelle，2014），各省均设有农业研究机构（如省农业大学、省和地市级农业科学院）。因此我们假设有更多的研究人员就会有更多的研究成果，并能促进省（地方）农业生产力增长。然而，由于只能获取 1988～2005 年省级的研发人员数量数据，因此当将 R&D 变量纳入回归模型时，我们只能使用较小的样本进行收敛检验。出口变量用的是省级农业出口量占全国农业出口总量的比例。鉴于省级农业出口数据始于 1992 年，我们把出口变量纳入回归模型也同样使用较小的样本进行收敛检验。K/L 和 M/L 用省级的投入估计数来衡量。数据来源包括历年《中国科学技术统计年鉴》、《中国农村统计年鉴》和《中国统计年鉴》。

我们按区域分列出控制变量的描述性统计总表，如表 4-6 所示。控制变量在区域内和区域间差异很大。例如，西北地区教育变量年平均增长率 $[\Delta\ln(Edu)]$ 远高于其他地区。然而，教育变量在西北地区的分散程度也很高，是其他地区分散程度的 3～7 倍。中间商品/劳动力变量年平均增长率 $[\Delta\ln(M/L)]$ 介于 0.054～0.073，资本/劳动力变量年平均增长率 $[\Delta\ln(M/L)]$ 介于 0.004～0.052。出现这种情况的主要原因可能是教育的投资成本较高，贫困地区难以支付。然而，这两个变量的离散程度在每个区域都很高，这意味着省份之间 M/L 和 K/L 的变化率差异较大。关于研发变量年平均增长率 $[\Delta\ln(R\&D)]$，各区域为负，表明研究人员数量在许多省份是呈缩减态势的。各地区和区域出口变量年平均增长率

［Δln(Export)］各不相同。我们将这些变量纳入收敛测试以控制各省份之间的异质性。

表 4-6　不同地区控制变量的描述性统计

区域	Δln(Edu)	Δln(M/L)	Δln(K/L)	Δln(R&D)	Δln(Export)
东部	0.040	0.073	0.044	−0.034	0.014
	(0.025)	(0.059)	(0.056)	(0.039)	(0.078)
中部	0.071	0.076	0.045	−0.036	−0.045
	(0.071)	(0.024)	(0.032)	(0.028)	(0.367)
东北	0.013	0.060	0.052	−0.039	−0.009
	(0.024)	(0.047)	(0.094)	(0.040)	(0.141)
西北	0.013	0.054	0.004	−0.031	−0.038
	(0.024)	(0.035)	(0.066)	(0.023)	(0.123)
北方	0.027	0.075	0.030	−0.035	−0.020
	(0.022)	(0.046)	(0.042)	(0.041)	(0.095)
西南	0.074	0.065	0.039	−0.034	−0.042
	(0.096)	(0.030)	(0.049)	(0.039)	(0.063)
南方	0.035	0.061	0.033	−0.028	−0.055
	(0.016)	(0.041)	(0.039)	(0.029)	(0.061)

注：数据来源于作者研究；表格数据为均值（标准差）

三、全要素生产率

全要素生产率（TFP）被定义为总产出（Y）与全部要素投入（X）的比值。本研究对 TFP 的测量采用非参数指数法。实际产出的增长率可以表示为各要素的投入增长率对其产出弹性进行加权求和后，与希克斯效率指数的增长率（即索洛残差）总和。要素的产出弹性虽然不能通过直接观测得到，但当每种要素都按其边际产值计算时，它可以用要素的边际产值进行替代，于是我们可以将不可观测的要素产出弹性转化为可观测的在农业产值中的占比。因此，TFP 是一个可以通过价格和数量来直接计算的指数。我们把 Tornquist-Theil（TT）指数作为 Divisia 指数的近似值，并将两时点上投入或产出的平均值作为权重，以获取这两个点间 TFP 的变化。这样，在滚动加权的基础上，用 TT 指数对 TFP 进行估计可以满足相对价格随时间发生改变的情况。

图 4-9 汇报了全国 7 个地区 25 个省级行政区 1985～2013 年 TFP 增长率的变化，结果表明尽管总体上 TFP 增长率呈增长趋势，但各省及各地区之间存在着一定异质性，同时在不同时间段也表现出明显的差异。例如，青海省每年的 TFP 增长率始终是低于 1.5，而福建省从 1995 年开始每年的 TFP 增长率都在 1.5 以上；在 1989 年、1994 年、2003 年和 2007 年大多数省份的 TFP 增长率均比上一年明显下降，而个别省份却保持持续增长。

进一步，我们将 1985～2013 年划分为 6 个时间段，表 4-7 显示了各时间段全国及每个省份 TFP 增长率的平均值。1985～2013 年各省份 TFP 增长率处于 1.5～3.5，而全国平均值为 2.6，这个结果略微低于 Wang 等（2013）对 1985～2007 年的 TFP 增长率的估计值 2.7。此外，各个阶段的 TFP 增长率差异明显。例如，1985～1990 年和 1990～

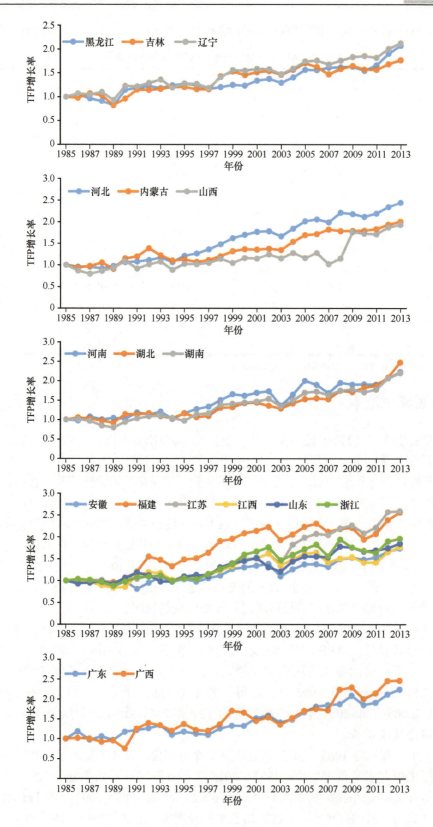

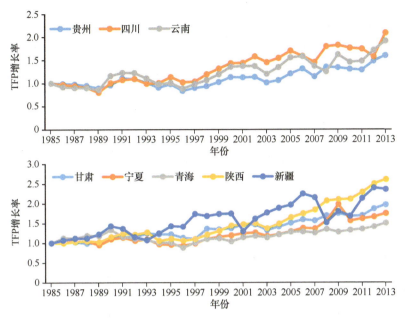

图 4-9　1985～2013 年分区域分省级行政区全要素生产率增长率（以各省 1985 年为基期）
数据来源：作者研究和计算

表 4-7　1985～2013 年分省份全要素生产率增长率

区域	省份	1985～1990 年	1990～1995 年	1995～2000 年	2000～2005 年	2005～2013 年	1985～2013 年
东北	黑龙江	2.8	2.1	-0.6	4.8	3.6	2.6
	吉林	-0.7	4.6	3.8	3.2	0.5	2.1
	辽宁	4.2	0.8	3.9	2.4	2.5	2.7
北方	河北	1.3	2.6	7.0	3.4	2.5	3.2
	内蒙古	2.8	-0.4	3.9	4.5	2.1	2.5
	山西	1.7	-1.2	2.5	0.0	6.6	2.4
中部	河南	0.4	2.7	6.8	4.3	1.4	2.9
	湖北	2.6	0.4	4.2	1.4	6.2	3.3
	湖南	-1.1	0.6	8.2	3.3	3.3	2.9
东部	安徽	-0.2	1.0	4.8	1.0	3.0	2.0
	福建	0.2	8.0	7.0	1.4	1.8	3.4
	江苏	1.3	0.7	6.3	5.8	3.4	3.5
	江西	-3.2	4.2	7.1	1.8	1.2	2.1
	山东	1.3	0.5	5.9	1.4	2.2	2.2
	浙江	-0.4	1.4	8.7	1.5	1.6	2.4
南方	广东	3.3	0.1	2.4	4.8	3.7	2.9
	广西	-5.4	12.7	3.8	0.6	4.7	3.3
西南	贵州	-0.8	0.5	2.9	1.3	3.6	1.7
	四川	0.2	2.4	4.8	3.5	2.6	2.7
	云南	3.1	-2.8	6.1	2.8	2.6	2.4

续表

区域	省份	1985~1990 年	1990~1995 年	1995~2000 年	2000~2005 年	2005~2013 年	1985~2013 年
	甘肃	2.9	1.2	2.4	2.0	3.4	2.5
	宁夏	1.9	-2.7	4.5	1.6	3.9	2.0
西北	青海	5.9	-5.4	0.6	4.2	2.1	1.5
	陕西	2.9	-0.8	5.4	2.7	5.9	3.5
	新疆	7.4	-0.1	4.1	2.4	2.3	3.1
全国平均	25 省份	1.4	1.3	4.7	2.6	3.1	2.6

数据来源：作者研究和计算

1995 年的年平均 TFP 增长率分别仅为 1.4 和 1.3，而 1995~2000 年的年平均 TFP 增加率达到 4.7。最后，各省份间及各省份的不同阶段间，TFP 增长率也都存在不同程度的差异。例如，河北省在各个阶段 TFP 增长率始终处于增加趋势，而山西省、黑龙江省 TFP 增长率分别在 1990~1995 年和 1995~2000 年均是负的。

表 4-8 显示了 2000 年前后各省份 TFP 年均增长率及其排名。结果表明，1985~2000 年全国 TFP 增长率为 2.4，而 2000~2013 年全国 TFP 增长率提高到了 2.9。从各省份排名来看，2000 年前后各省份 TFP 增长率的年平均值与排名都发生了较大变化。2000 年之前福建省的年平均 TFP 增长率达到 5.0，居全国首位，而 2000 年之后年平均 TFP 增长率下降到 1.6，排名第 22。到 2000 年之后，年平均 TFP 增长率最高的是陕西省，为 4.7；广西壮族自治区与江苏省 2000 年前后的年平均 TFP 增长率始终位居全国前十。另外，在 2000 年之后各省份间年平均 TFP 增长率差距比 2000 年之前明显减少，说明 2000 年之后各省发展较之前更加均衡。

表 4-8　1985~2013 年各省份 TFP 年均增长率及其排名

省份	1985~2000 年		2000~2013 年	
	年均增长率	排名	年均增长率	排名
福建	5.0	1	1.6	22
新疆	3.8	2	2.3	19
河北	3.6	3	2.8	13
广西	3.4	4	3.1	8
河南	3.3	5	2.5	17
浙江	3.2	6	1.6	23
辽宁	2.9	7	2.5	18
江苏	2.7	8	4.3	3
江西	2.6	9	1.4	25
山东	2.5	10	1.9	21
吉林	2.5	11	1.5	24
陕西	2.5	12	4.7	1
湖南	2.5	13	3.3	7

续表

省份	1985～2000 年		2000～2013 年	
	增长率	排名	增长率	排名
四川	2.4	14	2.9	11
湖北	2.4	15	4.3	2
甘肃	2.1	16	2.8	14
内蒙古	2.1	17	3.0	9
云南	2.1	18	2.7	15
广东	1.9	19	4.1	4
安徽	1.8	20	2.2	20
黑龙江	1.4	21	4.1	5
宁夏	1.2	22	3.0	10
山西	1.0	23	4.0	6
贵州	0.8	24	2.7	16
青海	0.3	25	2.9	12
全国平均	2.4	–	2.9	–

数据来源：作者研究和计算

表 4-9 显示了 2000 年和 2013 年两个年份全国与各省份的 TFP 增长率及其排名。从绝对增长率来看，从 2000 年到 2013 年全国 TFP 增长率从 1.56 增加到了 2.31，各省份 TFP 增长率也都表现出增加的趋势。从排名来看，从 2000 年到 2013 年各省份排名变化不大，广东省 TFP 增长率始终处于全国领先地位，上升最快的是江苏省，上升了 4 名；而江西省的排名下降最快，从第 17 名下降到第 21 名。

表 4-9 2000 年和 2013 年各省份 TFP 增长率及其排名

省份	2000 年		2013 年		排名变化
	增长率	排名	增长率	排名	
广东	6.69	1	11.33	1	0
湖南	3.53	2	5.40	2	0
广西	2.76	3	4.10	3	0
浙江	2.47	4	3.03	6	−2
湖北	2.25	5	3.91	4	1
四川	2.21	6	3.22	5	1
吉林	1.86	7	2.26	8	−1
山东	1.64	8	2.10	10	−2
福建	1.59	9	1.96	11	−2
河南	1.55	10	2.14	9	1
江苏	1.38	11	2.40	7	4
安徽	1.33	12	1.78	13	−1
河北	1.31	13	1.88	12	1
辽宁	1.03	14	1.42	14	0
贵州	1.00	15	1.41	15	0
云南	0.93	16	1.31	16	0

省份	2000 年		2013 年		排名变化
	TFP	排名	TFP	排名	
江西	0.91	17	1.09	21	−4
新疆	0.84	18	1.14	18	0
内蒙古	0.75	19	1.10	19	0
黑龙江	0.70	20	1.18	17	3
陕西	0.60	21	1.09	20	1
山西	0.54	22	0.90	22	0
青海	0.46	23	0.67	23	0
甘肃	0.43	24	0.62	24	0
宁夏	0.17	25	0.25	25	0
全国	1.56	—	2.31	—	—

数据来源：作者研究和计算

四、收敛检验及其结果

（一）全要素生产率收敛的研究方法

我们在研究中开展了 3 种类型的收敛检验。第一种，检验 σ 收敛，这是无条件的收敛，其假设不同地区间 TFP 离散程度将随时间推移而减小（Lichtenberg，1994），实证分析模型如下：

$$\mathrm{Var}\left(\mathrm{lnTFP}_t\right) = \phi_0 + \phi_1 t + \varepsilon_t \tag{4-1}$$

式中，Var（lnTFP_t）是不同地区的 TFP 在 t 时间的方差；ε_t 是一个均值为 0、方差为常数的随机扰动项。如果 $\phi_1 < 0$，将存在一个 σ 收敛。本项研究构建了 1985～2013 年分省份的 TFP 面板数据库和 7 个分区域的 TFP 面板数据库，其中区域按省份的地理和经济区划分为东部地区、中部地区、北方地区、东北地区、西北地区、南方地区和西南地区。

第二种，检验 β 收敛。我们假设 TFP 较低的省份在每一个分时段开始时 TFP 增长较快。通过使用间隔时间 T 的 TFP 平均增速得到了如下回归方程（Barro and Sala-I-Martin，1991；McCunn and Huffman，2000）：

$$\left(\frac{1}{T}\right) \cdot \ln\left(\frac{\mathrm{TFP}_{i,t+T}}{\mathrm{TFP}_{i,t}}\right) = \alpha_0 - \frac{\left(1 - \mathrm{e}^{-\beta T}\right)}{T} \cdot \ln\left(\mathrm{TFP}_{i,t}\right) + u_{i,t} \tag{4-2}$$

式中，i 代表不同省份；t 代表不同时刻；$\mathrm{TFP}_{i,t}$ 代表第 i 个省份在 t 时刻的 TFP 值；T 是观测期的时间间隔（与 Barro 和 Sala-I-Martin 的研究一致，我们把 5 年作为一个时间间隔）；β 是收敛率；$u_{i,t}$ 是一个均值为 0、方差为常数的误差项。如果 $\frac{(1-\mathrm{e}^{-\beta T})}{T} > 0$，将存在一个 β 收敛。因为 $T>0$，β 收敛存在的必要条件是 $\mathrm{e}^{-\beta} < 1$，这就要求 β 为正数。如果 β 收敛存在，那么当时间间隔 T 增大，TFP 增长率将向稳态增长率 α_0 移动。这种 β 收敛也就是所谓的绝对 β 收敛。

$$\text{TFP}_{i,t} = \alpha_0 - \hat{b} \cdot \ln\left(\text{TFP}_{i,t}\right) + u_{i,t} \tag{4-3}$$

只要 $\hat{b}$ 能被估计出来，那么 β 收敛系数便可由式（4-3）得到。

第三种，检验有条件的 β 收敛。有文献研究表明，现存经济体或地区的特殊条件可能影响收敛率，甚至导致不同的发散情况。McCunn 和 Huffman 认为 β 收敛率与 R&D、Edu 呈线性关系。Ball 等（2004）认为技术改变，即资本（K）和中间商品（M）与劳动力（L）之间保持适当的比例也能影响农业 TFP 增长率，从而影响 β 收敛。他们认为，可通过把州层次的特定变量作为控制变量来进行 β 收敛检验，如 K/L 和 M/L 增长率。最新的文献也把贸易的"开放性"作为影响技术外溢和 TFP 增长的因素。我们猜测，放开对外贸易政策的限制可能会提高农业生产力，这是因为开放政策将提供新技术和新市场。为检验 β 收敛系数的敏感性和稳健性，以及了解控制变量对地区 TFP 增长的潜在影响，我们确定了几个样本省份的控制变量作为参数，包括 Edu、R&D、K/L、M/L 及 Export。公式如下。

$$\text{TFP}_{i,t} = \alpha_0 - \hat{b} \cdot \ln\left(\text{TFP}_{i,t}\right) + \sum_{j=1}^{\tau} \gamma_j \dot{Z}_{j,i,t} + u_{i,t} \tag{4-4}$$

式中，i 代表不同省份；t 代表不同时刻；$\text{TFP}_{i,t}$ 代表第 i 个省份在 T 时间间隔内 TFP 的平均增长率；$\dot{Z}_{j,i,t}$ 代表控制变量 j 在第 i 个省份以 T 为时间间隔在 t 时间的平均增长率。

基于产出和投入的增长，两个时期的全要素生产率增长率可以表达为：

$$\ln\left(\frac{\text{TFP}_t}{\text{TFP}_{t-1}}\right) = \sum_m \frac{1}{2} \times \left(R_{m,t} + R_{m,t-1}\right) \times \ln\left(\frac{Y_{m,t}}{Y_{m,t-1}}\right) - \sum_n \frac{1}{2} \times \left(W_{n,t} + W_{n,t-1}\right) \times \ln\left(\frac{X_{n,t}}{X_{n,t-1}}\right) \tag{4-5}$$

式中，lnTFP 是全要素生产率的自然对数；R_m 是总收入中产出 m 的份额，W_n 是投入 n 在 $t-1$ 和 t 时间内在总成本中的份额；Y_m 和 X_n 分别是在 $t-1$ 和 t 时间内产出 m 和投入 n 的数量。

Translog 的多边产出、投入和全要素生产率指数都是可传递的。因此，我们可以使用任何区域作为基准区域构造一个标准化的多边全要素生产率指数。地区 k 和基准区域 l 之间的全要素生产率的比值可通过以下方程计算。

$$\ln\left(\frac{\text{TFP}_k}{\text{TFP}_l}\right) = \frac{1}{2}\sum_i \left(R_m^k + \bar{R}_m\right) \times \ln\left(\frac{Y_m^k}{\tilde{Y}_m}\right) - \frac{1}{2}\sum_i \left(R_m^l + \bar{R}_m\right) \times \ln\left(\frac{Y_m^l}{\tilde{Y}_m}\right) - \frac{1}{2}\sum_n \left(W_n^k + \bar{W}_n\right)$$
$$\times \ln\left(\frac{X_n^k}{\tilde{X}_n}\right) + \frac{1}{2}\sum_n \left(W_n^l + \bar{W}_n\right) \times \ln\left(\frac{X_n^l}{\tilde{X}_n}\right) \tag{4-6}$$

式中，"－"是算术平均值；"～"是几何平均值；R_m 是产出 m 的份额；W_n 是投入 n 的成本份额。

我们首先构造多边产出、投入的价格指数。用两个省份的名义产出（或投入）价值比除以相应的产出（或投入）价格指数，得出两省之间的实际产出（或实际投入）指标。

将多边产出、投入和 TFP 指数扩展至 2013 年中国的 25 个省份,以安徽省为基准省份,以 1994 年为基年,将其他省份和其他年份的相对 TFP 水平标准化至 1994 年的安徽省 TFP 水平。

(二)全要素生产率收敛的检验

我们给出了 3 种收敛检验的结果:σ 收敛检验、绝对 β 收敛检验和考虑区域特性影响的条件 β 收敛检验。

1. σ 收敛检验

对于基于标准 σ 收敛检验以及与单位根假说有关的随机收敛性检验(Bernard and Durlauf,1995;Carlino and Mills,1996),我们首先根据 ADF 检验、Phillips-Perron(PP)检验和 Zivot-Andrews(Z-Andrews)检验进行单位根检验,利用全样本中各省份 TFP 的年度交叉方差时间序列和由地缘经济区聚类的次级样本。检验结果表明,西北地区和南方地区都拒绝了单位根的假设,并呈现出随机收敛性。根据 Z-Andrews 检验,在考虑拦截结构突变后,中部地区和西南地区都表现出随机收敛性。然而,其他区域并没有表现出明显的随机收敛性。

然后,我们通过回归各省份 TFP 水平的年截面方差与时间趋势,对所有 25 个省份和每个地区进行标准 σ 收敛检验。结果表明,西北地区和南部地区的时间趋势系数为负,但不显著。至于其他区域,时间趋势系数呈显著正值,但没有证据表明为 σ 收敛,而是随着时间的推移而发散。在考虑 Z-Andrews 检验的结构突变后,东、中、东北地区的时间趋势系数均为负值,但不显著。因此,尽管基于单位根检验结果的随机收敛性假设适用于少数地区,但上述检验结果都无法证明所有区域农业全要素生产率的总体收敛性。

2. β 收敛检验

在绝对 β 收敛检验中,我们首先对全样本进行了固定效应模型估计。然后,我们考虑用其他控制变量来验证跨区域的异质性。我们使用了 Edu 和 R&D 两个变量。结果表明,这两个变量对各省份 TFP 的增长具有显著的正向影响。在控制这两个变量后,条件 β 收敛速率增加到 0.018。我们进一步考察了资本和中间商品的使用所隐含的技术变化的假设。M/L 增长率和 K/L 增长率对 TFP 增长具有显著的正向、重要的影响。然而,在控制这两个变量之后,条件 β 收敛速率与不考虑这两个变量时的速率没有什么不同。之后,放弃了 K/L 增长率变量,用省份农业出口占全国总出口的份额代替。当出口变量的系数估计不显著时,条件 β 收敛速率增加到 0.024。包括上述所有控制变量的研究结果表明,出口变量的影响仍不显著,但条件 β 收敛速率提高到 0.028。

总之,β 收敛检验结果证实了"赶超"效应,即安徽省全要素生产率增长率与其初始相对 TFP 成反比的假说。然而,研发资源的分配不均、劳动力教育水平的差异、不同水平的资本投资(如化肥)和中间商品的使用代表了技术进步的程度不同,都会影响区域的收敛速率。

五、结论和政策建议

自 1978 年开始实施家庭联产承包责任制以来,中国农业与农村发展取得了令世人瞩目的巨大成就。农村经济的发展和结构转型在很大程度上解决了农村贫困的问题。到 2015 年底,中国农村贫困人口比 1990 年下降了一半以上,并率先成为第一个实现"世纪发展目标"的发展中国家。然而,中国地区间经济水平的差距正逐渐成为一个严重的问题。我们使用 1985～2013 年 25 个省份的面板数据来研究中国农业部门 TFP 的 σ 收敛和 β 收敛。结果表明,不同省份间不存在一个总的 σ 收敛。但是,证实了西北地区、南方地区和西南地区在观测期内均存在随机性的 σ 收敛。另外,β 收敛的检测结果验证了绝对 β 收敛和一个有条件的 β 收敛。TFP 和特定省份初始 TFP 水平的反向关系揭示了较落后地区的"赶超"效应。估计的 β 收敛值是有条件的,取决于我们如何把握不同地区的异质性。当我们控制更多的变量时,β 收敛的速率将加大。总的来看,β 收敛的速率在 0.016～0.028。

回归结果表明,每一个控制变量,如 Edu、R&D、K/L、M/L,若能有较高的增速将有利于促进 TFP 的提升,但省份农业出口份额的增速除外。科研与人力资本资源不公平分配将阻碍收敛速率提升。相对中等水平的商品和资本投入若维持较高的增速将促进 TFP 的提高。然而,开放变量的代理变量——农业出口,在国家出口中所占的比例对中国农业全要素生产率的提高没有显著影响。

第四节 中国农村特色产业的发展、问题和建议

随着农业发展进入新时期,各级政府越来越关注通过发展农村特色产业和促进"第一、第二、第三产业融合"来提高农民增收的潜力。为了解农村特色产业发展现状及其在农民增收中的作用,课题组于 2016 年 8～9 月在全国 9 个省的 39 个县、78 个乡和 156 个村开展了实地调研。本书根据实地调研中了解的特色产业发展信息,梳理了其发展现状及变化特征,剖析了目前农村特色产业在发展中面临的问题和原因,在此基础上提出了稳步推进农村特色产业发展、促进农民增收的相关政策建议。

一、农村特色产业发展现状和变化特征

(一)农村特色产业发展在数量和质量上都有进步

调查显示,养殖、加工、乡村旅游、"互联网+农业"和绿色、有机、无公害等特色产业在农村不断呈现,发展特色产业的村从 2000 年的不到 5%发展到 2016 年的 33%。在 2000 年之前,特色产业主要集中在种植业和养殖业,但从 2009 年开始,农产品加工、乡村旅游、绿色有机无公害农业等新兴特色产业逐步发展,"互联网+农业"实现从无到有。特色产业发展能创造更多附加值,具有高值高效特点并表现出产业融合升级的特点,也对人才、技术、资金提出更高要求。

（二）农村特色产业对促进农村就业和农民增收有一定效果

近 5 年，平均每个特色产业个体（或一个经营主体）就业人数在 40 人左右，因为特色产业个体数量少，特色产业的就业人数占农村劳动力的比例只有 1%左右。从农村特色产业的毛收入看，2015 年有 75%的特色产业经营主体毛收入在 100 万元以内，中位数在 30 万元左右。75%经营者的纯收入从 2010 年的 20 万元提高到 2015 年的 40 万元，但有 50%的生产者没有明显的变化或出现下降趋势。

（三）农村特色产业集中于交通和区位条件较好的区域

根据调查数据，约 70%有特色产业的村位于距离乡级以上公路小于 1.6km（所有样本村到乡级以上公路的平均距离）的区域内；同时，特色产业一般离县城和发达的乡镇较近。特色产业的经营收入同其区位条件紧密相关，离公路、县城和乡镇近的，其农村特色产业收入也较高。

二、农村特色产业发展面临的主要问题

首先，农村特色产业在目前促进农民增收中的作用有限，且发展存在较大的风险。尽管 2016 年约 1/3 的村有农村特色产业，但多数村仅有 1～2 个农户发展特色农业，没有形成规模效应。根据课题组的调查，过去 5 年，除个别特色产业项目外，大部分特色产业项目吸纳的就业人数出现不同程度的下降。从经营收入看，有一半的特色产业毛收入增加，但纯收入没有明显增加甚至出现下滑。一些地方"一窝蜂"投资相似产业（如农家乐等），但市场需求不大，造成农村特色产业增收困难，部分甚至破产，给特色产业的发展带来较大的风险。

其次，农村特色产业在资金、技术、品牌、市场、信息和人才等方面受到的制约随着发展阶段的不同而有所差异。特色产业发展之初，主要困难是资金不足，近 40%县乡领导和目前无特色产业村的 78%村干部都反映资金困难是制约特色农业发展的主要因素，另外是发展特色产业的技术和信息。一旦特色产业启动，缺少品牌、销售渠道和人才便成为发展的主要限制因素，调查显示这些因素是其面临的最大困难的特色产业经营者占到 54%。同时，调查发现，超过一半的特色产业经营者是当地的"能人"，他们对未来发展充满信心。

最后，目前特色产业扶持政策与特色产业生产经营者的需求存在不匹配现象。大约有 60%的县乡已为特色产业发展提供了相关的扶持政策，但目前的政策扶持主要集中在基础设施建设和专项补贴，而特色产业发展所依赖的市场拓展（如品牌、销售渠道和市场信息等）和人才与技术等制约因素问题还没有更适合的扶持政策加以解决。

三、促进农村特色产业发展的政策建议

根据以上分析，结合县乡相关领导和特色产业经营者的访谈以及我们的研究结果，为促进农村特色产业发展和广大农民增收，我们提出如下财政支持政策建议。

首先，扶持农村特色产业发展要依据市场需求稳步推进、合理规划。农村各种特色

产业都同其空间区位、自然资源和市场环境紧密相关，同时投资大、对技术和经营能力要求高，要避免盲目发展和拔苗助长现象。

其次，在发展的不同阶段，要根据农村特色产业的实际需求实施不同的财政扶持政策。在启动阶段，重点从资金、技术和市场信息等方面加强扶持力度。在资金方面，可采用贷款贴息、落实税收减免、盘活农村集体资产等方式扶持特色产业发展；在技术和市场信息方面，结合目前各县技术推广系统和相关信息交流平台，介绍各地农村特色产业发展的成功与失败案例，发布相关技术、市场价格和需求信息。在发展阶段，支持引导特色产业的品牌建设、市场监督、销售渠道扩张和产业链延伸，把政策扶持转向提升农村特色产业的"软实力"。在品牌方面，制定和完善农产品质量标准与质量检测监督及认证体系，逐步实现特色农产品生产、加工、包装等环节的标准化，同时打击制售假冒伪劣商品、虚假宣传、不正当竞争和品牌侵犯等违法行为；在市场方面，在市场平台建设基础上，统筹农业特色产业扶持资金和农村第一、第二、第三产业融合扶持资金，促进"互联网+"产业的发展；同时，启动农村特色产业的保险扶持政策试点工作，探索通过保险扶持政策增强农村特色产业应对生产和市场风险的有效措施。

再次，强化对"财政部扶持的农业优势特色产业"的监督与评估，提高财政资金使用效益和降低发展风险。从 2016 年初以来，财政部提出"通过重点扶持、连续扶持，力争用 3 年时间，在各农业综合开发县初步形成 1～2 个优势特色产业，以省为单位各形成 10 个左右、在全国初步形成百个特色产业集群"。这一政策将鼓励特色产业循序渐进发展，但要避免为争取财政补贴或搞表面工程而采用行政化的推进方式，造成生产过剩。加强对扶持县的监督与评估，构建考核淘汰机制，确保以市场需求为导向，使所扶持的产业类型和县能进能出，降低特色产业经营的市场风险。

最后，在发展农村特色产业的同时，要更加关注农村贫富分化问题。尽管特色农业短期内对农民增收的促进作用有限，但它可能成为中国农业发展与农民增收的重要发展方向，伴随而来的是不同区位和不同农民间的收入差距扩大。因此，在发展农村特色产业的同时，如何通过财政支持杠杆带动更多的农民致富是值得研究的政策问题。

第五章 农产品供需趋势与未来农业结构调整和食物安全

本章首先梳理了改革开放以来农产品供需变动趋势，其次采用国家农业部门均衡模型（CAPSiM）和全球贸易分析模型（GTAP）开展了中国未来主要农产品供需趋势预测，再次对未来主要政策方案进行了模拟分析，最后提出了未来农业结构调整方向与食物安全保障政策。

第一节 改革开放以来农产品供需变动趋势

改革开放以来，中国农业生产稳定增长且生产结构发生了显著变化，但农业增长是以牺牲环境和可持续发展为代价的。在 1980~2015 年，中国农业 GDP 年均增长达 4.6%。受需求增长的驱动，种植业内部，在粮食生产稳定增长的同时，蔬菜、水果和其他经济作物生产以更快的速度增长；从大农业上看，农业生产结构也逐渐从以种植业为主向种养业并举发展。但农业的快速发展在很大程度上是靠高投入-高产出来实现的，并伴随着土壤质量退化、地下水水位持续下降、面源污染加重和农业生态日趋恶化等现象。

中国食物能量总需求从增长进入稳定发展阶段。中国人均食物消费具有较明显的阶段性变化，肉蛋奶等产品人均消费保持快速增长。过去 40 年随着经济的增长和市场与流通的发展，中国食品消费结构发生了显著改变，并呈现较显著的阶段性变化特征。1980年至 90 年代初是细粮替代粗粮和副食品消费逐渐增长的阶段，我们将这一时期的人均食物消费变化称作中国食物消费变化的"第一阶段"。从 90 年代初以来，中国人均食物消费具有显著的"以高附加值农产品替代口粮或主食"的变化特征。从当前中国食物消费的演化趋缓和特点来看，中国水果、植物油、肉、蛋、奶等高附加值农产品人均消费并没有出现降低迹象，这意味着在未来较长一段时期中国食物消费将依然处于"第二阶段"的演化过程。

2005 年以来，中国农业已经进入了"总量难以平衡，结构明显短缺"的新阶段。21世纪初之前，中国农产品生产和需求基本同步增长，农产品供需基本能够保持"总量平衡，丰年有余"；但从 2005 年以来，食物消费总量增长速度开始明显高于市场经济情况下的食物生产增长速度。食物总的自给率已从 21 世纪初的 100%下降到现在的 95%，近几年年均下降近 0.5%。目前玉米等部分农产品供过于求的现象是政策干预的短期结果；而饲料（饲料粮和饲草）、棉花、糖类、食油、牛羊肉和奶制品等进口压力不断加大，"总量难以平衡，结构明显短缺"将成为未来中国农业的常态。

第二节　中长期农产品供需变动趋势预测

一、基准方案下宏观经济与社会指标设定

为了分析中国不同农产品中长期（2015～2035 年）的供需变化，2019 年我们对 GDP 增长率、农村和城镇居民收入差距、人口增长率、城镇化率等做了一系列假设和判断，主要内容包括以下方面。

1）GDP 增长率。在 2016～2020 年，年均 GDP 增长 6%～7%；在 2021～2025 年，年均 GDP 增长 5%～6%；在 2026～2030 年，年均 GDP 增长 4%～5%；在 2031～2035 年，年均 GDP 增长保持在 4%以上。

2）农村和城镇居民收入差距。未来农村和城镇居民之间的收入差距会逐渐减小。与此同时，最近的变化趋势表明农村居民收入增长快于城镇居民。例如，在 2010～2015 年，农村居民人均可支配收入年均实际增长 9.6%，高于城镇居民人均可支配收入年均实际增长的 7.7%。因此，我们假设在 2016～2025 年，农村居民人均可支配收入年均实际增长 6.2%，2026～2035 年，年均实际增长 5.3%；2016～2025 年，城镇居民人均可支配收入年均实际增长 5.6%，2026～2035 年，年均实际增长 4.8%，低于农村居民人均实际可支配收入增长率。

3）人口增长率。根据《国家人口发展规划（2016—2030 年）》，中国总人口将在 2030 年前后达到峰值。因此，预计在 2016～2020 年，年均人口增长率为 0.65%，到 2020 年人口达到 14.2 亿；2021～2025 年，年均人口增长率为 0.21%；2026～2030 年，年均人口增长率为 0.10%，到 2030 年人口达到 14.5 亿；2031～2035 年，人口总量略微下降，维持在 14 亿～14.5 亿的水平。

4）城镇化率不断提高。2016～2020 年城镇化率年均提高 1.4%，到 2020 年达到 60%；2021～2025 年城镇化率年均提高 1.5%，到 2025 年达到 64%；2025～2030 年城镇化率年均提高 1.6%，到 2030 年达到 70%；2031～2035 年城镇化率年均提高 1.7%，到 2035 年达到 75%左右。

5）农业研发状况。国家将继续加大农业科技投入，但是随着单产提高的边际成本增加，科技水平的贡献率有下降趋势。

6）全球粮食价格。国际农产品价格在 2016～2025 年主要参考美国农业部（USDA）、经济合作与发展组织（OECD）、联合国粮食及农业组织（FAO）农业展望的预测结果，在 2026～2035 年国际农产品价格平稳。

二、基准方案下农产品供需变动趋势预测

对中国主要农产品未来供需变化趋势进行分析，粮食等主要农产品的生产、需求和贸易（其中，自给率为总产出占总产出与净进口之和的百分比）预测结果见表 5-1（农作物）和表 5-2（畜产品和水产品），总的结论是：未来中国许多农产品供需失衡将更为突出，这种局面将延续到 2035 年左右。下面按产品介绍主要的预测结果。

表 5-1　2015～2035 年主要农作物供需平衡及播种面积的预测

指标	大米	小麦	玉米	大豆	棉花	油籽	糖	蔬菜	水果
					2015 年				
播种面积（×10³hm²）	29 885	24 136	38 133	5 294	3 799	14 050	1 709	21 911	15 695
产量（万 t）	14 577	13 025	22 500	1 080	561	886	1 521	36 271	19 999
进口（万 t）	338	301	473	8 169	176	146	485	24	322
出口（万 t）	29	12	1	13	3	2	8	1 018	301
净进口（万 t）	309	289	472	8 156	173	144	477	−994	21
总需求（万 t）	14 406	11 797	19 317	8 548	703	996	1 998	35 278	20 020
居民消费（万 t）	10 588	8 301	907	8 329	0	933	1 217	25 131	10 799
人均消费（kg）	77	61	7	61	0	7	9	183	79
饲料粮需求（万 t）	1 014	1 200	11 501	61	0	0	0	0	0
种子需求（万 t）	218	566	184	49	0	14	0	0	0
工业需求（万 t）	1 301	1 168	5 600	79	698	25	681	1 600	4 634
产后损失（万 t）	1 285	563	1 125	30	6	25	100	8 547	4 588
自给率（%）	98	98	98	12	76	86	76	103	100
					2025 年				
播种面积（×10³hm²）	26 231	20 812	36 281	5 225	3 212	13 201	1 308	21 331	15 370
产量（万 t）	13 546	11 669	23 526	1 134	521	918	1 284	40 153	24 277
进口（万 t）	282	207	2 022	9 856	183	145	929	24	339
出口（万 t）	34	18	1	11	3	2	4	1437	388
净进口（万 t）	248	190	2 022	9 845	180	143	925	−1 414	−49
总需求（万 t）	13 792	11 858	25 591	10 980	702	1 061	2 208	38 740	24 228
居民消费（万 t）	10 051	8 256	642	10 742	0	995	1 333	28 425	13 169
人均消费（kg）	70	58	4	75	0	7	9	199	92
饲料粮需求（万 t）	796	1 157	15 216	66	0	0	0	0	0
种子需求（万 t）	214	554	182	48	0	14	0	0	0
工业需求（万 t）	1 510	1 355	8 481	96	696	29	775	1 767	6 696
产后损失（万 t）	1 222	535	1 070	29	6	24	100	8 547	4 363
自给率（%）	98	98	92	10	74	87	58	104	100
					2035 年				
播种面积（×10³hm²）	23 445	18 997	35 469	5 061	2 691	12 076	918	20 337	14 728
产量（万 t）	12 575	11 038	24 789	1 156	469	893	944	41 726	27 695
进口（万 t）	271	205	5 624	10 502	232	131	1 405	21	323
出口（万 t）	36	18	0	10	2	2	3	1 598	407
净进口（万 t）	235	187	5 624	10 491	229	129	1 402	−1 577	−84
总需求（万 t）	12 782	11 213	30 452	11 669	698	1 026	2 351	40 168	14 705
居民消费（万 t）	9 077	7 494	450	11 412	0	956	1 369	29 669	14 705
人均消费（kg）	62	52	3	79	0	7	9	204	101
饲料粮需求（万 t）	581	1 093	17 949	65	0	0	0	0	0
种子需求（万 t）	209	543	181	47	0	14	0	0	0
工业需求（万 t）	1 752	1 573	10 855	117	693	33	882	1 952	0
产后损失（万 t）	1 162	509	1 018	28	6	22	100	8 547	0
自给率（%）	98	98	82	10	67	87	40	104	100

注：数据来源于 CAPSiM 模拟结果

表 5-2　2015～2035 年畜产品和水产品供需平衡的预测（在大量进口饲料粮的情况下）

项目	猪肉	牛肉	羊肉	禽肉	禽蛋	牛奶	水产品
2015 年							
生产（万 t）	4 745	490	374	1 636	2 138	3 889	2 756
进口（万 t）	78	47	22	41	0	1 328	408
出口（万 t）	20	0	0	48	9	8	406
净进口（万 t）	58	47	22	−7	−9	1 320	2
总需求（万 t）	4 707	521	322	1 619	2 018	5 112	2 759
居民需求（万 t）	4 611	504	248	1 610	1 907	5 015	27 585
人均消费（kg）	34	4	2	12	15	37	20
自给率（%）	99	91	94	100	100	75	100
2025 年							
生产（万 t）	5 814	623	451	2 007	2 387	5 121	3 511
进口（万 t）	104	111	47	51	0	1 978	522
出口（万 t）	20	0	0	52	7	5	432
净进口（万 t）	84	111	47	−1	−7	1 973	90
总需求（万 t）	5 801	717	424	1 996	2 269	6 996	3 601
居民需求（万 t）	5 705	701	350	1 987	2 158	6 899	36 012
人均消费（kg）	41	5	3	14	16	49	25
自给率（%）	99	85	91	100	100	72	98
2035 年							
生产（万 t）	6 415	696	492	2 166	2 389	5 652	2 863
进口（万 t）	132	211	89	65	0	2 677	293
出口（万 t）	16	0	0	41	6	4	206
净进口（万 t）	116	211	89	23	−6	2 673	87
总需求（万 t）	6 538	906	586	2 188	2 384	8 362	2 962
居民需求（万 t）	6 442	889	512	2 178	2 273	8 264	2 962
人均消费（kg）	44	6	4	15	16	57	20
自给率（%）	98	77	85	99	100	68	97

来源：CAPSiM 模拟结果

在 2035 年之前，中国饲料需求增长将显著高于国内生产增长，自给率将不断下降。在现有农业生产资源、政策、技术进步和需求变化条件下，到 2035 年，大米和小麦等口粮基本可以自给；尽管玉米之前受政策干预而出现供过于求，但随着畜产品需求增长，中国对玉米饲料的需求将显著增长。如果不采用关税配额制管理，到 2035 年，玉米进口将超过 5600 万 t，而 2015 年玉米进口为 470 多万吨，玉米自给率在 2035 年将下降到82%。大豆供需缺口也将进一步加大。

中国糖和油籽的需求将显著高于国内生产，供需缺口将逐渐扩大。我们预测，糖自给率也将由 2015 年的 76% 降低到 2035 年的 40%；油籽自给率到 2035 年将保持在 87%。

中国棉花生产将逐渐萎缩，棉花供需缺口进一步扩大。在保障新疆棉花生产的情况下，棉花自给率将由 2015 年的 76%降低到 2035 年的 67%。但棉花生产挤占了新疆等地有限的水土资源。

中国蔬菜和水果（包括瓜果）产量将稳定增长，而且将依然保持一定的出口比较优势。中国是世界上最主要的蔬菜和水果出口国之一，未来将继续保持较弱的比较优势，蔬菜自给率在 2035 年将保持在 104%，水果自给率在 2035 年将保持在 100%。

在养殖业，除了水产品外，许多畜产品的生产和供需缺口在很大程度上取决于饲料粮贸易政策与草牧业发展政策。我们预测到 2035 年，水产品将保持供需基本平衡，略有进口，但畜产品供需平衡存在不确定性。预测结果表明，中国未来的食物安全主要是指畜产品的供给安全，是增加畜产品进口，还是增加饲料粮进口，需要有明确的战略和稳定的政策。如果放开饲料粮市场，通过进口饲料发展国内畜牧业，除了牛羊肉和奶制品以外，其他畜产品供需基本保持平衡。但在限制玉米进口且不重视草牧业发展的情况下，中国畜产品进口将显著增长，并高度依赖于不可靠的国际市场供给；除了猪肉和禽肉、禽蛋外，牛羊肉和奶制品进口增速将更为显著，到 2035 年，这些产品自给率将下降到 70%～80%。

第三节　主要政策方案情景下农产品供需趋势预测

本节就中长期对农产品供需影响较大的政策方案，主要包括影响种植业生产力的政策方案（以转基因抗虫玉米商业化为例）和资源安全与食物安全政策方案（如完全自给是适度进口食物的战略选择，提高灌溉效率政策方案）等开展评估研究。

一、种植业：未来转基因抗虫玉米商业化的经济影响

由于玉米生产的快速增长，中国在 2010 年从玉米的净出口国变成了净进口国。受政府市场政策的影响，近些年国内玉米价格较高，使得玉米过度供给和积累了大量库存。从 2016 年开始，政府逐步终止了政策干预，并实施玉米去库存策略。未来几年中国可能将平衡国内玉米生产和需求，而之后将出现玉米供需缺口。根据上一节的中长期基准情景结果，假如不使用玉米配额关税，到 2035 年玉米进口量将增加到 5000 万 t 以上，以满足中国日益增长的畜禽业生产需求。假如中国继续执行目前的玉米配额政策，尽管玉米可以保持较高自给率，但畜禽产品（特别是猪肉和禽肉）生产将会对玉米进口有所依赖。

如果未来能够推动农业生物技术的发展，将在一定程度上提高中国玉米自给率。本研究首先基于田间试验数据和专家判断法，获得转基因抗虫玉米的主要特性。然后利用GTAP 模型，设置不同政策情景模拟抗虫转基因玉米商业化种植的潜在经济影响。在农田层面，种植抗虫转基因玉米将提高玉米单产，减少杀虫剂和劳动力使用。整体而言，抗虫转基因玉米技术的采用可提高玉米产量，降低玉米价格，降低畜牧业生产成本，增加全社会福利。玉米自给率在正常严重程度病虫害情境下能略有提高（表 5-3）。

表 5-3　2025 年转基因玉米商业化种植对玉米供需的影响

指标		基准情景	病虫害的严重程度		
			较轻	正常	严重
百分比变化（%）	价格	—	−3.93	−8.33	−12.32
	产出	—	2.39	5.03	7.70
	单产	—	3.09	6.18	9.26
	面积	—	−0.59	−0.94	−1.25
	进口	—	−11.31	−19.81	−33.23
	出口	—	10.17	17.62	30.39
数量变化	产出（×10³t）	234 590	5 607	11 802	18 066
	单产（t/hm²）	6.50	0.20	0.40	0.60
	面积（×10³hm²）	36 200	−214	−340	−452
	进口量（×10³t）	19 890	−2 250	−3 940	−6 609
	出口量（×10³t）	10	1	2	3

在国家层面，在正常严重程度病虫害情况下，转基因抗虫玉米的商业化种植将提高中国 GDP 约 534 亿元（表 5-4）。另外，转基因抗虫玉米商业化种植将增加消费者福利和畜牧业收益。同时转基因玉米种植将节约农地，其他作物也将从中受益。但是，由于杀虫剂使用的减少，化工部门的收益将减少。

表 5-4　2025 年转基因玉米商业化种植的宏观经济影响

项目	病虫害的严重程度		
	较轻	正常	严重
真实 GDP（%）	0.03	0.05	0.08
真实 GDP（亿元）	257	534	854
土地	−0.81	−1.90	−2.41
非熟练劳动	0.03	0.08	0.11
熟练劳动	0.04	0.12	0.18
资本	0.04	0.12	0.17

注：结果来自转基因玉米商业化情景与基准情景的比较

二、资源安全与食物安全政策方案

随着人口的增长、收入的提高和食物消费结构的演变，中国食物消费持续增长，但仍保持了较高的食物自给率。中国保障粮食安全是以水、土资源的耗竭和环境的不可持续发展为代价的。20 世纪 90 年代以来，中国食物进口呈现增加态势，2003 年食物总进口额超越总出口额，食物的进口一定程度上缓解了国内的资源压力和环境挑战。近年来，中国提出了统筹用好国内外"两个市场、两种资源"。为此，定量测算近年来通过食物贸易，国内节约的水、土地资源量及其对全球的意义，并预测未来其趋势，将能帮助回答如何平衡食物安全与资源安全及可持续发展，科学调整食物生产结构，促进现代农业转型。

（一）测算方法及数据来源

1. 测算方法

根据能够获得的食物生产所需的水数据，本研究所测算的食物包含六大类农产品（水稻、小麦、玉米、大豆、水果、蔬菜）和三大类畜产品（禽肉、牛肉和猪肉）。这9类食物提供了人们所需的超过95%的能量。食物进、出口贸易背后的水、土地资源贸易称为虚拟水、虚拟土地贸易。虚拟水的进、出口量计算方程如下。

$$\text{VWI}_{i,c,n} = M_{i,c,n} \times \text{VWC}_{i,c,n} \tag{5-1}$$

$$\text{VWE}_{i,c,n} = X_{i,c,n} \times \text{VWC}_{i,\text{CHN},n} \tag{5-2}$$

式中，$\text{VWI}_{i,c,n}$ 为虚拟水进口量，i 为食物种类，c 为国家，n 为年份；$M_{i,c,n}$ 为食物进口量；$\text{VWC}_{i,c,n}$ 为生产单位数量食物所需要的水资源量；$\text{VWE}_{i,c,n}$ 为虚拟水出口量；$X_{i,c,n}$ 为食物出口量；$\text{VWC}_{i,\text{CHN},n}$ 为中国生产单位数量食物所需要的水资源量。

$$\text{NVWI}_{i,\text{CHN},n} = \text{VWI}_{i,c,n} - \text{VWE}_{i,c,n} \quad \text{DWS}_{i,\text{CHN},n} = \text{VWI}_{i,\text{CHN},n} - \text{VWE}_{i,c,n} \tag{5-3}$$

虚拟水的净进口量计算方程为

$$\text{NVWI}_{i,\text{CHN},n} = \text{VWI}_{i,c,n} - \text{VWE}_{i,c,n} \tag{5-4}$$

中国节约的水资源量的计算方程为

$$\text{DWS}_{i,\text{CHN},n} = \text{VWI}_{i,\text{CHN},n} - \text{VWE}_{i,c,n} \tag{5-5}$$

中国净进口食物对全球水资源节约的贡献为

$$\text{GWS}_{i,c,n} = \text{DWS}_{i,\text{CHN},n} - \text{NVWI}_{i,\text{CHN},n} \tag{5-6}$$

式中，$\text{NVWI}_{i,\text{CHN},n}$ 为中国虚拟水的净进口量，i 为食物种类，CHN 为中国，n 为年份；$\text{DWS}_{i,\text{CHN},n}$ 表示中国节约的水资源量；$\text{VWI}_{i,\text{CHN},n}$ 表示中国进口的虚拟水量；$\text{GWS}_{i,c,n}$ 为中国净进口食物对全球水资源节约的贡献。

将上述9类食物节约的水资源量相加即可得到中国参与食物贸易节约的水资源量；类似的，将所有进口食物节约的资源量相加即可得到中国净进口食物对全球水资源节约的贡献。如果中国生产单位数量食物所需要的水资源量大于进口来源国，上述公式计算结果为正，说明中国的食物进口帮助全球节约了水资源，反之也成立。虚拟土地的进出口测算方程与上述方程类似，只需要把 VWC 改为 VWL（生产单位数量食物所需的土地资源量，不包含畜产品生产所占场地）。

2. 数据来源

历史测算时间为2000～2015年，所需要的食物贸易数据来自 FAOSTAT（2016）；未来测算时间为20年，所需要的食物贸易数据来自本研究预测的2035年中国食物供需和贸易结果。历史单位食物生产所需的水资源量（VWC）数据主要来自哈纳萨基

（Hanasaki），基于水分蒸散发平衡原理，采用水文模型、作物模型等自然科学方法估计了单位作物生产所需要的降水量、灌溉水量和总需水量。近几年的数据我们根据各国单产变化进行了更新，见阿里（Ali）等 2017 年的研究。未来 VWC 我们除考虑了单产变化外，还考虑了中国和主要农产品贸易国水资源利用效率的变化，详见 Ali 等 2017 年的研究。单位食物生产所需的土地资源量，我们主要依据中国和主要农产品贸易国历史、未来单产推算。

（二）近年食物贸易与水土资源安全

2000 年以来，中国食物净进口持续增加帮助中国节约了水、土资源。在 2000 年，食物贸易只帮助中国节约了 183 亿 m³ 的水资源（作物所需灌溉水和雨水）（表 5-5）；然而到 2015 年，食物贸易帮助中国节约水资源 2155 亿 m³。其中，大豆净进口帮助节约国内水资源 1992 亿 m³。在 2000 年，食物贸易所节约的土地资源为 360 万 hm²（占当年耕地面积的 2.8%）；到 2015 年，土地资源节约量达 4670 万 hm²（占当年耕地面积的 34.6%）。如果 2015 年进口的大豆全部在国内生产，所需耕地面积达当年国内大豆播种面积的 7 倍左右。

表 5-5　2000～2015 年中国食物贸易节约的国内资源量及对全球的贡献

年份	国内资源节约量		全球资源节约量	
	水（亿 m³）	土地（万 hm²）	水（亿 m³）	土地（万 hm²）
2000	183	360	114	190
2005	614	1410	288	490
2010	1401	3100	620	1170
2015	2155	4670	954	1520

中国食物贸易也对全球的资源安全有所贡献。其原因是中国每生产单位食物所需的水资源和土地资源量均超过主要贸易伙伴国。表 5-5 显示 2000～2015 年，中国食物贸易为全球节约的水资源量，从 2000 年的 114 亿 m³ 增加到 2015 年的 954 亿 m³。中国食物贸易为全球节约的土地资源量从 2000 年的 190 万 hm² 增加到 2015 年的 1520 万 hm²。

不同食物对国内和全球资源节约的贡献不同，虚拟资源的来源地在全球的分布也很不均匀。大豆是帮助中国节约资源并帮助全球节约水土资源的主要作物。玉米的贡献在 2010 年前后发生变化，2010 年之前玉米出口将国内水土资源迁移到国外，但 2010 年以来玉米的进口一定程度上缓解了国内的资源压力。水稻和小麦近年对水土资源节约呈现微弱的正向贡献；水果和蔬菜不属于土地密集型作物，其出口在一定程度上将国内水资源迁移到国外，但对土地资源的影响有限。从区域看，南美洲和北美洲是中国水土资源节约的主要贡献国，但在 2004 年南美洲超越北美洲成为中国资源节约的主要贡献国，因为中国进口的大豆更多来自南美洲的巴西和阿根廷。来自大洋洲的虚拟资源因牛肉进口有增加势头。

（三）未来食物贸易与水土资源安全

基于本研究对未来食物贸易的预测，我们估计了未来食物贸易对水土资源节约的影响。除基准情景外，构建了两个政策情景：①情景 S_1，中国的灌溉效率每年提高 0.5%；②情景 S_2，中国的灌溉效率每年提高 1.0%。我们的预测表明，国内和全球未来都将保持节约虚拟水、虚拟土地资源的趋势。未来 20 年，随着农产品供需结构的变化，中国农产品进出口量将发生显著变化。农产品贸易隐含的虚拟水和土地资源净进口也将为中国节约大量的水、土地资源。

在基准情景下，未来 20 年虚拟水的进口将为中国节约水资源 3018 亿 m^3（表 5-6）；未来 20 年中国食物贸易也显著地节约了国内的土地资源，为 6620 万 hm^2。如果这些农产品在国内生产，占 2015 年全国耕地面积的 49%。

表 5-6　未来 20 年中国农产品进口节约本国和全球资源量的预测

情景	水资源节约（亿 m^3）		土地资源节约（万 hm^2）	
	本国	全球	本国	全球
基准情景	3018	1436	6620	1680
情景 S_1	2879	1295	—	—
情景 S_2	2790	1204	—	—

我们的预测表明，由于中国是水土资源高强度利用的国家，而出口国多数是水土资源低强度利用的国家，2015 年的中国食物贸易为全球节约了 954 亿 m^3 虚拟水和 1520 万 hm^2 虚拟土地，未来 20 年由于中国增加了食物的进口，更为全球节约 1436 亿 m^3 的水资源和 1680 万 hm^2 的土地资源。中国未来食物的适度进口不但保障了中国的水土资源安全，还将为全球农业可持续发展作出重要贡献。

灌溉效率的提高会改变中国农产品贸易对本国和全球虚拟水资源节约的影响，但总体而言，未来 20 年农产品进口将帮助中国节约 30%~40%的灌溉水，帮助全球节约水资源 1200 亿~1440 亿 m^3。具体来讲，假如中国每年提高灌溉效率 0.5%（情景 S_1），国内虚拟水资源节约量下降到 2879 亿 m^3，较灌溉效率没有提高的基准情景低 4.6%。灌溉效率的提高对全球虚拟水资源节约的影响更加明显，节约量下降 9.8%（从 1436 亿 m^3 下降到 1295 亿 m^3）（表 5-6）。在情景 S_2 下，假如中国在未来 20 年每年灌溉效率提高 1%，相对于基准情景，国内和全球虚拟水节约量将分别下降 7.6%和 16.2%。同时，中国农业灌溉效率的提高将显著节约国内农业生产所需的灌溉水。

第四节　未来农业结构调整方向与食物安全保障政策

1. 对国家食物安全与社会稳定有重大影响的口粮、畜产品采取"自给"的政策目标及"保"和"挡"的发展策略

口粮（大米和小麦）是真正能够威胁国家安全和社会稳定的主要食物。据联合国预测，全球人口将从 2012 年的 70 亿增加到 2050 年的 96 亿，增长 37%。新增人口中 95%

以上来自现在的低收入国家（撒哈拉以南非洲、北非和西亚等）。低收入国家人口增长势必导致全球口粮需求增加，加剧全球口粮需求竞争。从中长期看，中国要坚持"保"口粮生产，确保中国口粮绝对安全；同时，中国口粮总需求量已开始下降，"保"口粮自给的目标能够实现。"保"口粮的目标要从以数量为主向数量和质量并举转变。

中国未来的食物安全主要是指畜产品的供给安全。首先，随着未来国民收入的提高，畜产品需求还将成倍增长，如果不能确保生产快速与持续增长，供需缺口将不断扩大。其次，畜产品不属于关税配额制管理下的产品，畜产品的进出口基本上取决于本国畜产品的生产成本（或价格）及品质。最后，一旦世界任何国家或地区发生畜产品卫生和疾病等问题，会引起全球贸易的连锁反应和禁运，所以国际畜产品市场是最不稳定的市场之一。各国的发展经验也都表明，为保障畜产品供给安全，畜产品需求要基本依靠国内的生产。

2. 对与口粮和其他食物生产争地并影响畜产品生产成本的饲料粮采取"进"的中长期政策目标与"压"的短期发展策略

为加快玉米市场改革进程，采取"压"的短期发展策略、"进"的中长期政策目标。从畜牧业发展和食物或畜产品供给安全上看，畜产品需要采取进口的长期政策目标。近期中国玉米实施"挡"策略的教训是深刻的，结果不但影响了畜牧业生产并导致畜产品的大量进口，而且造成了玉米替代品[如大麦、高粱、干酒精糟（distillers dried grain，DDG）和木薯等]进口的剧增（2015 年粗粮等玉米替代品进口超过 4000 万 t），未达到"挡"进口的目的，同时对国内适宜生产杂粮的偏远地区造成了冲击，对当地农民的收入增长带来负面影响，因此对玉米要慎重采用"挡"的策略。

延续大豆"进"的政策目标，"保"国内大豆优势主产区的产量。随着中国未来国民收入增加，畜产品、奶产品和食用油等的需求快速增长，大豆作为蛋白质饲料其需求将快速增长。同时，大豆国际市场还有较大的供给潜力，进口大豆还可节约国内水土资源。但国内大豆主产区东北和内蒙古生产的大豆品质较高，为满足国内对高品质大豆及其制品的需求，需"保"主产区的大豆生产。

3. 对国家食物安全和社会稳定不会产生重大影响的油料与糖类作物在主产区采取适度"保"的政策目标及适度"进"的发展策略

随着中国居民收入提高，油料和糖类需求还将不断增长，但油料和糖料作物生产的比较优势将逐渐下降，受到的国际市场冲击将不断加大，未来通过提高生产力，生产可以得到适度的增长，因此在油料和糖类作物的主产区，建议实施适度"保"的政策目标。我们预测油料和糖类进口将显著增长，自给率将继续下降，即使中国能够大幅度增加国内油料与糖料作物生产，也无法改变食油和食糖需求依靠进口的局面，所以在贸易上，建议采取适度"进"的发展策略，增加进口也将缓解国内水土资源压力。

4. 对可改善食物营养和膳食结构并具有市场比较优势的蔬菜与水果采取"保"的政策目标及适度"出"的发展策略

中国蔬菜和水果还具有一定的比较优势，发挥蔬果的比较优势，提高产量和品质，确保食品安全，实施积极适度"出"的发展策略，对改善居民食物营养和健康、促进农民增收将起积极的作用。

5. 对国家食物安全产生负面影响的农产品采取"进"的政策目标和"压"的发展策略

虽然棉花、麻类、烟草等非食物农作物生产只占有有限的水土资源，但可影响国家食物供给和安全；同时这些作物多属于劳动密集型农产品，随着劳动力工资的提高，比较优势正逐渐下降；另外相比价格较低的进口产品，国内产品对下游加工行业的生产、出口和就业产生了不利的影响，放开市场对促进中国纺织、服装及烟草加工业发展将起到积极的作用。

第五节　中长期农产品供需预测与模拟方法介绍

一、国家农业部门均衡模型

国家农业部门均衡模型（CAPSiM）基于本书课题组已有的中国农业政策分析和预测模型，更新和扩充农产品供需数据，同时对所有食物的供给、需求和价格传递等参数进行更新。更新和扩充模型数据是因为要实时反映农产品供需、市场等的最新动向；在参数方面，目前 CAPSiM 模型中大多数弹性来自 1995～2000 年实证估计结果，已根据本研究需求系统、生产系统的微观实证研究结果，更新食物供给系统和需求系统的弹性。

CAPSiM 的供需系统通过市场价格变动使所有农产品供需同时达到均衡。该模型主要是用来分析各种政策和外来冲击对中国各种农产品生产、消费、价格与贸易的影响，以及预测未来中国农产品供给、需求、贸易和市场价格的变动趋势。图 5-1 以粮食（如玉米）为例示意 CAPSiM 模型。模型包括 14 类农作物产品、9 类畜产品和水产品。其中，14 类农作物产品分别为水稻、小麦、玉米、红薯、土豆、其他粗粮、大豆、棉花、油料作物、糖料作物、蔬菜、水果、瓜果和其他作物；9 类畜产品和水产品分别为猪肉、牛肉、羊肉、家禽、蛋类、奶类、鱼、虾和其他水产品。

二、全球贸易分析模型

全球贸易分析模型（GTAP）是美国普度大学开发的多国家可计算一般均衡模型，起源于 SALTER 模型，1993 年以来，GTAP 模型被广泛接受和应用。GTAP 模型是一个比较静态模型，模型包括全球 117 个主要国家，农产品部门包括小麦、大米、油料作物、其他谷物、蔬菜、水果和畜产品等 22 个农产品。生产者最小化生产成本，消费者最大化产品效用，模型均衡时所有产品和投入要素全部出清。每种产品的生产采用嵌套的常替代弹性（CES）方程，中间投入品由国内和国外产品通过常替代弹性方程复合而成，不同的国外产品按原产地进行分类（阿明顿假设），并通过常替代弹性方程复合为单一的进口产品。在要素市场，劳动力在国内是可以自由流动的，而土地在部门间不是完全流动的，所以不同用途的土地价格可以不一致。每个国家只有一个本地账户，所有的税收和禀赋收入都积聚到本地账户，并通过柯布–道格拉斯（Cobb-Douglas）效用方

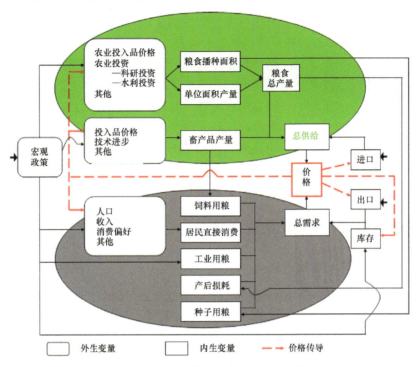

图 5-1　CAPSiM 模型示意图：以粮食为例

程，以固定比例将收入分配到私人消费、存款和政府消费。私人消费的效用函数采用固定差异弹性（CDE）效用方程形式，政府消费的效用函数采用柯布–道格拉斯方程形式。在 GTAP 模型中，有两个国际部门，即国际银行和国际运输部门。各个国家的储蓄汇总到国际银行账户，并根据资本的回报率在各个国家间分配，国际运输部门可以平衡到岸价（CIF）和离岸价（FOB）之间差异，并通过双边贸易将世界各国联系起来。GTAP模型结构如图 5-2 所示。

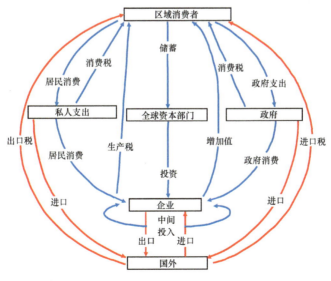

图 5-2　GTAP 模型结构图

本研究对标准的 GTAP 模型在以下两个方面做了较大的改进：第一，细化或合并农产品种类，使改进后的 GTAP 模型库中的农产品种类同 CAPSiM 模型具有同样的农产品分类。增加的农产品包括大豆（从油料中分离）、玉米（从其他粗粮中分离）。开展生物质液体燃料对食物安全影响的分析，增加的其他产品包括生物乙醇、酒糟蛋白饲料、生物柴油和生物柴油副产品等。之所以增加这些产品，一方面是因为大豆和玉米等农产品未来进口将显著增加，这对中国农产品生产必然产生重要影响；另一方面是因为需要充分考虑生物质能源发展对农产品价格和食物安全的影响。第二，改进和更新模型中有关中国数据库的参数，使之能够更加符合中国的实际经济运行情况。例如，我们用根据食物需求分析得到的新的食物需求弹性，更新 GTAP 模型的中国食物需求弹性。

三、全球和国家均衡模型之间的连接

1. 构建了模型之间的软连接模块

主要思路是在调整国家 CAPSiM 模型出口供给和进口需求模块的基础上，分别将全球 GTAP 模型中世界其他国家对中国农产品的出口需求价格和进口供给价格传导到国家 CAPSiM 模型中。

2. 连接国家模型的出口与全球模型的进口

首先，匹配国家模型的出口供给与全球模型中中国部分的出口供给。在国家 CAPSiM 模型和全球 GTAP 模型中，出口函数形式一致，为匹配国家模型与全球模型，基于中国实际情况，以国家 CAPSiM 模型为准，调整全球 GTAP 模型中常转换弹性方程（CET）的转换弹性参数 σ。该方法保证了国家模型的商品供给函数形式与弹性和全球模型是一致的。其次，匹配国家模型的出口需求与全球模型中其他国家对中国的出口需求。全球 GTAP 模型的出口需求函数形式见式（5-7），参照全球 GTAP 模型，在国家 CAPSiM 模型中添加出口需求函数[式（5-8）]。弹性参数参照全球 GTAP 模型 Armington 假设中 CES 函数（固定替代弹性生产函数）的替代弹性参数。该方法保证了国家模型的农产品出口需求函数形式和弹性与全球模型是一致的，并且出口产品的国际竞争价格直接来自全球模型，因此从出口产品的需求角度讲，国家模型与全球模型是完全一致的。

$$XM_i = \alpha_i^m \left(\frac{PA_i}{PM_i} \right)^{\sigma_i^a} XA_i \qquad (5\text{-}7)$$

式中，XM_i 和 PM_i 分别为 i 产品的出口需求和价格；XA_i 和 PA_i 分别为 i 产品的总需求和相应的价格；α_i^m 为 i 产品的出口需求份额参数；σ_i^a 为 i 产品的出口需求与国内产品需求的 Arminton 弹性。

$$Q = Q_0 (FP/P)^{\sigma} \qquad (5\text{-}8)$$

式中，Q 和 P 分别为出口需求和出口价格；Q_0 为基期出口需求；FP 为各个出口国竞争后的国际价格；σ 为出口需求价格弹性参数。

对上式两边取对数，有如下推导：

$$\ln Q = \ln Q_0 + \sigma (\ln FP - \ln P) \qquad (5\text{-}9)$$

$$\frac{\mathrm{d}Q}{Q} = \sigma\left(\frac{\mathrm{d}FP}{FP} - \frac{\mathrm{d}P}{P}\right) \tag{5-10}$$

令 $\dfrac{\mathrm{d}Q}{Q}$ 为 q，$\dfrac{\mathrm{d}FP}{FP}$ 为 $\mathrm{f}p$，$\dfrac{\mathrm{d}P}{P}$ 为 p，有：

$$q = \sigma(\mathrm{f}p - p) \tag{5-11}$$

$$\mathrm{f}p = p + q/\sigma \tag{5-12}$$

3. 连接国家模型的进口与全球模型的出口

首先，在全球 GTAP 模型中，进口需求函数同（CGE）模型的函数形式。为匹配国家模型与全球模型，基于中国实际情况，以国家 CGE 模型为准，调整全球 GTAP 模型中中国部分进口商品与国内商品复合成的 CES 函数弹性参数。该方法保证了国家模型的商品进口需求函数形式和弹性与全球模型是一致的。其次，匹配国家模型的进口供给与全球模型中其他国家对中国的进口供给，在全球 GTAP 模型中，尽管进口供给受到要素供给、价格等变动的影响，进口供给是一条向上倾斜的曲线，但是这条曲线很平缓，即供给几乎不受价格的影响。为此，参照全球 GTAP 模型，在国家 CGE 模型中添加进口供给函数组[式（5-13）和式（5-14）]。该方法保证了国家模型的农产品进口供给函数形式和弹性与全球模型高度一致，并且进口产品的国际竞争价格直接来自全球模型，因此从进口产品的供给角度讲，国家模型与全球模型是完全一致的。

$$PM = \overline{PM} \tag{5-13}$$

$$QMS = QMD \tag{5-14}$$

式中，QMS 和 PM 分别为进口供给和价格；QMD 为进口需求，模型内生给定；$\overline{PM}$ 为各进口供给国竞争后的国际价格。

第六章 现代农业转型的战略重点和政策建议

中国农业发展已经进入了新时代，需要新的思路和战略。虽然过去 30 多年中国农业生产持续增长，但农业增长是以巨大的环境破坏和不可持续发展为代价的，中国农业已进入了"总量难以平衡，结构明显短缺"的新阶段；同时，过去的农业生产方式已不能适应未来保障食物安全和农业可持续发展的要求。在此背景下，要对未来中国农业生产结构调整目标作出实事求是的科学判断，探讨现代农业生产方式的转变路径。在此基础上，提出现代农业转型的战略目标、战略重点和重大政策。

第一节 现代农业转型的目标和战略重点

一、现代农业转型的目标

经过 20 年的努力，基本实现农业富有竞争、高值安全、永续发展的现代转型，提高国家食物安全的总体保障能力。

二、现代农业转型的四大战略重点

现代农业转型的四大战略重点包括：①现代农业转型的结构调整与比较优势发展战略。②现代农业转型的科技创新与生产力提升战略。③现代农业转型的制度创新与生产力提升战略。④现代农业转型的绿色、多功能与永续发展战略。

第二节 现代农业转型战略重点的主要政策保障

一、现代农业转型的结构调整与比较优势发展战略

1）坚持基于市场资源配置和农产品比较优势，提高主要农产品生产力和市场竞争力，使现代农业成为一个优势产业。

2）未来农业发展要"有所为、有所不为"，确保国内口粮，支持有国际竞争力的农产品（如蔬菜、水果和养殖业等）的生产，支持在国际市场上难以贸易的农产品（如特色产品）和多功能农业服务产品的发展。

3）放开玉米等饲料市场，促进养殖业的发展，保障国家食物安全。中国未来食物安全主要是指畜产品的供给安全，保护国内饲料生产必将影响畜产品供给。另外，畜产品的国际贸易有限，一旦世界任何国家发生畜禽食品安全等问题，就会引起全球贸易的连锁反应和禁运。

4）调整目前以粮棉油糖为主的财政支农政策体系，加大对优势、特色、绿色农产

品及多功能农业公共物品生产的投入，加大对农业产品和服务的市场建设，提升中国农业的综合生产力和市场竞争力。

二、现代农业转型的科技创新与生产力提升战略

1）在关注种子采用和发展的同时，加大节肥、节农药、节水等节本技术和机械装备等增效技术的创新力度。

2）加快现代生物技术（特别是转基因生物技术）和现代信息与通信技术在农业中的推广。

3）关注农地不同经营规模生产者对农业机械的需求，关注农业保护性耕作的机械技术创新。

三、现代农业转型的制度创新与生产力提升战略

1）加快农村生产要素（土地、劳动力、水资源和资本等）制度创新，提高农业全要素生产率。

2）建议在农业生产领域按产品分类实施促进新型农业经营主体发展的政策。按农产品的生产特性分类如下：①大田农作物生产；②非大田农作物生产（如蔬菜与花卉设施农业和果园等）；③养殖业（如畜牧业和水产业等）。创造良好的市场环境，让市场自主确定"非大田农作物"和养殖业的适度经营规模；对于大田农作物，应以大户（如专业大户和家庭农场）作为新型经营主体，因地制宜地发展适度经营规模的生产，以提高全要素生产率和产品竞争力（降低单位产品生产成本，元/kg）和促进广大农民增收作为政策目标。

3）要同城镇化的实际进程同步发展，稳妥地推进规模化经营：如果全国农地平均经营规模达 100 亩，全国只需要 1800 万个家庭农场；如果平均规模达到 250 亩，只需 720 万个农场。那么数以亿计的农民如何就业是一个值得考虑的社会问题，推进新型农业经营主体和适度经营规模发展是个长期的过程。

4）政策支持对象不宜以经营规模指标来衡量，要关注生产者生产力（特别是全要素生产率）的提高，要把培育家庭农场和有能力的职业农民等作为农业生产方式转变中新型农业经营主体建设的主要内容。

5）通过生产各环节社会化服务体系建设，提升农业生产技术装备水平，在提高劳动力生产效率的同时，提升资本利用率和技术采用率。

四、现代农业转型的绿色、多功能与永续发展战略

1）坚持减本增效、绿色少污、资源可持续利用的农业发展方向。

2）充分利用好"两个市场、两种资源"，提高食物的供给（包括国内生产和国外进口）能力，通过食物的适度进口，减缓水土资源安全迫胁压力，协调国家食物安全和资源安全，实现农业永续发展。

3）难以永续发展或生产力低的农区转向发展多功能农业。

中国及主要贸易国农产品的比较优势及中国农业转型方向研究

一、中国农产品竞争力变动趋势

（一）中国及主要农产品贸易国主要农产品的竞争力评价

中国是农业大国，66%的人口生活在农村，48%的劳动力依靠土地生计，农产品国际贸易的变化直接影响农民的增收、就业和农村经济的发展。以比较优势参与国际经贸活动并获取比较利益，是自由贸易理论学派的一贯主张。认清中国农产品的比较优势和劣势，对中国参与国际经贸活动具有非常重要的意义。

中国农产品国际贸易的优势和劣势主要有以下方面的特征。

1）中国处于劣势的农产品主要是关系国计民生的粮食、棉花、油料、糖类等大宗农产品，中国每年都大量进口这几类产品。2000 年以前，中国粮食、棉花的国内价格均低于国际市场水平，有较强的竞争优势。但近 10 年来，中国粮食生产成本平均每年以1%的速度递增，小麦、玉米、大豆、棉花、油料、糖类等大宗农产品的国内价格已高于国际市场价格二至五成，失去了以往的竞争优势。花生油、菜油和豆油的国内市场价格已分别高出国际市场价格 24%、43%和 45%。这种价格上的劣势使得中国的粮食、棉花、油料等农产品极易遭到国外价廉质优的同类农产品的冲击。

2）出口农产品结构不合理，出口市场过于单一。长期以来粮食一直是中国对外贸易中的大宗农产品，而价值比较高的农产品如蔬菜、鲜花、水果等出口数量有限，这种低级农产品出口结构不符合世界农产品贸易发展的趋势。与农产品出口结构不合理相对应的是农产品的出口市场单一化。①出口地区过于集中。据统计，近年来外贸农产品多集中在由沿海的广东、浙江、江苏、山东等地区生产，而中部和西部地区的外贸农产品生产量偏低，说明中国外贸农产品生产地域分布不合理。②出口市场过于单一。中国农产品出口主要集中在日本、韩国等亚洲国家和地区。

3）出口农产品生产成本过高。过去的计划体制通过价格扭曲造成多数农产品的价格低于国际市场价格，从而形成了一定的竞争优势。然而，首先，随着农业政策倾向的转变，农产品的提价，外贸农产品价格日益提高。其次，中国劳动力价格低廉的优势正逐步消失，使直接生产费用不断提高，粮油生产几乎无利可图。再次，如果按照国外统计口径计算完全生产成本（包括土地费用、劳动费用、固定资产折旧、直接费用和税收等），外贸农产品的成本会更高。成本偏高，将会直接削弱价格竞争优势。改革开放以来，国内主要粮食生产成本普遍以每年 1%的速度递增。目前大米、小麦、玉米和大豆等几大粮食作物的国内市场价格都已超过国际市场,严重影响了中国农产品的国际市场竞争力。

4)出口农产品品质不高,市场竞争力不强。中国农产品的品质、加工程度和附加值都比较低,与国外相比差距明显。中国用于加工的肉、蛋产品分别占全国总产的3%～4%和1%左右,而发达国家达到3%～4%,有的高达7%。就农产品质量而言,中国主要农产品与国外农产品的质量差距参差不齐。就大米来说,国外消费者喜食长粒米,而中国优质大米粒长平均为6.8mm,比国际名牌大米短0.4mm;影响煮熟及食品品质的直链淀粉含量,国外名牌大米平均为2.1%,中国8个优质大米平均为17.5%。从小麦来看,中国小麦品种与国外代表性品种在蛋白质含量、赖氨酸含量等主要指标上差异不大,但在特质粉、专用粉的专用品种方面差距较大,不仅数量少,而且质量差。除此以外,中国的许多农产品在加工处理、储藏包装、花色品种、卫生检疫等诸多方面有明显的劣势,这都影响出口农产品的品质。

(二)中国及主要农产品贸易国主要农产品的竞争力

根据国际市场竞争力理论等,一般从竞争力的状态、结果及原因来分析一个国家的产品的国际竞争力,产品或产业的国际竞争力一般用状态性指标进行衡量,如贸易竞争力指数(TC)、国际市场占有率(WMS)和显示比较优势指数(RCA)。通常这几种方法各有利弊,但是获得的结论基本上比较一致。根据数据的可获得性、项目周期的长短等因素,选择显示比较优势指数作为本研究的参考指标。

已有的研究主要是单一农产品或者农产品整体竞争力的研究,比较单一,缺乏主要农产品贸易国之间的分农产品的竞争力分析。本研究以RCA为主要代表指标,建立了包括中国在内的8个主要农产品贸易国的多种主要农产品近10年的显性比较优势指数体系。专题式(1-1)为RCA的计算方法,专题表1-1则显示了RCA结果与对应的贸易比较优势情况。

$$\text{RCA} = \frac{X_i / X_t}{W_i / W_t} \qquad \text{(专题 1-1)}$$

式中,X_i表示一国某种农产品的出口值;X_t表示一国农产品出口总值;W_i表示世界某种农产品的出口值;W_t表示世界农产品出口总值。

专题表 1-1 RCA 与对应比较优势

RCA	该国竞争力和比较优势
RCA>2.5	极强
1.25≤RCA≤2.5	较强
0.8≤RCA<1.25	中度
RCA<0.8	较弱

本研究选择了中国及7个主要农产品贸易国的大米、小麦、玉米、大豆、猪肉和牛肉等几种主要农产品作为研究对象。时间跨度为2001～2017年(中国加入WTO之后)。

从专题表1-2可以看出,加入WTO之后的21世纪,中国主要农产品的比较优势都呈下降趋势,原本略有优势的农产品也因受到各种各样的影响而优势不再,劣势明显。

专题表 1-2　2001～2017 年中国主要农产品的显性比较优势指数（RCA）

年份	大米	小麦	玉米	大豆	猪肉	牛肉
2001	1.1893	0.0732	1.6015	0.1692	2.7667	0.0045
2002	1.2181	0.0893	2.2975	0.1395	0.3797	0.0047
2003	1.1614	0.2858	2.7066	0.0954	0.3690	0.0021
2004	0.4056	0.0882	0.4218	0.1417	0.4366	0.0099
2005	0.2978	0.0276	1.2993	0.1443	0.2980	0.0197
2006	0.4756	0.0956	0.3825	0.1109	0.2528	0.0262
2007	0.4019	0.1756	0.4728	0.0953	0.1487	0.0227
2008	0.2492	0.0075	0.0296	0.1093	0.1124	0.0206
2009	0.2802	0.0007	0.0162	0.0727	0.1132	0.0129
2010	0.1940	0.0000	0.0136	0.0281	0.1258	0.0175
2011	0.1673	0.0034	0.0128	0.0330	0.1012	0.0119
2012	0.0999	0.0000	0.0247	0.0457	0.0842	0.0061
2013	0.1380	0.0002	0.0079	0.0294	0.0875	0.0015
2014	0.1146	0.0001	0.0018	0.0264	0.1048	0.0005
2015	0.1845	0.0004	0.0025	0.0322	0.1629	0.0000
2016	0.1623	0.0002	0.0014	0.0242	0.1422	0.0002
2017	0.1322	0.0002	0.0012	0.0223	0.1023	0.0002

数据来源：UN Comtrade

从专题表 1-3 可以看出，泰国大米具有极强的比较优势，而中国大米 RCA 较低，大米行业已经变成比较劣势的行业，其他国家保持稳定。中国大米的 RCA 在 2001～2017 年基本上逐年降低，主要是由于中国大米产业的发展速度相对于其他产业的发展速度较慢，大米产业缺乏技术创新，国内大型加工企业较少，95%都是中小型加工企业，且遭受着大量周边国家进口廉价大米的冲击。因此，中国大米产业相对于其他国家逐渐缺乏竞争力，丧失比较优势。泰国大米 RCA 一直保持增长，但 2009 年大幅下降，这是由于金融危机爆发后，全球大米价格激增，泰国政府制定的大米收购价格过高，这样泰国米商从政府手中购买大米的成本过高，迫使一些大型米商不得不提高泰国大米在国际市场的售价，比其他世界主要大米出口国的售价高出很多，因此泰国大米原有的比较优势出现下降。

专题表 1-3　2001～2017 年中国及主要农产品贸易国大米的显性比较优势指数（RCA）

年份	中国	美国	泰国	日本	德国	巴西	阿根廷	澳大利亚
2001	1.1893	0.9441	23.3739	2.2306	0.0653	0.0915	2.7691	2.8079
2002	1.2181	1.1660	24.9616	0.0148	0.0726	0.1054	1.9320	1.3841
2003	1.1614	1.4662	23.4448	0.0138	0.0622	0.0697	1.9448	0.8705
2004	0.4056	1.4786	28.9390	0.0234	0.0515	0.0820	2.2131	0.3386
2005	0.2978	1.4414	21.2945	0.0098	0.0524	0.4838	2.2690	0.3010
2006	0.4756	1.3967	22.2659	0.0173	0.0516	0.4898	1.2434	3.9522
2007	0.4019	1.2308	23.1583	0.0142	0.0444	0.3404	1.0786	2.2006
2008	0.2492	1.2613	25.7119	0.0187	0.0503	1.1659	0.9397	0.5236
2009	0.2802	1.3305	21.2811	0.0157	0.0491	1.1246	1.1388	0.2910

续表

年份	中国	美国	泰国	日本	德国	巴西	阿根廷	澳大利亚
2010	0.1940	1.3417	20.1136	0.0267	0.0429	0.5873	0.8104	0.6046
2011	0.1673	1.0604	21.1492	0.0192	0.0548	1.7798	3.2013	0.7503
2012	0.0999	0.9979	15.1877	0.0329	0.0484	1.6938	2.8124	1.0430
2013	0.1380	1.0125	14.1494	0.0185	0.0479	1.2100	2.7776	1.0731
2014	0.1146	0.8726	16.9557	0.0251	0.0510	1.2506	2.8615	1.0411
2015	0.1845	2.1633	33.9326	0.0900	0.1145	2.8853	4.3340	2.5073
2016	0.1623	1.9023	25.8765	0.0065	0.0987	1.5543	3.5639	1.5654
2017	0.1322	1.5897	26.8756	0.0047	0.0678	1.6656	5.8634	1.6546

数据来源：UN Comtrade

　　由专题表 1-4 发现，中国小麦完全处于贸易竞争劣势，澳大利亚、阿根廷等国的小麦竞争优势明显，美国具有一定的竞争优势，RCA 保持在 2 附近。受生产成本增加、最低收购价提高等因素影响，中国小麦国内价格仍呈上涨趋势，但国际小麦市场供需形势好转，价格持续走低，这进一步加剧了中国小麦的贸易竞争劣势。

专题表 1-4　2001～2017 年中国及主要农产品贸易国的小麦显性比较优势指数（RCA）

年份	中国	美国	泰国	日本	德国	巴西	阿根廷	澳大利亚
2001	0.0732	1.9222	0.0000	0.0000	0.6271	0.0011	20.3231	14.6814
2002	0.0893	2.1754	0.0001	0.0000	0.5751	0.0016	17.7232	14.3846
2003	0.2858	2.5851	0.0000	0.0000	0.4292	0.0479	14.8458	10.5778
2004	0.0882	2.9570	0.0000	0.0002	0.3648	1.0032	18.4354	16.6408
2005	0.0276	2.7715	0.0000	0.0000	0.4486	0.0706	18.2641	12.2811
2006	0.0956	2.3434	0.0000	0.0000	0.5333	0.2684	6.8576	31.2837
2007	0.1756	3.1989	0.0056	0.0000	0.3908	0.0819	6.3636	13.1551
2008	0.0075	3.0399	0.0000	0.0000	0.5998	0.3604	4.7646	15.9357
2009	0.0007	1.9484	0.0000	0.0000	0.7459	0.1569	2.4916	25.6687
2010	0.0000	2.4179	0.0023	0.0000	0.7050	0.5237	1.9392	25.7084
2011	0.0034	2.8065	0.0000	0.0000	0.4969	1.0180	11.1329	8.6898
2012	0.0000	1.9374	0.0000	0.0000	0.5763	0.8996	13.3323	9.6420
2013	0.0002	2.5162	0.0006	0.0000	0.7056	0.5424	3.5702	8.7885
2014	0.0001	1.8398	0.0000	0.0000	0.7861	0.1713	3.3830	8.5110
2015	0.0004	2.9212	0.0024	0.0000	1.4294	1.4561	14.3594	18.3354
2016	0.0002	2.6744	0.0001	0.0000	0.8756	0.4532	15.5434	17.9898
2017	0.0002	2.8764	0.0002	0.0000	0.7856	0.5654	14.4353	18.4674

数据来源：UN Comtrade

　　中国小麦 RCA 始终远远低于小麦出口国，亚洲主要国家的小麦竞争力都十分薄弱。原本小麦竞争力较强的法国、加拿大，近年来其竞争优势正在被澳大利亚、阿根廷这样的新大陆国家所取代。

　　专题表 1-5 显示中国玉米 RCA 基本上在逐年走低，完全不具有竞争力。原因如下：

①与国外的转基因玉米相比，中国玉米的生产力较低，科技含量有待进一步提高；②中国加入WTO后，逐步取消了玉米、棉花和大米等农产品的出口补贴，国家对玉米出口贸易支持力度的削弱，不利于中国玉米出口贸易的发展，中国玉米渐渐转为内销；③人民币升值不利于中国玉米的出口贸易，而有利于国外玉米出口到中国；④因耕地等资源的不足，国家调整了玉米进出口政策。

专题表 1-5　2001～2017 年中国及主要农产品贸易国玉米的显性比较优势指数（RCA）

年份	中国	美国	泰国	日本	德国	巴西	阿根廷	澳大利亚
2001	1.6015	4.4404	0.5813	0.0000	0.1306	5.8124	25.3146	0.0780
2002	2.2975	4.7405	0.2589	0.0000	0.1220	2.8376	23.0534	0.0767
2003	2.7066	4.6128	0.3030	0.0000	0.1495	3.4405	27.6997	0.0470
2004	0.4218	5.7915	1.1196	0.0000	0.1902	4.7688	26.6480	0.0396
2005	1.2993	5.0302	0.2259	0.0017	0.1702	0.9211	30.7822	0.0294
2006	0.3825	6.3299	0.4741	0.0009	0.1548	3.1445	9.2159	0.0562
2007	0.4728	5.7325	0.4433	0.0000	0.1058	7.8813	10.5302	0.0386
2008	0.0296	6.1654	0.7099	0.0000	0.0992	4.0976	10.9080	0.0935
2009	0.0162	5.2892	0.9798	0.0000	0.1092	5.2353	6.4484	0.0674
2010	0.0136	5.0815	0.4645	0.0000	0.0980	7.2397	9.5670	0.0433
2011	0.0128	4.9306	0.3794	0.0000	0.1041	5.5527	28.1412	0.0327
2012	0.0247	3.1404	0.1984	0.0000	0.1358	11.1032	29.9294	0.0687
2013	0.0079	2.3017	0.4509	0.0000	0.1383	13.7654	40.3318	0.0943
2014	0.0018	3.8488	0.6817	0.0000	0.0818	9.7743	28.8628	0.0573
2015	0.0025	6.6823	0.4759	0.0000	0.1265	30.3778	63.9565	0.1596
2016	0.0014	4.5643	0.5727	0.0000	0.0634	31.3546	45.3325	0.0765
2017	0.0012	4.3233	0.5347	0.0000	0.0563	30.7568	43.2354	0.0345

数据来源：UN Comtrade

专题表 1-6 显示中国大豆 RCA 也基本上在逐年走低，大豆完全不具有竞争力。世界范围内，巴西和阿根廷已经超越美国，成为大豆最有竞争力的国家。大豆的情形与玉米的情形十分相似，巴西、阿根廷和美国的转基因大豆竞争优势明显，已经占据世界大豆市场的主要份额。

专题表 1-6　2001～2017 年中国及主要农产品贸易国大豆的显性比较优势指数（RCA）

年份	中国	美国	泰国	日本	德国	巴西	阿根廷	澳大利亚
2001	0.1692	4.3528	0.0015	0.0003	0.0039	27.2950	27.2970	0.0213
2002	0.1395	4.8046	0.0029	0.0004	0.0073	29.7116	25.7728	0.0251
2003	0.0954	5.2677	0.0017	0.0002	0.0046	28.1501	29.5236	0.0095
2004	0.1417	4.7456	0.0035	0.0002	0.0062	32.3661	29.1903	0.0263
2005	0.1443	4.5338	0.0056	0.0005	0.0070	29.2352	37.1087	0.0166
2006	0.1109	4.9169	0.0056	0.0001	0.0063	30.2701	10.6256	0.0251
2007	0.0953	5.0989	0.0062	0.0035	0.0054	24.7164	14.3992	0.0184
2008	0.1093	5.3216	0.0025	0.0001	0.0071	24.6343	10.9208	0.0086
2009	0.0727	5.7460	0.0031	0.0000	0.0060	27.5185	4.0121	0.0288
2010	0.0281	5.4704	0.0030	0.0001	0.0052	20.9899	8.8185	0.0110

续表

年份	中国	美国	泰国	日本	德国	巴西	阿根廷	澳大利亚
2011	0.0330	4.6031	0.0032	0.0001	0.0063	24.6949	25.1433	0.0023
2012	0.0457	5.3848	0.0024	0.0002	0.0051	23.8447	13.2256	0.0031
2013	0.0294	4.4039	0.0033	0.0002	0.0034	30.2870	17.1594	0.0085
2014	0.0264	4.5760	0.0100	0.0002	0.0080	63.0612	17.1357	0.0047
2015	0.0322	7.3824	0.0140	0.0003	0.0185	64.2764	44.0539	0.0082
2016	0.0242	6.4323	0.0078	0.0001	0.0092	64.7454	42.8783	0.0056
2017	0.0223	5.2334	0.0103	0.0002	0.0078	65.6344	45.6433	0.0784

数据来源：UN Comtrade

　　根据文献分析，中国猪肉产品在20世纪90年代还具有较强的国际竞争力，但是对2001年以后的数据计算发现，21世纪以来，中国猪肉整体处于劣势，并且竞争力还在持续减弱。专题表1-7显示，与世界其他猪肉出口大国相比较，中国猪肉产品在出口贸易中基本不具备竞争力。根据其他文献分析，世界范围内，猪肉竞争力最强的国家是丹麦、荷兰等欧洲国家，德国、美国、巴西的猪肉产品竞争力也在保持稳定的基础上有所提高。

专题表 1-7　2001～2017 年中国及主要农产品贸易国猪肉的显性比较优势指数（RCA）

年份	中国	美国	泰国	日本	德国	巴西	阿根廷	澳大利亚
2001	2.7667	0.9516	0.1584	0.0022	0.7535	3.2224	0.0016	1.0522
2002	0.3797	1.0079	0.1761	0.0001	0.8917	4.5845	0.0008	1.3220
2003	0.3690	1.0261	0.1086	0.0001	0.8676	4.3217	0.0000	1.2056
2004	0.4366	1.1547	0.0525	0.0001	0.8860	4.3395	0.0007	0.7940
2005	0.2980	1.2758	0.0559	0.0004	1.1559	5.2986	0.0009	0.5300
2006	0.2528	1.3088	0.0297	0.0006	1.2971	4.3893	0.0000	1.4905
2007	0.1487	1.3678	0.0276	0.0010	1.3755	4.6237	0.0003	1.3227
2008	0.1124	1.7003	0.0337	0.0015	1.5652	4.0207	0.0040	0.8582
2009	0.1132	1.5590	0.0141	0.0013	1.8325	3.7647	0.0010	0.8644
2010	0.1258	1.6505	0.0077	0.0017	1.9051	3.7145	0.0000	0.8677
2011	0.1012	1.8649	0.0119	0.0017	1.9554	2.9582	0.0000	0.2444
2012	0.0842	1.8308	0.0108	0.0018	2.0755	3.2475	0.0002	0.2032
2013	0.0875	1.6695	0.0193	0.0022	2.1718	3.0105	0.0007	0.1839
2014	0.1048	1.7483	0.0124	0.0041	1.9590	3.7328	0.0005	0.2053
2015	0.1629	3.0814	0.0310	0.0098	3.4393	7.0482	0.0106	0.5125
2016	0.1422	2.6532	0.0231	0.0076	3.6523	8.0623	0.0004	0.6443
2017	0.1023	3.0564	0.0256	0.0084	3.7565	7.5454	0.0005	0.6745

数据来源：UN Comtrade

　　专题表1-8显示，2001～2017年，中国牛肉RCA均小于1，并且全部小于0.1，不具有比较优势，国际竞争力较弱。在国际市场上，2001～2017年，澳大利亚、阿根廷、巴西牛肉RCA均大于1，并且澳大利亚大部分年份都大于10，具有较高的比较优势，国际竞争力强。此外，本次研究并未将新西兰作为主要农产品贸易国列入研究对象，但是全球范围内牛肉竞争力最强的国家是新西兰，其次是澳大利亚和巴西。新大陆国家在牛肉方面的贸易竞争力强主要体现在价格优势上。

专题表 1-8   2001～2017 年中国及主要农产品贸易国牛肉的显性比较优势指数（RCA）

年份	中国	美国	泰国	日本	德国	巴西	阿根廷	澳大利亚
2001	0.0045	1.7274	0.0000	0.0024	1.0248	3.3144	1.7192	12.0231
2002	0.0047	1.5261	0.0000	0.0000	1.1460	3.2906	6.3769	9.8565
2003	0.0021	1.7449	0.0000	0.0001	0.9436	4.2874	7.1304	10.4262
2004	0.0099	0.4319	0.0001	0.0000	1.0590	4.8642	9.2310	14.0050
2005	0.0197	0.6178	0.0000	0.0000	1.0179	4.1195	11.3249	12.1901
2006	0.0262	0.9455	0.0001	0.0036	1.1372	3.8961	3.6975	29.6217
2007	0.0227	1.0256	0.0001	0.0145	0.9128	3.9363	4.5433	25.2230
2008	0.0206	1.1388	0.0000	0.0170	1.0666	1.2232	3.6168	21.4169
2009	0.0129	1.0628	0.0002	0.0176	1.0749	1.6744	3.2248	18.9401
2010	0.0175	1.2094	0.0000	0.0166	1.0834	2.0250	2.4531	20.5926
2011	0.0119	1.3856	0.0009	0.0136	1.0901	2.0890	7.1474	5.8994
2012	0.0061	1.4448	0.0001	0.0208	1.0525	2.8823	7.2538	6.5194
2013	0.0015	1.5925	0.0000	0.0316	0.9968	3.0184	7.3263	6.5841
2014	0.0005	1.5375	0.0042	0.0457	0.8529	2.9861	7.8199	7.7860
2015	0.0000	2.4230	0.0022	0.1113	1.3281	4.9650	12.2707	18.2233
2016	0.0002	1.5856	0.0020	0.1243	1.2443	2.6545	10.6586	17.4544
2017	0.0002	1.8756	0.0015	0.0986	1.1223	2.0973	10.3465	18.3454

数据来源：UN Comtrade

与世界上主要农产品贸易国的 6 种主要农产品的 RCA 对比后发现，2001 年以来中国主要农产品均不具有贸易竞争优势，且竞争劣势还有不断加剧的趋势。这一结论与许多前人的研究结果一致。如果再往前 10 年，其中一部分产品如大米、玉米、猪肉还具有一定的竞争优势，但进入 21 世纪以来，这种竞争优势逐渐减小，RCA 逐渐小于 1，变成竞争劣势，而另一部分产品如小麦、大豆、牛肉等则始终处于竞争劣势。从农产品贸易发生情况来看，中国农产品的主要出口市场为亚洲地区，农产品的主要进口市场为北美洲和南美洲。从中国农产品进出口品种上看，粮食、蔬菜、水果和水产品出口量增长较快，大豆、油脂和棉花进口量较大。

尽管中国主要大宗农产品在出口竞争力方面均已处于劣势，但从 2017 年的农产品自给率来看，除大豆以外，其他主要农产品的自给率都仍然保持在一个良好的水平，特别是大米、小麦等主粮作物的自给率都在 98% 左右，水果、蔬菜的自给率稍高，能够达到 100% 及以上（专题表 1-9）。

专题表 1-9　2017 年主要农产品自给率

产品	自给率	产品	自给率
大米	98%	糖料	76%
小麦	98%	蔬菜	102%
玉米	98%	水果	100%
大豆	11%	猪肉	99%
棉花	80%	牛肉	91%
油籽	84%	牛奶	75%

数据来源：CAPSiM 模拟结果

综合而言，尽管在出口贸易方面中国主要的大宗农产品已经不具有竞争优势，但是在蔬菜、水果等园艺作物方面还保持一定的优势，在自给率，即实现主粮完全自给的目标方面完成较好。在土地资源十分紧张、土地资源禀赋并不占优势的条件下，能够保证土地密集型农产品如大米、小麦、玉米等主粮自给率保持在一个较高的水平，说明中国农产品综合竞争力并没有 RCA 显示的那么差。

（三）中国及主要农产品贸易国形成农产品竞争力差距的原因分析

影响农产品竞争力的主要因素包括科技、资源禀赋和政策支持等方面。农产品的单产体现了综合因素的影响。就单产而言，中国的农产品生产水平处在世界中等水平，有些农产品（如水稻）的生产水平甚至是世界领先的。从单产来看，中国大多数农产品与世界先进水平的差距并不显著。其中差距较大的是大豆和牛肉的单产水平（专题表 1-10）。

专题表 1-10　中国与主要农产品贸易国农产品单产的对比　（单位：kg/hm^2，kg/头）

农产品	国家	2005 年	2010 年	2011 年	2012 年	2013 年	2014 年
水稻	中国	6260.1	6553.0	6687.3	6741.1	6717.3	6815.2
	日本	6648.3	6513.5	6662.4	6738.8	6728.0	6697.8
	泰国	2962.5	2883.7	3101.3	3178.1	3146.3	3058.6
	美国	7424.5	7537.5	7921.0	8348.7	8623.2	8491.9
小麦	中国	7436.6	4748.4	4837.4	5013.5	5055.3	5048.1
	德国	7465.1	7310.2	7013.9	7331.2	7997.9	8629.6
	美国	2823.1	3116.7	2942.2	3115.4	3172.0	2943.8
玉米	中国	5287.4	5459.8	5748.1	5883.5	6016.1	—
	阿根廷	7358.7	7804.0	6350.3	6350.3	6603.7	6600.0
	巴西	3040.3	4366.7	4210.7	5005.7	5253.6	5176.2
	美国	9285.2	9592.3	9236.3	7743.9	9969.5	10732.6
大豆	中国	1834.3	1771.1	1836.1	1814.4	1759.9	1812.8
	阿根廷	2728.7	2905.3	2605.3	2281.4	2539.1	2773.5
	巴西	2230.3	2947.5	3121.4	2636.6	2928.5	2865.9
	美国	2896.0	2922.4	2819.9	2686.7	2961.5	3213.4
猪肉	中国	75.8	73.2	73.3	73.8	74.0	—
	德国	93.3	93.6	94.0	93.8	93.7	—
	美国	87.8	92.3	93.1	93.2	93.7	—

续表

农产品	国家	2005 年	2010 年	2011 年	2012 年	2013 年	2014 年
牛肉	中国	138.7	141.3	141.5	142.2	142.5	—
	巴西	244.2	254.2	266.8	269.9	263.0	—
	阿根廷	217.9	231.3	230.9	231.5	232.6	—
	澳大利亚	309.3	316.8	314.7	313.7	317.3	—
	日本	407.7	422.6	426.1	432.4	428.7	—
	美国	336.1	341.0	339.6	348.1	350.7	—

注：数据来源于 FAOSTAT

在资源禀赋方面，中国并不占优势，主要的资源要素包括土地、劳动力和资金。特别是从人均农业增加值的对比来看，虽然从 2001 年中国人均农业增加值增长迅速，但是与农业发达国家相比，还是有较大差距，只比泰国稍强一些（专题表 1-11）。

专题表 1-11   以 2005 年不变价计算的中国及主要农产品贸易国的人均农业增加值

（单位：美元/人）

年份	阿根廷	澳大利亚	巴西	中国	德国	日本	泰国	美国
2001	3627.29	7990.78	1096.13	286.14	899.23	2499.93	369.63	1699.81
2002	3574.98	6312.44	1173.21	299.09	890.48	2889.11	372.56	1761.60
2003	3856.83	7944.79	1247.43	311.64	912.57	2862.39	420.35	1930.55
2004	3834.21	8274.79	1279.73	337.01	1216.02	2816.69	419.98	2051.07
2005	4326.26	8477.83	1296.76	361.06	879.50	3112.31	425.12	2148.32
2006	4571.67	7172.11	1369.45	385.80	832.54	3310.96	448.88	2234.07
2007	4885.95	7619.90	1425.78	407.45	1054.49	3798.51	465.94	1926.90
2008	4379.03	8903.49	1517.72	437.38	1279.25	4396.59	489.58	2055 40
2009	4167.28	8773.79	1474.14	464.46	1249.82	4305.59	499.02	2318.05
2010	4858.35	9068.68	1589.46	494.00	954.29	4615.08	507.63	2360.40
2011	4737.77	9137.39	1695.41	525.70	863.69	5098.68	551.12	2256.26
2012	4386.68	8625.00	1668.81	561.108	923.28	5544.83	581.71	2072.68
2013	4887.07	8989.25	1817.53	595.61	971.55	6146.71	595.86	2459.35
2014	5139.07	9397.71	1842.68	633.86	1053.54	6591.51	609.91	2526.52

注：数据来源于 FAOSTAT

竞争力产生差距的原因是多方面的。

1）汇率。人民币坚挺走高，使国际农产品折算后的价格低于国内市场价格，加剧了国内外农产品比价关系的失衡。

2）成本。国内农产品生产成本上升导致价格提高，其中劳动力成本上涨最快，涨幅超过 1.5 倍，土地成本涨幅超过 1 倍，物质投入成本虽然占比有所下降，但是绝对值仍然在上涨。

3）价格。国际市场上国际能源价格低迷与国际粮食价格下跌的同步加剧了价差的形成，其中低迷的能源价格令运输成本大幅度下降，这进一步刺激了国际贸易，使国外农产品的到岸价格更具优势。

具体分析一下成本和价格两个方面的因素。

1. 成本比较

（1）主要粮食作物

根据《全国农产品成本收益资料汇编》数据计算，国内主要粮食作物每50kg主产品的生产成本增长速度均明显快于美国，2012年中国主要粮食作物的生产成本已全线高于美国，包括原来具有成本优势的水稻与小麦（专题表1-12）。进一步分析可以发现，中国主要粮食作物生产成本上升主要是由人工成本与土地成本上升所导致的，过去10年，四大作物的人工成本占比、土地成本占比均出现了上升，物质与服务费用则出现了相对下降。

专题表1-12 2009～2014年中美主要粮食作物成本与出售价格对比 （单位：元）

作物	指标	国家	2009年	2010年	2011年	2012年	2013年	2014年	2009～2014年变化幅度
水稻	总成本	美国	83.64	87.45	92.92	87.91	87.48	86.15	3.00%
		中国	72.44	84.04	95.15	108.65	120.34	119.78	65.35%
	平均出售价	美国	109.09	84.33	105.18	102.25	115.86	106.33	-2.53%
		中国	99.08	118.00	134.53	138.07	136.52	140.63	41.94%
小麦	总成本	美国	89.93	71.03	89.25	78.52	91.22	96.32	7.11%
		中国	73.03	81.58	89.19	105.60	119.48	110.53	51.35%
	平均出售价	美国	68.01	59.08	87.23	88.02	80.63	72.64	6.81%
		中国	92.41	99.01	103.95	108.31	117.81	120.59	30.49%
玉米	总成本	美国	47.11	49.90	55.08	67.28	52.84	48.98	3.97%
		中国	62.21	67.89	78.91	91.55	101.07	103.86	66.95%
	平均出售价	美国	48.27	58.64	72.87	84.25	56.17	42.79	-11.35%
		中国	82.01	93.62	106.07	111.13	108.81	111.85	36.39%
大豆	总成本	美国	96.08	100.93	108.79	116.33	123.75	112.24	16.82%
		中国	143.40	142.38	163.40	193.37	222.39	228.21	59.14%
	平均出售价	美国	117.20	119.41	142.31	158.95	142.98	117.48	0.24%
		中国	184.17	193.61	204.17	236.39	234.36	219.41	19.13%

注：根据《全国农产品成本收益资料汇编》整理，其中美国农产品成本收益数据来源于美国农业部经济研究局（ERS），各年美元与人民币汇率按当年全年平均汇率计算

（2）主要畜禽产品

现代农业产业技术体系提供的资料显示，中国主要畜禽产品生产成本同样高于发达国家。从2008年开始，中国生猪生产成本超过加拿大，2010年超过美国，2012年超过部分欧洲国家。2013年中国生猪生产成本达到了1.78欧元/kg，高于西班牙、法国、丹麦、荷兰、比利时和奥地利，只低于德国和欧盟的平均水平，但已经非常接近。2013年中国饲料成本所占比例达到74.57%，每千克猪肉所需要的饲料成本为1.33欧元/kg，明显高于美国、加拿大、巴西、西班牙、丹麦等国。中国生猪养殖的人工成本为0.36欧元/kg，是北美3倍多，欧洲2倍多。

2007年以前中国牛肉生产相比进口牛肉具有成本优势，但这种优势在逐年降低。

2008 年以后国产牛肉生产成本开始高于其他国家，逐步转化为成本劣势。中国肉牛养殖以家庭经营为主，农户经营分散、规模小，生产成本日益提高，分摊后单位肉牛产品成本显著高于其他国家。从中国肉牛养殖的生产成本构成来看，在物质与服务费用上显著高于美国，导致其市场竞争力日益下滑，很难抵御发达国家牛肉的低成本优势。

2. 价格比较

（1）主要粮食作物

生产者价格是生产者出售其商品时的价格，通过比较中国与典型国家主要粮食作物的生产者价格，可以发现国内的粮食生产者价格全面高于典型国家（专题表 1-13 和专题表 1-14）。专题表 1-14 为中美两国主要粮食作物每 50kg 主产品的出售价格，可以看出近年来美国主要粮食作物的出售价格基本不变或大幅下降，2009～2014 年最大的变化幅度为减少 11.35%，中国主要粮食作物的出售价格则大幅上升，增幅最少的是大豆，上涨了 19.11%；最多的是水稻，上涨了 41.94%。

专题表 1-13　中国与典型国家主要粮食作物的生产者价格比较

作物	国家	2000 年	2005 年	2010 年	2011 年	2012 年	2013 年
水稻	泰国（美元/t）	108.47	172.24	270.48	335.42	318.08	257.16
	中国（美元/t）	205.35	320.99	296.60	403.87	456.42	492.31
	中泰价格比	1.89	1.86	1.10	1.20	1.43	1.91
小麦	美国（美元/t）	96	126	209	266	286	252
	加拿大（美元/t）	91.58	98.27	177.09	236.89	253.71	255.28
	法国（美元/t）	93.70	116.48	244.77	268.49	284.57	246.75
	中国（美元/t）	118.26	171.21	279.47	321.52	323.30	355.11
	中美价格比	1.23	1.36	1.34	1.21	1.13	1.41
	中加价格比	1.29	1.74	1.58	1.36	1.27	1.39
	中法价格比	1.26	1.47	1.14	1.18	1.14	1.44
玉米	美国（美元/t）	73	79	204	245	271	176
	巴西（美元/t）	110.37	118.95	169.89	256.47	226.92	202.02
	中国（美元/t）	410.70	189.18	273.26	321.83	383.52	489.09
	中美价格比	5.63	2.39	1.34	1.31	1.42	2.78
	中巴价格比	3.72	1.59	1.61	1.25	1.69	2.42
大豆	美国（美元/t）	167	208	415	459	529	478
	巴西（美元/t）	156.27	199.78	359.83	426.17	508.56	465.08
	中国（美元/t）	287.49	401.55	738.55	803.41	841.52	677.94
	中美价格比	1.72	1.93	1.78	1.75	1.59	1.42
	中巴价格比	1.84	2.01	2.05	1.89	1.65	1.46

注：根据 FAO 数据整理

（2）主要畜禽产品

与典型国家主要畜禽产品的生产者价格对比中，中国猪肉、羊肉、肉鸡、牛奶四大主要畜禽产品的生产者价格增长速度明显快于典型国家，2013 年单位畜禽产品的生产者价格高于美国、法国等典型国家，不具有竞争优势。以肉鸡为例，中国肉鸡价格在 2002

年以前具有较大的价格优势，但是由于中国肉鸡生产成本及人民币汇率不断上升，2003年之后肉鸡生产者价格呈现快速增长态势，明显高于美国和巴西这两个肉鸡生产国，也明显高于其他发达国家（专题表 1-15）。

专题表 1-14 中美主要粮食作物每 50kg 主产品出售价格比较

作物	国家	2009 年	2010 年	2011 年	2012 年	2013 年	2014 年	2009～2014 年变化幅度
水稻	美国（美元/t）	109.09	84.33	105.18	102.25	115.86	106.33	−2.53%
	中国（美元/t）	99.08	118.00	134.53	138.07	136.52	140.63	41.94%
	中美价格比	0.91	1.40	1.28	1.35	1.18	1.32	—
小麦	美国（美元/t）	68.01	59.08	87.23	88.02	80.63	72.64	6.81%
	中国（美元/t）	92.41	99.01	103.95	108.31	117.81	120.59	30.49%
	中美价格比	1.36	1.68	1.19	1.23	1.46	1.66	—
玉米	美国（美元/t）	48.27	58.64	72.87	84.25	56.17	42.79	−11.35%
	中国（美元/t）	82.01	93.62	106.07	111.13	108.81	111.85	36.39%
	中美价格比	1.70	1.60	1.46	1.32	1.94	2.61	—
大豆	美国（美元/t）	117.20	119.41	142.31	158.95	142.98	117.48	0.24%
	中国（美元/t）	184.17	193.61	204.17	236.39	234.36	219.41	19.11%
	中美价格比	1.57	1.62	1.43	1.49	1.64	1.87	—

注：根据《全国农产品成本收益资料汇编》整理，其中美国农产品成本收益数据来源于美国农业部经济研究局（ERS），各年美元与人民币汇率按当年全年平均汇率计算

专题表 1-15 中国与典型国家主要畜禽产品的生产者价格比较

产品	国家	2000 年	2005 年	2010 年	2011 年	2012 年	2013 年
猪肉	美国（美元/t）	1332.39	1539.44	1680.28	2028.17	1992.96	2087.32
	法国（美元/t）	1187.48	1555.08	1581.61	1884.99	1915.20	2019.88
	中国（美元/t）	1064.20	1475.59	2400.30	3540.25	3350.24	3234.75
	中美价格比	0.80	0.96	1.43	1.75	1.68	1.55
	中法价格比	0.90	0.95	1.52	1.88	1.75	1.60
肉鸡	美国（美元/t）	1027.40	1328.77	1489.04	1386.30	1543.84	1809.59
	巴西（美元/t）	—	976.58	1452.40	1961.66	2100.10	2526.86
	中国（美元/t）	774.78	1437.76	2484.49	2910.22	2839.94	3041.05
	中美价格比	0.75	1.08	1.67	2.10	1.84	1.68
	中巴价格比	—	1.47	1.71	1.48	1.35	1.20

注：根据 FAO 数据整理

中国主要农产品均存在国内外价格倒挂现象，不具有成本与价格优势。一方面是因为当前世界经济形势不佳、国际粮食供给充足、美元走强等因素综合作用，推动国际农产品价格持续走低；另一方面是因为国内农业生产仍以分散式经营为主，以土地、劳动力为主的生产成本上升直接导致国内农业生产高成本与农产品价格高企。另外，国内农产品品质较低，在品相、口感、抗逆性等方面与发达国家存在一定差距，体现不了质量优势，使得中国农产品总体竞争力普遍较弱。

二、世界主要农产品贸易国农业转型与政策

（一）美国农业政策转型

1. 农业商品支持政策转型

（1）紧急价格支持政策时期（1929～1945 年）

美国最初的农业支持政策并非用于鼓励生产，因为此时美国所面临的问题不是农产品不足，而是农产品过剩。美国联邦政府于 1933 年开始对农业实施保护政策，并以《农业调整法》的形式开展，这种"紧急价格支持"政策从最初应对经济危机，到后期应对第二次世界大战以及战后一些由美国主导的局部战争，维持了多年。主要的目标是控制供给、提高农民收入。主要采取的措施是：休耕补贴，即农户减少过剩农产品的种植面积即可获得补贴。此外还有无追索权贷款，无追索权贷款允许农户在农产品价格下降，且农产品价格低于保护价水平时，保护价作为价格地板，农户通过质押低价农产品来代替偿还贷款，即无追索权贷款本身成为补贴农户的资金（崔海霞和宗义湘，2017）。这些政策的实施在提高农户收入、稳定市场方面起到了积极作用，之后爆发的第二次世界大战为美国解决了农产品剩余问题。

（2）价格支持与保护制度化时期（1945～1996 年）

第二次世界大战后，美国的农业保护政策出现一些新的争论，但是价格保护政策仍然是农业保护政策的核心。从 1985 年《食品安全法》开始实施，美国农业政策的重心在于削减联邦政府预算支出，同时增强美国农产品的国际竞争力。美国政府逐渐将自身角色从农业发展的直接干预中剥离，更多地依靠市场机制来调节农业的生产和销售，而将政策的重点放在对农业的支持和保障农民的收入上。具体措施为：降低对农产品价格的支持标准、减少政府补贴面积；鼓励农场主根据市场需求调整产品结构；通过国际农产品贸易谈判等方式积极扩大出口。特别值得注意的是，美国 1985 年的农业法为 1986 年美国积极倡导开展的"乌拉圭回合"贸易谈判埋下了伏笔。"乌拉圭回合"贸易谈判首次将农业纳入《关税及贸易总协定》（GATT）谈判，旨在降低各国农业关税、改善市场准入、减少国内支持对贸易的扭曲，这从国际市场的角度扩大了对美国农产品的需求，而且提供了一条国内农业政策与国际贸易谈判结合的相辅相成的思路。在这一大背景下，1990 年《食品、农业、资源保护和贸易法》延续了 1985 年农业法的调整方向，继续降低价格支持水平，放松生产控制，减少农业补贴，积极扩大农产品出口，这些农业政策进一步推动了农业生产的市场化。

（3）从价格支持向直接补贴、风险管理转变时期（1996 年至今）

以"乌拉圭回合"贸易谈判协定的履行为契机，1996 年农业法进一步减少了政府对农业生产的直接干预，其核心内容为实施脱钩直接补贴，以建立在历史记录基础上的直接支付来取代价格支持与供给管理计划，农民的收入保障从以价格支持为重点转向以直接收入保障为重点。2002 年农业法重点关注农场安全，更加重视经营风险管理和灾害援助，建立了反周期支付、农作物平均收入选择计划和补充农业灾害援助等一些新制度，构筑了有效的农场安全网。2008 年《食品、保护和能源法》在完善农业安全网的基础上，更加注重食品安全、环境保护和能源安全等。最新的 2014 年农业法更是将风险管理、

农业保险等手段作为主要的政策工具（詹琳，2015）。可以看出美国农业政策，特别是支持政策的转型是逐渐从价格干预向风险管理转变的。

2. 贸易结构变化与贸易政策转型

美国是世界上主要的农产品出口国，其主要贸易政策的目标是遏制海外农产品进口，保护国内农产品市场的同时开拓海外市场。

美国采取的贸易政策，一方面是遏制进口。美国是世界上关税税率最低的国家之一，所以控制进口主要采用的措施是反倾销手段，以抵抗来自其他国家的产品冲击。同时，美国采用 WTO 的 AOA 引入临时关税，并采用非关税壁垒，如农产品质量准入、卫生和植物检疫措施、原产地标识等来抑制进口。

美国采取的贸易政策，另一方面是促进出口。在受到"乌拉圭回合"贸易谈判以及 AOA 政策的限制前，美国主要采取的手段是出口补贴、出口信贷和粮食援助。在 20 世纪 50 年代，美国凭借其出口补贴、粮食援助等手段，大量向国际市场倾销其农产品，尤其以小麦为最。直到 20 世纪 90 年代，美国才允诺逐渐减少直接出口补贴政策。农产品出口振兴项目直到 2008 年的农业法实施才被取消，而牛奶的出口鼓励计划到 2014 年的农业法实施才宣布取消。美国目前每年仍拿出 2 亿美元来开展在海外市场拓展的一系列项目，主要的扶持对象是各大主要协会。

3. 农产品质量安全转型

农产品质量安全关系到广大人民群众的生命和身体健康。20 世纪之前，美国农产品质量安全问题虽时有发生，但并未受到太多重视。直到 20 世纪初，美国政府才逐渐认识到农产品质量安全的重要性，开始制定一系列法律法规，也慢慢积累了许多行之有效的制度和管理经验。

（1）法律法规的基础保障

1906 年 6 月 30 日，美国国会颁布了农产品质量安全监管史上一部里程碑式的法律——《纯净食品和药品法》（Pure Food and Drug Act），这部法律镌刻着进步时代的气质，它是美国农产品规制的肇始，首次全面规定了联邦政府在美国食品规制中所应承担的责任，奠定了美国现代食品药品法的雏形与骨架，促成了美国食品药品监督管理局的诞生。实际上，在 1879 年 1 月 20 日到 1906 年 6 月 30 日，美国国会规制食品和药品的动议有 190 次之多，但屡遭挫败。学者研究表明，在 1906 年《纯净食品和药品法》的形成过程中，有科学家的奔走呼号，有政治家的纵横捭阖，有产业界的战略策划，有传媒业者的不懈呼吁，有畅销书作家的推波助澜。1996 年，美国制定了《食品质量保护法》，对初级农产品质量安全专门进行了全面的规定。

（2）积极开展农产品认证

作为世界上最大的农产品生产国和出口国，为满足农产品国内和国际市场贸易的需要，美国积极开展了农产品认证。从 19 世纪初的种子认证开始，经过 100 多年的发展，美国逐渐形成了认证种类齐全、功能定位明确的多元化农产品认证体系。在保障农产品质量安全、提高农产品竞争力、规范市场行为、指导消费、保护环境和人民生命健康以及促进对外贸易等方面发挥了重要的作用。目前美国有十几种与农产品相关的认证种类，按照其执行标准大致可分为强制性认证和自愿性认证两大类。具体来看，为满足各界公众对农产品质量安全的要求，美国政府在农产品生产、加工和流通领域进行强制性认证，这些强制性认证有 GMP、HACCP、GAP 等；除此之外，还有属于自愿性认证的有机食品认证、公平贸易认证等。

（3）建立可追溯制度

从 20 世纪 90 年代开始，许多国家和地区通过建立追溯制度来推进食品质量安全管理，美国是较早开展食品追溯标准化工作的国家。2002 年美国国会通过了《生物性恐怖主义法案》，将食品安全提高到国家安全战略高度，提出"实行从农场到餐桌的风险管理"，国家对食品安全实行强制性管理。在该法案的指导下，食品药品监督管理局（FDA）制定了《记录建立和保持的规定》《生产设施注册及进口食品运输前通知的规定》和《管理性扣留的规定》等法规，为企业和执法者提供了实施食品追溯的技术与执法依据。例如，从 2003 年开始，美国农业部在畜产品方面开始计划建立家畜追溯体系，要求生产者、零售商和加工厂商认真做好家畜跟踪记录，以便建立家畜标识，帮助消费者了解家畜的出生、养殖、屠宰和加工过程。2004 年 FDA 又公布了《食品安全跟踪条例》，要求所有涉及食品加工、运输、配送和进口的企业建立并保全相关食品流通全过程的记录，并要求所有与食品生产有关的企业到 2006 年底都必须建立食品质量可追溯制度。此外，美国 FDA 和 USDA-FSIS 制定了食品召回规定和规范市场的《联邦安全和农业投资法案》。

（4）监管部门分工明确各司其职

美国负责农产品安全的机构主要包括 3 个部门：农业部（USDA）、卫生和公共事业部（HHS）及环境保护署（EPA）。农业部主要负责肉类、家禽及相关产品和蛋类加工品的监管；卫生和公共事业部负责其他食品、瓶装水、乙醇含量低于 7% 的葡萄酒饮料的监管；环境保护署则主要监管饮用水和杀虫剂。此外，美国商业部、财政部和联邦贸易委员会也不同程度地承担了部分食品安全监管职能。在美国这种多部门管理的模式下，农业部的管理环节也涵盖了其管理农产品（肉、禽、蛋）的生产、加工、销售乃至进口环节，如为生产、加工厂商制定生产标准并进行检查、采样分析，要求厂商召回不安全的产品，对向美国出口肉类和家禽产品的出口厂商进行检查等。由于美国的食品安全监督管理由多个部门负责，因而其特别强调团队管理的方法，强调各机构间的协调和配合。1998 年，美国先后成立了"食品传染疾病发生反应协调组"和"总统食品安全委员会"，以加强各食品安全机构之间的协调与联络。

4. 农业环境保护与农村发展转型

为了解决农业生产活动造成的环境污染问题，美国政府采取了各种政策措施，希望通过发展绿色农业来改善农业污染问题。

（1）绿色农业补贴政策

虽然美国农业已基本实现了现代化，但在发展过程中已经造成了生态环境的破坏。因此，美国农业部门对原有的农业法案进行了如下修改。

1）着手改革商品粮生产计划和其他政策条款。首先，给农民更大的自由度去选择他们自己愿意种植的农作物。农民可用其拥有土地的 25% 面积种植其他作物，虽然这部分无法获得政府补贴，但是可以促进种植品种的多样化，对于改善土壤、水质，减少温室效应有决定性的作用。其次，农业政策改革聚焦，采用农业环境保护标准来衡量休耕的土地。据此，在土地经营中，农业部官员有权根据环境保护标准对休耕地面积进行适当调整。在保持每年休耕地总面积不变的情况下，每户农民的休耕地面积会有不同。休耕地面积较大的一方农业收入减少，但获得的政府补贴增加；另一方却相反，通过这种措施从而使得双方都有积极性。

2）将农业支持与环境保护进行捆绑，逐步将农业补贴转化为农业污染补贴。美国政府要求受补贴农民必须自觉地检查他们的环保行为，定期对自己农场所属区域的野生资源、森林、植被进行调查；同时要对土壤、水质、空气进行检验和测试，限期向有关部门提交报告。政府根据农民的环境保护情况来决定是否给予补贴以及补贴的金额。

（2）杀虫剂规制政策

美国的杀虫剂规制经历了漫长的历史过程，起初是鼓励杀虫剂的使用，在其负面效应逐渐暴露之后，政府开始控制。1947年，美国国会通过《联邦杀虫剂、杀真菌剂和灭鼠剂法》（FIFRA），设立了杀虫剂登记制度，法规要求环境保护署在兼顾各方利益的前提下尽可能限制那些对人体或环境有害的杀虫剂；要求在美国销售的任何杀虫剂必须登记注册并对其使用和限制条件进行标注，否则禁止销售。此外，制造厂每年要接受政府执法部门的检查并且每5年登记一次。从此杀虫剂规制将环境影响纳入其关注范围，并引入成本收益分析方法来权衡使用杀虫剂带来的收益及相关的经济、社会和环境成本，从而平衡各方利益。

上述规制曾经发挥过一定作用，但人们对使用杀虫剂所产生的风险和收益难以给予准确判断，所以成本收益分析方法依然存在一定的缺陷。在此基础上，美国政府提出了综合性害虫控制体制，考虑了农业生产中的诸多因素，并试图减少作物生产中杀虫剂的使用。农业生产技术强调综合使用一般的害虫控制手段来控制害虫的破坏能力及传播，以经济和生态友好的方式最大限度地控制害虫，通过综合使用各种技术策略来确保农业产量，并确保害虫造成的农业损害最小化，同时使人类、动植物和环境遭受危险的程度最小化。

（3）资源保护政策

美国绿色农业的一个目标是防止或减少农业生产直接导致的环境问题。由此实施的资源保护政策成为其推广绿色农业的一项重要举措，具体包括以下几个方面。

1）土地休耕计划。美国土地休耕计划是自愿性计划，其主要目的是通过在退耕土地上种植耐久性的草本、灌木和树木来保护土壤、水源与野生动物，政府提供年度租金、特定活动的激励金和在适宜庄稼地上种植被批准的保护层的成本补贴，通过扩大土地休耕计划的成本效益来实现所设定的土地休耕目标。土地休耕政策可从根本上减少对土地的利用，从而降低因过度耕种而带来的资源环境破坏。

2）在耕土地保护政策。在耕土地保护政策支持农民在农业土地（包括耕地、牧场、树林等）上采用并保持利于环保的土地管理和结构保护方法，政府提供成本分担，或者奖励、补贴。与土地休耕计划相比，在耕土地保护政策灵活性较强，因而农民可以自己根据土壤、天气、管理技术等的实际情况，以最低的成本制定资源保护策略。

3）环境质量激励政策。环境质量激励政策指政府针对农民在土壤、水分、空气和相关自然资源方面所面临的生态问题，为农民提供资金补贴和技术援助，鼓励农民采取适当的生态措施开展农业生产，实现促进农业生产和改善生态质量。该政策能够从资金和技术等方面协助农民在农业生产过程中充分考虑环境质量问题，提高了农民的环保积极性，对美国绿色农业的发展起到了推动作用。

（4）环境立法政策

美国习惯通过制定法律解决各类问题。农业资源和生态环境涉及整个国民的利益，美国更加重视依靠法律来解决问题。

1）土地资源保护立法。1933 年，美国国会通过了《国家工业复兴法》，明确提出控制土壤侵蚀计划。1936 年，国会通过了专门的土壤保护法律，即《土壤保护和国内配额法》，把土壤保护和调整农业结构结合起来。1956 年，《土地法》提出土地银行计划，分为耕地面积储备计划和土壤保护储备计划。可见，美国在很早就已经意识到保护环境的重要性，对土地资源的利用以法律形式进行规范。

2）水资源保护立法。1965 年，美国通过了第一个水资源保护法律《水质法》，又开始实施《国家环境政策法》。1976 年，颁布《有毒物质控制法》，进一步加强了对有毒物质的控制，以保护水资源的清洁。1977 年，美国国会通过了一个关于农村清洁水计划的修正法案，为那些采用措施减轻无定点污染的农场主分摊一部分费用。

3）农药生产使用立法。为了保护人类生存环境，美国对杀虫剂立法工作十分重视。1947 年，通过《联邦杀虫剂、杀真菌剂和灭鼠剂法》，首次提出杀虫剂要进行登记，规定了杀虫剂登记和标签的内容。1954 年和 1958 年，相继通过 3 个补充规定，对杀虫剂在农业初级产品中的允许残留量作了明确限制。1972 年，通过《联邦环境杀虫剂控制法》，第一次规定将杀虫剂分为两类，即通用类和限制类，并实施杀虫剂使用许可证制度。

（二）日本农业政策转型

日本是世界主要农产品进口国。进入 21 世纪以来，日本的农业同样面临诸多挑战，受地理和地形限制，日本能够用于耕作的土地仅有 480 万 hm^2，户均占有的土地面积也较小，仅为 $1.5hm^2$；不仅如此，农业人口减少、农业劳动力高龄化等问题也困扰着日本。为了保护本国农业，日本采取了高补贴、高关税的农业保护政策。但是这种高补贴、高关税的农业保护政策导致了目前日本农业竞争力低下，农业设备不够先进等状况（OECD，2009a，2009b）。

近年来，日本政府逐渐将农业政策的重心向提高农业竞争力方向转移，通过为大农户提供直接补贴、改革土地制度等方式来提高农户生产规模。尽管农业仍然以小规模的农户经营为主，但通过 50 年的发展与改革，日本农业逐步从战后的落后状态走向了现代化。本部分主要介绍日本农业保护政策的变迁和农业补贴概况，着重介绍大米的一些保护与补贴政策，并对日本农业政策的效果进行评估。日本的农业补贴政策经历了几十年的变化，这其中既有值得我们学习的经验，也有值得我们借鉴的教训。

1. 农业产业支持政策转型

日本的农业政策大体上可以分为三个阶段。

1）战后重建阶段（1945～1960 年）。这一时期，日本面临战后粮食严重不足的困境，其主要的政策目标是提高粮食产量，主要实施的是粮食增产奖励、分配种植面积等政策。

2）经济高速发展阶段（旧《农业基本法》时期，1960～1999 年）。进入 20 世纪 60 年代之后，粮食不足得到缓解，农工收入差距扩大，消费者消费偏好发生变化，贸易自由化压力逐渐加大，这一时期的政策目标从粮食增产向缩小城乡收入差距、发展农业转变。这一时期的政策主要是有选择性地扩大农作物，如畜产品、果蔬等的生产，提高农业生产力，通过价格和流通政策稳定农产品价格，确保农户所得，并通过结构政策扩大农业经营规模和提高现代化程度。《农业基本法》在这一时期建立，并制定了一系列相关法律，以保护农业生产。

3）经济衰退阶段（新《农业基本法》时期，1999 年至今）。经历了几十年的发展和变革，日本农业在 20 世纪末已经基本实现现代化，但是出现食物自给率下降、耕地面积减少、农业从业人口高龄化等问题，加上国际贸易自由化压力日益增大，为日本农业又提出了新的课题。这一时期日本农业政策的核心从"农业"向"食物"转移。1999 年日本制定了新的《农业基本法》，即《食物、农业、农村基本法》，主要政策目标是稳定粮食供给、充分发挥农业农村的多功能性、确保农业的可持续发展，并在 2005 年颁布《食物、农业、农村基本计划》等政策。

2. 贸易政策的变化——贸易保护政策

日本是世界上最大的农产品进口国之一，其贸易政策的变化与日本的贸易谈判同步。

1993 年底，"乌拉圭回合"贸易谈判在市场准入、出口补贴和国内支持三个领域的农产品政策上达成框架协议，并计划在 1995～2000 年予以实施。其中，日本最关心的就是农产品进口关税化问题，特别是大米的关税化政策问题。由于面临着巨大的国内政治压力，经过利弊权衡，最终日本还是决定推迟实施大米的关税化措施，转而选择履行进口义务，但自《农业协议》开始实施起，日本连续三年出现大米丰产，致使大米库存增加，因履行义务而进口的大米对国内市场形成了压力。尽管已经取消一切形式的出口补贴，但为了保护国内大米市场，日本政府将进口配额内的部分大米作物粮食援助出口至不发达国家，这实质上是一种变相的出口补贴。在国内，日本也根据 WTO 的相关规则进行了政策调整，如将大米、蔗糖等产品原来得到的价格支持逐步转向"绿箱"政策中的直接支付等。为了保护本国农业，日本政府灵活运用了 GATT 和 WTO 体制下的其他相关规定，继续实施严密的农业贸易保护政策。

新一轮的"多哈回合"贸易谈判除了围绕市场准入、出口补贴和国内支持等方面政策进行减让之外，还将有关"非贸易关注"等事项列入了议题。在这一轮谈判中，日本提出了农业多功能性和多样性农业共存的观点，其实质仍然是试图维持现状并强调保护的必要性，其目的是削减对农业的保护，但保留适当限度的保护措施。

随着加入 TPP，日本国内的贸易保护政策正在逐渐减让，并逐渐取消了一些应对贸易冲击的价格保护措施，如取消了针对牛肉、猪肉的价格保护带政策，取而代之的是由民间组织进行保护以应对贸易冲击。

3. 土地及农场规模转型

在 20 世纪下半叶，随着经济的发展，第二、第三产业日益强大，日本政府更加重视对农业的补贴和支持政策，使得日本的农业结构、农民收入、农产品贸易、食品自给率等都发生了很大变化。

从农户类型的变化看，专业农户所占的比例越来越小，兼业农户越来越多。其中，兼业农户包括第一种兼业农户和第二种兼业农户两种。第一种兼业农户是指以农业收入为主，非农业收入为辅的农户；第二种兼业农户是指以非农业收入为主，农业收入为辅的农户。

专题表 1-16 显示了日本专业农户向兼业农户演变的过程。1960 年专业农户还占日本农户总数的 1/3 以上，2005 年专业农户就已经减少到农户总数的 1/6 以下。在兼业农户中，大多数人的收入以非农业收入为主。第二种兼业农户占总农户数的比例由 1955 年的 27.5%增加到了 2005 年的 61.7%。

专题表 1-16　日本农户的数量变化

年份	农户（含兼业）（万户）	专业农户（万户）	专业农户所占比例	年份	农户（含兼业）（万户）	专业农户（万户）	专业农户所占比例
1960	606.7	207.8	34.25%	2002	302.8	43.9	14.50%
1965	566.5	121.9	21.52%	2003	298.1	44.3	14.86%
1970	534.2	83.1	15.56%	2004	293.4	44.1	15.03%
1975	495.3	61.6	12.44%	2005	284.8	44.3	15.55%
1980	466.1	62.3	13.37%	2010	252.8	45.1	17.84%
1985	437.6	62.6	14.31%	2011	156.1	43.9	28.12%
1990	383.5	47.3	12.33%	2012	150.4	42.3	28.13%
1995	344.4	42.8	12.43%	2013	145.5	41.5	28.52%
2000	312.0	42.6	13.65%	2014	141.1	40.6	28.77%

注：数据来源于日本农林水产省统计局

尽管农业从业人口和农户数量都在减少，但是每户的经营规模都在日益扩大，尤其是在北海道地区的规模扩张更快。在北海道以外的地区，除受到严格保护的大米之外，畜产品的生产规模扩张速度也十分迅速（专题表 1-17）。

专题表 1-17　日本农户的经营规模变化

地区或产品		1965 年	1975 年	1985 年	1995 年	2005 年	2014 年
地区	北海道（hm^2）	4.09	6.76	9.28	12.64	16.45	21.06
	北海道以外地区（hm^2）	0.79	0.80	0.83	0.92	0.95	1.32
农产品	大米（hm^2）	0.58	0.60	0.61	0.85	0.96	1.12
	奶牛（头）	3.4	11.2	25.6	44.0	59.7	71.4
	肉牛（头）	1.3	3.9	8.7	17.5	30.7	42.9
	生猪（头）	5.7	334.4	129	545.2	1233.3	1872.3

注：数据来源于日本农林水产省数据库

4. 农业环境保护与农村发展转型

（1）日本农业政策目标的调整与农业环境政策的初步形成

20 世纪 50 年代以来，随着工业革命和技术创新的不断发展，日本农业技术革新有了显著的进展，农药、化肥、除草剂、植物生长调节剂等农业化学品开始广泛应用。与此同时，农业活动对农业环境产生的不良影响也开始显现：土壤污染、水质恶化、大气污染等农业环境问题日益严重。然而，在这一时期，农业生产所引发的生态环境问题并没有引起政府的足够重视，日本的农业政策主要还是围绕农业生产展开的。在 1961 年颁布的战后第一部有关农业的《农业基本法》中，确立的政策目标是如何提高农业生产效率、增加农民收入和缩小工农业收入差距，并没有涉及农业引起的环境污染问题。在1970 年 12 月召开的临时国会上，公害问题成为其议论的焦点。会议制定和修改了 14部与公害相关的法律，并于第二年增设了专职环境问题的环境厅。但这时的公害问题主要指的是工业污染，农业生产带来的环境污染和农产品安全问题仍没有得到足够重视，农业仅仅被视为工业和城市污染的受害者。

20 世纪 70 年代以后，随着国民环保意识的增强，以及由近代集约型农业生产方式带来的环境污染和农产品安全问题逐渐显现，日本政府开始倡导发展循环型农业，以发挥农业所具有的物质循环功能。1992 年，农林水产省发布了《新的食物、农业、农村政策方向》（通称"新政策"），首次正式提出"环境保全型农业"的概念。环境保全型农业兼顾农业生产力的提高和减少化肥、农药等农业化学品对环境的负荷，因此也被称为"可持续性农业"。尽管新政策在当时并没有实质性的具体措施，但重要的是农业价值观发生了根本变化：日本农业政策关注的对象不再仅仅是农业，而是扩展为食品、农业、农村；政策目标不再局限于提高农业生产力、缩小工农业收入差距的层面，而是转变为农业的可持续发展、农业多元化功能的发挥、食物的稳定供给与农村振兴的"农业可持续和农村整体发展"的综合层面。为具体落实环境保全型农业新政策，1994 年农林水产省设立了环境保全型农业推进本部，并制定了《环境保全型农业推进基本方案》。1999年，《食物、农业、农村基本法》颁布实施。新农业法的出台宣布了从 1961 年开始指导日本农业长达 38 年的旧《农业基本法》的使命结束，进而从法律层面正式确定了农业政策目标的转变。2004 年 1 月，农林水产省下设的"食物、农业、农村政策审议委员会"对 2000 年制定的《食物、农业、农村基本计划》进行了审议和修改。在这次会议上，"农业环境、资源保全政策"作为正式议题被提出并加以讨论，表明"农业环境政策"已与"经营安定对策""核心经营者与农地制度改革"等议题具有同等重要的地位，日本的农业政策已经开始正式朝着"农业环境政策"方向转变。2005 年，随着新的《食物、农业、农村基本计划》和《农业环境规范》等政策的颁布实施，日本环境保全型农业新政策开始进入实施阶段。

（2）落实环保农业扶持政策

环保农业扶持政策是日本农业环境政策的组成部分。日本政府通过财政补贴的方式，鼓励农民采取环境保全型农业生产方式。财政补贴的范围较为广泛，与农业环境保护密切相关的活动都可能获得政府的政策优惠。例如，为从事有机农业生产的农户提供农业专用无息贷款；对采用可持续型农业生产方式的生态农业者给予金融、税收方面的优惠政策；对堆肥生产设施或有机农产品贮运设施等进行建设资金补贴和实施税款返还政策。一般来讲，补贴途径分为现金补贴、政府贴息和税收减免等方式。具体实施方式是先由政府按照一定标准确认环保型农户，对于确定的环保型农户，银行可以提供额度不等的无息贷款，贷款时间最长可达 12 年；在设施农业建设上，政府或农协提供 50%的资金扶持，在税收上第一年可减免 7%～30%，之后 2～3 年还可酌情减免。上述优惠政策有效调动了农业经营者的积极性，对农业环境保护和可持续发展起到了积极的作用。

5. 日本农业政策效果评价

关于日本农业补贴政策的评价主要来自各国学者特别是日本本国学者的文献评价，还包括一些国际组织的政策评估。他们对日本所实施的农业补贴政策褒贬不一。日本的主要农业政策通过高关税、高补贴来保护本国农业生产。

正面评价：第二次世界大战后，通过几十年不断变革的补贴保护政策，日本的农业逐渐从传统模式向现代模式转型（OECD，2009a，2009b）；农业从事人口逐年下降，农户的经营规模不断扩大；农户的户数在逐年下降，专业农户相对保持稳定，农业专业化分工更为明确；而且通过各种补贴和保护政策，农户的收入较为稳定，与城镇居民的收入相当。

负面评价：尽管日本的农业补贴政策为日本农业现代化进程做出了贡献，但高补贴、高关税的农业保护政策并不能完全解决日本农业所面临的危机，甚至有学者评价日本的大米保护政策形同虚设，这种高补贴、高关税的农业保护政策同时造就了日本国内农产品的高价格。这种农业保护政策集中在大米、小麦和牛奶这三种农产品上，以至于日本本国的农产品价格可能是国际市场价格的 6 倍甚至更高（温铁军等，2016；张斌，2016）。

尽管日本采取了高补贴的保护政策，但仍然不能改变日本食物自给率低下的状况（专题表 1-18），热量供应自给率在 1961 年还高达 78%，到了 1995 年就已经降低到 43%，且在此后的 20 年始终保持在 40% 左右。而其中除了家庭主食用大米的自给率可以达到 100% 以外，小麦、大豆等谷物的自给率甚至仅在 10% 左右或以下。

专题表 1-18　日本主要食物自给率的变化　　　　　　　　　　（%）

	项目	1995 年	2005 年	2006 年	2007 年	2008 年	2009 年	2010 年	2011 年	2012 年	2013 年
分品种自给率	大米	104	95	94	94	95	95	97	96	96	96
	主食用大米	100	100	100	100	100	100	100	100	100	100
	小麦	7	14	13	14	14	11	9	11	12	12
	豆类	5	7	7	7	9	8	8	9	10	9
	大豆	2	5	5	5	6	6	6	7	8	7
	蔬菜	85	79	79	81	82	83	81	79	78	79
	水果	49	41	38	40	41	42	38	38	38	39
	肉类（不含鲸鱼肉）	57	54	56	56	56	57	56	54	55	55
	鸡蛋	96	94	95	96	96	96	96	95	95	95
	牛奶及乳制品	72	68	67	66	70	71	67	65	65	64
主食用谷物自给率		65	61	60	60	61	58	59	59	59	59
热量供应自给率		43	40	39	39	41	40	39	39	39	39
生产额供应自给率		74	69	68	66	65	70	69	67	67	65

注：数据来源于日本农林水产省数据库

（三）欧盟农业政策转型

欧盟的前身是 20 世纪 50 年代由 6 个主要的西欧国家建立的欧洲共同体。欧洲一体化的思潮由来已久，并在第二次世界大战结束之后达到高潮。1957 年 3 月 25 日，法国、联邦德国、意大利、荷兰、比利时与卢森堡在意大利罗马签订了《罗马条约》，宣告欧共体的成立。1991 年 12 月 11 日，欧共体马斯特里赫特首脑会议通过了建立欧洲经济货币联盟和欧盟的《马约》。1992 年 2 月 7 日，各国正式签署《马约》。经欧共体各成员国批准，《马约》于 1993 年 11 月 1 日正式生效，欧共体开始向欧洲联盟过渡。

1. 欧盟的农业补贴政策的历史进程

欧盟的农业补贴政策同样是在欧共体农业政策的基础上发展而来的。1962 年 1 月，欧共体成员国签署了《建立农产品统一市场的折中协议》，标志着欧共体共同农业政策（CAP）的诞生。

欧盟前期的农业补贴政策在最初实施的时间纬度和背景方面与日本的农业补贴政策有许多相似之处。两者都是通过在第二次世界大战后，农业生产都受到极大创伤时，利用战后的机遇期发展农业生产来改变农产品供不应求的状况。在改善了农产品供不应求特别是粮食不足的现状之后，尽管欧盟和日本都仍然采取了高保护、高补贴的政策，但是双方在农业保护、补贴的方式上走了完全不同的道路。20 世纪 90 年代以后，原有的高补贴以及价格干预手段给欧盟各成员国带来了较重的财政负担，同时为了应对"乌拉圭回合"贸易谈判以及之后的"多哈回合"贸易谈判等一系列贸易自由化协议，欧盟对其成员国的农业政策开展了一系列的改革，逐步减少价格干预手段，进行收入直接补贴，并实行了与生产脱钩的"单一支付补贴"方案（韩喜平和李罡，2007），逐步从"黄箱"政策向"蓝箱"政策和"绿箱"政策转移。农业政策的主要目标也从最初的保障农产品供应，向提高农产品竞争力、改善农村环境、维护农业可持续发展等方向转变（专题表 1-19）。

专题表 1-19　欧盟主要农业补贴政策的变迁

时间段	政策实施背景	主要政策目标	主要政策内容
1962～1992 年	第二次世界大战结束后，欧共体各成员国面临农产品供给不足，需要大量进口	提高欧共体各成员国农产品供给能力	制定和实施了共同农业政策，加大对农业的补贴力度，主要内容是实施农产品价格干预政策
1992～2002 年	原有的高额农业补贴加重了欧盟各成员国的财政负担，同时为应对"乌拉圭回合"贸易谈判和"多哈回合"贸易谈判等要求，欧盟对原有的农业补贴政策开展了第一次改革；同时，大面积的粮食生产导致了环境恶化	提升欧共体农产品在世界市场上的竞争力、实施环境保护、促进农村发展	降低农产品的价格支持水平，控制农产品产量，实施农田休耕计划；导入农业生产者的收入直接支付政策和与粮食基础面积挂钩的直接补贴政策；调整农业产业结构和实施环境保护，充分发挥农业的多功能性和可持续性
2002 年至今	进一步受到新一轮农产品贸易谈判的影响，也为了应对人们对食品安全、动物福利、生态保护等方面的要求，欧盟对农业补贴政策进行了进一步改革	更加注重农业农村的可持续发展	减少和废除对部分产品的价格干预政策；由直接补贴向与生产脱钩的"单一支付补贴"转变；削减大农场主的补贴，并用节约资金支持落后地区的农业农村发展

来源：由作者整理而成

欧盟在 20 世纪 90 年代中期逐步削减其对农业的支持，特别是对有可能扭曲生产和贸易的农业支持进行削减。价格扭曲的情况得以减少和得到控制。从欧盟近 30 年农业支持的变化来看，尽管农业支持总量仍然较大且绝对值在上升，但是其占比正在逐步下降，其中市场价格补贴下降幅度最大，说明欧盟的农业支持补贴方式正在从价格补贴向更为符合贸易协定的其他补贴形式转变（专题表 1-20）。

专题表 1-20　近 30 年欧盟农业支持的变化

指标	1986~1988 年	1995~1997 年	2012~2014 年	2012 年	2013 年	2014 年
总生产价值（百万欧元）	211 380	239 230	375 560	371 766	37 7458	369 580
总消费价值（百万欧元）	188 226	230 175	367 160	369 110	377 824	354 547
生产者补贴（PSE）（百万欧元）	880 06	94 287	85 072	83 838	91 376	80 003
市场价格补贴（百万欧元）	74 791	54 160	17 893	17 318	22 510	13 852
生产者补贴比例（%）	39.2	33.8	19.2	19.1	20.5	18.0
一般服务支持补贴（GSSE）（百万欧元）	9 464	70 229	13 711	13 489	14 179	13 466
消费者支持补贴（CSE）（百万欧元）	−65 589	−47 207	−16 879	−15 951	−21 826	−12 860
总支持补贴（TSE）（百万欧元）	101 912	708 371	99 786	98 689	106 434	94 235
总支持补贴占 GDP 的比例（%）	2.6	1.5	0.8	0.8	0.8	0.7
GDP 指数（以 1986~1988 年为基期）	100	139	168	187		

资料来源：OECD, 2015

2. CAP 的基本框架

为更好地实现欧盟 CAP 的三大长期目标，即可靠的粮食生产、自然资源可持续管理和区域平衡发展，欧盟几年前又开始对 CAP 进行新一轮改革，并于 2015 年正式实施。改革后，CAP（2014~2020 年）依然由第一支柱和第二支柱构成，第一支柱包括直接支付和市场支持，第二支柱为农村发展政策（张天佐等，2017）。

（1）第一支柱

1）直接支付（direct payment）：分为两大部分 7 个项目，其中 6 项都要求满足交叉遵守（cross compliance）原则。

强制部分：这是成员国必须实施的直接支付项目，包括以下三个方面。

基础直接支付计划（basic payment scheme）或单一区域支付计划（SAPS）。基础直接支付计划是将现有的所有直补模式整合为一个统一的计划，不再区分单一支付计划（SPS）和单一区域支付计划，并重新分配给付权（entitlement，又称补贴权），统一按照该计划实施第一年农户可支配的有效土地公顷数来计算，逐步在全欧盟实现每公顷土地补贴金额统一标准，即统一费率，以形成一个平衡、透明和更加公平的分配体系。基础直接支付低于直接支付总额的 70%。保加利亚等 10 个成员国将单一区域支付计划延期执行到 2020 年，也要低于直接支付总额的 70%。

绿色直接支付（green payment）。这是 CAP 最重要的变化之一。所有成员国必须将 30% 的直接支付总额用于支持农民开展保护永久草地、生态重点区域（EFA）和作物多样性等活动，促进农业生产地区环境保护和气候条件改善。农民会因为在保护自然环境、生物多样性等方面作出的贡献而获得补偿。通常，有机农场和农业环境绿色计划下的措施可视为绿化。在作物多样性方面，$10hm^2$ 以上的农场必须种植两种以上的作物；

$30hm^2$ 以上的农场必须种植三种以上的作物，其中最多作物的种植面积不得高于 75%，最少作物的种植面积不得少于 5%。可耕地面积大于 $15hm^2$ 的农场必须保留 5%的生态重点区域。生态重点区域在政策执行中有一定的灵活性，并不是只有休耕一种方式，还可以选择种植固氮作物、填闲作物、速生灌木等。生态重点区域不一定完全不能生产，符合要求的也可以生产。永久草地政策在成员国的国家层面和区域层面执行，由成员国决定有多少不可改变的永久草地，在保证现有草地面积不减少、生产水平不降低的基础上，更好地促进可持续发展。

青年农民计划（young farmers scheme）。成员国可以将不超过 2%的直接支付总额用于支持 40 岁以下的青年农民。所有从事农业生产的青年农民可以获得一定的额外补贴，补贴期限不超过 5 年。

2）自愿部分：这是成员国结合本国实际情况申请自愿执行的直接支付项目，包括以下四个方面。

挂钩支持（coupled support）。允许成员国为农业中潜在的易受影响的产业提供有限的与产品挂钩的直补。成员国可以将不超过 8%（若目前挂钩直接支付比例高于 5%，则可提高到 13%）的本国直接支付总额用于支持对经济、社会和环境非常重要的农产品生产。如果理由充分合理，欧盟委员会有权批准成员国发放更高比例的挂钩支持，如可能为蛋白质作物提供额外 2%的挂钩支持。

自然条件限制地区支持（support in natural constraints area）。允许成员国对自然条件限制地区发放特定补贴，满足对特定环境和地区实施保护措施的需求，补贴金额不超过本国直接支付总额的 5%。

再分配补贴（redistribute payment）。为了促进国家或地区范围内补贴的公平，成员国可以把不超过 30%的本国直接支付总额重新分配给农场主的第一个 $30hm^2$。即如果农场的土地面积大于 $30hm^2$，只补贴其中第一个 $30hm^2$；如果小于 $30hm^2$，则按实际面积补贴。

小农户计划（small farmer scheme）。采用单一区域支付计划国家的农场主、一个财年获得总支付（补贴）低于 100 欧元的农场主和获得直接支付面积不足 $1hm^2$ 的农场主可以申请加入小农户计划。加入后，无论农场面积大小，农场主可以享受绿色和环保豁免，每年获得一笔固定的补贴，金额为 500～1250 欧元，具体由各成员国自行确定。当然，如果农场参加了小农户计划，就不能参加其他补贴计划了。小农户计划资金不能超过本国直接支付总额的 10%。

3）市场支持：CAP（2014～2020 年）减少了对市场的直接干预，更加侧重于生产者支持和危机应对。具体来看，保留了出口退税、学校牛奶和水果计划，减少了公共干预和私人存储的产品品种，废除了食糖、红葡萄酒和乳品的产量限制，建立了危机储备资金，加强了对生产者合作的支持。改革后，市场支持资金总额不超过 CAP 总支出的 5%。

（2）第二支柱

第二支柱改革通过协调整合现有各种农村发展方面的投入，进一步促进农村可持续发展、环境保护和地区间平衡发展。改革后，第二支柱资金占 CAP 总支出的 25%（不考虑两个支柱之间的资金转换）。第一支柱和第二支柱的资金不再截然分离，可相互调剂，调剂金额不超过本国 CAP 总支出的 15%。对于保护环境、支持青年农民、支持小农户、保护自然生态等方面的行动，两个支柱可以共同资助，进一步提高资金的协同效应。

改革后，欧盟要求成员国农村发展项目优先用于六个方面：一是促进农业和农村地区知识传播与创新；二是促进农业科技研发推广，鼓励将知识转化为实用技术，增强农场活力和竞争力；三是促进食物链完善，将农产品加工营销、动物福利保护和农业风险管理等纳入对应的供应链管理；四是恢复、保护和强化农林业生态系统；五是提升资源效率，支持农业低碳发展；六是促进社会融合和农村经济发展，减少农村贫困。

（四）荷兰、以色列典型案例分析

1. 荷兰

（1）荷兰的农业产业特点

荷兰国土狭小，资源贫乏，是典型的人多地少国家。但荷兰是在世界上拥有重要地位的农业强国，在世界农产品市场上占有十分重要的地位，表现如下。

1）农产品出口率世界第一。荷兰进出口额通常占国内生产总值的 90%以上，其中农业的出口率高居世界第一。主要特点：一是人均创汇率高，按涉农就业人数计算，平均每人创汇超过 48 691 美元，遥遥领先于其他世界各国；二是单位面积土地的创汇率高，荷兰的农用地（主要为耕地和牧场）总面积约 197.1 万 hm^2，$1m^2$ 农用地净出口额达 1.5 美元，更是许多国家望尘莫及。

2）设施农业建设世界第一。由于缺乏土地，荷兰投入大量资金建立起世界一流的农业设施。一是高标准的水利和防洪设施。拦海大坝工程把围起来的海域变成了 $1240km^2$ 的大淡水湖——艾瑟尔湖，向大自然夺得了 $17\,350hm^2$ 土地；"三角洲工程"的完成，使荷兰高标准防洪大坝和内河堤坝的长度达到了 2800km，堪称世界第一；无数交错的排水沟渠保护着农田，使低于海平面 4~6m 的农田也能获得高产，为世界奇观。二是玻璃温室面积世界最大。全国的玻璃温室面积已经超过 1.1 万 hm^2，占世界温室总面积的 1/4 以上。特别是在西部的威斯兰地区，温室集中连片，设施先进，以"玻璃城"驰名于世。

3）农业生产科技含量高。荷兰在农业生产中高度重视农业科研和采用先进科学技术。为了节省耕地，荷兰大力推行温室农业，利用温室进行农业工厂化生产，该国的蔬菜、花卉、水果等大部分农产品采用温室栽培。温室采用无土栽培方法，室内温度、湿度、光照、施肥、用水、病虫害防治等都用计算机监控，作物产量很高。荷兰还用温室养鱼，不仅产量高，而且节省了大量水面。荷兰农业部门特别注重遗传工程的投资，优选本国或适合于本国环境的世界各地的家禽、农作物良种，依靠遗传工程进行改良，生物防病和遗传防病并举，以替代对人体有害的各种化学药剂的使用，这不仅取得了显著的经济效益，而且有效地保护了自然生态环境（尹彬，2016）。

4）农业生产力世界最高。荷兰 197.1 万 hm^2 的农业用地中，耕地 89.4 万 hm^2、牧场 106.4 万 hm^2。在有限的农业用地中，荷兰农民通过改善农业结构，加大资金与专业知识技术的投入，在农牧业生产方面，许多指标名列世界第一或第二，创造出了常规农业难以想象的高生产力，成为人多地少国家发展高效农业的典型。

（2）荷兰的农业补贴政策

荷兰农民能够创造出如此惊人的成就，得力于政府特有的农业政策。荷兰农业政策的基本目标是建立人与自然协调发展、可持续发展和具有国际竞争力的农业，并以此为中心制定政策措施。荷兰农业政策主要有结构政策和环境政策两部分。

视地如金的荷兰政府为使有限的土地得到高效的利用，采取了一系列符合国家气候特点和国情的农业发展战略及政策，如鼓励农民避开需要大量光照和生产销售价位低的禾谷类作物的生产，充分利用地势平坦、牧草资源丰富的优势，大力发展畜牧业、奶业和高附加值的园艺作物。不仅如此，政府通过提供补贴、政策引导，扶持了一批私人公司，这些公司包括一些专业化的咨询公司、生产资料公司、技术服务公司等。在市场体系下这些公司的作用日益明显，在促进技术推广、信息流通和社会化服务方面起到了重要的补充作用。此外，政府也会根据市场情况调整政策。

在欧洲，人们对自然、环境、食物安全表现出空前的关注。根据欧洲环境立法的要求，荷兰加强了对农用地肥料用量、农药用量的控制。国家通过立法、政府计划和税收等强化了对环境的保护。农业方面的重点是：控制农用化学品的使用，防止水体和土壤污染；加强厩肥的无害处理，控制氨、磷的释放量等。国家实行了相应的税收政策和财政政策，以未来的企业为发展目标，鼓励发展可持续的生产体系、动物福利和从事"绿色"的经济活动。由于环境政策已经成为农业生产的一个准绳，生产者及产销各环节都要在市场上通过环境质量认定来显示自己的特色，以提高产品的质量。

另外，荷兰农业补贴均以相关法案为基础，补贴预算具有强制性和稳定性。对于欧盟成员国，欧盟共同农业政策是各项补贴的基石，各个成员国都要遵守，在荷兰每4年要进行一次本国预算法案的研究，确定补贴政策。由于有比较明确的法律依据，每年补贴预算法案安排、补贴额相对固定。因此，农民对其享受的补贴项目和补贴金额有比较明确的预期，能够合理地据此安排生产活动。同时，大量实行基于历史数据的脱钩补贴，既相对稳定了农民每年享受的补贴数额，也有利于比较准确地核定补贴规模。

同时，为促进农场发展，荷兰早在1951年就建立了农业贷款担保基金来支持农场，特别是中等规模农场的建立、兼并和提升等。目前，每年担保基金规模达1亿欧元，担保贷款额达5亿欧元，占到每年农业投资的10%，每笔贷款担保一般在5万~250万欧元。由于管理得当和投资有效，过去15年担保的损失率仅为0.6%。从2009年开始，担保基金由农业部负责管理，政府每年补助200万欧元。

荷兰长期实行较高水平的农业补贴，并建立了比较完整的补贴政策体系，对稳定农民收入，促进农业、农村经济发展和农业生态环境保护发挥了重要作用，随着经济社会发展形势变化，农业补贴的重点和目标取向也在相应调整与强化。

2. 以色列

（1）以色列农业产业特点

1）独特的农业组织形式。以色列由于长期与周边国家或民族发生冲突，以及自然资源匮乏，只有人民生产联合在一起才能抵御不利的条件，因此形成了两种独特的农业组织——基布兹和莫沙夫。基布兹，即"集体农庄"，最主要的特征有三个：①所有的生产资料包括土地归集体所有；②所有收入（包括其成员在外面聘任所得的个人收入）全部归集体所有，基布兹的每个农民按月发给生活津贴，生活必需品实行供给制，其余收入、积累主要用于扩大再生产；③内部实行民主管理、民主理财，由选举产生的管理委员会管理基布兹的内部事务。莫沙夫的意思是"合作社"，是以家庭为生产单位的村庄。莫沙夫的基本特征是：土地和水资源所有权归国家，但经营权归家庭个人，其他生产资料及收入均归农户，教育、医疗、文化、产品供销等服务统一由村里提供。依靠这两种高效的农业组织，以色列农业实现了集约化生产，壮大了农业产业化规模，促进了农民增收。

2）农业结构的多元化。以色列各地土地和气候差异较大，作物品种多，主要分冬季作物和夏季作物。2008年，大田作物种植面积18.70万hm^2，其中14.30万hm^2为冬季作物，4.40万hm^2为夏季作物。冬季作物主要包括小麦、玉米、棉花、柑橘、葡萄、蔬菜和花卉，其中柑橘产量居世界前列。夏季作物主要包括棉花、向日葵、山藜豆、玉米、番茄等。小麦生产主要用于满足国内需要，2008年种植面积13.75万hm^2，其中80%的产量用于制作面粉，20%用作青贮饲料。受降水影响，小麦单产年度变化在2.5～6.2t/hm^2。棉花主要用于出口，2008年播种面积5200hm^2，不同品种的皮棉单产在2.2～5.3t/hm^2。以色列园艺业最为发达，在种植业中具有举足轻重的地位，1995年用地13.76万hm^2，虽仅占种植业用地面积的35.5%，但产值高达16.34亿美元，占种植业总产值的79.94%。

以色列畜牧业发展快速，主要饲养猪、牛、羊（绵羊与山羊）、鹅、鸭、火鸡、蛋鸡等，家禽业、养牛业都是十分重要的产业部门，生产力都较高。其中，家禽业产值在全部农业生产中约占20%，保证了以色列为世界人均禽肉、禽蛋消费量最高的国家之一。2008年，奶牛与肉牛产值在农业总产值中占比为13.9%，平均每头肉牛胴体重366kg，每头奶牛产奶11 903kg，奶牛单产高于世界平均水平。畜牧业与种植业占总产值比例之比为4∶6。

3）先进的生产技术和节水灌溉及施肥系统。以色列处于干旱和半干旱地区，光照充足，水资源极其匮乏。基于这些条件，实施水肥一体化管理和精准农业。通过计算机收集棚内感应系统采集的数据，自动控制植物生长所需要的水、肥、光、热、二氧化碳、氧气等，应用IPM测试系统进行病虫害的综合防治，用二氧化碳发生器产生气体，果树嫁接技术、剪枝技术的集成应用保证了作物的品质和产量，在市场上有很强的竞争优势。

4）实用高效的农业科研体制与农业推广服务体系。以色列高度发达和集约化的农业是以强大的农业科研、教育和推广体系作为后盾与支柱的。政府每年用于教育的支出占GDP的10.4%，研发经费占GDP的4%，均位居世界前列。同时，将科技的制高点转化为产品竞争力的制高点，就要将先进的技术推广出去。以色列农业科技的研究、示范和推广基本上是同步进行的，已建立一整套由政府部门、研发机构和农民合作组织紧密配合的农业研究与推广体系（朱艳菊，2015）。

（2）以色列的农业贸易政策

以色列农业在建国后的几十年里，主要用于满足本国粮食及农副产品需求。随着贸易自由化推进，农业技术水平提高，加之国内政策有力支持及果蔬、花卉等具有季节性生产优势，以色列农业逐渐形成了今天以出口创汇为主的农业发展模式，农业出口占农业净产值（ANDP）的80%～90%。尽管出口快速增长，但以色列依然是农业净进口国，且近年来贸易逆差不断加大。进口以小麦、食糖、牛肉等为主,大体分别占国内消费量的 90%、90% 和 50%。虽然进口量较大,但对国内相关产业影响不大,除国内支持政策外,高水平的关税和较严格的非关税措施等为产业安全提供了屏障。

在关税措施方面,以色列平均约束税率为 22.4%,其中农产品为 76.7%,非农产品为 10.8%。2013 年平均最惠国实施税率为 4.6%,其中农产品为 13.2%,非农产品为 3.2%。从约束税率的零关税税目比例来看,农产品零关税税目数占农产品总税目数的 3.6%,而非农产品零关税税目数占非农产品总税目数的 9.1%。从关税税率来看,以色列高关税集中于农产品,关税高于 100% 的税目占农产品税目总数的 33.5%。自 1995 年签署"乌拉圭回合"贸易谈判协定后,以色列对从其非自由贸易协定伙伴国进口的 12 种农产品实施关税配额管理,包括小麦、玉米等粮食作物,以及动物脂肪、油籽、牛肉、蔬菜及柑橘汁等,进口配额由以色列农业和农村发展部及工业、贸易和劳工部分别管理,包括发布配额计划、发放进口许可证及检查配额使用情况。以色列对所有商业活动都征收 15.5% 增值税,进口产品也不例外(专题表 1-21)。

专题表 1-21 以色列农产品分类产品关税　　　　　　　　　　(%)

类别	约束税率		实施税率	
	平均税率	最高税率	平均税率	最高税率
农产品	76.7	560	13.2	212
动物及其产品	103.5	190	19.8	170
乳制品	170.8	247	78.6	212
水果、蔬菜等	106.1	560	17.0	183
咖啡、茶	9.2	25	0.2	8
谷物及其制品	61.9	255	10.7	114
脂肪、油及其制品	37.4	128	5.8	81
糖和糖果	9.7	35	1.2	8
饮料、酒和烟草	133.7	255	12.8	100
棉花	76.0	76	0	0
其他农产品	38.0	170	2.5	55
鱼和水产品	7.5	170	8.6	91

数据来源:宗会来,2016

以色列对进口农产品还采取非关税措施。一是进口管制,包括禁止进口、数量限制和进口许可证。例如,禁止进口未按规定制作的肉及肉产品,对一些农产品和破坏臭氧层的物质实行配额限制。二是从安全、环境、卫生、检验检疫等方面提出严格要求。以色列在安全、环境、消费者保护等方面对进口商品制定了一系列强制和非强制标准。其中,强制标准大多用于食品、饮料、烟草等。而卫生、检验检疫及健康规定的标准适用于饲料、植物及其产品、活动物、生肉及其制品、动物产品、疫苗、血清、微生物、动物饲料和蜂蜜产品等。三是宗教特殊要求。例如,进口商必须获得由宗教签发的证书后,方可在以色列销售相关的食品，但获得证书的手续烦琐、成本较高。四是对商品有严格的标签及包装要求，包括注明原产地等。此外，还对占整个税目 0.8%的近百种产品实施保障措施，以调节农业和渔业生产、需求或消费，保护本国生产不受到进口产品的实质损害。

三、国外农业转型对中国的启示

（一）美国农业政策和对中国的启示

从美国以往的农业法以及现行的 2014 年农业法可以看出，美国一直根据不同阶段的经济发展特点制定农业法，对农业补贴政策进行相应调整，适时调整农业补贴方式，做到既与农业经济发展相协调，又保持一定的稳定性和持续性，为美国农业走向世界奠定了良好的基础。结合中国的实际情况，美国农业补贴政策在以下几个方面值得中国借鉴。

（1）完善农业补贴法律制度，健全农业补贴法律体系

美国农业补贴政策是在不断调整中发展和完善起来的，自 1933 年美国国会通过《农业调整法》，几十年来美国一直对农业实施巨额补贴政策，几乎每隔几年就修改旧法案而出台新法案，先后通过了 1933 年、1949 年、1956 年、1981 年、1985 年、1990 年、1996 年、2002 年、2008 年以及刚刚颁布的 2014 年农业法，而且这些法案基本上都是围绕农业补贴展开的，这些法案的通过为保障农民的收入提供了法律依据，且依据美国现有财力对法案进行修订和完善，与美国的农业现状和财政现状相符。而中国尚没有专门的农业补贴法，关于农业补贴的规定散见于《中华人民共和国农业法》《中华人民共和国农业技术推广法》《中华人民共和国农业机械化促进法》等法律法规中，不仅存在内容陈旧和补贴措施贫乏等问题，而且规定过于简略、笼统和宽泛，不太具有可操作性。

（2）充分利用 WTO《农业协定》中"绿箱"补贴规则，拓宽现有农业补贴方式

WTO《农业协定》规定，政府执行某项农业计划时，其费用由纳税人负担而不是从消费者转移而来，没有或仅有最微小的贸易扭曲作用，对农产品生产影响很小的支持措施，以及不为生产者提供价格支持作用的补贴措施，均被认为是"绿箱"措施，属于该类措施的补贴被认为是"绿箱"补贴。"绿箱"补贴系不可诉补贴，为 WTO《农业协定》所允许。与生产脱钩的收入补贴、自然灾害救济补贴、农业生产者退休或转业补贴、农业资源储备补贴、农业结构调整投资补贴、农业环境保护补贴、地区援助补贴等都属于"绿箱"补贴。美国政府一直非常重视"绿箱"补贴的利用，其运用手法相当娴熟，国内支持以"绿箱"补贴为主。2008 年农业法生效的 5 年（2008～2012 年）内，美国政府计划投入到农业项目的支出为 350 亿美元，其中直接补贴（直接补贴为"绿箱"补贴）就占 250 亿美元，计划投入到资源保护的支出也高达 250 亿美元，而 2014 年农业法的预计投入更是高达 4890 亿美元。此外，农业收益保险、农业灾害援助计划也都属于 WTO《农业协定》规定的"绿箱"补贴。

（3）积极推行农业保险，保障农民收入

直接补贴流通环节少，可以使农民得到真正的实惠。在有限的财政资金条件下，中国宜加大对重点领域的补贴力度，采取专项生产补贴政策，继续对农产品良种推广给予

直接补贴,增加退耕还林、草原治理等生态环境保护补贴。还应考虑效仿美国的农产品价格损失补贴,面向主要从事农业经营、就业和收入主要来自农业的农民,建立农民收入补贴制度,当农作物价格低于设定的目标价格水平时,给予农民补贴,借此保障农民收入,稳定农业经营者队伍。另外,由于农业生产过于依赖自然气候,具有相当的脆弱性,近年来全国各地更是灾害频发,农民收入受到很大影响,效仿美国推行的政策性农业保险,能够有效保障农民收入。建立政策性农业保险制度,可以运用政府和市场相结合的方式,政府决定农业保险供给的方向和数量,制定统一的制度框架,各种被批准的组织机构在这个框架中经营农业保险和再保险,同时政府对规定的农业保险产品给予可能的相应补贴。

(二)日本农业政策和对中国的启示

日本对农业开展的是高保护、高补贴政策,其投入到农业中的补贴形式多样,补贴金额也很高,这种政策是基于该国农业从业人口占比较低的情况开展的。由于农业从业人口少,农户户均获得的补贴品种、补贴金额就比较可观,在稳定农民收入方面能够起到较好的作用,然而就中国当前的客观情况而言,尚无法通过高补贴来稳定农民收入,但是日本50多年的农业补贴变革,确实有一些经验值得我们借鉴。

(1)修订农业法案以补充相关法律条案,为调整农业支持政策提供法律依据

尽管日本《农业基本法》的变化并不如美国那么敏感,但是日本在一定时期内会根据当期的情况适时调整农业政策的目标以及农业保护政策的形式,并制定一系列相应的法律来补偿和完善《农业基本法》,且这些法律条文系统、实用,具有良好的可操作性,在实际应用中起到良好的作用。对于中国来说,在确立补贴政策的同时,制定补贴政策的实施年限,有利于在发现政策效果之后灵活地进行修订与变通。

(2)明确农业补贴的目标

在不同时期,日本农业政策的目标不尽相同,但是每一个时期都有一个明确的目标,或者是提高粮食产量,或者是稳定农民收入。无论是为了保障粮食安全,还是为了增加农民收入,不同的目标决定了补贴的种类和力度。中国传统上的农业补贴是为了保障粮食安全,提高粮食的自给率。从实践来看,这一目标基本实现。但是为了中国工业化的发展,农业的比较收益不断下降,农民种植粮食的积极性不在,种粮农民的收入增长成为保障粮食安全的一个重要方面。农村富余劳动力转移的结果是很多地区出现了土地撂荒的现象,这也严重影响了粮食安全。因此,从国际经验来看,目前应该以提高农民收入作为补贴的目标。

(3)农业补贴形式逐渐由价格支持转向收入支持,从"黄箱"政策逐渐向"绿箱"政策转变

日本农业补贴已从过去以生产、流通环节为主,转变为近年来以提高农民收入、促进农业结构调整为主的政策上来。近几年来,日本政府明显加大了对"绿箱"政策范围内农业项目的支持力度,增加了基础设施投入,加大了农业科技投入。日本政府还将培养新时代高水平的农业从业人员作为农业政策目标的一方面。

(三)荷兰农业转型对中国农业的启示

中国人多地少、自然资源相对短缺、独立分散的农民个体生产经营方式均与荷兰有相近之处。因此，借鉴荷兰现代农业发展经验，依靠科技和市场之力迅速提升农业生产的国际竞争力，应该成为当前中国提高农村综合生产能力这一长效机制的基本战略。

1. 创建面向农户的农业科技创新体系

荷兰农业近几十年来发展很快，主要得益于农民技能的提高、政府对农业的保护等各方面的因素，同时国家教育、信息化、科学研究也发挥了重要作用。荷兰农业的生产者和经营者，把运用现代科学技术看成是企业生存与发展的源头，从种植品种选育到栽培过程的管理，每个环节都以先进的技术为基础，不断进行技术创新。中国农业现处于由传统农业向现代农业转变的过程中，迫切需要科技资源投入和力量驱动。

2. 完善并切实发挥农业合作组织的作用

荷兰确保农业支持政策实施的重要力量之一是能切实代表农民利益的农民自己的组织——农业合作社或农协等农民组织。这些组织架起了农民与政府、科研机构、大学、非政府组织之间的桥梁。我们可以借鉴荷兰的农民合作社经验，建立能有效地稳定并增加农民收入的农村民间组织，特别是一些与生产技能联系密切的专业性协会，它们是提高农业生产效率和技术水平的重要资源与基础性力量。

3. 加强政府在农业发展中的作用

荷兰政府制定了正确的农业发展战略和政策，相当重视农业教育的发展及农业科技的研究和应用，并且在几十年中持续不断地向农业大量投入，进行大规模的农业基础设施建设和公共产品投资，所以荷兰农业产业才形成了巨大的国际竞争优势。20 世纪 90 年代以后，荷兰政府改革农业支持政策，逐步向削减贸易类、发挥市场导向、增加对农业支持的方向改革。由于历史等多方面的原因，中国农业支持政策的制定，需要借鉴世界各国量力而行、区别对待的经验，以中国现实国情、国力为基础，集中有限资源，对最需要而且是本国最为关键的区域和农产品进行补贴，即侧重于对不同区域的关键农产品进行有重点的支持。同时中国政府必须加强对农业综合生产能力提高有重要影响的农村公共产品的投资力度，强化基层政府对农业生产者的服务功能。

总之，从中国国情出发，借鉴荷兰经验，充分发挥中国的区域农业资源优势和人力资源潜能，多层次地开发利用现代科学技术成果，探索适合于中国的农业现代化之路，应该成为中国提升农业综合生产能力和农业产业国际竞争力的基本战略。

（四）以色列农业转型对中国农业发展的启示

经过 60 多年发展，以色列在土地贫瘠和严重缺水的条件下，不仅生产出了粮食，解决了建国后长期的食物短缺问题，而且逐渐形成了农业技术与产业优势，创造出世界一流的现代农业模式，其农业发展经验带给中国的启示表现在以下几方面。

1. 不具竞争力的农业需要给予高度保护与支持

以色列农业在早期发展阶段是相对脆弱的，政府在资源投入、价格保护等方面给予了大力扶持和支持。虽现已度过了粮食短缺年代，农业产值占全国总产值比例已由 20

世纪 60 年代的 10%下降到现在的不到 2%，但加强农业支持与贸易保护依然是以色列的一项基本国策。中国农产品进口关税已经很低，只有通过加大国内支持力度，改善进口管理才能培育产业优势，并有效抑制过度的、不合理的进口，从而保证农业稳定、健康发展。

2. 农业发展需要准确定位，找对突破口

以色列迫于农业资源约束，将农业定位为以现代科技为支撑，走资源高效利用的集约化发展道路。高科技让以色列农业摆脱了土地、水资源等自然资源瓶颈，不仅大田作物产量持续增长，而且催生了果蔬等新产业优势，更为保护生态、推动可持续发展提供了强有力的技术保障。中国现代农业建设正面临关键时期，必须加大科技投入与创新、转变生产方式、减少资源消耗、提高生产效率、降低环境污染，实现农业可持续发展。

3. 发挥优势，积极拓展优势产业

以色列出口创汇产业的发展优势是伴随着国内经济发展、科技进步及产业结构调整而逐渐显现出来的。以色列具有多种多样的气候条件，在现代科技带动下，其水果、蔬菜产业异军突起、发展迅速，出口份额不断增长，因品种多、品质好，深受欧洲等海外市场的欢迎。中国水果总体出口规模不算小，但品种相对单一、品质不具优势，应加强品种培育，不断改善品质，将优势产业做大做强。

4. 提高农民素质，强化现代农业驾驭能力

以色列农场平均耕地面积在 20hm^2 左右，虽具有从事规模化、机械化、集约化经营的基础与优势，但高素质的农民才是促进其现代农业发展的关键因素。只有高素质的农民才能掌握现代科学技术与驾驭现代农业管理，才能提高生产效率和市场竞争力。中国应借鉴以色列的农业服务体系，注重对农民的教育与培训，有效推动中国的农业现代化进程。

四、中国发挥农产品比较优势与现代农业结构调整和食物安全保障

（一）从产品上

1. 稳定稻谷和小麦生产

稻谷和小麦生产事关中国口粮绝对安全与国家粮食安全的大局，应优化品种结构、提高产品质量、降低生产成本、提升产品竞争力，以减轻进口冲击压力。

2. 继续提高蔬菜和果业比较优势

在继续抓好蔬菜水果出口质量的同时，依靠科技进步和提高生产经营管理水平，降低生产成本，保持出口价格优势，扩大国际市场占有率。

3. 提高养殖业的比较优势

与发达国家相比，中国养殖业在消费市场方面具备比较优势，中国消费者对养殖产

品的消费更加偏向生鲜产品。因此，要充分利用中国居民生鲜产品消费偏好优势，提高养殖业等的产品质量，增强相对比较优势。

4. 发展有比较优势的资本密集型农产品

当前，中国农业产业正处于转型升级的关键时期，传统的劳动密集型农产品的相对优势渐渐减弱或消失。应从长远出发，引导相关产业增加资本投入，加大政策扶持力度，提高有一定比较优势的资本密集型农产品的生产份额，增强有比较优势的资本密集型农产品在国际市场的竞争力。

（二）政策

1. 创新农业供给侧结构性改革支持政策

重点支持粮经饲种植结构的合理调整，支持优质、高效农产品和优势特色产业发展，支持农产品质量安全提升。

2. 完善农业补贴方式

在农业补贴方式上，由过去的以价格支持为主转向价格支持和收入支持分类实施。对粮食作物中的水稻、小麦继续实行合理的价格支持，坚持并完善最低收购价政策，确保口粮绝对安全。

3. 完善农民收入稳定增长支持政策

在对小麦、水稻实行合理的价格支持和对其他粮食作物及非粮作物实行收入补贴的同时，大力支持高效养殖业和乡村休闲旅游业发展，支持第一、第二、第三产业融合发展，拓展农业产业链和价值链，促进农民就业和收入增长；支持发展适度经营规模，提高规模效益；提高农业保险保费补贴标准，扩大农业保险覆盖范围，提高理赔标准，帮助农民提高抗御自然灾害风险和市场风险的能力。

4. 完善绿色发展支持政策

坚持以绿色、生态、可持续为导向，支持化肥与农药减量行动；支持农作物秸秆和畜禽粪便的多样化处理；支持发展节水农业；支持耕地、草原的生态保护，对按计划休耕轮作和退牧还草的农户给予相应补贴。

（三）从效果与目标上

1. 总目标

保障国家粮食安全和主要农产品有效供给，优化产品产业结构，保持农民收入稳定增长，实现生产生态协调发展，增强农业内在发展动力，提高农业生产力水平，促进农村全面发展。

2. 具体目标

1）保障国家粮食安全和主要农产品有效供给。稳步提升农业综合生产能力，确保谷物基本自给、口粮绝对安全。

2）优化产品产业结构。深入推进农业供给侧结构性改革，改善农产品供需结构，提升农产品质量安全水平。

3）实现生产生态协调发展。推行绿色生产方式，落实农药、化肥零增长计划，大力提高水资源利用效率，有效治理农村环境突出问题。

4）增强农业内在发展动力。坚持以市场为导向，完善主要农产品的价格形成机制和价格调节机制。

现代农业转型发展与食物安全供求趋势研究

一、未来中国农业发展面临的挑战

虽然中国农业发展在过去 40 年中取得了巨大的成绩，但是未来仍然面临着众多严峻的挑战，包括食物与食品安全问题、农产品比较优势不足、农业生产经营规模小、农业生产力增长乏力、农产品市场发展与保护、自然资源约束和气候变化等。

（一）食物与食品安全方面的挑战

1. 食物总体供需难以平衡，部分农产品结构性短缺已成常态

近年来食物需求的持续增长已使中国食物安全保障出现转折，食物总体供需难以平衡的局面也开始呈现。中国食物总自给率从 2008 年前的 100% 下降到 2011 年的 97%，近年还在逐渐下降。

21 世纪初，中国农产品缺口主要是大豆和棉花，到 2010 年大豆和棉花进口额分别占农产品总进口额的 35% 和 8%（中华人民共和国海关总署，2011～2013）。与此同时，中国已于 2010 年由 21 世纪初的世界主要玉米出口国转变为玉米净进口国，2012 年净进口量就达到 518 万 t。

近年来食糖进口量也快速增长，从 21 世纪初的年均 100 万 t 左右增长到 2010 年的 168 万 t 和 2012 年的 292 万 t；奶制品进口量更是持续增长，从 2001 年的 42 万 t 增长到 2012 年的 613 万 t（折算为鲜奶）。我们预测，中国结构性明显短缺农产品的范围和程度还将逐渐扩大，除大豆、棉花和食用油外，玉米、糖、奶制品和牛羊肉等都将成为重要的短缺农产品（黄季焜等，2013）。

未来的粮食问题实际上是养殖业发展和饲料问题，因为大米和小麦的消费量将分别出现稳定与下降的趋势，国内生产基本能够满足国内需求。如果要保持畜产品供需的基本平衡，那么随着畜产品需求的增长，饲料粮玉米和大豆进口量到 2030 年预计将分别超过国内需求量的 15% 和 80%，牧草进口量也将显著增长，届时中国将成为世界最大的牧草进口国（黄季焜等，2013）。另外，虽然在蔬菜、水果、花卉和水产品等方面中国还将在相当长的时期内保持净出口国的地位，但劳动力成本的提高也将显著影响这些产品在国际市场的比较优势。

2. 食物浪费及其对未来农业发展的挑战

如同世界其他国家一样，目前中国也存在严重的食物浪费现象，这在很大程度上降低了农产品的利用效率，对农业发展形成挑战。根据中国农业科学院 2017 年的估算，

中国目前每年的食物总量折合为粮食约为 500 亿斤，相当于全国粮食总产量的 1/10。

中国的食物浪费渠道主要有三个。①农业生产过程，特别是由收获和贮存所引起的粮食浪费数量是巨大的。其中，农户家庭储粮损失浪费约 400 亿斤，仓储、运输企业损失浪费 150 多亿斤。②食物加工和流通环节，主要包括食物生产、储存、流通和粮食转化等环节存在的"隐形浪费"。据国家粮食和物资储备局统计，中国粮食流通环节损失浪费每年达 700 多亿斤。其中，加工企业损失浪费 150 多亿斤。③因"宁剩勿缺"的文化传统导致的餐桌浪费。据中国农业大学专家对大、中、小三类城市共 2700 桌不同规模的餐桌剩饭统计，中国 2007～2008 年仅餐饮浪费的食物蛋白就达 800 万 t，相当于 2.6 亿人一年的消费；浪费脂肪 300 万 t，相当于 1.3 亿人一年的消费。

3. 食品安全问题和消费者对国内食品安全的信心

改革开放以来，中国食物消费总量以很快的速度增长，食物消费结构得到明显改善，但食物品质和安全也面临巨大挑战。在食物消费总量显著增长的同时，人均大米、小麦和其他口粮消费已从 20 世纪 90 年代中期达到峰值后开始缓慢下降，蔬菜消费增长从数量增长向多样化转变，植物油（包括大豆油）、食糖、水果、畜产品和水产品等高附加值农产品的消费以较快速度增长。随着居民食物需求结构的显著改变，饲料产业和工业对粮食的需求也将快速增长。但与此同时，受一味追求高产目标的影响，国内生产的许多农产品的质量还难以满足人们对食物质量提高的需求，时常发生的食品安全事件影响着消费者对不少国内食品安全的信心和信赖。

4. 营养不良和微量营养素缺乏现象依然普遍

经过 30 多年的快速发展，虽然中国人民的生活水平有显著提高，但营养不良和微量营养素缺乏现象依然普遍，这在相对落后的农村地区尤为突出。根据中国科学院农业政策研究中心的调查，相对落后的农村地区小学生贫血比例高达 33%，农村寄宿学生营养不良的情况更为严重；婴幼儿营养不良现象普遍，高达 49% 的相对落后地区农村婴幼儿存在贫血；相对落后地区育龄妇女营养不良的情况也较为突出，约 23% 的产妇存在贫血问题。这些问题得不到很好解决在很大程度上会影响家庭食物安全保障，不利于落后问题的有效解决。根据最近的一项调查，相对落后的农村地区 24% 的 6～12 个月婴幼儿智力发育滞后于正常儿童，而运动能力滞后于正常儿童的比例更是高达 33%。大量研究表明，促进 0～3 岁婴幼儿的能力发展可以显著提高他们未来的受教育水平、工作后的收入。

（二）生产成本上升和比较优势方面的挑战

1. 劳动力工资上涨给农业生产将带来新的挑战

随着大量农村劳动力转移到工业和服务业，以及人口增速的下降与老龄化，近年来劳动力实际工资正以每年 8% 左右的速度增长，农业生产的劳动力机会成本显著提高，如果没有较好地采取资本（如机械）替代劳动力，劳动力工资上涨将显著影响农产品的生产成本，从而影响中国农产品，特别是劳动较为密集的农产品（如棉花、油料作物、水果、蔬菜等作物）在国际市场的比较优势和竞争力。

2. 与发达国家相比，中国大多数农产品已不具比较优势

与世界主要地区或农业大国相比，中国大多数农产品已不具有比较优势。与美国、欧盟、东盟、巴西和印度等主要地区或国家相比，近年来中国许多农产品不具有比较优势。在粮食作物中，玉米、大豆和小麦具有明显的比较劣势；棉花、牛羊肉和奶制品也均呈现出比较劣势；猪肉、鸡肉和大米的比较劣势微弱；少数具有比较优势的农产品是蔬菜和水果。

3. 近年来中国农产品比较优势呈现不断下降态势

猪肉的 TSI 值从 2006 年的 0.9 下降到 2015 年的–0.63，从比较优势变为比较劣势，主要原因是这个时期国内玉米价格的显著上涨导致畜产品生产成本上升；玉米比较优势在 2007 年之后开始直线下降，2010 年后变为明显的比较劣势；棉花于 2003 年开始就同大豆一样，成为明显的比较劣势产品；蔬菜、水果始终保持比较优势，但比较优势水平有所下降。

4. 劳动密集型农产品比较优势呈现下降趋势，土地密集型农产品已没有任何贸易比较优势。

劳动密集型农产品的 TSI 值不断下降，由 2001 年的 0.35 下降到 2015 年的 0.05，年均下降近 0.02；如果按照这种下降速度，预计在未来几年中国劳动密集型农产品在贸易上也将失去比较优势。与此同时，土地密集型农产品的 TSI 值由 2001 年的–0.34 下降到 2015 年的–0.96，已完全没有比较优势。

（三）生产方式和经营模式面临的挑战

1. 现有生产方式限制农业生产规模经济实现和机械化推广

长期以来，分散化、细碎化的小规模经营带来的规模不经济一直是中国农业经营格局面临的核心问题。2016 年第三次全国农业普查数据显示，全国有农业经营户 20 743 万户，其中规模农业经营户 398 万户，占比仅为 1.9%。户均耕地虽然从 2003 年土地法实施以后有所上升，但到 2016 年全国户均耕地仍只有 0.73hm^2。依靠如此小的土地经营规模来提高农业机械化水平和农民的农业生产积极性、实现农民增收难度极大，结果必然是农业兼业化、农业副业化和农业人口老龄化的趋势日益突出。

2. 小规模生产同技术推广、机械化、信息化和食品安全的矛盾日益突出，制约着农业现代化的进程

小田块与大机械、分散经营导致规模不经济，部分地区机耕道难以满足大中型机械通行的要求。农机存放、粮食烘干、机具维修保养等设施建设发展的制约因素仍然较多。

3. 农业产业链延伸程度不足和农产品增值跨环节分配不合理

农业生产的发展需要农业内部，以及农业与上下游产业之间高度融合。一直以来，中国注重农业生产，忽视农产品销售，导致生产与消费脱节，"粮头"与"食尾"发展不平衡。特别是农业内部子产业之间和各产业之间的融合需要建立合理的价值分配制度与有效的循环系统，以提高农业资源的利用效率，同时实现生产过程的清洁化，进而促进农业提质增效和可持续发展。但是由于主体认知情况、技术装备水平、市场扭曲等多方面的因素，目前中国农业生产中农牧分离、种养分离的现象仍很普遍，农业内部子产业之间的融合程度较低，农产品增加价值跨环节的分配不合理。在融合发展实践中科技含量低、深度不够、融合方式单一、融合效果存在不确定性等问题较为突出，制约了农业内部子产业之间的融合发展。

4. 要素市场扭曲导致土地和劳动力资源不匹配

未来中国农业发展需要依赖良好的市场机制，以保证充分有效的要素流动，但农村要素市场存在大量扭曲。由于土地和劳动力市场扭曲，中国农业经营方式转型长期受到土地流转与劳动力流动的双重约束，因此农业生产中人、地两类要素的流动并不匹配。2015年课题组对全国9个省的农户调研表明：农村非农就业转移人数占农村劳动力的60%，但农地流转率不足25%。这表明，在农村劳动力非农化流动的同时，并未产生有效的人口迁徙与农户土地承包经营权的退出。

未来中国农业发展不仅要面对"种怎样的田"的现实问题，还要破解"谁来种田"和"怎样种田"的深层难题。如果农业劳动力素质、农户生产能力以及农业经营规模都远在现代生产力水平所要求的底线之下，以其为基础的科技应用、产品质量、市场准入、收入提高、从农热情等都将日益变得难以为继，现代农业也就因此成为一个可求而不可得的奢望。

(四) 农业科技创新不足导致农业生产力增长降速

1) 国际组织和各国政府都一致认为技术进步是促进粮食和农业增产的主要源泉，但同时指出技术进步面临巨大挑战。借鉴美国、欧盟等的农业发展经验，由于有形资本、土地等物质要素的贡献率逐年下降，技术进步成为与农业增长相关的最重要因素。即使在南美，如巴西等农业生产资源充沛的国家，可持续农业发展模式也正在从增加耕地使用的战略转向技术推广等有利于全要素生产率提高的农业活动。然而，全球技术进步也面临诸多挑战。不论是发达国家还是发展中国家主要作物单产增幅都出现了下滑的趋势。

2) 科技进步也是过去和未来中国农业生产力增长与保障粮食安全的主要驱动力。已有的多项研究表明，20世纪80年代中期以来中国粮食和其他主要农产品的全要素生产率年均增长率能够保持在3%左右的主要原因是技术进步 (Jin *et al.*, 2010)；科技进步更将是未来中国农业生产力增长的主要驱动力，在水土等自然资源约束日益突出的情况下，科技进步必须在提高中国未来农业生产力、确保国家粮食安全和重要农产品有效供给中起更大的作用。

3) 中国农业科技在取得了一系列成就的同时，作为农业科技创新的源头，农业科技体系也面临着巨大的挑战。现有研究表明，目前的农业科研体制和激励机制不但制约着农业的科技创新，而且影响着企业成为农业科技创新的主体，难以解决农业科研和农民技术需求严重脱节的问题。同时，农业农技推广体系也面临着更大的挑战，如公共技术推广职能定位不清和投入不足、管理体制和激励机制问题、推广人员能力建设和推广方式都制约着农业技术进步与创新（黄季焜，2013a）。党的十八大报告已提出，增强农业综合生产力是确保国家粮食安全和重要农产品有效供给的关键；而增强农业综合生产力的关键是农业科研和技术推广体系的改革与创新，以及农业科技发展战略的调整。

（五）农业支持政策面临挑战

虽然过去 40 年间，市场化改革使得中国农产品市场得到迅速的发展，但许多为保障国内粮食安全和农民收入而实施的补贴性政策导致市场扭曲，影响了生产要素的有效分配和利用。例如，近年来一些农产品购销和价格干预政策虽然促进了国内的短期生产，但这些政策在短期保护农民利益和促进粮食等产品增产的同时，也扭曲了市场机制，影响了资源有效配置，使农业生产结构严重失衡。

以临时收储政策实施对玉米、大豆生产影响为例：玉米的临时收储价格提高了市场价格，但国内外价差扩大，进口压力增大，形成了产量、进口、库存三量齐增的怪象，而养殖业和玉米加工业受到冲击，畜产品进口量增加，政策也到了不可持续的局面。2008～2013 年，玉米、大豆收储价格分别提高了 49%和 23%，导致大豆和玉米的临时收储价格比从 2008 年的 2.45∶1 降至 2014 年的 2.05∶1，低于合理比价区间，过度刺激玉米生产，导致资源错配，农民减大豆扩玉米，大豆面积和产量逐年萎缩，进口量持续增加。事实证明：对于已开放农产品（如大豆），临时收储价格和目标价格对市场价格基本没有影响；除可提高农民收入和间接帮助国外"收储农产品"外，没有其他明显效果。

（六）农业资源环境不断恶化

农业生产将面临日益严峻的水资源短缺和耕地退化的威胁。水资源危机已被联合国与世界银行等国际机构列为威胁全球食物安全和农业发展的最大影响因素。中国作为世界水资源最短缺的国家之一，面临的问题尤其尖锐。中国农业用水占全国总用水的比例已从 1949 年的 97%降低到了 2004 年的 65%，未来随着工业化和市场化进程的加速，以及生态保护用水需求的不断增加，农业用水比例到 2050 年将进一步下降到 40%以下（中国科学院农业领域战略研究组，2009）。同时中国是人多地少的大国，拥有 1/5 的世界人口，但仅占有 1/15 的世界耕地，未来随着工业化和城市化的继续推进，保住目前有限耕地的数量和质量是巨大的挑战。更需要注意的是，水土资源的质量恶化也威胁着农业生产，过去以经济增长为主要发展目标的工业化已导致水土污染日益严重，同时以不断增加化肥与农药投入来保障粮食安全和稳定农业生产的措施也付出了极高的环境代价。

农业还将面对气候变化的冲击，气候变化将给中国农业生产带来许多极不确定的影响和风险。全球气候变化在威胁人类生存和生态系统的同时，也给中国农业发展带来许多极不确定的影响。气候变化国家评估报告表明（第二次气候变化国家评估报告编委会，2011），未来中国气候变化的速度将进一步加快，全国平均温度很可能在未来 50～80 年升高 2～3℃；气候变暖将使北方江河径流量减少，南方径流量增加，各流域年均蒸发量增大，旱涝等灾害的出现频率增加，并加剧水资源的不稳定性与供需矛盾；气候变暖将增加农业的需水量，加大供水的地区差异；同时海平面的上升将提高海岸区洪水泛滥的出现频率，对沿海地区的耕地、海洋资源利用和海洋生物多样性产生新的威胁。总之，气候变化可能将对中国的农业生产产生显著影响，并将增加农业生产的不稳定性，放大农产品产量的波动。

二、全球背景下中国农业的结构调整和食物安全

（一）中国主要农产品供需变化：过去与现状

改革开放以来，中国农业生产稳定增长且生产结构发生了显著变化，但农业增长是以牺牲环境和可持续发展为代价的。1980～2018 年，中国农业 GDP 年均增长达 4.6%。受需求增长的驱动，种植业内部，在粮食生产稳定增长的同时，蔬菜、水果和其他经济作物生产以更快的速度增长；从大农业上看，农业生产结构也逐渐从以种植业为主向种养业并举发展。但农业的快速发展在很大程度上是靠高投入-高产出来实现的，并伴随着土壤质量退化、地下水水位持续下降、面源污染加重和农业生态日趋恶化等现象。

中国食物能量总需求从增长进入稳定发展阶段。中国人均食物消费具有较明显的阶段性变化，肉蛋奶等产品人均消费保持快速增长。过去 40 年随着经济的增长和市场与流通的发展，中国食品消费结构发生了显著改变，并呈现较显著的阶段性变化特征。1980 年至 90 年代初是细粮替代粗粮和副食品消费逐渐增长的阶段，我们将这一时期的人均食物消费变化称作中国食物消费变化的"第一阶段"。从 90 年代初以来，中国人均食物消费具有显著的"以高附加值农产品替代口粮或主食"的变化特征。从当前中国食物消费的演化趋缓和特点来看，中国水果、植物油、肉、蛋、奶等高附加值农产品人均消费并没有出现降低迹象，这意味着在未来较长一段时期中国食物消费将依然处于"第二阶段"的演化过程。

2005 年以来，中国农业已经进入了"总量难以平衡，结构明显短缺"的新阶段。21 世纪初之前，中国农产品生产和需求基本同步增长，农产品供需基本能够保持"总量平衡，丰年有余"；但从 2005 年以来，食物消费总量增长速度开始明显高于市场经济情况下的食物生产增长速度。食物总的自给率已从 21 世纪初的 100% 下降到现在的 95%，近几年年均下降近 0.5%。目前玉米等部分农产品供过于求的现象是政策干预的短期结果；而饲料（饲料粮和饲草）、棉花、糖类、食油、牛羊肉和奶制品等进口压力不断加大，"总量难以平衡，结构明显短缺"将成为未来中国农业的常态。

（二）食物消费及结构变化趋势

1. 食物消费增长变化趋势

人均食物消费总量持续增长，食物能量消费达峰后趋于稳定，食物蛋白消费继续增长。人均 22 种主要食物能量摄取量从 1980 年的 1963cal/d 逐渐增长到 1990 年的 2300cal/d，随后基本保持在 2200～2300cal/d。如果加上其他未计算的部分副食品和饮料（约 300cal/d），总量保持在 2500～2600cal/d。但随着收入增长，畜产品和水产品消费不断增长，人均食物蛋白消费保持持续增长趋势。

2. 食物结构变化趋势

食物总需求增长的同时，消费结构也逐步朝高质量方向发展。过去 40 年随着经济

的增长和市场与流通的发展，中国食品消费结构发生了显著改变（专题图 2-1）。特别是从当前中国食物消费的演化趋缓和特点来看，水果、植物油、肉、蛋、奶等高附加值农产品人均消费量并没有出现下降迹象。中国植物油（包括大豆油）人均消费量以较快速度增长。中国蔬菜人均消费量呈下降趋势，但品种质量和结构不断改善。中国水果人均消费呈显著上升趋势。中国畜禽肉和水产品人均消费量在 20 世纪 90 年代中期后以较快的速度增长。中国奶制品人均消费量从 20 世纪 90 年代后期以来出现突发式的增长，禽蛋人均消费量增长相对趋于平稳。

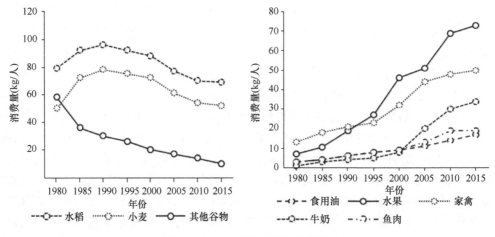

专题图 2-1　中国不同食品人均消费变化

3. 城乡食物消费差异及变化趋势

由于城乡居民收入水平和生活方式的差异，城乡居民食物需求支出弹性和价格弹性的估计存在着巨大差异。随着收入的增加，城乡居民都会更多消费富含蛋白质、维生素，即营养价值更高的"高档食品"，而能量类食物（主食）的摄入量则相对减少。此外，居民食物需求支出弹性会逐渐变小。然而，城镇居民粮食需求支出弹性要小于农村居民。对于农村消费者而言，稻谷需求支出弹性虽然为正，但是也从 0.418 下降到 0.133（见"中国农业 2050 项目"研究报告）；一些关于小麦、稻谷等的农村居民粮食需求研究也支持食物需求支出弹性会变小的判断；我们的研究表明，肉类、蔬菜、蛋奶等食品需求支出弹性的变动趋势也存在着较大差异，肉类和奶制品消费在相当长时期还将保持较稳定的增长。由于粮食在城镇居民食物消费中占比较小，而且城镇居民倾向用肉类等食物替代粮食，城镇居民粮食需求支出弹性非常小，并且会随着收入提高而变成负数。关于农村居民食物需求价格弹性，通常认为，稻谷、小麦等主食作为必需品，其需求价格弹性应该小于肉类、蔬菜等副食品。关于城镇居民食物需求价格弹性，粮食等主食需求价格弹性并没有像理论中预期的一样小于猪肉。

在研究居民食物消费方式的选择时，需要充分考虑在家与在外食物消费之间的替代关系。城镇居民粮食在家消费量将逐渐下降，农村居民粮食在家消费量的增速也将放缓；收入增长对农村居民动物性食品、水果在家消费的影响均大于城镇居民。同时，城镇居民主要食物的在外消费量明显少于在家消费，但随着收入水平的提高，各类食物的在外消费量均将快速增长，使得食物在外消费的比例将进一步提高，在外食物消费将成为未来城镇居民食物消费增长的主要驱动因素。当然，随着人均收入的增加，食物在外消费量的增长趋势也会逐渐放缓。

（三）全球水土资源约束下农产品生产贸易格局及变化

全球水土资源的空间分布同人口的空间分布极不相符，保持全球各地区农产品供需平衡需要通过农产品的国际贸易来实现。例如，东亚和太平洋沿岸国家占世界耕地的比例只有 14%，而人口却占全球人口的 31%；OECD 国家占全球可耕地的 26%，而人口只占世界的 14%（专题图 2-2）。全球各地区的淡水资源分布更为不均（WRI，2014a）。全球土地退化加剧，导致总体耕地质量下降，在一定程度上限制了土地供给并威胁全球粮食安全。2018 年生物多样性和生态系统服务政府间科学政策平台（IPBES）报告指出，未来全球土地退化以及由此造成的生物多样性和生态系统服务丧失会加剧，并对世界粮食和水资源的安全造成威胁。各国都基于其耕地和水资源的比较优势进行农产品生产，所以保障食物安全要充分考虑资源禀赋，充分利用耕地和水资源，充分利用国际和国内市场，农业应根据比较优势调整结构。

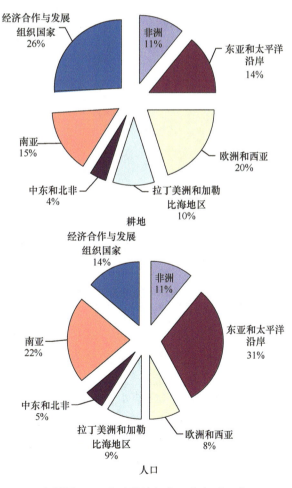

专题图 2-2　全球耕地与人口分布不一致
数据来源：FAOSTAT，2016

中国淡水资源、可耕地仅占世界的 5%、8%，但人口占世界的 20%。在水土资源紧缺的约束下，中国 2015 年通过进口大豆节约的耕地约合总耕地面积的 20%。从这个视角看，贸易能够帮助各国充分利用全球农业资源，也是缓解区域农业资源短缺的重要途径。长期以来中国维护食物自给是以破坏资源环境为代价的。未来为保障中国食物安全，农业结构调整要充分考虑中国资源禀赋，充分利用全球耕地资源和水资源。中国属于耕地短缺的国家，未来通过扩大耕地面积来增加食物生产非常困难。同时，中国属于水资源短缺的国家，特别是北方粮食主产区隶属于水资源高风险地区。另外，预计到 21 世纪末，全球温度将升高 2～4℃，势必会对全球食物安全形势提出新的挑战[参考国际应用系统分析研究所（IIASA）信息]，而气候变化对中国农业生产的影响更是不可低估。这一切都促使我们反思：我们过去的农业发展之路已无法应对耕地资源、水资源和全球气候变化等方面的挑战。中国农业结构必须基于资源禀赋，依据比较优势进行调整。

虽然全球谷物面积呈现下降趋势，但谷物的总产不断提高（专题图 2-3）。谷物总产的增长主要是来自谷物单产的提高。许多研究表明，单产提高主要依靠两个因素，一个是生产投入增加，即化肥、农业、机械等的投入，另一个是技术进步。但生产投入增加带来了许多的问题，到目前为止中国的化肥与农药投入还在增加，而欧洲国家在 20 世纪 80 年代已经开始减少。

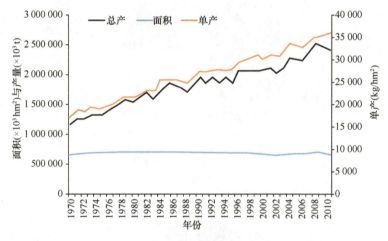

专题图 2-3　1970～2010 年全球谷物的面积、单产和总产的变化趋势

数据来源：FAO，2014

国家间的农业生产力差异巨大，耕地富裕的发展中国家可耕地充裕，未来全球食物生产潜力不可低估。从全球食物生产分布看，农业生产力低于 3.1t/（hm^2·a）的国家生产了世界 50% 的食物，而农业生产力不低于美国[5.9t/（hm^2·a）]的所有国家对全球食物生产的贡献度仅为 12.5%（专题图 2-4），这意味着通过提高农业生产力来促进全球食物生产还有巨大的潜力。同时，耕地富裕的南美和非洲的许多发展中国家水土资源丰富，过去 20 多年，这些耕地富余的发展中国家耕地面积扩大了 20%，未来还有很大的扩大潜力。

中国粮食生产力已达到相当高的水平，未来继续增长难度将加大。中国粮食单产已达 6t/（hm^2·a），全要素生产率的增长率在全球已达较高水平，已不具备大幅提高的潜力。

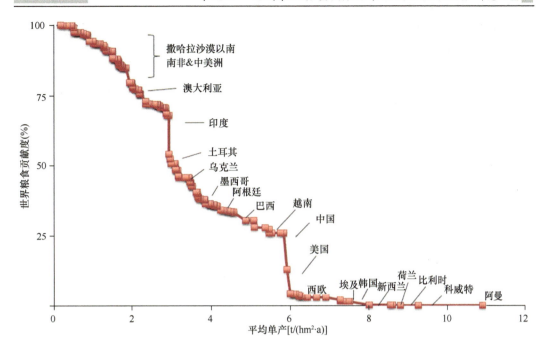

专题图 2-4　2013 年各国粮食贡献度（所占比例）
数据来源：FAO，2014

中国草地生产力水平较低。专题表 2-1 比较了中国与其他国家同种草地类型的生产力差异，结果显示中国草地生产力与草地畜牧业发达国家相比尚有很大差距。究其原因，一部分是超载过牧造成草地退化，更重要的是对草地的投入过低，提高草地生产力需要加大投资力度。中国草地农业生产力低，这也意味着我们还有很大的发展潜力。

专题表 2-1　草地生产力水平比较

草原类型	地点	生产力（APU/hm²）	
		现状	改进后
极干旱荒漠类	澳大利亚伍默拉	2.90	—
	中国阿拉善左旗	1.66	2.16
微温微干典型草原类	美国东海伦娜	46.16	—
	中国环县	17.30	23.92
	中国锡林浩特	31.60	41.74
寒温微润草甸草原类	加拿大斯威夫特卡伦特	27.44	—
	中国肃南	16.68	27.72

数据来源：Research group of strategies to ensure grassland ecological and food security in China，2016；APU（animal product unit）的含义为畜产品单位

"—"表示此项无数据，余同；APU（animal product unit），含义为畜产品单位

发达国家的经验表明，农区发展栽培草地是促进草地农业发展的重要途径。在中国，作为草业现代化水平衡量指标的栽培草地，只占草原总面积的 2.1%，与澳大利亚（58%）、新西兰（69.1%）、美国（13%）、北欧国家（50%以上）相比，差距明显。栽培草地不仅在草原地区，在农区也是非常重要的。荷兰、澳大利亚等国家一开始也是发展耕地农业，

后来随着畜产品需求的增长，逐渐由耕地农业转向草地农业。比较而言，中国过去几十年基本上是由林地、草地转向耕地。虽然退耕还林、退耕还草已经进行了 7～8 年，产生了一定效果，但总体而言，我们在栽培草地上的投入太少。

草地是草牧业发展的重要载体，在促进中国食物消费结构转变中起到了重要的作用。从上面分析可以看出，过去 30 多年，中国居民的食物消费结构发生了显著的变化，特别是牛羊肉、奶等食草动物产品的需求显著增长。

（四）全球主要发达国家农业支持政策变化趋势

发达国家的农业支持力度和保护率发生了显著的变化，政策已逐渐趋向市场化和提高农业竞争力。一方面受"乌拉圭回合"贸易谈判的影响和 WTO 规则的约束，另一方面为促进国内生产结构的调整和提高主要农产品的市场竞争力，OECD 国家平均生产者支持度（PSE）占农产品产值的比例总体呈现出缓慢下降的趋势（专题图 2-5）。值得一提的是，这一变动趋势同中国正好相反，而且中国生产者支持度占农产品产值的比例近年来已超过 OECD 国家的平均数。同时，中国生产者名义保护率（NPC，国内价格同国际价格差价的百分比）也在近年超过了很多国家（专题图 2-6）。

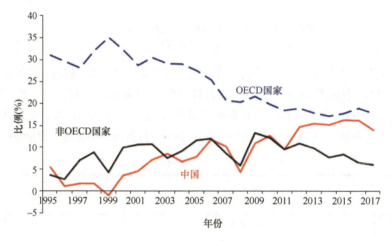

专题图 2-5　中国和主要国家生产者支持度（PSE）占农产品产值的比例
数据来源：OECD，2018

（五）中国的支农政策和农产品贸易政策影响分析

在全球贸易和国内资源约束背景下，提高农产品市场竞争力和促进农业可持续发展是中国农业的两大关键问题。为此，基于以往的研究文献和本项目的分析，首先我们对国家主要支农政策对农产品生产成本/价格（或竞争力）和水土资源可持续利用（或可持续发展）的影响做了分析。其次，我们对农产品贸易政策的可能影响做了讨论。主要结论如下。

1. 国家支农政策的影响

国家支农力度不断加大，投入开始更加注重生产力提高和农业可持续发展。国家出台了一系列深化农村改革、实现现代农业和促进农民增收的政策。2015 年，中央颁布的惠农政策多达 50 项。其类别也由过去的农业基础设施建设、价格扶持和生产补助，扩

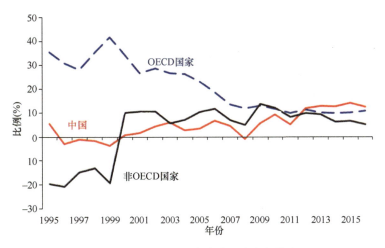

专题图 2-6　中国和主要国家生产者名义保护率（NPC）
数据来源：OECD，2018

展为促进农业社会化服务的发展、强调农业生态的重要性和农业与农村的整体发展。除了种类增多和范围拓宽以外，农业政策的支持力度也不断增强。2015 年《中央对地方税收返还和转移支付决算表》显示，惠农政策支出总决算为 7029.33 亿元，其决算数为上年决算数的 110.1%。

国家支农政策影响的总体评价：总的来看，农业技术和服务支持、农业基础设施和环境治理支持政策对中国农产品的市场竞争力与农业的可持续发展发挥了重要的作用，而农业补贴和农产品市场干预政策影响甚微，有时还起到反作用。

农业补贴政策收入成本高，但对农业生产力和可持续发展影响甚微。黄季焜等（2011）对 21 世纪初以来的三项普惠性补贴（粮食直补、良种补贴和农资综合补贴，现改为"农业支持保护补贴"）研究表明，补贴政策没有扭曲生产者的决策，包括粮食播种面积和农业生产投入，所以对生产没有产生影响。补贴实际上是转移性收入，因此仅仅通过影响资金约束间接影响农户生产投入，但这种间接影响相当小（Yi *et al.*，2015）。

农产品购销和价格干预政策不但没有降低生产成本，反而对农产品竞争力和可持续发展产生了负面影响。农产品购销和价格干预政策主要指：2004 年和 2006 年先后启动的稻谷和小麦最低收购价政策，2008 年启动的玉米（至 2015 年）、大豆（至 2013 年）和油菜籽（至 2014 年）、2011 年启动的棉花和 2012 年启动的食糖临时收储政策（至 2013 年），以及 2014 年在东北和内蒙古启动的大豆与在新疆启动的棉花目标价格改革试点。这些政策属于购销和价格干预政策，所以对农产品生产成本没有产生影响（或对提高产品竞争力没有实质作用）；但这些政策提高了农产品价格，必然对农产品在国际市场的竞争力产生直接的负面影响。同时，因为农产品价格提高，促进了对水土资源的高强度利用，从而影响了农业的可持续发展。

虽然过去 40 年间，市场化改革使得中国农产品市场得到迅速的发展，但许多为保障国内粮食安全和农民收入而实施的补贴性政策导致市场扭曲，影响了生产要素的有效分配和利用。例如，近年来一些农产品购销和价格干预政策虽然促进了国内的短期生产，但这些政策在短期保护农民利益和促进粮食等产品增产的同时，也扭曲了市场机制，影响了资源有效配置，使农业生产结构严重失衡。

以临时收储政策实施对玉米、大豆生产影响为例：玉米的临时收储价格提高了市场价格，但国内外价差扩大，进口压力增大，形成了产量、进口、库存三量齐增的怪象，而养殖业和玉米加工业受到冲击，畜产品进口增加，政策也到了不可持续的局面。2008~2013年，玉米、大豆收储价格分别提高了49%和23%，导致大豆和玉米的临时收储价格比从2008年的2.45∶1降至2014年的2.05∶1，低于合理价格比区间，过度刺激玉米生产，导致资源错配，农民减大豆扩玉米，大豆面积和产量逐年萎缩，进口量持续增加。事实证明：对于市场已开放的农产品（如大豆），临时收储价格和目标价格对其市场价格基本没有影响；除可提高农民收入和间接帮助国外"收储农产品"外，没有其他明显效果。

2. 农产品贸易政策及其影响分析

关税制度和政策保护中国农产品免受国际市场冲击的作用有限。中国农业贸易开放程度高，农产品的平均关税水平（15%）远低于世界农产品的平均关税水平（62%），中国使用关税配额制以外制度的农产品（各种粗粮、油籽与食油、各种畜产品和奶制品、水产品、各种加工食品等）的贸易几乎没有有效的贸易保护措施，采用有争议的非贸易壁垒措施也只能在短期产生极其有限的影响（而这常常会引起贸易争端），未来其国内生产和国际贸易将主要依赖产品的市场竞争力，没有采取"放或不放"已经不是政策可选择的。使用关税配额制的产品主要有三大粮食（大米、小麦和玉米）、棉花、食糖和羊毛。对于大米、小麦和玉米，进口配额量分别为532万t、964万t和720万t，配额内和配额外的关税均分别为1%和65%。值得注意的是，如果玉米和棉花进口量超过配额量而采取配额外关税（65%），这将对玉米替代品（如各种粗粮）、畜牧业、玉米和棉花的下游产业产生致命的影响，这些产品的进口量将显著增长并影响国内的生产和就业。

《跨太平洋合作伙伴关系协定》（TPP）将对中国农业产生一定程度的冲击。在美国的主导下，TPP已经从一个APEC框架内的小型多边贸易协定转型为覆盖面更广、更有约束力的自由贸易协定。中国与TPP成员间的农产品贸易非常紧密。中国对TPP成员主要出口加工食品、园艺产品和动物产品等劳动密集型农产品。中国从TPP成员主要进口谷物、植物油籽和棉花等土地密集型农产品。中国出口到TPP成员的农产品与TPP成员之间的贸易农产品存在较高的相似度，产品替代性较强。随着TPP逐步实施，TPP成员之间农产品贸易将进一步增强，这对中国的出口农产品将产生较显著的替代性影响。我们基于GTAP模型的分析结果表明：如果参加TPP的12个成员之间完全消减进口关税，中国加工食品、蔬菜水果、部分畜产品、水产品和其他园艺产品等具有比较优势的农产品出口量将有所下降，生产也将相应降低。同时，TPP对中国纺织和服装产业的负面影响较大，对棉花生产将产生不利影响。从总体影响上看，TPP将导致中国农业产值有所下降，农业收入有所减少。

三、中国的农业生产力与现代农业转型发展路径

（一）农业生产力总体趋势与区域差异及潜力

1. 引言

近年来中国经济的发展可以被归纳为具有两大特点：国民经济迅速发展和区际差距

不断扩大,目前学界对此已达成广泛共识(Chen and Fleisher,1996;Fan and Zhang,2002;Groenewold *et al.*,2008;Chen,2010;Fan *et al.*,2011)。自 1978 年以来,中国政府实施了一系列的农村改革政策,为其后若干年经济的高速增长奠定了基础。1978~2014年,中国的实际 GDP 以年均约 10%的速度增长,属同时期世界范围内最高。然而,以往的改革似乎导致了地区上的不平等。例如,2010 年以来,内陆地区人均 GDP 不足沿海地区水平的一半。若从人均收入来看,内陆农村和城镇居民的收入仅为沿海地区对应收入的 2/3。

中国农业生产力增长的区际差距主要在 1990~2003 年持续扩大(Chen *et al.*,2008)。此外,Wang 等(2013)发现中国区域性农业生产力虽然增长强劲,但区域间发展速率并不均衡。1985~2007 年,中国经济和若干 TFP 水平较低的西部省份的发展主要依靠诸多沿海地区尤其是生产力增长较快的省份带动。为了缩小日益扩大的区际差距,中国政府在 2005 年明确提出"和谐发展"的目标,旨在协调地区间均衡发展,并发布了多个相关政策规划,包括西部大开发战略、东北振兴战略和中部崛起战略。然而,尽管近些年经历了一系列改革,但是我们尚不清楚目前中国农业 TFP 水平在生产力居前和落后地区间的差距,相对之前的区际差距,是在缩小还是扩大?

考虑到中国在国际粮食市场上的重要作用和国内不断扩大的区际差距,我们将检验农业 TFP 收敛的假设和中国农业区域的"赶超"效应。已存在的收敛暗示着区际差距得到改善;然而就目前已经扩大的 TFP 区际差距进行因素研究,将有助于加速部分农业区域的"赶超"进程,对特定地区发展有着重要的政策意义。

基于资产收益递减的假设,新古典增长理论(Solow,1956)预测资本–劳动比率相对较低的经济体将有较高的资本边际产出,发展较快并能收敛至资本–劳动比率较高的平稳状态,这种收敛被称为绝对收敛。Barro 和 Sala-I-Martin(1991)描述了收敛的两种类型:一个是 σ 收敛,适用于研究不同经济体或地区间人均收入或支出的离散程度随着时间的推移成比例降低的情况;另一个是 β 收敛,适用于研究贫穷的经济体或地区发展快于富裕的经济体而产生的"赶超"效应。Barro 和 Sala-I-Martin(1995)在后来的研究中讨论了有条件的 β 收敛的一种形式,即基期人均产出位于起点的经济体将具有较高的人均产出增速。在这种情形下,收敛可以在具备相似特点的不同经济体间出现。对于中国农业区域,Li 等(2008)利用数据包络分析法(DEA)发现其农业生产力在 1980~2005 年存在 σ 收敛。因为增加其他投入也会影响劳动生产力,所以劳动生产力并不一定能反映技术进步的程度;同时,DEA 也只能提供增速的信息而不是相对水平,故不能检验 β 收敛。而本研究使用多边全要素生产率的面板估计来检验中国农业部门的劳动生产力收敛问题。

2. 数据来源

为了计算农业生产的全要素生产率,我们构建了 1985~2013 年有关农产品的投入和产出数据库,农产品包括粮食作物(小麦、水稻、玉米、高粱、谷子、大豆和马铃薯)、油料作物(花生、油菜籽、芝麻、胡麻籽和向日葵)、棉花、麻类、糖料作物、烟草、蔬菜及畜产品。投入主要包括播种面积、劳动力、化肥、机械和其他中间产品等。这些数据来自历年《中国统计年鉴》和《中国农业年鉴》;农产品和投入品的价格数据来自历年《全国农产品成本收益资料汇编》。

为了分析导致不同省份"赶超"效应速率存在异质性的因素，我们引入了一系列的控制变量，包括教育（Edu）、研究与发展（R&D）、相对投入要素比率（资本/劳动力，K/L；中间商品/劳动力，M/L）和出口（Export）。教育变量利用农村劳动力中完成高中及其以上教育的人口占总劳动力的比例来测度。由于省级 R&D 数据中有关研发支出的数据缺失，因此我们采用在农业科研机构从事研究工作的员工总数作为 R&D 的代理变量。中国农业研发体系是一个规模庞大而分散的公共部门（Huang and Rozelle，2014），各省均设有农业研究机构（如省农业大学、省和地市级农业科学院）。因此我们假设有更多的研究人员就会有更多的研究成果，并能促进省（地方）农业生产力增长。然而，由于只能获取 1988~2005 年省级的研发人员数量数据，因此当将 R&D 变量纳入回归模型时，我们只能使用较小的样本进行收敛检验。出口变量用的是省级农业出口量占全国农业出口总量的比例。鉴于省级农业出口数据始于 1992 年，我们把出口变量纳入回归模型，也同样使用较小的样本进行收敛检验。K/L 和 M/L 用省级的投入估计数来衡量。数据来源包括历年《中国科学技术统计年鉴》、《中国农村统计年鉴》和《中国统计年鉴》。

我们按区域分列出控制变量的描述性统计总表，如专题表 2-2 所示。控制变量在区域内和区域间差异很大。例如，西北地区教育变量年平均增长率[$\Delta\ln(Edu)$]远高于其他地区。然而，教育变量在西北地区的分散程度也很高，是其他地区分散程度的 3~7 倍。中间商品/劳动力变量年平均增长率[$\Delta\ln(M/L)$]介于 0.054~0.076，资本/劳动力变量年平均增长率[$\Delta\ln(K/L)$]介于 0.004~0.052。出现这种情况的主要原因可能是教育的资本投资成本较高，贫困地区难以支付。然而，这两个变量的离散程度在每个区域都很高，这意味着省份之间 M/L 和 K/L 的变化率差异较大。关于研发变量年平均增长率[$\Delta\ln(R\&D)$]，各区域均为负表明研究人员数量在许多省份是呈缩减态势的。各地区和区域出口变量年平均增长率[$\Delta\ln(Export)$]各不相同。我们将这些变量纳入收敛测试以控制各省份之间的异质性。

专题表 2-2　不同地区控制变量的描述性统计

区域	$\Delta\ln(Edu)$	$\Delta\ln(M/L)$	$\Delta\ln(K/L)$	$\Delta\ln(R\&D)$	$\Delta\ln(Export)$
东部	0.040	0.073	0.044	−0.034	0.014
	(0.025)	(0.059)	(0.056)	(0.039)	(0.078)
中部	0.071	0.076	0.045	−0.036	−0.045
	(0.071)	(0.024)	(0.032)	(0.028)	(0.367)
东北	0.013	0.060	0.052	−0.039	−0.009
	(0.024)	(0.047)	(0.094)	(0.040)	(0.141)
西北	0.013	0.054	0.004	−0.031	−0.038
	(0.024)	(0.035)	(0.066)	(0.023)	(0.123)
北方	0.027	0.075	0.030	−0.035	−0.020
	(0.022)	(0.046)	(0.042)	(0.041)	(0.095)
西南	0.074	0.065	0.039	−0.034	−0.042
	(0.096)	(0.030)	(0.049)	(0.039)	(0.063)
南方	0.035	0.061	0.033	−0.028	−0.055
	(0.016)	(0.041)	(0.039)	(0.029)	(0.061)

注：数据来源于作者研究；表格数据为均值（标准差）

3. 全要素生产率

全要素生产率（TFP）被定义为总产出（Y）与全部要素投入（X）的比值。本研究对 TFP 的测量采用非参数指数法。实际产出的增长率可以表示为各要素的投入增长率对其产出弹性进行加权求和后，与希克斯效率指数的增长率（即索洛残差）总和。要素的产出弹性虽然不能通过直接观测得到，但当每种要素都按其边际产值计算时，它可以用要素的边际产值进行替代，于是我们可以将不可观测的要素产出弹性转化为可观测的在农业产值中的占比。因此，TFP 是一个可以通过价格和数量来直接计算的指数。我们把Tornquist-Theil（TT）指数作为 Divisia 指数的近似值，并将两时点上投入或产出的平均值作为权重，以获取这两个点间 TFP 的变化。这样，在滚动加权的基础上，用 TT 指数对 TFP 进行估计可以满足相对价格随时间发生改变的情况。

专题图 2-7 汇报了全国 7 个地区 25 个省级行政区 1985～2013 年 TFP 增长率的变化，结果表明尽管总体上 TFP 增长率呈增长趋势，但各省及各地区之间存在着一定异质性，同时在不同时间段也表现出明显的差异。例如，青海省每年的 TFP 增长率始终是低于 1.5，而福建省从 1995 年开始每年的 TFP 增长率都在 1.5 以上；在 1989 年、1994 年、2003 年和 2007 年大多数省份的 TFP 增长率均比上一年明显下降，而个别省份却保持持续增长。

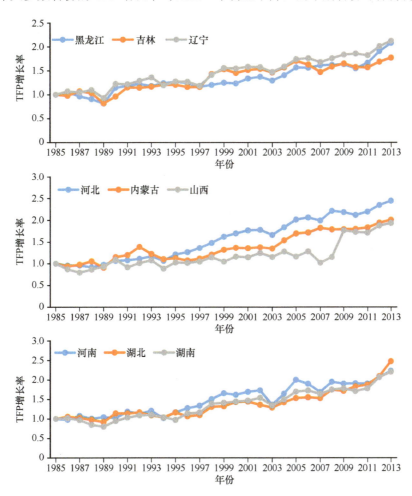

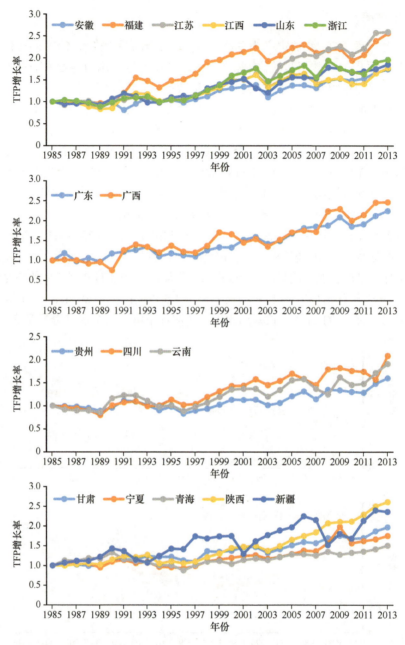

专题图 2-7　1985～2013 分区域分省全要素生产率增长（以各省 1985 年为基期）

　　进一步，我们将 1985～2013 年划分为 6 个时间段，专题表 2-3 显示了各时间段全国及每个省份 TFP 增长率的平均值。1985～2013 年各省份的 TFP 增长率处于 1.5～3.5，而全国平均值为 2.6，这个结果略微低于 Wang 等（2013）对 1985～2007 年 TFP 增长率的估计值 2.7。此外，各个阶段的 TFP 增长率差异明显。例如，1985～1990 年和 1990～1995 年的年平均 TFP 增长率分别仅为 1.4 和 1.3，而 1995～2000 年的年平均 TFP 增加率达到 4.7。最后，各省份间及各省份的不同阶段间，TFP 增长率也都存在不同程度的差异。例如，河北省在各个阶段 TFP 增长率始终处于增加趋势，而山西省、黑龙江省

TFP 增长率在 1990~1995 年、1995~2000 年都是负的。

专题表 2-3　1985~2013 年分省份全要素生产率增长率

区域	省份	1985~1990 年	1990~1995 年	1995~2000 年	2000~2005 年	2005~2013 年	1985~2013 年
东北	黑龙江	2.8	2.1	-0.6	4.8	3.6	2.6
	吉林	0.7	4.6	3.8	3.2	0.5	2.1
	辽宁	4.2	0.8	3.9	2.4	2.5	2.7
北方	河北	1.3	2.6	7.0	3.4	2.5	3.2
	内蒙古	2.8	-0.4	3.9	4.5	2.1	2.5
	山西	1.7	-1.2	2.5	0.0	6.6	2.4
中部	河南	0.4	2.7	6.8	4.3	1.4	2.9
	湖北	2.6	0.4	4.2	1.4	6.2	3.3
	湖南	-1.1	0.6	8.2	3.3	3.3	2.9
东部	安徽	-0.2	1.0	4.8	1.0	3.0	2.0
	福建	0.2	8.0	7.0	1.4	1.8	3.4
	江苏	1.3	0.7	6.3	5.8	3.4	3.5
	江西	-3.2	4.2	7.1	1.8	1.2	2.1
	山东	1.3	0.5	5.9	1.4	2.2	2.2
	浙江	-0.4	1.4	8.7	1.5	1.6	2.4
南方	广东	3.3	0.1	2.4	4.8	3.7	2.9
西南	贵州	-0.8	0.5	2.9	1.3	3.6	1.7
	四川	0.2	2.4	4.8	3.5	2.6	2.7
	云南	3.1	-2.8	6.1	2.8	2.6	2.4
西北	甘肃	2.9	1.2	2.4	2.0	3.4	2.5
	宁夏	1.9	-2.7	4.5	1.6	3.9	2.0
	青海	5.9	-5.4	0.6	4.2	2.1	1.5
	陕西	2.9	-0.8	5.4	2.7	5.9	3.5
	新疆	7.4	-0.1	4.1	2.4	2.3	3.1
全国平均	25 省区	1.4	1.3	4.7	2.6	3.1	2.6

专题表 2-4 显示了 2000 年前后各省份 TFP 增长率的年平均值及其排名。结果表明，1985~2000 年全国 TFP 增长率为 2.4，而 2000~2013 年全国 TFP 增长率提高到了 2.9。从各省份排名来看，2000 年前后各省份 TFP 增长率的年平均值与排名都发生了较大变化。2000 年之前福建省的年平均 TFP 增长率达到 5.0，居全国首位，而 2000 年之后年平均 TFP 增长率下降到 1.6，排名第 22。到 2000 年之后，年平均 TFP 增长率最高的是陕西省，为 4.7；广西壮族自治区与江苏省 2000 年前后的年平均 TFP 增长率始终位居全国前十。另外，在 2000 年之后各省份间年平均 TFP 增长率差距比 2000 年之前明显减少，说明 2000 年之后各省发展较之前更加均衡。

专题表 2-5 显示了 2000 年和 2013 年两年份全国与各省份的 TFP 增长率及其排名。从绝对增长率来看，从 2000 年到 2013 年全国 TFP 增长率从 1.56 增加到了 2.31，各省份 TFP 增长率也都表现出增加的趋势。从排名来看，从 2000 年到 2013 年各省份排名变化不大，广东省 TFP 增长率始终处于全国领先地位，上升最快的是江苏省，上升了 4 名；而江西省的排名下降最快，从第 17 名下降到第 21 名。

专题表 2-4 1985～2013 年各省份 TFP 年均增长率及其排名

省份	1985～2000 年		2000～2013 年	
	增长率	排名	增长率	排名
福建	5.0	1	1.6	22
新疆	3.8	2	2.3	19
河北	3.6	3	2.8	13
广西	3.4	4	3.1	8
河南	3.3	5	2.5	17
浙江	3.2	6	1.6	23
辽宁	2.9	7	2.5	18
江苏	2.7	8	4.3	3
江西	2.6	9	1.4	25
山东	2.5	10	1.9	21
吉林	2.5	11	1.5	24
陕西	2.5	12	4.7	1
湖南	2.5	13	3.3	7
四川	2.4	14	2.9	11
湖北	2.4	15	4.3	2
甘肃	2.1	16	2.8	14
内蒙古	2.1	17	3.0	9
云南	2.1	18	2.7	15
广东	1.9	19	4.1	4
安徽	1.8	20	2.2	20
黑龙江	1.4	21	4.1	5
宁夏	1.2	22	3.0	10
山西	1.0	23	4.0	6
贵州	0.8	24	2.7	16
青海	0.3	25	2.9	12
全国平均	2.4	—	2.9	—

专题表 2-5 2000 年和 2013 年各省份 TFP 及其排名

省份	2000 年		2013 年		排名变化
	增长率	排名	增长率	排名	
广东	6.69	1	11.33	1	0
湖南	3.53	2	5.40	2	0
广西	2.76	3	4.10	3	0
浙江	2.47	4	3.03	6	−2
湖北	2.25	5	3.91	4	1
四川	2.21	6	3.22	5	1
吉林	1.86	7	2.26	8	−1
山东	1.64	8	2.10	10	−2
福建	1.59	9	1.96	11	−2
河南	1.55	10	2.14	9	1
江苏	1.38	11	2.40	7	4
安徽	1.33	12	1.78	13	−1

省份	2000 年		2013 年		排名变化
	TFP	排名	TFP	排名	
河北	1.31	13	1.88	12	1
辽宁	1.03	14	1.42	14	0
贵州	1.00	15	1.41	15	0
云南	0.93	16	1.31	16	0
江西	0.91	17	1.09	21	−4
新疆	0.84	18	1.14	18	0
内蒙古	0.75	19	1.10	19	0
黑龙江	0.70	20	1.18	17	3
陕西	0.60	21	1.09	20	1
山西	0.54	22	0.90	22	0
青海	0.46	23	0.67	23	0
甘肃	0.43	24	0.62	24	0
宁夏	0.17	25	0.25	25	0
全国	1.56	—	2.31	—	—

4. 收敛检验及其结果

（1）全要素生产率收敛的研究方法

我们在研究中开展了 3 种类型的收敛检验。第一种，检验 σ 收敛，这是无条件的收敛，其假设不同地区间 TFP 离散程度将随时间推移而减小（Lichtenberg，1994），实证分析模型如下：

$$\mathrm{Var}\left(\ln\mathrm{TFP}_t\right) = \phi_0 + \phi_1 \mathrm{t} + \varepsilon_t \qquad （专题 2-1）$$

式中，$\mathrm{Var}(\ln\mathrm{TFP}_t)$ 是不同地区的 TFP 在 t 时刻的方差；ε_t 是一个均值为 0、方差为常数的随机扰动项。如果 $\phi_1 < 0$，将存在一个 σ 收敛。本研究构建了 1985~2013 年分省份的 TFP 面板数据库和 7 个分区域的 TFP 面板数据库，其中区域按省份的地理和经济区划分为东部地区、中部地区、北方地区、东北地区、西北地区、南方地区和西南地区。

第二种，检验 β 收敛。我们假设 TFP 较低的省份在每一个分时段开始时 TFP 增长较快。通过使用间隔时间 T 的 TFP 平均增速得到了如下回归方程（Barro and Sala-I-Martin，1991；McCunn and Huffman，2000）。

$$\left(\frac{1}{T}\right) \cdot \ln\left(\frac{\mathrm{TFP}_{i,t+T}}{\mathrm{TFP}_{i,t}}\right) = \alpha_0 - \frac{\left(1 - e^{-\beta T}\right)}{T} \cdot \ln\left(\mathrm{TFP}_{i,t}\right) + u_{i,t} \qquad （专题 2-2）$$

式中，i 代表不同省份；t 代表不同时刻；$\mathrm{TFP}_{i,t}$ 代表第 i 个省份在 t 时刻的 TFP 值；T 是观测期的时间间隔（与 Barro 和 Sala-I-Martin 的研究一致，我们把 5 年作为一个时间间隔）；β 是收敛率，$u_{i,t}$ 是一个均值为 0、方差为常数的误差项。如果 $\frac{(1 - e^{-\beta T})}{T} > 0$，将存在一个 β 收敛。因为 $T>0$，β 收敛存在的必要条件是 $e^{-\beta T} < 1$，这就要求 β 为正数。如果

β 收敛存在，那么当时间间隔 T 增大时，TFP 增长率将向稳态增长率 α_0 移动。这种 β 收敛也就是所谓的绝对 β 收敛。

$$\text{TFP}_{i,t} = \alpha_0 - \hat{b} \cdot \ln\left(\text{TFP}_{i,t}\right) + u_{i,t} \qquad \text{（专题 2-3）}$$

只要 $\hat{b}$ 能被估计出来，那么 β 收敛系数便可由专题式（2-3）得到。

第三种，检验有条件的 β 收敛。有文献研究表明，现存经济体或地区的特殊条件可能影响收敛率，甚至导致不同的发散情况。McCunn 和 Huffman 认为 β 收敛率与 R&D、Edu 呈线性关系。Ball 等（2004）认为技术改变，即资本（K）和中间商品（M）与劳动力（L）之间保持适当的比例也能影响农业 TFP 增长率，从而影响 β 收敛。他们认为，可通过把州层次的特定变量作为控制变量来进行 β 收敛检验，如 K/L 和 M/L 增长率。最新的文献也把贸易的"开放性"作为影响技术外溢和 TFP 增长的因素。我们猜测，放开对贸易政策的限制可能会提高农业生产力，这是因为开放政策将提供新技术和新市场。为检验 β 收敛系数的敏感性和稳健性，以及了解控制变量对地区 TFP 增长的潜在影响，我们确定了几个样本省份的控制变量作为参数，包括 Edu、R&D、K/L、M/L 及 Export。通式如下。

$$\text{TFP}_{i,t} = \alpha_0 - \hat{b} \cdot \ln\left(\text{TFP}_{i,t}\right) + \sum_{j=1}^{\tau} \gamma_j \dot{Z}_{j,i,t} + u_{i,t} \qquad \text{（专题 2-4）}$$

式中，i 代表不同省份；t 代表不同时刻；$\text{TFP}_{i,t}$ 代表第 i 个省份在 T 时间间隔内 TFP 的平均增长率；$\dot{Z}_{j,i,t}$ 代表控制变量 j 在第 i 个省份以 T 为时间间隔在 t 时刻的平均增长率。

基于产出和投入的增长，两个时期的全要素生产率增长率可以表达为：

$$\ln\left(\frac{\text{TFP}_t}{\text{TFP}_{t-1}}\right) = \sum_m \frac{1}{2} \times \left(R_{m,t} + R_{m,t-1}\right) \times \left(\frac{Y_{m,t}}{Y_{m,t-1}}\right) - \sum_n \frac{1}{2} \times \left(W_{n,t} + W_{n,t-1}\right) \times$$
$$\ln\left(\frac{X_{n,t}}{X_{n,t-1}}\right) \qquad \text{（专题 2-5）}$$

式中，$\ln(\text{TFP})$ 是全要素生产率的自然对数；R_m 是总收入中产出 m 的份额；W_n 是投入 n 在 $t-1$ 到 t 时间内在总成本中的份额；Y_m 和 X_n 分别是在 $t-1$ 到 t 时间内产出 m 和投入 n 的数量。

Translog 的多边产出、投入和全要素生产率指数都是可传递的。因此，我们可以使用任何区域作为基准区域构造一个标准化的多边全要素生产率指数。地区 k 和基准区域 l 之间的全要素生产率的比值可通过以下方程计算。

$$\ln\left(\frac{\text{TFP}_k}{\text{TFP}_l}\right) = \frac{1}{2}\sum_i \left(R_m^k + \bar{R}_m\right) \times \ln\left(\frac{Y_m^k}{\tilde{Y}_m}\right) - \frac{1}{2}\sum_i \left(R_m^l + \bar{R}_m\right) \times \ln\left(\frac{Y_m^l}{\tilde{Y}_m}\right) - \frac{1}{2}\sum_n \left(W_n^k + \bar{W}_n\right)$$
$$\times \ln\left(\frac{X_n^k}{\tilde{X}_n}\right) + \frac{1}{2}\sum_n \left(W_n^l + \bar{W}_n\right) \times \ln\left(\frac{X_n^l}{\tilde{X}_n}\right) \qquad \text{（专题 2-6）}$$

式中，"–"表示算术平均值；"～"表示几何平均值；R_m 是产出 m 的产出份额；W_n 是投入 n 的成本份额。

我们首先构造多边产出、投入的价格指数。用两个省份的名义产出（或投入）价值比除以相应的产出（或投入）价格指数，得出两省之间的实际产出（或实际投入）指标。将多边产出、投入和 TFP 指数扩展至 2013 年中国的 25 个省份，以安徽省为基准省份，以 1994 年为基年，将其他省份和其他年份的相对 TFP 水平标准化至 1994 年的安徽省 TFP 水平。

（2）全要素生产率收敛的检验

我们给出了 3 种收敛检验的结果：σ 收敛检验、绝对 β 收敛检验和考虑区域特性影响的条件 β 收敛检验。

1）σ 收敛检验。基于标准 σ 收敛检验以及与单位根假说有关的随机收敛性检验（Bernard and Durlauf，1995；Carlino and Mills，1996），我们首先根据 ADF 检验、Phillips-Perron（PP）检验和 Zivot-Andrews（Z-Andrews）检验进行单位根检验，利用全样本中各省份 TFP 的年度交叉方差时间序列和由地缘经济区聚类的次级样本。检验结果表明，西北地区和南方地区都拒绝了单位根的假设，并呈现出随机收敛性。根据 Z-Andrews 检验，在考虑拦截结构突变后，中部地区和西南地区都表现出随机收敛性。然而，其他区域并没有表现出明显的随机收敛性。

然后，我们通过回归各省份 TFP 水平的年截面方差与时间趋势，对所有 25 个省份和每个地区进行标准 σ 收敛检验（专题表 2-6）。结果表明，西北地区和南部地区的时间趋势系数为负，但不显著。至于其他区域，时间趋势系数呈显著正值，但没有证据表明为 σ 收敛，而是随着时间的推移而发散。在考虑 Z-Andrews 检验的结构突变后，东部地区、中部地区、东北地区的时间趋势系数均为负值，但不显著。因此，尽管基于单位根检验结果的随机收敛性假设适用于少数地区，但上述检验结果都无法证明所有区域农业全要素生产率的总体收敛性。

专题表 2-6　σ 收敛检验结果

地区	未考虑结构断点				考虑结构断点						
	时间趋势系数	T 统计量		adj-R^2	时间趋势系数	T 统计量		断点系数	T 统计量		adj-R^2	断点时点
所有地区	0.0050	6.72	***	0.612	0.0189	3.22	***	−0.0128	−2.38	**	0.670	1989[a]
东部	0.0027	6.66	***	0.608	0.0034	6.66	***	−0.0006	2.82	**	0.595	1994[a]
中部	0.0021	2.21	**	0.122	−0.0016	−1.05		0.0732	2.73	**	0.292	2002[b]
北部	0.0064	4.33	***	0.388	0.0125	16.14	***	−0.2063	−12.06	***	0.904	2009[b]
东北	0.0027	3.46	***	0.282	−0.0026	−2.74	**	0.1037	6.37	***	0.709	1998[b]
西北	−0.0003	−0.31		0.033	0.0052	2.81	***	−0.1075	−3.48	***	0.268	1998[b]
南部	−0.0052	−3.14	***	0.241	−0.0012	−0.59		−0.1156	−2.69	**	0.384	2008[b]
西南	0.0052	5.20	***	0.482	0.0203	3.10	***	−0.0136	−2.33	**	0.555	1991[a]

注："a"表示这个断点是趋势断点；"b"表示这个断点是截距断点；"*"表示在 10% 水平显著；"**"表示在 5% 水平显著；"***"表示在 1% 水平显著，下同；"NA"表示估计中不包含断点，因为根据 ADF 和 PP 检验，方差变量在 1%～5% 显著性水平上是平稳的

2）β 收敛检验。专题表 2-7 显示了绝对 β 收敛检验的结果。在绝对 β 收敛检验中，

我们首先对全样本进行了固定效应模型估计。然后，我们考虑其他控制变量来验证跨区域的异质性。我们使用了 Edu 变量（Hi-Ed 增长率）和 R&D 变量（R&D 人员增长率）。结果表明，这两个变量对各省份 TFP 的增长具有显著的正向影响。在控制这两个变量后，条件 β 收敛速率增加到 0.018。我们进一步考察了资本和中间商品的使用所隐含的技术变化的假设。M/L 增长率和 K/L 增长率对 TFP 增长具有显著的正向、重要的影响。然而，在控制这两个变量之后，条件 β 收敛速率与不考虑这两个变量时的速率没有什么不同。之后，放弃了 K/L 增长率变量，用省农业出口占全国总出口的份额代替。当出口变量的系数估计不显著时，条件 β 收敛速率增加到 0.024。包括上述所有控制变量的研究结果表明，出口变量的影响仍不显著，但条件 β 收敛速率提高到 0.028。

专题表 2-7 β 收敛检验结果

变量	模型 1			模型 2			模型 3			模型 4			模型 5		
	系数	T 统计量		系数	T 统计量		系数	T 统计量		系数	T 统计量		系数	T 统计量	
常数项	0.0228	13.18	***	0.0286	15.97	***	0.0161	5.91	***	−0.0747	−8.42	***	−0.0705	−8.29	***
TFP（取对数）	−0.0762	−9.89	***	−0.0864	−11.47	***	−0.0836	−11.67	***	−0.1756	−16.7	***	−0.1733	−16.58	***
Hi-Ed 增长率	—	—	—	0.0200	7.41	***	0.0177	6.86	***	0.0178	8.07	***	0.0176	7.99	***
R&D 人员增长率	—	—	—	0.2140	5.69	***	0.2272	6.36	***	0.1644	5.11	***	0.1516	4.84	***
M/L 增长率	—	—	—	—	—	—	0.1977	5.88	***	0.1704	5.99	***	0.1541	5.32	***
K/L 增长率										−0.0452	−1.63				
时间趋势										0.0053	10.49	***	0.0050	10.58	***
β 值	0.0159			0.0181			0.0175			0.0386			0.0381		
F 统计量	—	71.77	***		76.79	***		72.75	***		86.27	***		102.41	***

注："Hi-Ed" 表示具有高中或以上教育背景的人口比例；本表分析的因变量为 "5 年重叠 TFP 平均增长率"

总之，β 收敛检验结果证实了 "赶超" 效应，即安徽省全要素生产率增长率与其初始相对 TFP 成反比的假说。然而，研发资源的分配不均，劳动力教育水平的差异，资本投入（如化肥）的水平不同和中间商品使用代表的技术进步程度不同，都会影响区域的收敛速率。

5. 结论和政策建议

自 1978 年开始实施家庭联产承包责任制以来，中国农业与农村发展取得了令世人瞩目的巨大成就。农村经济的发展和结构转型在很大程度上解决了农村贫困的问题。到 2015 年底，中国农村贫困人口比 1990 年下降了一半以上，并率先成为第一个实现 "世纪发展目标" 的发展中国家。然而，中国地区间经济水平的差距正逐渐成为一个严重的问题。我们使用 1985～2013 年 25 个省份的面板数据来研究中国农业部门 TFP 的 σ 收敛和 β 收敛。结果表明，不同省份间不存在一个总的 σ 收敛。但是，证实了西北地区、南方地区和西南地区在观测期内均存在随机性的 σ 收敛。另外，β 收敛的检测结果验证了绝对 β 收敛和一个有条件的 β 收敛。TFP 和特定省份初始 TFP 水平的反向关系揭示了较落后地区的"赶超"效应。估计的 β 收敛值是有条件的,取决于我们如何把握不同地区的异质性。当我们控制更多的变量时, β 收敛速率将加大。总的来看, β 收敛速率在 0.016~0.028。

回归结果表明,每一个控制变量,如 Edu、R&D、K/L、M/L,若能有较高的增速将有利于促进 TFP 的提升,但省农业出口份额的增速除外。科研与人力资本资源不公平分配将阻碍收敛速率提升。相对中等水平的商品和资本投入若维持较高的增速将促进 TFP 的提高。然而,开放变量的代理变量——农业出口在国家出口中所占的比例对中国农业全要素生产率的提高没有显著影响。

(二)农地经营规模与生产力的关系:来自中国北方玉米生产的证据

1. 引言

长期以来,农业经济学家和政策制定者一直在讨论农地规模与生产力之间的关系,但在实证角度尚未达成共识。在亚洲发展中国家普遍观察到农地规模与生产力呈反向关系(Bardhan,1973;Heltberg,1998;Hayami,2001,2009),遵循最初由 Chayanov 观察到的"小即美"概念[首次发表于 1925 年的俄罗斯,见 Chayanov(1926)]。这一现象在撒哈拉以南非洲也有发现(Barrett et al.,2010;Carletto et al.,2013;Larson et al.,2014;Desiere and Jolliffe,2018)。然而,其他研究表明,在一些发展中国家,大型农场可能比小型农场更有效率(Foster and Rosenzweig,2010;Otsuka et al.,2013)。那么,如何解释农地规模与生产力关系实证结果中的冲突呢?

理论上,当产品和要素市场完全竞争并有效运作时,不同规模农场之间的生产力不会有显著差异。这是因为竞争市场会自发地将资源从效率较低的农场重新配置到效率较高的农场,从而消除不同规模农场之间的效率差距。然而,测量错误和无法控制未观察到的因素(如土壤质量)可能会影响农地规模与生产力的经验关系,导致观察到农场生产力随规模下降的现象。农地规模与生产力的反向关系还可以归因于不同规模农场之间的投入市场不完善和资源要素错配。

许多研究都用这两个论点来解释中国农地规模与生产力之间的反比关系。例如,Benjamin 和 Brandt(2002)以及 Chen 等(2005,2011)发现中国的土地分配制度导致了农地规模与生产力的反向关系。然而,土地市场扭曲的说法近年来并不能令人信服,因为土地流转市场虽然自 20 世纪 90 年代以来快速发展,但直到 21 世纪头 10 年后期才引发了大规模的土地整合。不同规模农场之间的土地质量存在差异也不能解释作物产量与农地规模之间的明显反向关系,在农地经营达到一定规模后,产量会下降(Huang and Ding,2016)。最近的研究表明,劳动力和资本市场的制度安排可能会影响不同规模的农场对技术的采用与对投入的选择(Foster and Rosenzweig,2010;Otsuka et al.,2013,2016),尚不清楚这个新提出的机制是否能解释中国的农地规模–生产力关系。

本研究采用农业生产固定效应模型,并运用工具变量解决了实证分析中可能存在的内生性问题。本研究分析了 2003 年以来中国北方玉米生产者的农地规模–生产力关系及其潜在决定因素。劳动力和资本强度都被纳入模型,以量化农业投入选择对农地规模–生产力关系的影响。我们的分析时间段涵盖了土地租赁市场改革时期,那时种植业的平均农地规模有所增加，并重点关注了 2003 年、2008 年和 2013 年专业生产玉米的家庭农场（其产量质量和市场需求变化非常小）。数据来自东北和华北 6 个省份，占 2013 年全国玉米总产量的 60% 左右（国家统计局，2015）。

本研究作出如下三方面贡献。首先，这是 2000 年土地流转市场改革放松了土地分配制度后，首次尝试研究中国北方玉米专业生产中农地规模–生产力的关系。其次，本研究试图通过使用独特的劳动力和资本数据来扩充基本的固定效应模型，从而在不同的农地规模类别中描绘出农地规模与生产力的关系。劳动力和资本选择的异质性可以解释不同规模农户之间农地规模–生产力关系的变化。最后，本研究发现，大多数小农户的农地规模与生产力呈反比关系，这可能是由当土地改革扩大平均生产规模时，小农户选择使用较高比例的劳动力来替代资本造成的。

2. 农地规模与生产力关系：禀赋差异还是市场摩擦

在新古典主义的假设下，农地规模与生产力的关系通常取决于与规模相关的成本和收益。如果扩大规模的收益（例如，采用先进技术与获得规模收益递增）大于因管理造成的效率损失所产生的费用（如监视雇佣劳动力和与投资相关的沉没成本），农业生产力将随着规模的增大而增加，反之亦然。

虽然理论上很清楚，但关于农地规模–生产力关系的经验证据并没有达成一致意见，而且国别之间存在明显的差异。一方面，在美国、加拿大、澳大利亚等发达国家以及部分拉丁美洲国家（Deininger and Byerlee，2012），农地规模与生产力之间存在正相关关系（Deininger and Byerlee，2012；MacDonald et al.，2017；Sheng and Chancellor，2018）。另一方面，在许多亚洲国家，现有的研究广泛观察到农地规模和生产力之间存在反比关系（Sen，1962，1966，1975；Bardhan，1973；Lipton，1993；Dyer，1996；Heltberg，1998；Hayami，2001，2009）。最近，更多的实证证据表明，在撒哈拉以南的非洲地区农地规模与生产力是反向关系（Barrett et al.，2010；Carletto et al.，2013；Larson et al.，2014；Bevis and Barrett，2017；Desiere and Jolliffe，2018）。对不同国家之间农地规模与生产力模糊关系的观察引起了政策制定者的兴趣，因为理性分析表明，一定有共性的规律可以解释这种差异。

在现有文献中，一般从三个方面试图解释上述现象。

首先，将农地规模与生产力的反比关系归因于未观察到的因素，如土壤质量和气候条件，因为这些因素可能在不同规模的农场之间分布不均（Bhalla and Roy，1988；Benjamin，1995）。然而，一些研究如 Liu 等（2013）发现，未观察到土壤质量与农地规模–生产力的反比关系没有关系。

其次，关注由测量误差引起的农地规模与生产力的反比关系（Lamb，2003）。Gourlay 等（2017）、Desiere 和 Jolliffe（2018）利用基于全球定位系统（GPS）的地块面积信息，研究了乌干达和埃塞俄比亚作物的农地规模–生产力关系。他们的研究重点是农场自己汇报的产量的测量误差，特别是对于最小的农场。Bevis 和 Barrett（2017）研究了农业经济学文献中讨论的"边缘效应"，其中，农地规模–生产力关系的另一种解释是小块土地外围的生产力最高。尽管这两种解释都在非洲找到了支持性证据，但它们无法解释一个更普遍的情况，如 Carter（1984）和 Deolalikar（1981）发现，即使在控制了村庄固定效应和可能的选择偏差之后，农地规模与生产力的反向关系在 1969～1972 年的印度仍然存在。最近，Carletto 等（2013）使用关于地块大小的地理空间信息和自己汇报的数据来确定农场大小的测量误差，但没有发现有助于解释乌干达农场规模与生产力的反比关系。

最后，相关研究课题利用土地和劳动力市场的不完全竞争与扭曲来解释上述现象。这些研究集中分析不同规模农场之间的技术采用和劳动力与资本之间的投入选择（Feder，1985；Eswaran and Kotwal，1986；Otsuka *et al.*，2016）。Liu 等（2013）通过 4 轮越南家庭生活水平调查（VHLSS），研究了 20 世纪 90 年代到 21 世纪初越南的机械使用情况和农地规模–生产力关系。这些作者发现，当广泛使用机械（代替劳动力）时，水稻产量和农地规模之间的反向关系可能会减弱，甚至逆转。Yamauchi（2016）使用来自 7 省的农场水平面板数据研究了印度尼西亚的农地规模–生产力关系，发现实际工资的增加导致大型农场使用更多的资本来替代劳动力，这使得农地规模–生产力关系变为正的。最后，Deininger 等（2014）检验了 1982～2008 年印度农地规模与土地生产力之间的动态关系，发现随着时间的推移，当资本被用来替代劳动力时，农地规模与生产力的反向关系显著削弱。

迄今为止，只有少数研究探讨了中国农地规模与生产力的关系。Benjamin 和 Brandt（2002）发现，20 世纪 90 年代中国的农业规模与生产力之间存在微弱的反向关系，他们将此归因于地方行政土地分配政策和非农就业机会的不均衡。Chen 等（2005）在 1995～1999 年使用估算工具来检验土地生产力和农地规模之间的关系。在控制了土地平均分配原则后，该研究发现，中国粮食生产的农地规模–生产力呈反比关系可能是由于没有考虑未观测到的土地质量（在不同规模的农业经营之间分布不均匀）。Li 等（2013）对 1999～2003 年湖北省农业调查数据分析发现，水稻生产中，农地规模与土地生产力之间存在很强的负相关关系，但农地规模与劳动生产力之间存在正相关关系。Wang 等（2014）、Huang 和 Ding（2016）发现在 2003 年 3 月以后，随着土地流转市场变得越来越活跃，中国粮食生产的农地规模和产量都有所增加。然而，Huang 和 Ding（2016）发现，当农地规模达到一定程度时，单产与农地规模的关系发生逆转。

由此可见，中国农地规模与生产力的关系仍然是个谜。中国农业改革进程中不断的制度创新逐步改变了土地在不同经营主体之间的分配方式，在"补贴大户"的政策下，土地整合越来越多地通过土地使用权交易进行。然而，目前尚不清楚中国农地规模与生产力之间是否仍存在反比关系。农地规模与生产力的反向关系是来自测量误差还是来自土地市场中僵化的制度安排？农业技术选择和投入使用在产量增长时起着什么样的作用？需要进一步研究实证。

3. 实证模型和数据

（1）实证模型

从标准的新古典生产模型开始，本研究假设农业生产函数采用柯布–道格拉斯形式。因此，农业产出是由土地、劳动力、资本和中间投入等各种要素以及希克斯中立型（Hick-Neutral）生产技术所决定的。这样，

$$Y_{it} = AN_{it}^{\alpha} L_{it}^{\beta} K_{it}^{\gamma} M_{it}^{\delta} \qquad 专题式（2-7）$$

式中，Y_{it} 代表农业总产出，i 和 t 分别代表第 i 个农户和第 t 年。A 为生产技术（包含生产效率的增益或损失）；N、L、K 和 M 分别是土地、劳动力、资本和中间投入，而且 α、β、γ、δ 分别代表每种投入的产出弹性，α、β、γ、$\delta<1$。

将专题式（2-7）两边分别除以 N_{it}，取对数，可以得到农地经营规模、生产技术等投入的函数，即农地生产力（或单产）：

$$\ln\left(\frac{Y_{it}}{N_{it}}\right) = \ln A + (\alpha+\beta+\gamma+\delta-1)\ln N_{it} + \beta\ln\left(\frac{L_{it}}{N_{it}}\right) + \gamma\ln\left(\frac{K_{it}}{N_{it}}\right) + \delta\ln\left(\frac{M_{it}}{N_{it}}\right) \quad 专题式（2-8）$$

专题式（2-8）表明，如果生产函数显示规模报酬递增或不变（$\alpha+\beta+\gamma+\delta\geq0$）且未观察到测量误差得到了有效控制的条件下，农地的土地生产力应该与经营的土地规模呈正相关或不相关。然而，在实践中，土地生产力和农地规模之间呈反比关系也可能出现，原因至少有三个。第一，不同规模的农场可以采用不同的生产技术（$\ln A$）。如果没有正确地考虑效率损失，特别是当生产效率随农地规模扩大而下降时，农地规模与生产力之间可能存在负相关关系。第二，农场在扩大经营规模时，可能会使用不同资本、劳动力和中间投入组合和（或）使用这些质量不同的投入来抵消土地边际回报的下降。在这种情况下，土地生产力随着农地规模的增大而下降，但农场经营规模仍会扩大。第三，规模报酬递减。

根据专题式（2-8），我们定义了实证检查土地生产力和农地规模之间的关系的基准线。即：

$$y_{it} = \theta_0 + \theta_1 n_{it} + \theta_2 n_{it}^2 + u_i + D_t + \varepsilon_{it} \quad\quad 专题式（2-9）$$

其中，

$$y_{it} = \ln(Y_{it}/N_{it})$$
$$n_{it} = \ln N_{it}$$

式中，y_{it} 表示土地生产力或玉米单产；n_{it} 表示农场规模或玉米播种面积；土地生产力和农地规模都取对数形式；u_i 表示农场的固定效应，用于控制农场的特定特征；D_t 表示年份效应，用于控制技术进步、天气变化和其他随时间而发生的变化，θ_0、θ_1 和 θ_2 为待估参数，ε_{it} 为随机扰动项。此外，回归中加入了农地规模的平方项（n_{it}^2），以反映土地生产力与农地规模的潜在非线性关系。

农场的固定效应控制了不随时间变化的因素，如土壤质量、土地市场扭曲和一些测量误差，甚至农民能力，基线模型可用于检查农地规模与生产力的关系。然而，随着时间的推移，农场的其他特征、管理实践及劳动力和资本使用的选择也会影响农地规模与生产力的关系。为了确定农场投入选择对农地规模–生产力关系的影响，除了控制农场固定效应外，本研究将代表农场特征和管理实践（X）、劳动投入强度（l）和资本投入强度（k）三组变量依次纳入基线模型：

$$y_{it} = \theta_0 + \theta_1 n_{it} + \theta_2 n_{it}^2 + \theta_3 X_{it} + \theta_4 l_{it} + \theta_5 k_{it} + u_i + D_t + \varepsilon_{it} \quad 专题式（2-10）$$

式中，X_{it} 表示地块数量和一些农场管理措施因子（如可灌溉的土地所占比例和种植玉米的土地所占比例）；l_{it} 和 k_{it} 分别表示单位面积的劳动力和资本使用情况及质量。为了考虑土壤质量随时间的变化，本研究还引入了玉米种植户自报的土壤质量作为一个控制变量。通过比较每一组获得的估计结果，我们可以确定农地规模–生产力关系。如上所述，本研究将农业投入选择纳入模型中，不仅能提高模型的拟合度，而且有助于更好地描绘劳动力和资本的使用，以及描绘影响农业规模与生产力关系的市场摩擦相关因素。

专题式（2-9）和专题式（2-10）可以用广义最小二乘法（GLS）求解，然而，从农地规模与土地生产力之间的真实关系来看，所获得的农地规模的两个弹性可能存在偏差。这是由于未观察到的变量（随时间不变或可变变量）与农地经营规模之间的相关性导致了潜在的内生性问题或反向因果关系。例如，如果作物产量较高的农场更有可能转入土地，就会出现高估农地规模与生产力关系的情况。

为了克服这个问题，我们采用工具变量回归法来控制未观测变量，并使用面板回归模型来控制农场水平的固定效应。我们使用三个工具变量来确定农地规模。第一个是家庭联产承包责任制改革分配给各户的最初土地面积，Foster 和 Rosenzweig（2017）也使用了这一方法。第二个和第三个与农地之间"自留地"和"开荒地"的重新配置有关，土地的再分配由地方政府的土地政策决定。

首先，农户获得的最初土地面积不大可能与作物产量有关，因为土地是基于平等原则，根据每个家庭的人口特征和村庄的禀赋进行分配的（Lin, 1992；Zhu and Prosterman, 2007）。但是，最初拥有较大经营面积的农户由于积累了在较大土地经营规模上生产的经验，更愿意扩大经营规模。其次，由于村级政府重新配置"自留地"或"开荒地"，农户获得/失去土地面积。根据现行的土地法，每个村都拥有一小部分农业用地的特权（通常不超过全部土地的 5%，称为"自留地"），并根据人口变化和社会福利再平衡来调整农户之间的土地分配。这两种土地在农场间的配置只取决于当地土地禀赋的可用性和政策，与作物产量无关。通过这两种渠道持有更多土地的农户，通常与地方政府（村集体）的关系更为密切，因此更有能力通过政府重新配置土地和土地流转市场来扩大其土地规模。这三个工具变量预期都与玉米播种面积（或农地规模）呈正相关关系，并满足排他性条件，因此这些工具变量可以被视为有效的工具。

本研究采用 4 种模型设定估算专题式（2-10），包括 X 的模型设定与控制自报的土壤质量和一些农场固定效应，X 和 l 的模型设定（如劳动强度），X 和 k 的模型设定（如资本质量和强度），以及 X、l 和 k 的模型设定。在 4 个场景中，在县级考虑了集群效应，并对每个农户的样本权重进行了调整。将这些情景的结果与由专题式（2-9）（基准模型）得到的结果进行比较。

（2）数据来源和变量定义

数据来源于中国科学院中国农业政策研究中心（CCAP）在 2008 年和 2013 年进行的玉米种植户调研。调研在玉米收获结束后立即进行，共收集了农户、村级、乡镇级和县级的作物产量、土地使用、劳动力和资本投入等。调查对象为中国玉米主产区东北三省（黑龙江、吉林、辽宁）和华北三省（河北、山东、河南）的玉米农户。两轮调研采用相同的问卷追踪相同的农户，631 个农户中只有 13 户农户没能追踪到。

本研究采用分层随机抽样的方法选择了东北和华北地区的农户。其中，东北以玉米为主的县每省 2 个，华北以玉米为主的县每省 3 个。在选定的 15 个样本县中，每个县随机选择了两个乡镇，高于和低于平均水平农地规模的乡镇各一个。在每个乡镇中随机选取两个村庄。因此，该调查共包括 30 个乡镇、60 个村。每个村的所有农户被分成两组：大农户和小农户。由于东北地区农场平均规模远远大于华北地区，大小型农户区分的截断点，在东北地区（辽宁除外）为 100 亩，在华北地区和辽宁为 50 亩。然后再随机选择更多的农户，其中 7 个为小农户，3 个为大农户。当没有足够多的大农户可供选择时，我们增加了小农户，使得每个村共有 10 个样本农户，我们总共调查了 631 个玉米种植户。由于数据不完整、异常值和其他统计原因，我们剔除了 57 个农户。本研究使用的最终样本包含了一个不平衡的面板，包含了 574 个农户在 2003 年、2008 年和 2013 年的 1618 条观测样本，每个农户至少连续观察两年。虽然我们的样本只针对东北和华北地区，但该调研数据对于中国的玉米生产有很好的代表性。东北和华北 6 省是中国玉米的主要产区，2013 年占中国玉米总产量的 59%（国家统计局，2014）。东北和华北的大部分玉米种植户至少在一个生长季节内将几乎 100% 的土地都用于玉米生产，并将玉米收入作为其主要收入来源。根据我们的调查，2013 年有 96% 的家庭农场种植玉米。从这个意义上说，农业水平上的投入–产出关系反映了中国北方玉米生产的特征。

本研究最重要的两个变量是作物产量和农地规模。作物产量定义为玉米单产，农地规模定义为玉米总播种面积。许多研究发现，使用自输入数据会导致作物产量和土地面积的测量误差，从而影响农地规模与生产力的关系（Gourlay *et al.*，2017；Desiere and Jolliffe，2018）。然而，中国的情况并非如此，因为家庭农场对其经营的土地面积及产量有更好的了解。同时，对比分析表明，本研究基于样本估计的玉米平均产量和种植面积与基于全国 6 省成本收益资料汇编（国家发展和改革委员会价格司，2004，2009，2014）和 2013 年地块级数据的估算是一致的。

2003～2013 年，东北和华北地区农户层面的玉米平均种植面积从 1.10hm^2 增加到 1.77hm^2，部分原因是快速的土地流转市场改革（Huang and Ding，2016）。在全国农户调查中，东北和华北玉米农户 2003 年的户均播种面积为 0.92hm^2，2013 年增长至 1.73hm^2，玉米种植户间的土地整合趋势与我们的样本统计是一致的。随着种植面积的增加，农户层面的玉米平均产量从 2003 年的年均 7.45t 增加到 2013 年的 8.22t，这也与全国成本收益资料汇编的估算结果一致。

农地规模、玉米产量和投入组合的农场内部差异不断增加，影响了东北和华北地区玉米生产的农地规模–生产力关系。这提供了一个很好的机会，可以利用农场固定效应模型来重新研究农地规模与生产力之间的关系，从而将农场内效应与农场间效应分开。模型中要控制的其他变量包括灌溉土地比例、地块数量、优质土地比例、玉米土地比例、家庭总劳动力、非农劳动力、主要农事活动（如耕地和收获）中使用的机械、社会化服务比例等。所有变量的描述性统计数据见专题表 2-8。

4. 实证分析结果

（1）玉米产量与农地规模的显著关系

中国北方玉米生产的农地规模与生产力有什么关系？为了回答这个问题，我们首先汇集了 2003 年、2008 年和 2013 年的所有观察数据，并对农地规模（或玉米种植面积）

专题表 2-8　主要变量的描述性统计

主要变量	平均		2003 年		2008 年		2013 年	
	均值	标准差	均值	标准差	均值	标准差	均值	标准差
玉米单产（t/hm²）	7.92	1.74	7.45	1.62	8.10	1.53	8.22	1.94
玉米播种面积（hm²）	1.39	1.56	1.10	1.14	1.31	1.50	1.77	1.88
高质量土地的比例（%）	23.58	37.80	22.53	37.58	24.32	38.4	23.90	37.29
可灌溉土地的比例（%）	65.60	46.85	61.44	48.04	66.29	46.65	69.19	45.55
地块总数（块/户）	3.33	2.22	2.85	1.75	3.15	2.11	4.00	2.59
总土地中经营玉米的面积比例（%）	61.78	23.11	62.35	23.19	61.77	23.40	61.21	22.75
户主年龄（岁）	46.82	10.78	41.85	9.98	46.67	9.95	52.12	9.92
劳动力的使用（人/hm²）	5.44	8.73	5.39	6.44	5.42	5.59	5.53	12.61
非农就业的劳动力比例（%）	7.31	15.84	3.19	11.35	5.32	13.85	13.63	19.43
自家劳动力的使用比例（%）	6.64	15.90	4.86	14.04	5.75	15.18	9.39	17.97
雇佣兼职劳动力的比例（%）	5.82	15.84	4.96	15.19	5.65	15.75	6.88	16.55
人均年收入[元/（人·a）]	3668.85	2144.16	2773.16	1699.77	3701.94	1953.75	4559.08	2358.70
是否有耕地机械（1=是；0=否）	0.09	0.29	0.03	0.16	0.09	0.28	0.16	0.36
是否有收获机械（1=是；0=否）	0.03	0.17	0.01	0.07	0.02	0.14	0.06	0.25
人力耕地的比例（%）	1.20	10.80	2.08	14.15	1.10	10.43	0.16	6.16
免耕的比例（%）	57.59	49.24	56.80	49.42	56.92	49.36	59.11	48.98
畜力耕地的比例（%）	3.15	17.28	7.02	25.52	2.24	14.48	0.10	1.75
社会化服务的比例（%）	69.39	30.86	57.55	32.9	72.94	27.75	77.92	27.86
分到的土地面积（hm²）	0.87	0.70	0.87	0.70	0.86	0.69	0.88	0.72
自留地面积（hm²）	0.19	0.76	0.14	0.66	0.19	0.76	0.23	0.85
开荒地面积（hm²）	0.02	0.12	0.01	0.07	0.02	0.12	0.03	0.15

注：数据来源于 CCAP 农户调查

与玉米产量进行相关关系分析。如专题图 2-8 和专题图 2-9 所示，玉米产量似乎随着种植面积的增加而增加。然而，随着种植面积的进一步增加，农场的玉米产量下降，特别是当种植面积超过约 3.0hm² 时。按年份和地区划分样本，随着种植面积的扩大，玉米产量的变化模式也是稳定的。这似乎意味着在中国北方玉米生产中，土地生产力和农地规模之间存在着倒"U"形关系。本研究对这种明显的倒"U"形关系的证实打破了中国北方玉米生产者作物产量和农地规模之间关系的传统认知，值得进一步讨论中国与其他亚洲和非洲发展中国家在这方面的差异。在这些国家，作物产量通常会随着农地规模的扩大而下降（Otsuka *et al.*，2016）。一方面，这一现象表明在中国，小型玉米专业生产户将通过扩大经营规模来提高土地生产力。随着土地流转法规的逐步放宽，近年来玉米生产农场平均经营规模上升，特别是大中型农场快速增长，提供了额外的支持证据（Huang and Ding，2016）。另一方面，这一现象表明在当前生产安排下，中国的农地规模并没有遵循"越大越好"的原则。特别是当农地规模增加到一定程度（3~4hm²）时，土地生产力（或作物产量）开始下降——尽管近年来东北地区的趋势已经变得平缓。

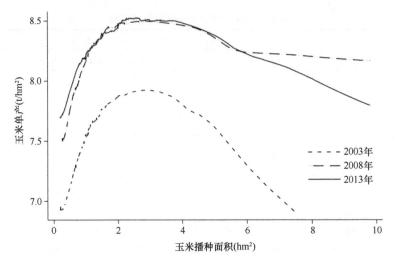

专题图 2-8　2003 年、2008 年和 2013 年玉米单产与播种面积相关关系图
此图用 Lowess 回归进行拟合估算，不同年份比较

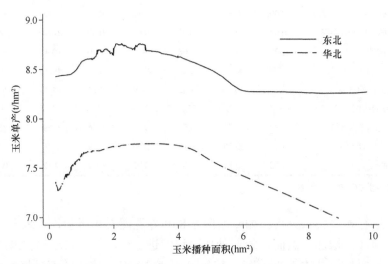

专题图 2-9　2003 年、2008 年和 2013 年玉米单产与播种面积相关关系图
此图用 Lowess 回归进行拟合估算，不同区域比较

　　虽然倒"U"形关系的解释听起来很合理，但它们是基于描述性统计。农场固定效应和潜在的内生性问题可能会破坏观察到的农地规模–生产力相关性。此外，自 2003 年以来，随着正在进行的体制改革逐步放宽土地流转市场，土地整理正加速进行，特别是对于东北和华北的玉米生产者而言。2013 年，东北和华北的平均农地规模比 2003 年翻了一番（增长 88%），平均农场面积达到 1.73hm²。如专题图 2-10 所示，农场规模超过 3.0hm² 的种植户数量在 8.8%。然而，土地生产力和农地规模之间的倒"U"形关系能否完全解释农地规模的变化及其对农场生产力的影响，目前尚不清楚。因此，需要更彻底的回归分析来进一步探索农地规模与生产力的关系。

　　（2）非线性农地规模–生产力关系和农场固定效应

　　基于专题式（2-10），我们首先使用农场固定效应模型（FE）（或具有固定效应的面

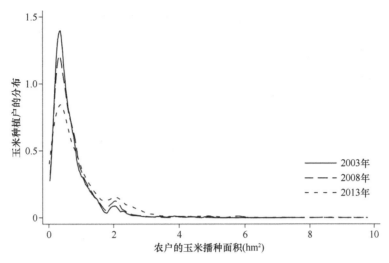

专题图 2-10　2003 年、2008 年和 2013 年中国东北与华北玉米农户按照经营规模的分布图

数据来源：CCAP 的农户调查

板数据回归）和用工具变量来处理潜在的内生性问题的固定效应模型（FEIV）检验玉米产量与种植面积之间的因果关系。将这些估计结果与从广义最小二乘法（GLS）回归获得的结果进行比较，如专题表 2-9 所示。

专题表 2-9　玉米经营面积与生产力之间关系的 GLS 和 FE 模型估计结果

项目	GLS	FE	FEIV
被解释变量：玉米单产（t/ hm²）			
玉米播种面积（hm²）	0.642** （0.241）	−0.391** （0.170）	−2.143*** （0.814）
玉米播种面积的平方	−0.083** （0.036）	0.051** （0.022）	0.568** （0.235）
常数项	6.796*** （0.247）	6.425*** （0.216）	7.458*** （0.537）
R^2	0.073	0.698	0.564
工具变量回归第一阶段 F 值			
玉米播种面积（hm²）	—	—	312.63
玉米播种面积的平方	—	—	45.43

注：括号内标注的是稳健标准误；"**"和"***"分别表示在 5%、1%显著性水平是统计显著的；2008 年和 2013 年的时间虚拟变量也包含在回归中但结果未报告；样本总数为 1618 条观测值、574 个农户

如专题表 2-9 所示，玉米产量与农地规模的倒"U"形关系被推翻。换句话说，控制农户的固定效应之后，农地规模与生产力的关系从 GLS 模型的倒"U"形曲线转变为一个温和的"U"形曲线。这一发现与从采用工具变量法的固定效应模型回归获得的估计结果一致（专题表 2-9 第 3 列）。

尽管在 2003~2013 年，中国的土地整合逐渐加快，但是在东北和华北，依旧有超过 99%玉米种植户的土地面积仍不到 5hm²。2003 年、2008 年和 2013 年，约 95%玉米种植户的土地面积分别小于 2.0hm²、2.1hm² 和 2.7hm²。此外，约 99%玉米种植户的土

地面积分别不到 3.4hm^2、4.0hm^2 和 4.7hm^2（专题图 2-10）。为确保样本代表性，本研究放弃了拥有超过 7hm^2 土地的玉米种植户的农地规模–生产力关系预测轨迹。

专题表 2-9 中的估计系数可以得出农地规模和产量之间的关系。如专题图 2-11 所示，当控制特定种植户的特征（或固定效应）时，玉米产量和种植面积之间的倒"U"形关系得以恢复。这意味着最初确定的小种植户的农地规模–生产力关系（在描述性统计中显示）可能是种植户特定时间的不变特征。现有研究中如 Benjamin 和 Brandt（2002）以及 Chen 等（2005，2011）将这种农场固定效应归因于不同规模种植户之间的土壤质量存在差异和土地市场的刚性制度安排。

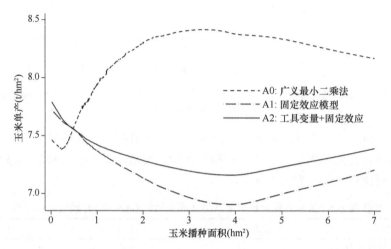

专题图 2-11　中国经营规模小于 7hm^2 玉米种植户的经营规模与生产力之间的关系
数据来源：CCAP 的农户调查

然而，土地市场的刚性制度可能无法解释 21 世纪开始之后农地规模与生产力之间的关系，正如上述文献所述。随着 2003 年后在全国各地建立土地交易服务中心，农民更有能力通过土地流转市场转让农业用地。因此，很难理解为什么更具竞争力的土地市场可能会将土地重新分配给规模相对较大、土地生产力相对较低的种植户。此外，这一发现似乎与 Adamopoulos 等（2017）的预测不一致，其预测表明，21 世纪的土地市场改革有助于纠正资源分配不当，并通过扩大平均经营规模显著提高农业生产力。

（3）劳动力和资本的农场选择与农地规模–生产力关系

种植户技术的采用和劳动力与资本之间的投入选择，如果与农地规模相关，将影响农地规模与生产力的关系。这提供了一种替代机制，通过这种机制可以解释农地规模–生产力关系的变化。为了验证这一假设，我们将劳动力和资本的农场投入选择纳入回归，同时控制土壤质量和一些农场管理实践。考虑到劳动力质量和资本使用的差异，劳动力（如户主年龄、家庭帮工比例和兼职劳动力等）和资本（如用于耕地机械的虚拟变量、社会化服务比例等）的部分也考虑在内。专题表 2-10 给出了关键变量的估计结果。虽然并不是所有代表劳动力和资本使用强度的变量都是显著的，但 Wald 检验表明，劳动力和资本使用强度在相应的回归中是联合显著的。

专题表 2-10　务农劳动力和资本选择的回归结果以及玉米经营规模和生产力的关系

项目	控制劳动力 FE	控制劳动力 FEIV	控制资本 FE	控制资本 FEIV	控制劳动力和资本 FE	控制劳动力和资本 FEIV
被解释变量：玉米单产（t/hm²）						
玉米播种面积（hm²）	−0.662*** (0.200)	−2.532** (1.171)	−0.733*** (0.211)	−2.156** (0.852)	−0.678*** (0.188)	−2.603** (1.177)
玉米播种面积的平方	0.072*** (0.023)	0.614** (0.308)	0.084*** (0.027)	0.547** (0.249)	0.075*** (0.022)	0.616* (0.324)
地块总数（块/户）	0.139** (0.056)	−0.004 (0.162)	0.155*** (0.049)	0.049 (0.130)	0.147** (0.058)	0.022 (0.152)
总土地中经营玉米的面积比例（%）	−0.010 (0.007)	−0.038** (0.018)	−0.010 (0.007)	−0.030*** (0.011)	−0.010 (0.007)	−0.037** (0.015)
劳动力的使用（人/hm²）	0.007 (0.018)	0.057 (0.045)	—	—	0.008 (0.017)	0.057 (0.043)
自家劳动力的使用比例（%）	0.011*** (0.003)	0.010*** (0.003)			0.011*** (0.003)	0.010*** (0.003)
雇佣兼职劳动力的比例（%）	−0.007 (0.004)	−0.004* (0.003)			−0.006 (0.004)	−0.004* (0.003)
耕地/收获机械使用（单位/hm²）	—	—	0.051 (0.187)	0.226* (0.169)	0.063 (0.171)	0.300* (0.157)
免耕的比例（%）	—	—	0.011*** (0.004)	0.013*** (0.003)	0.011*** (0.004)	0.012*** (0.003)
社会化服务的比例（%）	—	—	−0.001 (0.003)	−0.001 (0.003)	0.000 (0.003)	0.002 (0.003)
常数	9.680 (7.622)	14.598 (8.635)	6.816*** (0.865)	7.981*** (0.969)	9.321 (7.836)	14.506 (8.651)
R^2	0.709	0.574	0.704	0.591	0.711	0.581
工具变量回归第一阶段 F 值						
玉米播种面积（hm²）	—	65.10	—	82.11	—	44.45
玉米播种面积的平方	—	15.15	—	11.96	—	14.42

注：括号内标注的是稳健标准误；"*"、"**"和"***"分别表示在 10%、5%、1%显著性水平是统计显著的；2008 年、2013 年的时间虚拟变量也包含在回归中但结果未报告；样本总数为 1618 条观测值、574 个农户；其他控制变量还包括高质量土地的比例、可灌溉土地的比例、户主年龄、劳动力使用的平方、非农劳动力的比例、畜力耕地的比例、机械耕地的比例、人均年收入、2008 年及 2013 年的年度虚拟变量，为了结果简化未报告它们的回归结果；资本、劳动、资本+劳动变量经过 Wald 检验在 1%统计水平显著

对控制基线模型中劳动力和资本使用强度的回归结果进行比较，本研究发现要素投入选择在解释农地规模–生产力关系的变化中起着重要作用。专题图 2-12 显示，随着对劳动力和资本使用强度（及其各自的质量）及其组合的控制，恢复的农地规模–生产力关系变得更加反向。Kolmogorov-Smirnov 检验统计量分别为 0.279、0.286 和 0.140，均拒绝两个分布在 1%水平相同的零假设。这表明预测到的农地规模–生产力关系（通过控制劳动力和资本使用强度）与控制基本变量后的关系有显著不同。也就意味着，随着农

地规模的增加，投入选择可能会发生变化，以补偿因经营规模扩大而造成的土地边际产量或土地生产力损失。

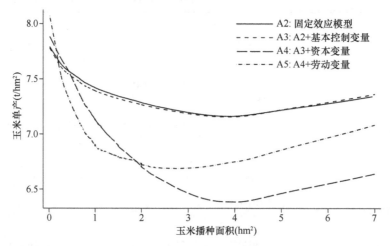

专题图 2-12　劳动力和资本投入对经营规模与生产力关系的影响
数据来源：CCAP 的农户调查

此外，对于不同规模的农场，劳动力和资本之间的农场投入选择对规模–生产力关系的影响是不同的。特别是在扩大土地规模时，小型种植户更有可能增加劳动力投入，以抵消玉米产量的下降，而大型种植户更有可能增加资本投入。为了解释这一现象，本研究进一步研究了农业劳动力投入与土地规模之间的相关性，以及农业资本投入（以自有机械的平均功率表示）与土地规模之间的相关性。如专题图 2-13 和专题图 2-14 所示，规模小于 $1hm^2$ 的农户通常可以增加劳动力投入，因为它们可以通过使用其他家庭成员或将自己的工作从兼职转变为全职来扩大经营规模。

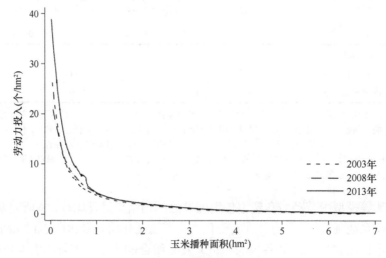

专题图 2-13　劳动力投入与玉米经营规模的相关关系
数据来源：CCAP 的农户调查

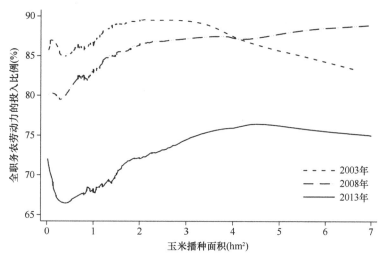

专题图 2-14 玉米生产中全职务农劳动力的使用比例
数据来源：CCAP 的农户调查

这是一个合理的现象，因为中国非常小的农户通常将农地经营作为第二收入来源。所以，当他们决定通过转入土地来扩大经营规模，农业经营活动将变得更加繁重，并相应减少非农就业。本研究的回归结果验证了这一下现象，即兼职劳动力（农业）的系数是负的和影响显著的，而家庭成员的系数是正的和影响显著的（专题表 2-10）。此外，专题图 2-14 显示，农地规模在 $4hm^2$ 以下农业生产中全职劳动力的比例随着农地规模的增加而增加。因此，家庭劳动力供给的增加有助于补偿土地边际收益或土地生产力的损失，从而使种植户能够从扩大经营规模中获利。

然而，随着农地规模的进一步扩大，家庭劳动力不太可能足以支持农业生产的扩大。相反，雇佣劳动力被引入到农业生产中。如专题图 2-15 所示，$1\sim6hm^2$ 种植户雇佣劳动力的比例显著增加，从大约 10%增加到 30%。当更多的雇佣劳动力被用于农业生产时，监管成本逐渐赶上。由于监管成本与雇佣劳动力的增长速度相同，进一步增加劳动力投入可能不会增加产量。从那时起，如果种植户继续扩大经营规模，则需要用机械来代替劳动力，以补偿由经营规模扩大而导致的土地边际收益或土地生产力下降。在一定的经营规模以上，种植户更有可能采用资本密集型技术，从这个意义上说，在影响农地规模–生产力关系方面，资本投入比劳动力投入起着更重要的作用。如专题表 2-10 所示，当劳动力和资本投入都受到控制时，农地规模平方项的估计系数为正且影响显著。这表明，随着资本投入得到很好的控制，非线性的农地规模–生产力关系往往会消失。

5. 小结

了解发展中国家农地规模与生产力的关系及其决定因素，对于寻求解决小规模农户经营问题的政策制定者来说仍然很有意义。本书利用 2003 年、2008 年和 2013 年中国北方 6 省的农地规模面板数据，研究了中国北方玉米生产的农地规模–生产力关系。此外，我们还研究了种植户特定固定效应的不同组成部分——包括未观察到的农地特征、农业实践和劳动力与资本之间的农业投入选择——对农地规模与生产力关系的影响。本研究发现，在适当考虑农场固定效应的情况下，玉米产量与种植面积之间的"U"形关系可

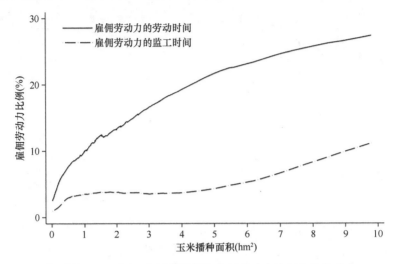

专题图 2-15 不同玉米经营规模中雇佣劳动力比例和监督成本

数据来源：CCAP 的农户调查

以由倒"U"形关系恢复。除了一些农业实践差异之外，劳动力和资本之间的农业投入选择可能在改变农业规模–生产力关系方面发挥了更重要的作用。劳动力使用在解释小规模变化的农地规模–生产力关系中起着更重要的作用，而资本使用在解释大规模变化的农地规模–生产力关系中起着更重要的作用。关于大多数小农户的农地规模和生产力之间恢复为负相关关系，对此，我们的解释是种植户坚持使用劳动密集型技术。随着农户扩大经营规模，有限的劳动力供应无法弥补土地生产力的损失。

自 2004 年以来，中国实施了一系列补贴大型经营主体的公共政策，这反过来又导致土地整理转向效率较低的大型经营主体（Huang and Ding, 2016）。快速的土地兼并是由当前的土地市场改革驱动的，补贴农场流转土地的政策将导致家庭农场之间的资源分配不当，从而产生低效的大型经营主体。相反，减少劳动力和资本市场的市场摩擦与制度障碍（而不是补贴大农户）将有助于大农户用资本替代劳动力，从而成为促进土地兼并的更好方式。

（三）从单产和利润再看农户适度经营规模

1. 引言

党的十九大报告提出"实施乡村振兴战略"，并强调以"产业兴旺、生态宜居、乡风文明、治理有效、生活富裕"为纲的二十字方针支持农业和农村的优先发展。然而，要实现乡村振兴的目标面临诸多挑战，特别是要保障粮食安全、提高农民收入需要全面提升农业生产力，"小农分散生产"与"大市场"之间的矛盾则是成为一个急需解决的问题。目前从政策角度讲，通过深化土地制度改革，加速土地流转和兼并进而促进小农户和现代农业发展的有机衔接，统筹兼顾地培育新型农业经营主体和扶持小农户形成规模经营是新思路之一，但其政策效果有待系统研究后评估。

长期以来，农地分配受到初始资源禀赋、产权和分配制度等因素的影响，因此小规模经营农户成为中国农业经营的主体，需要孕育新型经营主体、扩大经营规模以顺应农业现代化发展的需求。据统计，截至 2017 年中国人均土地面积仅为 0.57hm^2，70%以上的农户经营规模不足 3hm^2（国家统计局，2018）。 目前开展的"三权分置"土地改革作为又一次制度创新，被广泛解读为顺应农户保留土地承包权，保障土地经营权有序流转，探索性实践土地整合和农业生产的适度经营规模（国务院发展研究中心，2017）。该政策实施以来，中国农地流转速度和农户经营规模不断扩大。截至 2017 年底中国家庭承包耕地流转面积和比例分别突破 4.79 亿亩和 35%，其中流转入农户经营的耕地面积占 58.4%，全国经营 50 亩以上的农户占总农户数的 1.4%，经营规模在 50～100 亩、100～200 亩、200 亩以上分别为 252 万户、88 万户、37 万户（农业部经管总站体系与信息处，2017）。

然而，土地"三权分置"改革对加快农地整合实现规模经营，进而改变单产和农户利润的作用尚未有科学的评估。虽然理论上农户的生产力和利润会随着经营规模的扩大而提高，进而成为推动农户经一步扩大经营规模的动力。然而，不断加快的土地流转能否持续稳定地提高农户的单产和收益，进而彻底解决小农户生产效率问题，仍需大量的理论和实证研究加以论证。特别是，第一，随着经营规模的扩大，作物单产和经营利润是否会发生变化？第二，农户经营规模与单产和利润之间的关系在不同作物、不同区域之间是否存在异质性？第三，在现行生产技术和管理水平条件下，不断加快的土地兼并是否有利于农户经营效率的提高？

对于以上问题，目前学术界已经开展了大量的实证研究。但已有文献主要存在三个方面的不足：首先，多数使用微观数据作为素材的研究局限于对单一作物的探讨，不能提供多种作物的实证检验证据。其次，相当大一部分研究仅仅涉及土地效率，或从粮食安全和增产的角度刻画经营规模扩大的效果，而对规模扩大产生的农民增收效果未给予充分关注。最后，分析经营规模与生产效率关系时不能有效地考虑存在的内生性问题，所得结果缺乏有效性。鉴于此，本研究使用 2013 年中国三大粮食作物农户调查数据，从实证角度分析了土地流转和土地整合背景下生产经营规模的演变特征和现状，进而科学评估了不同农业生产经营规模对粮食单产和经营利润的影响，最后提出了科学启示，对农户理性扩大经营规模具有重要的现实意义。

2. 文献回顾

随着土地制度改革的不断深化和土地流转的加速，过去 10 年见证了中国农户平均经营规模的迅速扩大；与此同时，农户平均生产力也显著提高。目前，对于农地流转、农户经营规模与生产力之间关系，现有文献的讨论主要集中在以下三个方面。

（1）土地流转、经营规模与农户生产效率的理论关系

在其他要素市场不完全竞争的情况下，发展土地流转市场能促进农业生产中资源的有效分配（Bowlus and Sicular，2003）。例如，尽管雇工与家庭劳动力不能完全替代，但农户可以依托土地流转，以及优化配置雇工和家庭劳动，实现不同生产规模经营主体生产的边际产品相等。通过土地流转市场，农户可以转入相邻的地块，这是解决土地细碎化、实现规模经济的有效途径（Fleisher and Liu，1992）。在劳动力市场不完全竞争的条件下，土地流转实现的土地整合能够提高由土地细碎化导致的低劳动生产力（Jia and Petrick，2013）。

在中国经济快速增长和社会结构加快转型的大背景下，土地流转能够在一定程度上缓解土地要素对经营规模扩大的制约。有人口的刚性增长、工业化和城镇化导致的农业用地刚性减少的趋势不可逆转。同时土地地力的下降使人均耕地面积减少的问题进一步恶化（Deng et al.，2006）。收入最大化动机必然诱使农民去扩大经营规模实现规模效益（Otsuka，2013）。此外，农业生产中日渐采用的机械化等社会化服务也在一定程度上能够帮助农户突破土地细碎化生产的瓶颈（Yang et al.，2013）。

此外，土地流转所带来的农户经营规模扩大也会促进机械化技术的采用，并在不断提高的农业劳动力成本条件下，通过规模经济弥补劳动力供给不足带来的效率损失（Wang et al.，2016）。农业生产的优化调整实际上应来源于规模经营背后潜力的发掘。从农业总产值层面分析，尽管农业生产依然持续增长，但以土地密集为约束的种植业产值所占比例大幅度降低（国家统计局，2015）。为确保粮食生产，可以预期不同经营主体的参与必将引发农业生产渐进发生新一轮的结构性转变。同时，农业必将寻求新的比较增长优势，农业生产力的增长将依赖于规模生产、机械化水平提高和技术进步（包括由社会化服务提供的技术）。

（2）农业生产经营规模与单产的关系

虽然理论上经营规模与农户生产效率应该存在正向的关系，但是许多国内外文献均发现在发展中国家农户经营规模与土地生产力（或单产）之间存在反向关系（inverse relationship，IR）（Innes and Rausser，1989；Newbery and Stiglitz，1981；Chavas，2001）。持反向关系论学者认为农地经营规模扩大会降低作物单产。

Chayanov（1926）通过研究俄国农业发现，小规模农户在生产中使用劳动力密集型技术可以带来单位面积产量的显著提高（Lipton，1993；Dyer，1996）。Deininger 和 Feder（2001）、 Taylor 和 Adelman（2003）用委托–代理理论解释了这种反向关系现象。他们认为小农户生产中主要通过使用家庭自有劳动力使道德风险达到最小化。与之相对，规模较大农户倾向于雇佣劳动力，农户需要对雇工搜寻、选择、甄别、监督和强化而不利于实现高产。也有学者将这种反向关系归因于要素整合使用，小规模经营生产要素可达到更有效整合（Carter，1984；Masterson，2007）。此外，土地质量及测量误差也被认为可能是诱因（Benjamin，1995；Bellemare，2012）。

少数学者认为经营规模与土地生产力之间关系较为复杂而非简单线性相关。例如，Helfand 和 Levine（2004）发现巴西农户经营规模超过 $500hm^2$ 时单产开始下降，而在 1 万~2 万 hm^2 时单产又逐渐提高。Carter（1984）发现较小规模的肯尼亚农户单产极高，但随之当规模继续增加到一定时单产不降反升。

目前关于中国农户经营规模与土地生产力之间关系的研究略显不足，研究结论不一。Benjamin 和 Brandt（2002）使用农业部收集的 10 个省份农户数据证实经营规模与土地生产力之间反向关系确实存在，且土地分配政策及不平等的非农工作机会是主要原因。廖洪乐（2005）发现播种面积扩大对水稻单产有显著正影响，但也有学者认为较大经营规模的粮食单产整体低于小规模（钱贵霞和李宁辉，2006）。Chen 等（2005）用两阶段最小二乘法（TSLS）控制土地质量产生的内生性问题后发现二者的反向关系并不存在。

（3）农业生产经营规模与利润的关系

多数学者认为经营规模扩大可以带来农户经营利润的提高。例如，夏永祥（2002）认为土地经营规模扩大可以降低总成本而提高成本收益率。Ali 和 Deininger（2014）对卢旺达 3600 个农户观测数据研究后发现，经营规模与净利润在农户地块维度呈现显著的正相关。Adesina 和 Djato（1996）借鉴与扩展了已有文献提出的利润方程模型，结果表明若保持劳动力和资本固定，农户的经营规模增加会显著提高农户的经营收益。Manjunatha 等（2013）以印度农户作为研究对象，发现若以家庭经营为主、多种作物轮作，大规模农户比小规模农户的盈利能力明显略胜一筹。

然而，也有学者认为经营规模与利润之间并不呈现显著的正相关。例如，Lau 和 Yotopoulos（1971）通过建立单位产出价格利润方程，测算了土地、资本和劳动对利润的贡献，发现耕地规模对单位利润的影响虽然为正向但并不显著。无独有偶，国内也有学者认为大农户和小农户在综合利用土地、劳动力与资本等要素方面不存在明显的效果差异（李谷成等，2009）。

综上所述，虽然已有文献从理论和实证角度为农户经营规模、生产力和利润之间关系提供了大量的证据，但这些研究并未系统地从不同作物角度分析中国土地流转条件下农户经营规模与单产和利润之间的关系，这为本研究提供了空间。

3. 研究方法和数据来源

（1）模型设定

根据研究目标，本研究设定了两个计量经济模型，分别探讨农户经营规模与农户单产和利润之间的关系。下面就具体的模型设定进行详细阐述。

假设在一个标准的农户生产函数中产出是由生产技术和各种生产要素投入所决定的。于是，有生产函数：

$$Y = f(N, L, K, M : A) \qquad 专题式（2-11）$$

式中，Y 代表农户的总产出；A 代表农户生产技术；N、L、K 和 M 分别代表生产所需要的土地、劳动、资本和中间投入。现在如果在专题式（2-11）两边同时除以土地规模，可得到如下形式：

$$Y/N = f(1, L/N, K/N, M/N : A) \qquad 专题式（2-12）$$

专题式（2-12）显示了农户单产与土地经营规模和其他相关因素之间的关系。在上述生产函数假设基础上，农户单产与经营面积之间的关系会受到至少三个方面因素的制约。第一个方面是与土地利用相关的因素，如土壤质量、气候条件、遭受灾害等。如果不同经营规模农户使用的土地和面对的气候条件存在显著差异，那么单产与农户经营规模之间的表面相关性与真实的关系就会存在差异。第二个方面是农户从事农业生产所采用的技术，这一部分通常无法被观测到并隐藏在实际生产的各个环节中。如果农户改变其经营规模的同时，也改变了其所使用的生产技术，那么单产与农户经营规模之间的关系也会受到影响。第三个方面是农户对除土地以外其他生产要素，如资本、劳动和中间投入等的选择。若随着经营规模的扩大，农户在单位面积土地上增加资本和劳动的投入，即使土地的边际生产力会随着土地规模的扩大而不断下降，但其总的产出仍会提高。

在现有的实证分析中，多数研究作物单产与规模关系的模型使用柯布–道格拉斯生产函数（C-D production function）作为分析问题的基础。此函数的不足之处在于观测不到投入要素之间的替代关系，而实际生产中各种生产要素的投入存在着替代或者互补的关系。为此，本研究采用超越对数（translog production function）模型来分析农户单产和经营面积之间的关系，此模型设定了不同于已有文献的形式，同时控制了更多的变量，有效控制了内生性问题，所设定的模型如下：

$$\ln Y_{pcjihk} = \alpha_a \ln \text{Area}_{pcjih} + \alpha_b \ln \text{Area}^2{}_{pcjih} + \alpha_z \sum_{m=1}^{4} \ln U_{pcjihkm} +$$

$$\alpha_{zx} \sum_{m=1}^{4} \sum_{n=1}^{4} \ln U_{pcjihkm} \ln X_{pcjihkn} + \alpha_d D_{pcjihk} + \alpha_l L_{pcjihk} + \alpha_i I_{pcjihk} + \quad \text{专题式（2-13）}$$

$$\alpha_s S_{pcji} + \alpha_h H_{pcjih} + \alpha_q Q_{pc} + \varepsilon_{pcjihk}$$

式中，p、c、j、i、h、k 分别表示第 p 个省、第 c 个县、第 j 个乡、第 i 个村、第 h 个农户、第 k 个地块，其中 $k=1$，2；Y_{pcjihk} 代表作物单产。模型中所用连续变量都采用对数形式。通过专题式（2-13）可考察农户播种面积与单产之间的相互关系。$\alpha_a - \alpha_q$ 为待估参数，ε_{pcjihk} 为随机干扰项。

比较专题式（2-12）和专题式（2-13），我们在专题式（2-13）中加入播种面积的二次项 Area_{pcjih} 和 $\text{Area}^2{}_{pcjih}$，它们衡量了农户播种面积非线性的变化。在保持其他因素不变的情况下，参数 α_a 和 α_b 度量了农户 h 作物播种面积与单产的关系，而且这里考虑了播种面积与单产的非线性关系。

其他控制因素解释如下：U_{pcjihk} 和 X_{pcjihk} 代表在该地块上的常规要素生产投入，具体包括劳动力投入、化肥投入、机械费用和其他物质费用 4 个生产投入，即 m 与 n 分别取值为 1~4；D_{pcjihk} 代表该地块是否遭受自然灾害的虚拟变量，包括洪涝、旱灾等；L_{pcjihk} 代表该地块土壤质量变量，共设有高、中、低土地质量共 3 个虚拟变量，用于控制地块质量不同而导致的单产差异；I_{pcjihk} 代表该地块灌溉的总次数；S_{pcji} 代表该村耕地和收获机械服务占总工作量的平均比例；H_{pcjih} 代表农户个人或者家庭特征变量，包括户主年龄、受教育程度、家庭人均资产，这些变量对于同一个农户的不同地块取值相同；Q_{pc} 代表县虚拟变量。

不同经营规模差异背后的实质是技术使用、管理模式和生产组织方式等因素的差异，从而造成不同规模农户的成本收益有所差别。

除了单产以外，我们也分析了农户规模与利润的关系。在此，沿用专题式（2-13），采用新的因变量即经营净利润替代单产，同时剔除模型中 U_{pcjihk} 和 X_{pcjihk} 两变量，因为进行净利润计算时已扣除了所有投入品成本。专题式（2-14）体现了农户经营规模与经营利润之间的关系：

$$\ln V_{pcjihk} = \alpha_a \ln \text{Area}_{pcjih} + \alpha_b \ln \text{Area}^2_{pcjih} + \alpha_d D_{pcjihk} + \alpha_q L_{pcjihk} +$$

$$\alpha_i I_{pcjihk} + \alpha_s S_{pcji} + \alpha_h H_{pcjih} + \alpha_q Q_{pc} + \varepsilon_{pcjihk} \qquad \text{专题式（2-14）}$$

式中，V_{pcjihk} 代表第 p 个省第 c 个县第 j 个乡第 i 个村第 h 个农户第 k 个地块的净利润。

最后，使用专题式（2-13）和专题式（2-14），我们分别利用 2013 年小麦和水稻作物农户地块数据，采用普通最小二乘法（OLS）验证了农户经营规模与作物单产及利润之间的关系。

（2）数据来源

本研究使用数据来自 2013 年北京大学中国农业政策研究中心（PKU-CCAP）在东北和华北开展的农户调查。调查问卷主要包含调查当年农户经营主要粮食作物的详细投入产出、农户个人、家庭和村基本信息以及过去 10 年间农户农业生产经营（包含经营规模、作物、经营方式等）的历史变化。历史数据通过农户的回顾在 2013 年的调查中一次得到。东北和华北是中国粮食主产区，以玉米、小麦和水稻为主。东北、华北调研区域采用分层随机抽样的方法，本研究最终使用的样本包含小麦 358 户共 653 个地块、水稻 212 户共 402 个地块的截面数据。

（3）变量选择和描述性统计

因变量地块的单产和利润，分别采用"该作物地块的单位面积产量（kg/ hm^2）"和"该作物地块的单位面积利润额（元/hm^2）"来衡量。核心自变量经营耕地面积采用"该种作物的总播种面积（hm^2）"测度。除核心变量外，其他变量如下。

生产要素：生产要素投入变量包括经营该地块单位面积上的劳动力、化肥、机械和其他投入。其中劳动力投入采用劳动力投入量（d/ hm^2）来测度；化肥投入采用化肥成分中氮、磷和钾肥的折纯量之和（kg/ hm^2）来测度；机械投入采用机械（包括自有机械和外雇机械）费用投入（元/ hm^2）来测度；其他投入采用其他物质（种子、农药、地膜、灌溉等）费用投入（元/ hm^2）来测度。一般来说，生产要素投入越多单产越高。

自然条件：自然条件变量分别采用"该地块在作物生长季内是否受灾"，"该地块土地是否为高等质量"、"该地块土地是否为中等质量"和"该地块在作物生长季内的灌溉总次数（次）"来测度；如果作物在生长季内受灾可能减产；土地质量越高，灌溉次数越多，在其他条件都保持相同时趋于高产和高利润的可能性更大。

农户、家庭和村基本特征：农户及家庭特征包括户主年龄、教育程度以及家庭人均资产。户主年龄越大可能种粮经验越丰富，受教育程度越高采用先进生产技术的可能性越大，从而可能对单产和利润产生积极影响。家庭资产也可能对生产技术采用产生影响。同时，村特征采用"社会化服务"来衡量。这里的社会化服务用村内耕地和收获机械作业面积占作物总播面的比例来定义，以反映外部社会化服务水平可能对作物单产和利润产生的影响。所有相关变量的统计性描述见专题表 2-11。

4. 结果分析及讨论

（1）农地经营规模的变化：一个简单的描述性统计

通过对调查数据分析发现，过去十几年中国东北和华北户均耕地经营规模不断扩张。从专题表 2-12 可知，2003 年户均经营规模从 1.7hm^2 增至 2008 年的 2.2hm^2，增加

专题表2-11 变量设置与描述性统计

	变量名称	变量定义	小麦	水稻
被解释变量	单产	该地块的单位面积产量（kg/ hm²）	6960.22（910.60）	7461.64（1742.30）
	利润	该地块的单位面积利润（元/ hm²）	1617.69（117.37）	344.40（263.34）
解释变量	经营规模	该作物的总经营（播种）面积（hm²）	2.73（6.53）	3.96（3.44）
	劳动力投入	经营该地块的单位面积劳动力投入量（d/ hm²）	19.76（14.48）	57.04（41.91）
	化肥投入	经营该地块的单位面积化肥投入量（kg/ hm²）	492.40（136.35）	322.46（133.41）
	机械投入	经营该地块的单位面积机械投入（元/ hm²）	2166.21（514.28）	2157.76（1115.50）
	其他投入	经营该地块的单位面积其他物质投入（元/ hm²）	2125.57（938.23）	2779.65（1201.20）
	灾害	该地块在作物生长季内受灾（1=是；0=否）	0.33（0.47）	0.57（0.50）
	高土地质量	该地块土地为高等质量（1=是；0=否）	0.23（0.42）	0.29（0.45）
	中土地质量	该地块土地为中等质量（1=是；0=否）	0.70（0.46）	0.62（0.49）
	灌溉	该地块在作物生长季内的灌溉总次数（次）	2.39（1.15）	14.75（8.89）
	年龄	经营该作物农户的户主年龄（岁）	52.56（9.90）	51.33（9.07）
	教育程度	经营该作物农户的户主受教育程度（年）	8.23（2.86）	7.26（2.47）
	家庭资产	经营该作物的农户家庭人均资产（万元/人）	3.04（3.14）	3.02（3.52）
	社会化服务	该村在作物耕地和收获环节的机械服务比例（%）	85.48（17.22）	59.35（23.36）

专题表2-12 东北和华北农户经营规模的结构及面积变化

农户经营面积（hm²）	不同规模农户占总经营主体比例（%）			平均经营规模（hm²）		
	2003 年	2008 年	2013 年	2003 年	2008 年	2013 年
总和与平均	100	99.9993	99.85	1.7	2.2	4.5
<1	73.3	68.5	59.5	0.5	0.5	0.5
1~2	15.7	17.2	18.8	1.4	1.4	1.4
2~3	6.6	8.6	12.7	2.4	2.4	2.3
3~7	4.1	5.4	8.1	4.4	4.6	4.4
7~15	0.2	0.2	0.5	9.7	9.7	9.9
>15	0	0	0.2	24.2	33	50.6

了近30%。2008~2013 年，平均经营规模更是翻了一番，2013 年底，粮食主产区户均经营规模已达 4.5hm²。需注意，农场规模的增加并非由于总耕地面积的扩大，而是来自如下两大变化。其一为农场数量下降，2003 年农户经营主体占据 100%的经营主体，2003~2013 年农户经营主体逐渐下降至 99.85%。其主要是由于农业产业涌现了多种新型经营主体，公司、合作社、大户、家庭农场并存；其二为小型农场数量减少及同期大型农场所占比例增加。2003 年经营面积不足 1hm² 的农户占总经营主体的近 75%，此后逐渐下降，至 2013 年仅占不到 60%。与之相对，大规模农户不断增加，到 2013 年底经营面积在 7hm² 以上农户已接近总经营主体的 1%（见第 1~3 列）。

随着农户经营规模的不断扩大，农户的单产和利润也随之发生变化；然而，农户经营规模与单产和利润之间并不存在单纯的线性递增或递减关系。如专题表 2-13 所示，农户的单产在小麦和水稻生产中随着经营规模的扩大呈现先上升后下降的趋势。相似的趋势也表现在农户经营规模与农户利润之间的关系上（专题表 2-14）。

专题表 2-13　小麦和水稻两大粮食作物的单产　　　　（单位：kg/hm²）

农户种植面积（hm²）	小麦		水稻	
	均值	标准差	均值	标准差
<1	6921.62	49.31	7533.37	204.47
1～2	7097.50	85.90	7901.08	155.94
2～3	7043.97	108.66	7500.99	202.61
3～7	7179.96	96.38	7618.07	206.90
7～15	6359.06	168.30	6750.37	149.71
>15	6576.65	103.94	—	—

专题表 2-14　小麦和水稻两大粮食作物的单位净利润　　（单位：元/ hm²）

农户种植面积（hm²）	小麦		水稻	
	均值	标准差	均值	标准差
<1	1034.32	154.99	−356.73	680.70
1～2	2124.41	304.61	299.85	556.92
2～3	3385.23	330.07	1398.03	691.92
3～7	2930.26	265.39	1595.06	506.35
7～15	−511.33	931.03	−1409.64	493.43
>15	1764.65	345.07	—	—

尽管以上描述性统计提供了一些有关农户经营规模和单产、利润之间的关系，但这些分析不能提供因果关系，因此以下进行更加严谨的回归分析。

（2）农地经营规模对单产影响的回归结果

根据以上讨论的模型及变量设定，我们采用普通最小二乘法（OLS）对小麦和水稻农户经营规模与单产的关系进行回归，具体的回归结果见专题表 2-15。从中可见，使用超越对数生产函数估计后各生产要素交叉项的联合检验并不是统计显著的，因此超越对数生产函数可简化为 C-D 生产函数。主要估计结果如下。

专题表 2-15　小麦及水稻作物农地经营规模对单产影响的回归结果

经营规模和投入变量等	小麦	水稻	
		超越对数	C-D 生产函数
经营规模核心变量			
经营面积	0.0073（1.6326）	0.0449**（2.2958）	0.0386**（2.1684）
经营面积的平方	−0.0094***（4.1520）	−0.0319***（3.3388）	−0.0303***（3.3464）
地块层面常规生产要素投入变量			
劳动力投入	−0.4203（1.2451）	−0.7204*（1.8486）	0.0211（1.2626）
化肥投入	0.4103（0.5744）	0.1470（0.6186）	0.0164***（3.4068）
机械投入	0.9781**（2.4860）	−0.0017（0.0043）	0.0559***（3.8234）
其他投入	1.3720**（2.2494）	0.4685（0.5873）	0.0672*（1.8678）

续表

经营规模和投入变量等	小麦	水稻	
		超越对数	C-D 生产函数
交叉项（劳动力投入×劳动力投入）	−0.0333**（2.4505）	0.0335（1.0272）	—
交叉项（劳动力投入×化肥投入）	0.0209（0.6821）	−0.0218**（2.0168）	—
交叉项（劳动力投入×机械投入）	−0.0195（0.5746）	0.0453*（1.8123）	—
交叉项（劳动力投入×其他物质投入）	0.0706***（3.4713）	0.0502（1.2530）	—
交叉项（化肥投入×化肥投入）	−0.0415（0.7052）	0.0006（0.1063）	—
交叉项（化肥投入×机械投入）	−0.0471（0.6448）	−0.0032（0.5434）	—
交叉项（化肥投入×其他物质投入）	0.0216（0.4324）	−0.0030（0.0948）	—
交叉项（机械投入×机械投入）	0.0260（0.9876）	−0.0490（0.9360）	—
交叉项（机械投入×其他物质投入）	−0.1015*（1.8692）	0.0332（0.8087）	—
交叉项（其他物质投入×其他物质投入）	−0.1184**（2.2033）	−0.1043（0.9406）	—
其他控制变量			
灾害	−0.0780***（6.8521）	−0.1377***（7.0773）	−0.1379***（4.2632）
高土壤质量	0.1424***（7.0003）	0.1419***（3.4986）	0.1240***（3.2477）
中土壤质量	0.1178***（6.3789）	0.0875**（2.1692）	0.0742*（1.8228）
灌溉	0.0128**（1.9730）	−0.0005（0.4529）	−0.0005（0.3162）
户主年龄	0.0012**（2.3133）	0.0002（0.2429）	0.0002（0.1757）
受教育程度	0.0016（0.8942）	0.0110***（2.9698）	0.0093*（1.8542）
家庭资产	0.0042***（2.7647）	0.0053**（2.0619）	0.0052（1.4975）
社会化服务	0.0006*（1.6593）	−0.0004（1.0780）	−0.0004（0.9082）
县虚拟变量	Yes	Yes	Yes
常数项	−1.5045（0.3634）	7.3390**（2.1656）	7.6626***（24.9239）
观测值	653	402	402
R^2	0.362	0.615	0.605
交叉项联合显著性检验 F 值	—	1.09	—
Prob > F	—	0.3718	—

注：括号内报告数值为 t 统计量绝对值；"*"、"**"和"***"分别表示在 10%、5%和 1%显著性水平统计显著；"Yes"表示已在模型中控制该变量

小麦的经营规模与单产之间呈现倒"U"形关系，最优经营规模为 23 亩。专题表 2-15 中，小麦农户经营规模的一次项和二次项系数符号相反，一次项接近显著（P 值为 0.10），二次项统计显著，经过计算可得华北地区小麦的最优经营规模 $Scale=e^{\frac{0.0073}{0.094\times2}}=1.47hm^2$（22.1 亩）。

水稻经营规模与水稻单产之间同样呈现倒"U"形关系，其最优经营规模为 44 亩。专题表 2-15 第 3 列显示，水稻农户总播种面积的一次与二次项系数同样分别为正和负，并且二者均统计显著。这表明，经营规模与单产之间的倒"U"形关系较为明显，用求一阶导数的方法得出其最优的经营规模 $Scale=e^{\frac{0.0386}{0.0303\times2}}=1.89hm^2$（28.36 亩）。

以上两个大田粮食作物经营规模与单产之间的倒"U"形关系存在，可能与劳动力投入质量和农场生产管理有关。当农户经营规模较小时，非农收入可能是农户收入的重

要来源,非农就业必然与农业生产竞争劳动力、资本等要素,兼业化经营导致农业生产投入要素不足,从而影响作物产量。然而,当经营规模继续扩大,农业收入成为农户主要收入来源,农户会投入更多的自家劳动力以满足生产的需要。因此,农户大部分时间都用来从事农业劳动和精耕细作,经营管理能力、生产手段和物质投入与经营结构相匹配,提高了集约化水平,促进了先进技术的采用,有效提高了单位面积产量。若经营规模继续扩大,自家劳动力供给不足,需雇佣劳动力补充,这就可能出现经济学家所担心的雇佣劳动力的道德风险和搭便车现象。农业生产极具特殊性,对雇佣劳动力的劳动效果进行监督和评估难度极大,易出现雇佣劳动力质量参差不齐、精心程度不足,最终导致作物减产。这也充分表明,过大经营规模没有显著的单产优势,从国家粮食安全的角度出发,盲目进行土地流转、推进超大规模经营可能对国家粮食安全产生不利影响。

除核心的经营规模变量外,其他控制变量对单产的影响与预期一致。从专题表 2-15 的小麦和水稻回归结果中皆可发现:地块受灾可以导致减产;土地质量越高对作物单产的正向作用越大;农户的家庭和人口特征也与作物的单产相关,具体表现为户主年龄越大产量越高,受教育程度年限越长产量越大;社会化服务比例越高和灌溉次数越多增产效果越明显。

可见,大田农作物生产均存在适度经营规模问题,耕地经营规模与粮食单产呈倒"U"形关系。在现有的生产环境、技术、管理和市场条件下,两大粮食作物平均转折点为 30 亩左右,作物间存在差别,这个转折点还可能因各村庄的耕地规模、地块平整与连片程度、田间管理水平、社会化服务发展等变化而变化。

（3）农地经营规模对利润影响的回归结果

专题表 2-16 显示了小麦和水稻两个作物的经营规模与利润的 OLS 回归结果。主要结果如下。

专题表 2-16　小麦和水稻两个作物对利润的 OLS 回归结果

经营规模核心变量和其他控制变量	小麦	水稻
经营规模核心变量		
经营面积	509.8309*** （4.4640）	1605.0457*** （4.2086）
经营面积的平方	−245.8473*** （4.1816）	−833.8148*** （3.8562）
其他控制变量		
灾害	−921.0252*** （3.7770）	−2809.9510*** （3.9629）
高土壤质量	2435.0040*** （3.5594）	2137.1524** （2.5946）
中土壤质量	1643.8429*** （2.7825）	1297.4910 （1.4007）
灌溉	−166.6256 （1.0104）	−90.4640*** （3.0950）
户主年龄	10.5680 （0.6917）	−39.1057 （1.7004）
受教育程度	38.5282 （0.7418）	193.3348 （1.7004）
家庭资产	54.8471* （1.7692）	55.1772 （0.8526）
社会化服务	7.3770 （0.8061）	5.0751 （0.3734）
县虚拟变量	Yes	Yes
常数项	−2117.3901 （1.6505）	2248.2233 （1.0417）
观测值	653	402
R^2	0.321	0.430

小麦和水稻的经营规模与农户经营利润之间也存在倒"U"形关系，适度经营规模是关键。所有模型的经营面积一次项符号为正、二次项符号为负，甚至大多数变量在1%显著性水平是统计显著的，这种关系在两个作物间表现一致。以估计方程对经营面积取一阶偏导数后令其为0，得出在小麦和水稻生产中使利润最大化的经营规模分别为42.31亩和39.27亩，平均转折点接近40亩，略高于单产的转折点。与单产相似，适度经营规模的转折点也因地因时而异。当经营规模较小时，由于产量偏低，因此利润不高。随着规模进一步增加，各生产要素得到优化配置，出现了规模经济，经济收益有所上升。然而，当经营规模继续扩大超过转折点后，利润开始出现下滑。可能的原因为，当经营规模很大时，高昂的雇佣劳动力成本缩小了利润空间。尽管面积扩大可通过机械代替一部分人力，但已经下跌的产量也导致利润出现了下跌。

这表明，目前培育起来的规模偏大的新型经营主体可能正面临巨大挑战。我们在调查中了解到，2008~2013年，即使在粮食价格年年攀升的情况下，多数规模偏大的新型主体只有在考虑政府补贴后才有盈余。2016年粮价下降，这些新型经营主体多数出现大幅度的亏损，面临进退两难局面。随着粮价的持续下跌，这些经营主体甚至面临着退出农业生产领域的威胁。

5. 小结

本研究系统地分析了中国东北和华北地区小麦与水稻生产中农户经营规模对单产及利润的影响。在使用不同生产函数形式处理潜在内生性问题的基础上，我们发现：①近年来农业生产规模经营趋势明显，虽然仍以农户为最重要的经营主体，但户均生产规模有逐渐扩大的趋势。②从经营规模和单产的关系来看，大田作物（小麦和水稻）的经营规模与单产呈现倒"U"形关系，并不是经营规模越大产量越高，平均的转折点在30亩左右，盲目追求过大经营规模可能对国家粮食安全产生不利影响。③从经营规模与农民收益之间的关系来看，大田作物的经营规模与单位净利润同样呈现倒"U"形关系。特别是经营规模达到40亩左右最高转折点后单位面积利润出现下降，因此通过土地流转扩大经营规模并不能从根本上解决农户增收的问题。这些发现对于通过政策调整提高小农户的单产和收入，对于国家粮食安全、主要农产品生产力和市场竞争力提高、农民增收和社会就业等具有重要意义。

根据研究结论，相关启示体现在以下三个方面：①在鼓励大田农作物生产发展新型经营主体的时候，控制适度经营规模是关键。目前在许多地方，培育新型农业经营主体的主要目标是扩大生产规模，对单位产品生产成本即农业竞争力、广大农民增收和农业可持续发展的关注不够，甚至适得其反。应该对适度经营规模的生产主体（特别是农户）实施扶持政策；同时，适度规模扶持政策要因地制宜、动态调整。对超过适度规模的经营主体停止国家扶持。提高农户全要素生产率和农产品竞争力、促进广大农民增收为政策扶持目标。②加强对新型经营主体的监督和对政策影响的评估。某些新型生产经营主体名不符实，还有一些种植大户为了套取补贴和政策优惠而虚报耕地面积，导致低效的新型经营主体产生。这不但降低了粮食生产力和市场竞争力，而且降低了全国农业增加值，并对广大农民增收和社会就业产生负面影响。③完善土地流转市场和社会化服务体系，稳妥地推进新型农业经营主体的发展。让市场成为资源配置的主要决定因素，通过制度创新降低农地流转的市场交易成本和风险,通过政策扶持(如财政、信贷、技术和市场等服务)促进适度经营规模生产主体的发展,提高其在农业生产中的比例。要同城镇化的实际进程同步发展,稳妥地推进规模化经营。

如果全国农地平均经营规模达 100 亩,全国只需要 1800 万个家庭农场;如果平均规模达到 250 亩,只需 720 万个农场。数以亿计的农民如何就业是一个值得考虑的社会问题,推进新型农业经营主体和规模经营发展是个长期的过程。

(四)中国农村特色产业的发展、问题和建议

随着农业发展进入新时期,各级政府越来越关注通过发展农村特色产业和促进"第一、第二、第三产业融合"来提高农民增收的潜力。为了解农村特色产业发展现状及其在农民增收中的作用,课题组于 2016 年 8~9 月在全国 9 个省的 39 个县、78 个乡和 156 个村开展了实地调研。本书根据实地调研中了解的特色产业发展信息,梳理了其发展现状及变化特征,剖析了目前农村特色产业在发展中面临的问题和原因,在此基础上提出了稳步推进农村特色产业发展、促进农民增收的相关政策建议。

1. 农村特色产业发展现状和变化特征

(1)农村特色产业发展在数量和质量上都有进步

调查显示,养殖、加工、乡村旅游、"互联网+农业"和绿色、有机、无公害等特色产业在农村不断呈现,发展特色产业的村从 2000 年的不到 5%发展到 2016 年的 33%。在 2000 年之前,特色产业主要集中在种植业和养殖业,但从 2009 年开始,农产品加工、乡村旅游、绿色有机无公害农业等新兴特色产业逐步发展,"互联网+农业"实现从无到有。特色产业发展能创造更多附加值,具有高值高效并表现出产业融合升级的特点,也对人才、技术、资金提出更高要求。

(2)农村特色产业对促进农村就业和农民增收有一定效果

近 5 年,平均每个特色产业个体(或一个经营主体)就业人数在 40 人左右,因为特色产业个体数量少,特色产业的就业人数占农村劳动力的比例只有 1%左右。从农村特色产业的毛收入看,2015 年有 75%特色产业经营主体的毛收入在 100 万元以内,中位数在 30 万元左右。75%经营者纯收入从 2010 年的 20 万提高到 2015 年的 40 万元,但有 50%的生产者没有明显的变化或出现下降趋势。

(3)农村特色产业集中于交通和区位条件较好的区域

根据调查数据,约 70%有特色产业的村位于距离乡级以上公路小于 1.6km(所有样本村到乡级以上公路的平均距离)的区域内;同时,特色产业一般离县城和发达的乡镇较近。特色产业的经营收入同其区位条件紧密相关,离公路、县城和乡镇近的,其农村特色产业收入也较高。

2. 农村特色产业发展面临的主要问题

首先,农村特色产业在目前促进农民增收的作用有限,且发展存在较大的风险。尽管 2016 年约 1/3 的村有农村特色产业,但多数村仅有 1~2 个农户发展特色农业,没有形成规模效应。根据课题组的调查,过去 5 年,除个别特色产业项目外,大部分特色产

业项目吸纳的就业人数出现不同程度的下降。从经营收入看，有一半的特色产业毛收入增加，但纯收入没有明显增加甚至出现下滑。一些地方"一窝蜂"投资相似产业（如农家乐等），但市场需求不大，造成农村特色产业增收困难，部分甚至破产，给特色产业的发展带来较大的风险。

其次，农村特色产业在资金、技术、品牌、市场、信息和人才等方面受到的制约随着发展阶段的不同而有所差异。特色产业发展之初，主要困难是资金不足，近40%县乡领导和目前无特色产业的78%村干部都反映资金困难是制约特色农业发展的主要因素，其次是发展特色产业的技术和信息。一旦特色产业启动之后，缺少品牌、销售渠道和人才便成为发展的主要限制因素，认为这些因素是其面临的最大困难的特色产业经营者占到54%。同时，调查发现，超过一半的特色产业经营者是当地的"能人"，他们对未来发展充满信心。

最后，目前特色产业扶持政策与特色产业生产经营者的需求存在不匹配现象。大约有60%的县乡已为特色产业发展提供了相关的扶持政策，但目前的政策扶持主要集中在基础设施建设和专项补贴，而特色产业发展所依赖的市场拓展（如品牌、销售渠道和市场信息等）和人才与技术等制约因素还没有更适合的扶持政策加以解决。

3. 促进农村特色产业发展的政策建议

根据以上分析，结合县乡相关领导和特色产业经营者的访谈以及我们的研究结果，为促进农村特色产业发展和广大农民增收，我们提出如下财政支持政策建议。

首先，扶持农村特色产业发展要依据市场需求稳步推进、合理规划。农村各种特色产业都同其空间区位、自然资源和市场环境紧密相关，同时投资大、对技术和经营能力要求高，要避免盲目发展和拔苗助长现象。

其次，在发展的不同阶段，根据农村特色产业的实际需求实施不同的财政扶持政策。在启动阶段，重点从资金、技术和市场信息等方面加强扶持力度。在资金方面，可采用贷款贴息、落实税收减免、盘活农村集体资产等方式扶持特色产业发展；在技术和市场信息方面，结合目前各县技术推广系统和相关信息交流平台，介绍各地农村特色产业发展的成功与失败案例，发布相关技术、市场价格和需求信息。在发展阶段，支持引导特色产业的品牌建设、市场监督、销售渠道扩张和产业链延伸，把政策扶持转向提升农村特色产业，形成"软实力"。在品牌方面，制定和完善农产品质量标准与质量检测监督及认证体系，逐步实现特色农产品生产、加工、包装等环节的标准化，同时打击制售假冒伪劣商品、虚假宣传、不正当竞争和侵犯品牌等违法行为；在市场方面，在市场平台建设基础上，统筹农业特色产业扶持资金和农村第一、第二、第三产业融合扶持资金，促进"互联网+"产业的发展；同时，启动农村特色产业的保险扶持政策试点工作，探索通过保险扶持政策增强农村特色产业应对生产和市场风险的有效措施。

再次，强化对"财政部扶持的农业优势特色产业"的监督与评估，提高财政资金使用效益和降低发展风险。从2016年初以来，财政部提出"通过重点扶持、连续扶持，力争用3年时间，在各农业综合开发县初步形成1~2个优势特色产业，以省为单位各形成10个左右、在全国初步形成百个特色产业集群"。这一政策将鼓励特色产业循序渐进发展，但要避免为争取财政补贴或搞表面工程而采用行政化的推进方式，造成生产过剩。加强对扶持县的监督与评估，构建考核淘汰机制，确保以市场需求为导向，使所扶持的产业类型和县能进能出，降低特色产业经营的市场风险。

最后，在发展农村特色产业的同时，要更加关注农村贫富分化问题。尽管特色农业在短期内促进农民增收的潜力有限，但它可能会成为中国农业发展与农民增收的重要发展方向，伴随其发展也将带来不同区位和不同农民间的收入差距扩大。因此，在发展农村特色产业的同时，如何通过财政支持杠杆带动更多农民致富是值得研究的政策问题。

四、中国新型农业经营主体的发展趋势、制度创新和政策支持

（一）引言

亚洲食物经济正在经历重大转变。在收入增长和人口结构变化（如城市化）的推动下，消费模式正倾向于高附加值的产品，如肉类、蔬菜和水果（Bai *et al.*，2010；Gulati *et al.*，2007）。自20世纪90年代，农业食物市场和价值链经历了快速转型（Reardon and Timmer，2007）。同时，农业生产结构也发生了变化。亚洲谷物占总作物面积的比例从1980年的41%下降到2013年的34%（FAO，2015a，2015b）。畜牧业的增长速度快于农作物。畜牧业在农作物和畜牧业生产中的价值份额从1980年的18%增加到2013年的30%（FAO，2015a，2015b）。

同期，亚洲农地经营规模似乎没有什么变化。全球近90%的小农场（小于2hm^2）在亚洲，几乎每个国家农地的平均规模都在下降（IFPRI，2015）。根据世界农业普查，印度的平均农地规模从1960年的2.7hm^{2}下降到2013年的1.3hm^2。从1960年到2003年，印度尼西亚的平均农地规模也从1.2hm^{2}下降到0.97hm^2（FAO，2013）。国际来源的关于中国平均农地面积的有限证据表明，从2000年至2010年，中国农地规模从0.67hm^{2}下降到0.6hm^2，下降约10%（Lowder *et al.*，2014）。

农地规模和生产力是学术界长期争论的焦点。Chayanov（1926）最早在俄罗斯农业中提出了"小即美"的概念，之后其他文献证明并扩展了农地规模和生产力之间的反向关系（Deininger and Byerlee，2012；Dyer，1996；Lipton，1993）。近期的研究证据表明，小规模经营不一定是美丽的。小农场在满足安全、营养、食品的多样化需求方面面临着越来越大的挑战，因为它们缺乏应对全球化、贸易自由化和气候变化带来的机遇与风险的能力（Hazell，2005；Huang *et al.*，2008）。有些研究甚至认为帮助小农的努力应侧重于帮助他们提升发展或脱离农业（FAO，2015a，2015b；IFPRI，2015）。

中国的农地平均规模不足1hm^2，仅为世界平均水平的40%。尽管农业增长迅速，但中国制造业和服务业的扩张速度更快，导致农业占GDP的比例从1980年的30%下降到2013年后的不足10%（国家统计局，2015）。在农业内部，由于收入增长和城市化，食物消费模式发生变化，出现了有利于向消费蔬菜、水果、牲畜和渔业等高附加值产品的重大转变（Huang *et al.*，2014）。然而，基于农村家庭调查的资料显示，中国农地平均规模似乎已从20世纪80年代初的0.73hm^{2}下降到2003年的0.53hm^2。

然而，最近在中国许多地区迅速出现的中型（几公顷）和大型经营主体（数十至数百公顷）令人瞩目。根据农业部的数据，中国耕地流转从21世纪初开始加速。截至2013

年底，中国共有近 5300 万农户（占 23%）进行耕地出租，出租耕地占家庭联产承包耕地总量的 26%[①]。虽然一般都是一个村内的亲友之间进行土地流转，并且土地租入户和租出户数量相同（Huang *et al.*，2012），但自 21 世纪初以来，非亲友间的土地流转一直在增加（Hui *et al.*，2015）。此外，近年来土地倾向于被流转给新型经营主体。例如，在 2013 年发生流转的土地中，约 20%转入农民专业合作社，超过 9%转入农业公司或企业，其余的转入一般农户，特别是最近兴起的家庭农场[②]。

此处主要了解近年来中国小规模农地转型的变化及其受到的政策影响。具体如下：①描述中国农地经营结构在过去 30 年里的变化；②阐述推动最近变化的主要驱动力（或为什么直到最近几年才发生这些变化呢?）；③评估中国和其他发展中国家的政策影响。

（二）抽样方法和数据

本研究使用的主要数据来自北京大学中国农业政策研究中心（PKU-CCAP）及其于 2013 年在中国东北和华北地区进行的一次农户农地经营调查。调查对象包括东北三省（黑龙江、吉林、辽宁）和华北三省（河北、山东、河南）。此次调查主要关注过去 10 年（2003～2013 年）农地规模和生产力的变化以及影响农地规模的因素。

由于东北和华北都是主要的粮食产区[③]，调查集中在水稻、小麦和玉米农户。在东北各省随机选取 2 个以水稻为主产作物的县和 2 个以玉米为主产作物的县。在东北地区，从以玉米和小麦为主产作物（冬小麦+玉米种植制度）的各省中随机选取 3 个县。在每个县，采用分层抽样方法继续抽样。最终，样本共覆盖东北和华北地区 21 个县的 42 个乡、84 个村、845 户。此外，我们还调查了这 21 个县的 55 个合作社和 4 个企业。

本次调查在乡镇、村和农户层面进行。在乡镇级，我们收集可能影响土地流转的重大政策信息和农户经营耕地占比数据，利用耕地占比数据建立样本权重，进行样本均值估计和统计分析。村级调查主要集中在村基本特征和作物生产方面。

由于我们的样本仅针对中国东北和华北，为全面了解全国农地规模随时间的变化，并将我们研究的地区与全国趋势进行比较，我们使用了另外两个数据集。首先是由中国国家统计局进行的农村家庭收入和支出调查（RIES 数据库）。另一个来自 CCAP 自 2000 年以来进行的农地和劳动力调查（或 RLLS 数据集）。RIES 是一项具有全国代表性的调查，每年平均抽样约 6 万户，由中国国家统计局公布农村家庭人均耕地面积和农村家庭人口。RLLS 数据集也是具有全国代表性的样本，分别在 2000 年、2008 年和 2013 年进行了三轮追踪调查。该调查涵盖了全国 6 个省（河北、辽宁、陕西、浙江、四川和湖北）58 个村的 1149 个农户，这些省代表了中国的 6 个农业产区[④]。我们利用这两个数据来源得到了每户农村耕地的平均面积。

然而，每个农户的平均经营规模（通常被解释为中国的平均农地规模）被低估，因

---

① 目前，我们估计国有农场、家庭联产承包责任制和村集体所有的耕地分别为 5%、93%和 2%。

② 为了从普通农户中区分经营面积较大的农业经营主体，加速土地流转，一些省份设定了家庭农场规模的最低标准。

③ 在 2013 年，这 6 个省份的粮食产量占全国粮食产量的 42%（国家统计局，2014）。

④ 在前两轮 RLLS 的基础上，发表了一系列论文。关于取样方法的详细信息，请参见 Brandt 等（2004）和 Gao 等（2012）。

为农村人口包括务农家庭和非务农家庭。为了纠正这个问题，我们使用 RLLS 数据集来估计没有农业种植活动（例如，家庭完全出租其农地或完全从事其他活动）的农村家庭的百分比。基于此数据集，我们估计了生活在农村地区但没有从事农业生产或没有耕地的农村家庭的百分比（专题表 2-17）。根据列（a）和（b）中的数据，我们估算了中国农业经营主体的实际平均规模。

专题表 2-17　中国和东北及华北地区农地平均规模（hm²）的估计

年份	估计的中国农地平均规模			
	基于 RIES 数据，包含农村所有家庭的平均农地规模（a）	基于 RIES 数据，生活在农村而不务农的家庭百分比（b）	基于列（a）和（b），本研究估算的中国农地平均规模（c）	东北和华北地区的平均农地规模（d）
1985	0.73	—	—	—
1990	0.67	—	—	—
1995	0.65	—	—	—
2000	0.55	4.6	0.58	—
2001	0.55	4.6	0.58	—
2002	0.55	5.2	0.58	—
2003	0.53	6.4	0.57	0.92
2004	0.55	7.8	0.59	0.97
2005	0.57	8.4	0.62	1.00
2006	0.58	9.1	0.63	1.02
2007	0.57	10.3	0.64	1.03
2008	0.58	11.8	0.66	1.03
2009	0.61	15.2	0.72	1.17
2010	0.61	17.1	0.73	1.41
2011	0.60	18.6	0.73	1.61
2012	0.61	19.8	0.76	1.72
2013	0.61	20.7	0.78	1.73

注：（c）栏的数据是经调整的农地规模，不包括居住在农村但因土地征用而全部出租或放弃土地或失去土地的家庭，公式为：$c=a/(1-b/100)$；（d）栏的数据基于东北和华北 6 个省份的调查

（三）小规模农地的演变和主要驱动力

1. 中国以及研究区域农地规模的总体趋势

研究表明，中国基于 RIES 的平均农地规模在 1985～2003 年逐渐下降（专题表 2-17），基于 RLLS 数据的结果表明，没有农作物种植活动的农村家庭比例从 2000 年的不到 5% 上升到 2013 年的约 21%。这些家庭仍居住在农村地区，但完全从事非农业的生产活动。不排除这些家庭的估算结果明显低估了中国农业经营主体的平均规模。就全国整体而言，尽管平均农地规模在 20 世纪 80 年代和 90 年代逐渐下降，但在 21 世纪初趋于稳定，然后在 2002 年中期开始上升。尽管 2003～2013 年，平均农地规模仅增长了约 0.20hm²，但总体来看增长了 37%，2005 年之后增长趋势更加明显。至 2013 年，平均农地规模达到了 0.78hm²。

在东北和华北地区，2003 年农地平均经营规模相比全国平均水平大得多，扩张速度也要快得多，在 2003~2013 年增长了近一倍（增长 88%）（专题表 2-17）。东北及华北地区农地平均规模高于全国平均水平，主要是由于东北地区土地资源相对丰富。在 21 世纪初，如果把东北及华北地区作为一个整体，它们的平均农地规模比全国平均水平高出约 60%。近年来，该地区的农地规模转变更为显著，平均农地规模从 2008 年的 1.03hm^2 增加到 2013 年的 1.73hm^2，5 年增长近 70%。

仔细研究农村家庭和土地流转市场的动态，可以进一步揭示耕地整合发生在哪些区域并如何开展的。RLLS 是一个完整的面板数据集，包括居住在农村地区和那些已经迁移到城市或其他农村非农就业的家庭。据此，我们能够估计没有种植业活动的农村家庭占比（专题表 2-18）、已出租部分或全部耕地的农户占比、从其他农民那里转入土地的农户占比。专题表 2-18 第 1 栏与专题表 2-17 第（b）列的不同之处是迁移到城市家庭所占的百分比。研究结果显示，随着时间的推移，人口流动一直在增加，这一现象在一定程度上抑制了农户数量的增长。例如，2003 年非农业家庭的比例为 8.6%，与不从事农业生产农户的比例接近（6.4%），但这种差异随着时间的推移逐渐增大。到 2013 年，这一差距达到 7.2%（从 27.9%到 20.7%）。有两种解释：在早期，人们往往把他们的伴侣留在家里从事农业活动和照顾孩子。而到了 2013 年，举家外迁状况呈上升趋势。此外，在 21 世纪初土地流转市场还不完善的时候，已经存在所有家庭成员都外出工作的情况，这些人有的会在农忙季节回到家里从事农业劳动，有的会请亲戚朋友照料他们的土地。

专题表 2-18　2003~2013 年中国租入或出租土地的非农家庭和农业家庭的比例　（%）

年份	完全不种植农作物	出租土地	从他人租入土地
2003	8.6	15.7	11.5
2004	10.7	17.8	13.1
2005	12.0	19.1	12.5
2006	13.4	20.6	14.6
2007	15.4	22.4	16.5
2008	17.5	24.6	18.4
2009	21.0	24.4	7.8
2010	23.2	25.5	8.5
2011	24.9	26.5	8.7
2012	26.4	27.5	9.7
2013	27.9	29.3	10.8

农村转型的动力也生动地反映在土地流转市场上。例如，在 21 世纪初，转出土地的农户数量仅略高于转入土地的农户数量。然而，2013 年这两个数字（转出农户与转入农户）的比例接近 3 倍（29.3%与 10.8%），说明更多的土地被整合到更少的决定继续耕作的农户。

2. 东北和华北地区农地规模的演变

专题表 2-19 按农地经营主体和农地经营规模列出了东北与华北地区的农地经营类型及平均农地规模。我们把农地经营类型分为三类：土地合作社、公司和家庭农场。土地合作社是一种新型的生产组织，通常在村内形成。合作社通常由村民管理和经营，他们可以雇佣村民或从村外雇工从事农业活动。合作社可分为以下三种类型：仅支付租金的合作社、仅利润分红的合作社以及既支付租金又利润分红的合作社。

专题表 2-19　2003、2008 和 2013 年东北、华北地区按农地类型和规模划分的农地组成与平均农地规模

经营方式或规模	按农地类别及规模划分的农地组成（%）			农地平均规模（hm²）		
	2003 年	2008 年	2013 年	2003 年	2008 年	2013 年
土地集中型合作社	0	0.0007	0.14		55	216
（a）仅支付租金型	0	0.0005	0.12		67	138
（b）仅利润分红型	0	0	0.01			128
（c）既支付租金又利润分红	0	0.0002	0.01		43	500
公司	0	0	0.01			109
农户经营	100	99.9993	99.85	1.7	2.2	4.5
<1hm²	73.3	68.5	59.5	0.5	0.5	0.5
1～2hm²	15.7	17.2	18.8	1.4	1.4	1.4
2～3hm²	6.6	8.6	12.7	2.4	2.4	2.3
3～7hm²	4.1	5.4	8.1	4.4	4.6	4.4
7～15hm²	0.2	0.2	0.5	9.7	9.7	9.9
15～30hm²	0.0	0.0	0.1	18.0	19.2	19.0
30～70hm²	0.0	0.0	0.1	30.4	30.4	40.4
>70hm²	0.0	0.0	0.02			260

注：本表所有数字均为加权平均数

　　最惊人的发现是土地合作社和公司经营农场的出现。虽然这些农场在总数中所占的比例很小，但其增加迅速，2013 年合作社和农场公司的比例分别达到了 0.14% 和 0.01%（专题表 2-19）。2013 年，合作社平均农地面积为 216hm²，公司平均农地面积为 109hm²。随着农地数量和规模的增加，其经营面积占总土地面积的比例从 2008 年的微不足道增加到 2013 年的近 20%（专题图 2-16）。

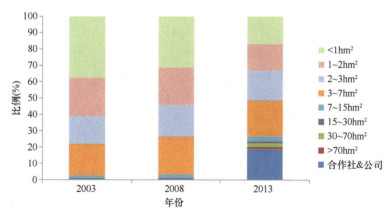

专题图 2-16　东北和华北地区按农地规模与经营主体类型划分的耕地比例
图例从上到下与图中柱形从上到下逐一对应

在家庭农场中，农地的平均规模和按经营面积划分的农地结构也发生了重大变化。在 10 年中，平均农地规模增加了 165%，从 2003 年的 $1.7hm^2$ 增加到 2013 年的 $4.5hm^2$（专题表 2-19）。经营规模的扩张主要发生在 2008～2013 年。值得注意的是，农地规模的扩大并不是由于耕地面积的扩大，而是由以下两个变化直接导致。首先，愿意租入土地的农户数量下降，这一趋势与专题表 2-16 第 1 列所示的趋势相似。其次，随着时间的推移，小农户所占比例下降和大农户所占比例增加。例如，2003 年拥有不足 $1hm^2$ 土地的农户比例为 73.3%，2008 年为 68.5%，2013 年为 59.5%。但是拥有土地超过 $1hm^2$ 的农户比例增加。与以上讨论的所有趋势相似，自 2008 年以来，不同土地规模的农业经营主体组成的变化加快了。

3. 小规模农业转型的驱动力

在上述农地规模和经营主体的变化背后可能有许多原因。对于可能导致机械化和土地流转的因素，除了 21 世纪头 10 年中期以来工资的快速增长之外，我们还讨论了最近迅速发展但尚未在文献中讨论和评估的另外三种力量。分别为：①土地流转服务中心，一种降低农民土地经营权流转交易成本的制度创新；②土地流转的政策支持；③机械的社会化服务。

（1）土地流转服务中心

土地流转服务中心可能是近年来中国农村最主要的制度创新[1]。以前，由于缺乏正规的土地流转市场，土地经营权的转让主要发生在亲友之间（Gao et al., 2012）。为了给土地经营权流转和土地整合提供便利，各地政府建立了多种土地流转服务中心或平台。这些土地流转服务中心和平台大多建立在乡镇一级，但是有些县也在线上建立了规模更大的跨乡镇的土地租赁信息平台[2]。这些土地流转服务中心的主要任务有：①进行土地出租市场调查，收集愿意出租土地的人的资料；②通过为客户提供每块出租土地的位置、面积、主要特征和建议价格信息，促进土地经营权的转让；③土地流转交易完成后，编制正式的土地合同，并保存土地流转合同的档案记录；④负责土地流转合同纠纷调解。

在本研究的 42 个样本乡镇，2010 年成立了第一个土地流转服务中心，在接下来的三年里，这些服务中心的数量迅速增加。到 2013 年，拥有土地流转服务中心的乡镇数量增加到 8 个，约占我们研究乡镇总数的 20%。

（2）土地流转的政策支持

为了促进农地流转，政府还为主要粮食生产县的规模农户提供了政策支持。虽然各省和各县的支持政策不同，通常包括：①在扩大农地规模时，为土地租金支付和购买投入资金提供贷款担保与补贴贷款；②补贴灌溉、排水和仓储基础设施的投资；③购买大

---

[1] 在中国，虽然农民有土地承包权，但他们的农地产权（或所有权）属于村集体，法律禁止农民出售耕地。只有村里的原住户才有权享有土地承包权，这种权利在 1979～1984 年设立了 15 年，在 20 世纪 90 年代后期又延长了 30 年。因此，农民之间的土地转让既不涉及产权，也不涉及承包权，而是在承包期内的经营权。

[2] 建立乡镇土地流转服务中心的原因有两种解释。第一，从供给规模来看，建立土地流转服务中心需要一些必要的条件，如办公场所、服务设施、服务规模、人员、运营预算等。乡镇是最低的政府层级，有能力提供土地转让服务。目前，中国很少有村具备上述能力。第二，农民更喜欢一份正式的土地合同，在乡镇政府办公室签订，并由负责土地转让合同纠纷调解的政府官员见证。

型机械和农业保险的直接补贴。根据我们电话回访调查，上述支持政策 2008 年在两个乡镇出现，2011 年在 9 个乡镇（21.4%）出现，2013 年在 15 个乡镇（35.7%）出现（专题图 2-17）。

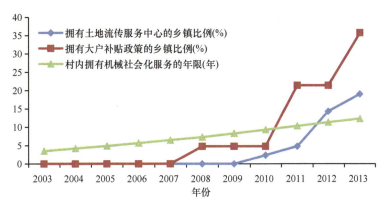

专题图 2-17　中国东北和华北拥有土地流转服务中心和大户补贴政策的乡镇比例，以及村内有机械社会化服务的年限

（3）机械的社会化服务

由农机服务队提供的机械化社会服务始于 20 世纪 90 年代中期。这些有偿服务主要包括整地和收获，但在一些地区，它们也扩展到其他领域，如种植/播种以及化肥和农药的施用。这些机械社会化服务的提供者包括村内外的个体户农民或农村机械合作社/公司。农村机械合作社和公司经常大面积甚至跨省出售机械社会化服务，有时一次售卖几个月的服务。本研究的调查数据表明自 2008 年以来，每个村都有机械社会化服务。为了区分村之间的机械社会化服务水平，我们构建了一个变量——村中拥有机械社会化服务的年限。结果表明，一般说来，2003 年，乡村有 3.5 年的机械社会化服务，在 2008 年有 7.3 年，在 2013 年有超过 12 年的机械社会化服务（专题图 2-17）。

4. 制度、政策、市场和农地规模

专题表 2-20 考察了农地规模和上述三个因素之间的关系。调查数据显示，2013 年土地流转服务和农地规模呈强正相关。例如，2013 年，在有土地流转服务中心的乡镇抽样农场的加权平均农地规模为 2.1hm²（或 23.2hm² 未加权），而没有土地流转服务中心的乡镇农场只有 1.2hm²（或 3.5hm² 未加权）[1]。

专题表 2-20　2003～2013 年东北和华北地区土地流转服务中心、大户补贴政策、机械社会化服务年限和农地规模的关系

考虑因素	平均农地规模（hm²）	
	未加权	加权
乡镇内是否有土地流转服务中心		
有	23.2	2.1
没有	3.5	1.2

[1] 未加权和加权样本均值之间存在巨大差异是由于本研究使用的分层抽样方法。也就是说，农场规模非常大的样本农场在整个人口（或农场）中的权重非常小。

续表

考虑因素	平均农地规模（hm²）	
	未加权	加权
乡镇内是否拥有大户补贴政策		
有	12.1	2.3
没有	3.5	1.2
机械社会化服务年限/年		
<7	3.1	1.1
7～14	3.9	1.2
>14	7.9	2.0
非农就业工资（元/d）		
<50	2.6	1.0
50～100	5.5	1.5
>100	12.2	3.6

对拥有和没有大户补贴政策的乡镇进行比较，农地的平均规模也有很大差异。有政策支持的乡镇加权平均农地规模（2.3hm²）几乎是没有政策支持的乡镇（1.2hm²）的两倍。专题表 2-20 中的最后 6 行进一步显示了平均农地规模与机械社会化服务年限之间以及平均农地规模与非农就业工资之间的正相关关系。

（四）农地规模决定因素的计量分析

1. 计量模型和估计方法

由于上述描述性分析没有控制其他因素的影响，因此本研究设定了一个计量经济模型来检查主要驱动力对农地规模的影响。

$$H_{hijt} = a_0 + a_1 L_{jt-1} + a_2 P_{jt-1} + a_3 S_{ijt-1} + (a_4 + a_5 L_{jt} + a_6 P_{jt-1} + a_7 S_{ijt}) C_{hijt} + a_8 T_t + a_9 W_{ijt} +$$
$$a_{10} F_{ijt} + a_{11} A_{hijt} + a_{12} D + \varepsilon_{ijh} \qquad \text{专题式（2-15）}$$

式中，H_{hijt} 表示第 i 个村第 h 个农户第 j 个乡镇在 2003～2013 年中第 t 年的农地经营规模（hm²）；L_{jt-1} 表示一个二值变量，当第 j 乡镇在前一年有土地流转服务中心时赋值 1，否则为 0；P_{jt-1} 表示一个虚拟变量，如果第 j 个乡镇拥有大户补贴政策，它的值为 1，否则为 0，滞后一年；S_{ijt-1} 表示机械社会化服务在村中出现的年数，滞后一年。为了测试农户和合作社/公司之间 L、P 和 S 的影响是否不同，模型中包括了合作社/公司的虚拟变量 C_{hijt} 和与 L、P 和 S 与 C_{hijt} 的交互项。为了控制其他因素，该模型还包括以下变量：T_t，一个时间趋势变量，用于捕捉一段时间内的总体变化（如除工资以外的宏观经济因素）；W_{ijt}，按农村消费价格指数缩小并在村级测量的日非农就业工资（元/d）；F_{ijt}，村级平均每户耕地；A_{hijt}，家庭特征的变量向量，包括户主年龄（岁）和受教育年限（年）；D，一组虚拟变量，用于控制不随时间变化的不可观测的地区差异。a_k（$k = 1, \cdots, 12$）是待估参数。ε_{ijht} 随机误差项，服从独立同分布。因变量和自变量的描述性统计见专题表 2-21。

专题表 2-21　回归中使用的所有变量的简单平均值和标准差

变量	平均值	标准差
农地规模（hm²）	4.2	0.2
土地流转服务中心（t–1）（1=有；0=没有）	0.04	0.002
大户补贴政策（t–1）（1=有；0=没有）	0.09	0.002
机械社会化服务年限（年）	7.6	0.06
合作社或公司（1=是；0=否）	0.02	0.001
非农就业工资（元/d）	53.5	0.2
村里每户平均耕地（hm²/户）	0.9	0.006
户主年龄（岁）	46.5	0.1
户主受教育年限（年）	7.9	0.03

注：观察值为 9444；数据来源于作者调查

本研究用两种方法来避免可能存在的内生性问题。首先，如上所述，三个解释变量均滞后了一年。其次，基于 2003～2013 年的非平衡面板数据，包括 2003～2013 年所有农户经营的平衡面板数据，以及近年来的公司和合作社数据，实证分析采用固定效应（FE）模型。

此外，为了更好地了解农地规模的变化，我们也检查了估计结果的稳健性。第一，当使用固定效应模型时，所有不随时间变化的变量，如家庭特征都被删除。为了对主要驱动因素的影响进行稳健性检验，并获得家庭特征对农地规模影响的信息，我们还使用 OLS 方法来估计模型。第二，模型残差似乎具有自相关，我们校正了所有回归中的自相关。第三，假设每个村有 10 户，修正了村集群效应的标准误差。第四，由于机械社会化服务、时间趋势变量、机构/政策之间的变量和与合作社或公司的交互条件具有相对较高的共线性，因此使用 4 个备选方案对模型进行了估计（专题表 2-22 和专题表 2-23）。最后，对于所有 OLS 模型和固定效应模型，由于我们的数据来自分层随机样本，因此都采用了加权回归。

专题表 2-22　2003～2013 年农场规模影响因素的加权 OLS 回归

影响因素	（1）	（2）	（3）	（4）
拥有土地流转服务中心（t–1）	1.85** (2.27)	1.63** (2.07)	1.63** (2.07)	1.31* (1.72)
拥有大户补贴政策（t–1）	2.34** (2.57)	2.20** (2.45)	2.20** (2.45)	1.90** (2.12)
机械社会化服务年限	0.06*** (3.85)	0.06*** (3.96)	0.06*** (3.90)	0.02 (0.90)
合作社或公司	168.48** (2.50)	45.18* (1.89)	−27.04 (0.75)	−27.61 (0.76)
合作社或公司与土地流转服务中心的交叉项（t–1）	—	217.17*** (3.93)	216.19*** (4.10)	216.82*** (4.10)
时间趋势	—	—	—	0.15*** (3.45)
非农就业工资	0.02** (2.05)	0.02** (2.00)	0.02** (2.00)	0.004 (0.45)
村人均耕地	−0.16 (0.29)	-0.18 (0.32)	-0.18 (0.31)	−0.21 (0.37)
户主年龄	−0.02** (2.33)	−0.02** (2.27)	−0.02** (2.27)	−0.03** (2.65)
户主受教育年限	0.05** (2.38)	0.05** (2.39)	0.05** (2.41)	0.05** (2.14)
吉林	−2.11*** (3.35)	−2.05*** (3.26)	−2.05*** (3.25)	−1.79*** (2.94)
辽宁	−2.36*** (5.32)	−2.28*** (5.16)	−2.27*** (5.15)	−2.09*** (4.93)
河北	−3.03*** (3.96)	−3.01*** (3.95)	−3.00*** (3.94)	−2.97*** (4.04)
山东	−2.74*** (3.12)	−2.72*** (3.10)	−2.70*** (3.09)	−2.70*** (3.14)
河南	−2.80*** (3.02)	−2.76*** (2.98)	−2.74*** (2.97)	−2.90*** (3.21)
常量	3.36*** (3.22)	3.33*** (3.21)	3.31*** (3.19)	−304.64*** (3.42)
R^2	0.165	0.241	0.246	0.248

注：括号内为 t 的绝对值；"*"、"**"和"***"分别表示10%、5%和1%水平统计显著；回归中使用的样本量为9444

专题表 2-23　2003～2013 年农地规模影响因素的固定效应模型回归结果

影响因素	(1)	(2)	(3)	(4)
拥有土地流转服务中心（t–1）	1.23* (1.71)	1.22* (1.70)	1.22* (1.70)	1.20* (1.69)
拥有大户补贴政策（t–1）	1.83** (2.02)	1.83** (2.02)	1.83** (2.02)	1.83** (2.03)
机械社会化服务年限	0.12** (2.09)	0.12** (2.09)	0.12** (2.08)	0.09 (0.73)
合作社或公司与土地流转服务中心的交叉项		58.78* (1.67)	20.32 (0.67)	20.35 (0.67)
时间趋势				0.03 (0.19)
非农就业工资	0.02 (1.01)	0.02 (1.01)	0.02 (1.01)	0.02 (0.72)
村人均耕地	1.66 (1.16)	1.66 (1.16)	1.65 (1.15)	1.60 (1.07)
常量	−1.32 (1.14)	−1.32 (1.15)	−1.35 (1.17)	−58.89 (0.19)
R^2	0.038	0.039	0.040	0.040

注：括号内为 t 的绝对值；"*"、"**" 和 "***" 分别表示 10%、5% 和 1% 水平统计显著；回归中使用的样本量为 9444

2. 估计结果

一般来说，所有估计系数与预期一致，并且在 OLS（专题表 2-22）和固定效应模型（专题表 2-23）的 4 个方案中，大多数变量的影响具有显著性。在此，我们根据专题表 2-22 和专题表 2-23 中的结果强调几个关键发现。

关键驱动因素的估计系数表明，它们对农地规模的影响在不同模型设定之间以及在 OLS 和固定效应模型之间是积极与稳健的。这些驱动因素包括土地流转服务中心、大户补贴政策和机械社会化服务年限。

土地流转服务中心的估算系数为正，且影响显著（专题表 2-22 和专题表 2-23 中的第 1 行）。在其他条件不变的情况下，利用家庭固定效应模型估计，在一个乡镇建立一个土地流转服务中心会使农场的平均面积增加 1.23hm^2（专题表 2-23）。这种影响程度是显著的，因为它超过了在东北和华北地区建立土地流转服务中心之前 2009 年的平均农地规模（专题表 2-17）。

大户补贴政策也能对农地规模产生重大影响，因为它鼓励一些农民将其农地规模提高到有资格获得这种政策支持的水平。政策支持变量的估计系数表明，这项政策实施后，农地规模可扩大 1.83hm^2（专题表 2-23）。这一影响确实超过了 2013 年研究区域的平均农地规模（专题表 2-17）。

机械社会化服务年限对农地规模的影响也是正向并显著的（专题表 2-22 和专题表 2-23）。利用固定效应模型估计，每增加一年的机械社会化服务农地规模增加 0.12hm^2（专题表 2-23）。这一结果不难理解，因为当耕地、播种和收获等关键农业活动可以由机械公司/合作社进行时，农民可以管理更多的作物土地。

合作社或公司结构与三个驱动变量之间相互作用的估计系数表明，制度和政策对合作社或公司的影响大于农户（专题表 2-22 和专题表 2-23）。例如，合作社或公司与土地流转服务中心之间相互作用的估计系数为正并影响显著。三个方案包括 OLS 估计（专题表 2-22）和固定效应模型估计（专题表 2-23）。在 OLS 估计下大户补贴政策、机械社会化服务年限的政策支持，以及在固定效应模型估计下机械社会化服务年限的政策支持中，也发现了交互作用的系数为正且影响显著。前面提到的几个变量之间高度相关，在方案 3 和方案 4 中相互作用的系数很小（即影响不显著），这表明回归可能仍然涉及严重的内生性问题。

非农就业工资的估计系数为正，但在固定效应模型中影响不显著，而在 OLS 估计的 4 个模型中，有 3 个模型的估计系数为正且具有显著性（专题表 2-22）。这意味着，非农就业工资较高村庄的农民比非农就业工资较低村庄的农民更有动力扩大农地规模。但是对于一个给定的农场（固定效应模型），随着时间的推移，村内非农就业工资的增长对农地规模的影响并不显著，这仍然需要进一步研究。

尽管很可能是因为内生性问题，OLS 估计的结果可能偏向于前三个变量对农地规模有影响，但家庭特征的估计系数确实提供了有趣的发现。户主年龄的统计显著性和负系数意味着年轻人往往拥有大农场。受过更多教育的农民也往往拥有更大的农地规模。

（五）小结

主要受收入增长和城市化导致的需求变化、市场自由化和供应链变化的驱动，亚洲农业结构和农村就业一直在快速变化。然而，农业转型通常被认为与平均农地规模的下降有关。尽管对小规模农场的效率有过长期的争论，但最近的文献认为小规模农场可提高竞争力，其收入也足以支持农户迎接越来越多的挑战。

几乎与亚洲所有其他国家一样，直到 2000 年初，中国的平均农地规模一直在逐渐下降。尽管农地规模的衡量标准显示，2000~2010 年，农地规模持续下降，但这里介绍的这类经营规模的衡量标准显示了不同的情况。2003~2013 年，中国整体平均农地经营规模增长了 1/3 以上，东北和华北地区增长了近 90%。最近农场平均经营规模在上升，尤其是大农户的经营规模快速增长。

这项研究表明，几个驱动力推动了中国独特的农地经营结构演变。其中包括通过建立土地流转服务中心来促进土地流转的制度创新，为土地流转提供政策支持，以及为数百万农户提供农业机械社会化服务。它们帮助一些小规模农户扩大其农业经营规模，并帮助其他小农户流转出土地和转向非农就业。在这些制度、政策和服务驱动下，中国出现了由农村合作社和公司经营的大规模农场。虽然这些农场仍是少数，但它们在总耕地中的份额近年来迅速增加。

这项研究的结果对于中国和世界其他地区有若干政策与研究意义。

第一，由于土地交易成本高，农场经营转型存在潜在的市场失灵（Kimura *et al.*, 2011）。因此，像中国这种限制出售农业用地的情况需要制度和政策的干预。随着农村人口的增加，亚洲许多发展中国家的平均农地规模预计将继续下降。中国最近的经验表明，土地流转市场在巩固单位农场经营方面发挥着重要作用。这种类型的服务也可以在其他国家发挥作用，如帮助无地农民获得土地，帮助一些小规模农户转向非农就业，以及扩大仍继续务农的小农户的规模。

第二，为了便于土地流转和整合，将土地经营权与土地承包权正式分离。虽然土地流转自 20 世纪 80 年代末以来一直在农民之间发生，也受到政府的鼓励，但没有法律界定土地合同中农民的权利以及土地流转后农民的土地经营权和土地租赁权。但好消息是，2015 年中央政府的一份政策文件首次表明，中国计划在法律上把土地经营权和土地承包权分离。值得注意的是，这一新的制度变革不仅将进一步促进土地流转，而且对实现公平和生产力提高都有重要影响。一方面，中国有两亿多农户拥有长期土地承包权。另一方面，土地可以流转给那些决定继续务农的农民，他们相信在以市场价格支付土地租金后，仍可以从务农中赚取利润。这种制度安排有可能实现提高土地分配和利用效率。

第三，通过基于市场的机械社会化服务扩大小农户的规模是一种替代办法，也可能是提高农业生产力的有效途径。这种类型的机械社会化服务还可以克服购买和提高机械利用率方面的资金限制。

第四，中国最近的小农户转型对粮食安全、农村就业和农民收入的影响需进一步考察。虽然随着农地规模的扩大和机械化，劳动生产力可以显著提高，但随着农地规模的显著增加，土地生产力和盈利能力也存在潜在问题。有研究者 2016 年的研究数据表明，在中国农地规模与土地生产力或利润在水稻、小麦和玉米生产中呈现倒"U"形关系（专题图 2-18 和专题图 2-19）[1]。这些发现表明，尽管小规模不是最好的必要条件，但过大的农地规模可能会更糟。由家庭经营适当规模的农场可能是中国应该遵循的一条农业经营演变之路，政策应该支持这种适当经营规模的农户而不是将小农户扩大为规模过大的农场。

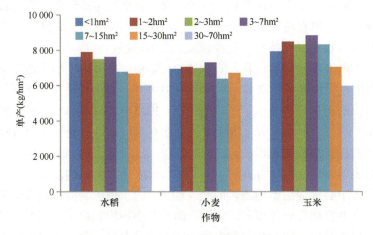

专题图 2-18　2013 年农地经营规模与作物单产的关系
图例从左到右与图中柱形从左到右逐一对应

第五，显然还有一些问题需要进一步研究。虽然关于倒"U"形关系的发现很有趣，但这种关系背后的原因还需要进一步探索。本研究主要集中在中国东北和华北两个粮食主产区。在这些地区观察到的土地流转趋势是否会被中国其他地区所关注是另一个有趣和重要的研究问题。此外，正如我们前面提到的，鉴于土地流转服务和政策支持可能存在内生性问题，应进一步努力在计量分析中找到有效的工具变量。

五、农机社会化服务供给和需求研究

农业生产力增长是促进农业发展的关键因素，而农业机械化则是在农村劳动力匮乏

---

① 这种倒"U"形关系不同于 wang 等（2014）以前的研究，后者表明农场规模与生产力之间存在正关系。但 wang 等（2014）的研究基于一个涵盖 2000～2008 年的数据集，该数据集几乎没有大农户。所以他们的样本完全位于倒"U"形关系曲线的第一部分。

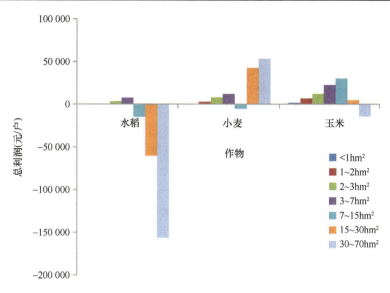

专题图 2-19　2013 年农地经营规模与农户总利润的关系
图例从上到下与图中柱形从左到右逐一对应

和农业工资上涨的大背景下维持农业生产力的重要途径。但是由于存在着大量经营规模狭小的农户，传统的以购买机械为基础的农业机械化发展受到一定的阻碍。在这样的情况下，只需要购买服务而不用负担机械沉没成本的农机社会化服务成为替代自购机械的重要途径。

　　研究农机社会化服务的主体特征和发展趋势、采用情况和影响因素，以及其对利润和全要素生产率的影响，能够指导农业生产方式合理调整，促进生产力持续增长。本研究的结果具有重要的实证意义。

　　本节在以下三个方面展开翔实的研究。

　　第一，农机社会化服务的特征和发展趋势。

　　第二，农户对农机社会化服务的采用情况以及影响因素。

　　第三，农机社会化服务对农业生产利润和全要素生产率的影响程度和可能的作用渠道。

（一）农机社会化服务的定义和计算

　　关于"农机社会化服务"，学界存在着一些与其有关联但是含义和内涵有所差异的概念，如农机社会化服务、农机生产性服务、农业机械外包等。针对以上不同的定义，本部分就这些概念进行说明和辨析。

1. 农机社会化服务的定义和内涵

　　"农业社会化服务"一般以国务院《国务院关于加强农业社会化服务体系建设的通知》（国发［1991］59 号文件）的解释为其定义，即"农业社会化服务，是包括专业经济技术部门、乡村合作经济组织和社会其他方面为农、林、牧、副、渔各业发展所提供的服务"。学者将其系统化、内涵扩展后，形成了"农业社会化服务体系"。具体是指在家庭承包经营的基础上，为农业产前、产中、产后各个环节提供服务的各类机构和个人所形成的网络与组织系统，包括物资供应、生产服务、技术服务、信息服务、金融服务、保险服务，以及农产品的包装、运输、加工、贮藏、销售等内容。

"生产性服务业"（producer service）这个概念最早是由经济学家 Greenfield（1966）在研究服务业的分类时提出的。Coffey（2000）对生产性服务业的功能进行了研究，提出生产性服务业不是直接用来消费，但可直接产生效用，它是一种经济中的中间投入，用来生产其他的产品或服务，可以提高生产能力。生产中的服务主要包括两种形态，①内部化、非市场化的非独立形态，如农户或家庭农场自我提供农机服务；②外部化、市场化的独立形态，如农机服务公司为农户或家庭农场提供市场化农机服务。生产性服务业与后者相对应，是市场化、外部化的生产性服务的集合体（姜长云，2016）。

学者借用了"农业生产性服务业"这个概念来说明为农产品的生产者提供中间服务的产业，与其相对应的是"农村消费性服务业"（庄丽娟等，2011）。从产业链的角度看，农业生产的产前、产中及产后都需要生产性服务的支撑，产前的服务主要有良种、农机具、农药与化肥等农用物资的生产和供应等；产中的服务主要包括技术、信息、植保防疫、保险等；产后的服务则主要涉及农产品采后处理、保鲜储运、加工包装、营销等；资金服务则贯穿于整个产业链条（肖卫东，2012；郝爱民，2015）。纪月清（2010）专门提出了"农机生产性服务"概念，指为生产提供农业机械操作的作业服务，包括两方面：①自有机械提供的作业服务；②从市场上购买的由其他主体提供的作业服务。"外包"（outsourcing）一词最早出现在 1990 年 Prahalad 和 Hamel 的《企业的核心竞争力》论文中，意指企业将生产链条中一些非核心性环节发包给第二方企业来做的生产经营方式，其核心就是"外部资源利用"（outside resource using）（Quinn，1994）。Domberger（1998）定义的外包是指企业把先前由内部实现的活动签约给外部承接者来完成的一种市场组织形式，也是指将内部活动授权给第三方去运营的行为。外包被广泛接受的分类是：制造外包和服务外包，即如果外包的对象是制造业中的某个环节为制造外包，若以服务活动为对象则是服务外包。强烈的竞争迫使企业去寻找新的竞争优势来源。从 20 世纪 80 年代开始，购买开始成为一种策略性的行为。市场虽然有其局限性，但购买行为对于供应方实现产品质量提高和减少成本的重要性越来越突出（Arnold，2000）。

Vernimmen 等（2013）将"农业外包"定义为将部分农业生产管理环节转移给其他农场或第三方完成，而非生产者亲自执行。具体到种植业，农业外包服务主要包括机耕、播种、植保、收割等服务。在农业中发展外包咨询服务是包括非洲等多国农业改革系统的重要内容。

由此我们发现，所有关于农业中机械服务的概念其内涵大体类似，但是其强调的重点稍有不同，综合对比来看，"农机社会化服务"是指农业社会化服务中农业机械方面的服务；而"农机生产性服务"不仅包括市场化的服务，还包括农户自己提供的服务。农机社会化服务只包含农机生产性服务中由其他组织和个人为农户提供的农机作业服务部分，不包括农户自有机械提供的服务。"农业机械外包"所指的内容与农机社会化服务相似，但是其强调农业机械服务是由农户自身以外的其他主体提供的，是生产分工在农业中的体现。还有一个值得注意的概念是"农机定制服务"，这个概念主要强调提供的是连人带机械的机械操作服务，而不是单纯的机械租赁。本研究将采用学者较为常用的"农机社会化服务"来定义我们的研究对象。为了强调这样的服务主要是连人带机械的操作服务，因此英文翻译为"mechanization custom service"。

2. 农机社会化服务的测度

农机社会化服务需要被有效测度,才能更好地分析农机社会化服务的发展现状及其作用。目前,学者提出的完备的农机社会化服务衡量标准还较少,多数人借鉴农业机械化水平的衡量标准去度量农机社会化服务。"农业机械台数"和"农业机械动力"是最常用的反映农业机械化水平的两个指标。但农业机械化从本质上讲,既不是农业机械的简单堆积,也不是农业动力的多寡,而是农民在农业生产各环节能享受到的农机服务量,或者说是农业机械在农业生产各环节对人力的替代率,因此前两个指标并非反映农业机械化水平的本质指标(曹阳和胡继亮,2010)。还有文献将机械耕地面积占耕地面积的比例(机耕水平)、机械播种面积占播种面积的比例(机播水平)、机械收获面积占播种面积的比例(机收水平)作为衡量标准(王新利和赵琨,2014)。周振等(2016)改进了农业部测算所用的农作物耕种收综合机械化率作为衡量指标。原农作物耕种收综合机械化率测算方法是:机耕水平、机播水平与机收水平分别按照 0.4、0.3、0.3 的权重进行加权平均计算。周振等采用"乘法原理",将机耕、机播与机收三个环节的乘积比加权平均,其强调某个环节的机械化仅仅是综合机械化的必要条件而不是充分条件。

以上测度方法只能表明机械化发展的程度,并且无法分辨这些服务是操作自有机械完成的,还是购买社会化服务完成的,因此用其对农机社会化服务水平的度量存在着很大的缺陷。而最常用的度量外包程度的指标是外包的劳动和资金占所有机械操作的比例(Picazo-Tadeo and Reig-Martínez,2006)。但是由于农业生产各个环节的能量消耗不同,多个环节之间无法简单比较和加总。为了解决这个问题,有学者采用农户购买农业机械服务的支出总额作为替代指标(曹阳和胡继亮,2010)。它包括农地的耕耙、平整、灌溉,以及农作物的播种、收割、运输等方面的农机作业支出。支出总额的计算需要知道各项服务的服务量和相应的价格,对数据的要求会比较多。纪月清和钟甫宁(2013)设计了"标准稻麦联合收割亩"的概念,即将各环节的农机社会化服务面积按照计算的系数折合成稻麦联合收割面积,然后加和作为农户的农机服务使用总量。这种方法可以很好地涵盖所有生产环节,并且将它们变成可比的"标准面积"。该方法基于认为当时的机械服务价格就是对每个生产环节消耗能量的完全体现这个假设来进行计算。不过随着农机社会化服务市场的逐渐发展,各类机械服务的价格相对稳定,该种方法得到的结果基本是可以接受的。

(二)中国农业机械的发展

1. 机械数量与机械动力

中国农业机械化的发展经历了 6 个阶段。以"增补旧式农具、推广新式农具、发展排灌机械、创办国营机械化农场、试办国营拖拉机站和建立农机工业"为特征的起步阶段(1949~1957 年)(张月群和李群,2012);将农业机械化作为农业技术改造主要方向的调整改革阶段(1957~1965 年);提出"1980 年基本上实现农业机械化"的"冒进"阶段(1965~1980 年)(杨树果等,2016);逐步取消计划经济时期扶持农业机械化的优惠政策,鼓励农户自购机械的机制转换阶段(1980~1994 年);促进农机化服务组织结构与方式创新和组织大规模农机跨区作业的社会化、市场化发展阶段（1994～2004年）；监督、管理和立法逐渐规范，各类农业机械数量、质量高速增长的阶段（2004年至今）。

各类机械的数量在中国都有较大幅度增长，其中小型拖拉机和排灌水机械在中国的增长尤为迅速（专题图2-20）。小型拖拉机的数量从1962的1000台左右，增长到2012年的1797.2万台，但是随后有所下降，到2015年时数量为1703万台。与此相对应的是大中型拖拉机，其数量在1994年之后快速增长，"挤出"了部分小型拖拉机。排灌水机械的数量在2015年超过了2300万台，体现了中国农业对灌溉设备的强烈需求。播种机和机动喷雾机的数量也有一定程度上涨，到2015年数量都超过了600万台。传统的人力植保活动也逐渐被各类机械替代。联合收割机数量较少，增长速度较缓慢，到2015年时仅为173.9万台，这使得目前收获环节对于许多作物而言还是劳动密集型的环节。

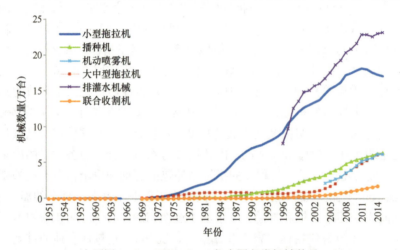

专题图2-20　1951～2015年中国各类机械数量

数据来源：中国机械工业年鉴编辑委员会和中国农业机械工业协会，1986～2016、《中国农业年鉴》（1980～2016年）

农业机械数量的快速增加也带动了农业机械总动力的上升（专题图2-21）。农业机械总动力从1949年几乎为零，到1974年的0.48亿kW，再到2015年达到了11.2亿kW，显示了中国农业机械的高速发展。与各类机械的数量相对应，各类拖拉机和联合收割机的机械动力都在上涨，但是排灌水机械和机动喷雾机虽然在数量上有上涨，但其机械总动力的变化不大。结合各类机械的平均马力（专题图2-22），我们发现联合收割机的平均马力是各类机械中最大的。在2008年出现波动是因为将许多收获马铃薯、红薯等的机械也算入了联合收割机中，统计口径发生了变化。拖拉机由于大中型机械的发展，平均马力在缓慢上升，1996年为10.3kW，到2015年增长了约50%。但是机动喷雾机和排灌水机械虽然总体数量在增长，但平均动力略有下降，呈现小型化趋势。

2. 作物的机械化程度

随着中国机械投资的扩大，各生产环节的机械化率均有增长（专题表2-24）。从1998年开始，中国的作物总播种面积一直维持在1.6亿hm^2左右。生产环节的机械化体现出了生产方式的改变。耕整地环节是机械化率最高的环节，1998年为38.6%，到2015年72.1%的总播种面积都是采用机械进行耕整地的。机械收获是机械化率增长比较快速的一个机械作业环节，到 2015 年已经达到了 52.7%，是 1999 年（16.3%）的 3 倍多。灌溉和植保环节相较而言机械化率较低，在 2015 年占总播种面积的 32%和 40.4%。

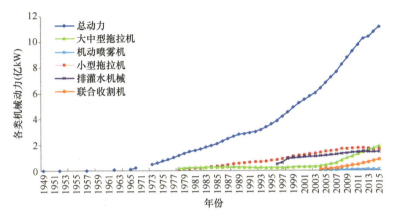

专题图 2-21　1949～2015 年中国农业机械总动力

数据来源：《中国农业统计年鉴》（1980～2016 年）、《新中国农业 60 年统计资料》

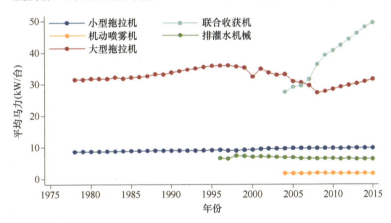

专题图 2-22　1978～2015 年中国各类机械的平均马力变化

数据来源：《中国农业统计年鉴》（1980～2016 年）、《新中国农业 60 年统计资料》

专题表 2-24　1998～2015 年中国农作物总播种面积以及机械操作的百分比　（%）

年份	总播种面积（亿 hm²）	耕整地	播种	灌溉	植保	收获
1998	1.6	38.6	24.6	—	—	—
1999	1.6	39.6	25.5	—	21.3	16.3
2000	1.6	39.7	25.5	34.7	22.9	16.9
2001	1.6	39.6	26.1	32.8	22.9	17.0
2002	1.5	39.6	26.6	33.9	23.0	17.6
2003	1.5	40.0	26.7	31.2	23.6	18.0
2004	1.5	41.4	28.8	30.1	26.0	19.8
2005	1.6	41.9	30.3	29.5	26.6	22.0
2006	1.5	44.4	33.0	31.1	29.1	25.3

续表

年份	总播种面积 （亿 hm²）	耕整地	播种	灌溉	植保	收获
2007	1.5	46.7	34.4	31.9	30.2	27.5
2008	1.6	58.3	37.7	29.8	32.3	30.4
2009	1.6	60.3	41.0	30.1	33.6	33.7
2010	1.6	62.6	43.0	30.7	35.7	37.2
2011	1.6	65.9	44.9	31.9	36.8	40.7
2012	1.6	67.5	47.0	32.0	38.3	43.6
2013	1.6	69.1	48.8	32.3	38.9	47.0
2014	1.7	71.0	50.7	32.4	39.7	50.3
2015	1.7	72.1	52.1	32.0	40.4	52.7

数据来源：《中国农业统计年鉴》（1980～2016 年）

在中国农业的机械化率快速提升的同时，各类作物的机械化程度却各有不同（专题图 2-23）。从 2008 年开始，水稻和小麦的播种面积分别在 300 万 hm² 和 240 万 hm² 左右。而玉米的播种面积从 2008 年的 289.6 万 hm² 增加到 2015 年的 381.2 万 hm²，是播种面积最大的几种作物。粮食作物（小麦、玉米、水稻）整体的机械化水平较高。小麦是机械化程度最高的作物，每个环节的机械化率都在 80% 以上。水田的耕整地非常消耗动力，因此水稻机耕面积所占的比例较大，其次是机收面积；但是由于水稻多采用插秧的播种方式，机械播种面积不足总播种面积的一半。玉米则是机械播种面积所占的比例最高，机械耕地面积所占的比例其次，玉米的机械收获较为麻烦，因此是该作物机械化率最小的环节，但是其增长速度较快。其他作物中，棉花的机耕和机播面积所占比例分别接近 100% 和 80%，但是收获环节的机械化程度较低。大豆、油菜籽、马铃薯和花生等经济作物机播和机收面积所占的比例较少，但是机械耕地面积所占的比例都超过 40%。

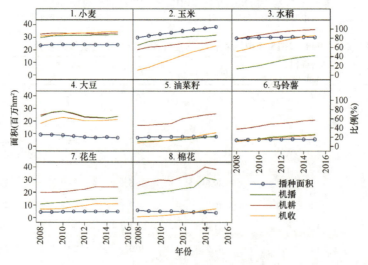

专题图 2-23　2008～2015 年中国各类作物的播种面积和各环节使用机械面积所占的比例

数据来源：历年《中国农业机械工业年鉴》

（三）中国农机社会化服务的发展趋势和供给特征

本节分析农机社会化服务在全国层面的发展情况，特别是跨区服务的发展情况。在了解中国社会化服务的发展情况之后，我们以微观调研的数据为基础，在村层面研究农机社会化服务对主要粮食生产的贡献，以及分析农机社会化服务主体的自身特征及机械服务的提供情况；最后分析对农机社会化服务发展起关键作用的因素。

1. 中国农机社会化服务的发展趋势

（1）社会化服务的发展现状

在中国，随着农村经济的发展，已出现一批专门从事"翻地、播种、收割农业机械操作"的农户（刘凤芹，2003），形成了农机社会化服务。农机社会化服务是指农机服务组织、农机户[①]为其他农业生产者提供的机耕、机播、机收、排灌、植保等各类农机作业服务，以及相关的农机维修、供应、中介、租赁等有偿服务的总称。如专题表 2-25 所示，2001 年中国有农机户 2851.5 万户，其数量每年都在快速增长，到 2015 年已经达到了 4336.7 万户，增长了 52.1%。随着农机户群体的快速扩张，机械原值在 20 万～50 万和超过 50 万元的农机户比例并没有快速增加，而是分别停滞在 1.0% 和 0.1% 左右。绝大多数的农机户是只有少量机械的小户。与此同时，农机专业户[②]所占比例在 12% 左右，多数农机户以自我服务为主，参与社会化服务的比例较少。

专题表 2-25　2001～2015 年中国农机户数量及各类型所占比例

年份	农机户（万户）	专业农机户（%）	机械原值20 万～50 万（%）	机械原值超过 50 万（%）
2001	2851.5	11.2	—	—
2002	2939.5	11.2	—	—
2003	3054.6	11.8	—	—
2004	3197.5	11.3	—	—
2005	3358.9	11.4	—	—
2006	3474.8	11.1	—	—
2007	3629.5	11.0	—	—
2008	3833.0	11.0	0.9	0.1
2009	3940.3	11.3	0.9	0.1
2010	4058.9	11.9	1.0	0.1
2011	4111.1	12.4	1.0	0.1
2012	4192.3	12.4	1.0	0.1
2013	4238.7	12.4	1.1	0.1
2014	4291.1	12.2	1.2	0.2
2015	4336.9	12.1	1.2	0.2

数据来源：历年《中国农业机械工业年鉴》

---

① 农机户：指拥有或承包（租赁）2kW 以上（含 2kW）的农用动力机械，自用或为他人作业的农户。两户或多户联合购买、经营农业机械的只作为一户统计。农机作业户兼营农机修理、农机经营的应分别统计，但人员不能重复计算。

② 农机专业户：指用农业机械为农业生产提供作业服务的农户，其服务时间（一般定为 300 天）在 60% 以上；服务收入占全家收入的 60% 以上。农机化服务专业户必须同时满足以上两个条件。

除了农机户以外，农机化作业服务组织[①]也在不断发展（专题图 2-24）。到 2015 年农机化作业服务组织的总数为 18.2 万个，仅为农机户总数的 0.4%，但是农机化作业服务组织中机械原值高于 20 万元的组织数量远高于农机户，并且在组织总数变化较小的情况下，组织拥有的机械原值在逐渐增加，其中高于 50 万元的组织数量在 2015 年达到了 21.5%。农机化作业服务组织中，专业化组织的数量也达到了 31.0%。农机化作业服务组织比起农机户拥有更好的机械装备，并且更加专业化。

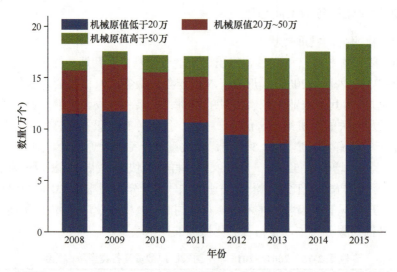

专题图 2-24　2008～2015 年中国不同类型农业机械社会化服务组织的数量
数据来源：历年《中国农业机械工业年鉴》

随着农机户和农机化作业服务组织的发展与变化，农机社会化服务的总收入也在不断上升（专题图 2-25）。中国农机化作业收入[②]由 2004 年的 2096.6 亿元增长到 2013 年的 4467.63 亿元[③]，10 年间增长超过一倍，而农业机械化经营总收入[④]的增长趋势与其相同，2004 年为 2421.5 亿元，到 2015 年的时候这个数字增长到 5522 亿元。

（2）跨区社会化服务的发展现状

中国幅员辽阔，南北气候相差较大，不同区域的农作物成熟存在一个时间差，因此为社会化服务的发展提供了基础。中国农民早在 500 年前就出现了横跨数百里提供专业割麦服务的"麦客"（田富强等，2006），跨区域的机械社会化服务开始逐渐发展。此后，农业机械逐步替代了镰刀和人力，跨区机械作业方式逐渐成为农业机械化、市场化的一种较为成熟的模式（高鸣和宋洪远，2014）。同时，在中国土地高度细碎化、生产分散化的情况下依然可以实现农业机械化水平的提升，并保证农业产出的稳定增长（Zhang et al.，2017；伍骏骞等，2017）。

---

　① 农机化作业服务组织：指利用各种农业机械从事农田作业、农业工程施工、农副产品加工及运输等服务的单位和组织，包括县以上（含县）农机化作业服务组织、乡（镇）农机化作业服务组织、村农机化作业服务组织、农机户和其他农机化作业服务组织，也包括归口管理的排灌站、植保站、航空站等。
　② 农机化作业收入：指利用各种农业机械从事作业服务所取得的全部收入。其中运输收入是指利用拖拉机、农用运输车等农业机械从事运输作业所取得的收入
　③ 2013 年以后该数据没有再被公布。
　④ 机械化经营收入：包括农机化作业收入、农机修理收入和其他收入。

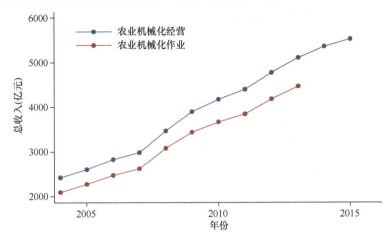

专题图 2-25　2004～2015 年中国农业机械化作业和农业机械化经营的总收入
数据来源：历年《中国农业机械工业年鉴》

中国跨区机械服务的发展受到政府行为的较大影响。1996 年"三夏"期间，农业部会同有关部门，首次在河南、河北、陕西、山东、陕西、内蒙古、甘肃、北京、天津、安徽、江苏 11 个省份组织开展了跨区机收小麦大会战。出动联合收割机 6.45 万台，其他收获机械近 80 万台，其中跨地区、县流动作业的收割机 2.34 万台，跨省作业的联合收割机 0.84 万台，跨区域机收小麦 1600 多千公顷①，占小麦播种面积的 56%。1998 年农机部门加大了组织和服务力度，为跨区机械服务创造了良好的经营环境。通过对跨区作业的联合收割机免收过路费、过桥费，并且加强供需协调、技术服务、手机培训、机械检修和零件配给等服务，跨区机械服务的区域已经由上一年的 19 个省扩大到了小麦的所有产区。1999 年农业部加大了农机跨区作业组织管理和服务力度，小麦机收率扩大到 63%。2000 年农业部颁发了《联合收割机跨区作业管理暂行办法》，对扩区作业的组织管理、信息服务、作业合同、安全生产和作业质量等做了明确规定，法制化和规范化了跨区作业。当年，签订跨区作业合同 72 675 份，核发 6.3 万张"联合收割机跨区作业证"。此后，相关部门继续在信息服务、人员组织、后勤保障、机械质检等方面继续加大支持力度，确保历年"三夏"和"三秋"重要农业生产阶段的跨区机械社会化服务有效开展。跨区作业不仅保证了农业生产的顺利进行，降低了农户的劳动强度，而且明显提升了农业机械的利用率和经济效益，为农村第二、第三产业的发展创造了有利条件。

跨区机械服务最开始主要是针对机械收获活动，此后跨区机械耕地、机械播种都有一定程度发展（专题表 2-26）。从中国整体来看，2008～2013 年，跨区服务的面积在不断上升，最高的时候达到了 3670 万 hm²，占播种总面积的 22.3%。但是，随着各地区本地机械化的发展，2013 年后跨区机械服务的面积有所减少，占播种面积的比例下降了6.8 个百分点，占各个环节机械服务的比例也出现了下降。2013 年之后，跨区机械收获、耕地和播种的面积都有所减少，但是机械收获面积减少的比例较大。虽然跨区机械耕地、播种和收获环节的面积在近些年缩小，但是机械植保、产后机械处理等跨区服务面积在逐渐上升。

① 统计口径上的"跨区机械服务"是指去到外县进行的机械服务，县以下的面积不作计算；千公顷不是标准单位，但在小麦种植统计中常使用，因此此处不做修改，1 千公顷=0.1 万 hm²。

专题表 2-26　2008～2015 年中国跨区机械服务面积占播种面积和机械服务面积的比例

年份	占播种面积（%）	占机械面积（%）		
		机耕	机播	机收
2008	15.4	4.4	2.9	38.2
2009	17.3	4.7	2.7	38.6
2010	18.0	4.9	2.7	35.9
2011	20.3	4.7	3.1	37.9
2012	21.0	5.2	3.4	35.1
2013	22.3	5.9	3.8	33.6
2014	18.9	5.1	3.4	25.5
2015	15.5	4.4	3.0	18.9

数据来源：历年《中国农业机械工业年鉴》

　　分作物来看，跨区机械服务主要是针对小麦的机械收获活动，但是玉米和水稻的跨区收获面积从 2000 年开始也有一定程度的增加（专题图 2-26）。2013 年之前，除了 2003 年由于"三夏"期间需要严防"非典"疫情，大量联合收割机跨区转移受阻以外，各种作物的跨区机械收获面积呈现出逐年上升的趋势，小麦的增长速度比较快，玉米的增长速度最慢。在 2013 年左右，跨区机收的面积有所减少，小麦和水稻有了很大幅度的下降。

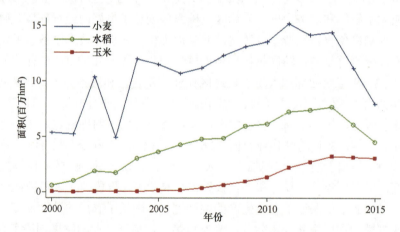

专题图 2-26　2000～2015 年中国主要作物的跨区机械收获面积
数据来源：历年《中国农业机械工业年鉴》

（3）村社会化服务提供情况

　　从 1983 年开始，样本村就开始出现提供社会化服务的主体（专题图 2-27）。人民公社解体以后，集体所有的农业机械也逐步由集体所有变为个人管理，由于之前集体所有的机械较为大型，单个农户的需求没有完全覆盖机械的机械力，于是这些机械成为中国农机社会化服务的起点。之后农机社会化服务的发展较为缓慢，直到 1999 年，跨区农业机械服务的加快发展带动了农业机械化的整体发展。社会化服务主体出现与发展的时间段，也与村层面的数据相吻合。但受限于地形地貌，以及部分区域的土地规模狭小，到 2015 年，还有 9% 的样本村没有社会化服务的提供主体。

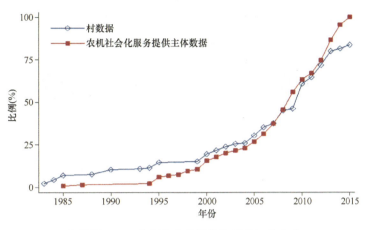

专题图 2-27　农机社会化服务比例的年份分布
数据来源：CCAP 微观调查

　　与宏观数据相契合，本村的农机户是提供社会化服务的主要主体（专题表 2-27）。从全国平均来看，每个村有 4.8 个农机户、0.5 个农机社会化服务组织，服务组织只占服务提供主体的 9.4%。分区域来看，东北的个体农机户数量较多，达到了 8.4 个，五省份达到了 3.7 个，华北最少，只有 1.7 个。东北地区也拥有最多的服务组织，达到了 0.6 个，华北地区的农机服务组织数量最少，只有 0.1 个。为样本村提供服务的农机户主要来自本村（89.5%），有 2.1% 来自本省的外村，其余是来自外省的服务。机械服务组织也主要来自本村，剩下的 20% 来自外省。

专题表 2-27　2015 村样本村农机社会化服务主体类型、来源和平均数

区域	本村		本省外村		外省		合计	
	农机户	服务组织	农机户	服务组织	农机户	服务组织	农机户	服务组织
东北	8.4	0.6					8.4	0.6
华北	1.7	0.1					1.7	0.1
五省份	3.7	0.2	0.2		0.8	0.1	4.7	0.3
全国	4.3	0.4	0.1		0.4	0.1	4.8	0.5

　　数据来源：CCAP 微观调查；农机社会化服务组织包含农业合作社和农机服务队，样本村合作社是有对非社员提供有偿机械社会化服务的合作社，包括土地合作社和机械合作社

　　需要说明的是，有些样本由于机械服务提供主体服务的面积过小，或者是拥有机械的价值过低，其行为不是典型的农机服务提供主体的行为，因此，我们按照提供服务总面积大于 5 单位标准稻麦收割公顷，机械现值大于 5 万元以及每万元服务的面积大于 5 单位标准稻麦收割公顷作为标准，筛选合适的农机服务主体之后进行分析。最终样本为 89 个，三年的总观测值为 252 个（专题表 2-28）。

专题表 2-28　用于分析的农业机械社会化服务主体数量

类型	2013 年	2014 年	2015 年	合计
个体	48	54	58	160
服务组织	30	31	31	92
合计	78	85	89	252

　　注：数据来源于 CCAP 微观调查

专题表 2-29 表明，2005～2015 年，所有的农业生产环节都出现了农机社会化服务，并且社会化服务生产工作量所占的比例有一定程度的上升，展现出了农机社会化服务快速发展的趋势。耕整地和收获这种动力密集型的环节是社会化服务生产工作量所占比例较高的环节，而打药、施肥等控制密集型环节由付费服务来完成的比例较少（Binswanger et al.，1995）。分作物来看，无论哪个样本地区，小麦生产过程中社会化服务生产工作量所占的比例是最高的，其次是玉米，最低的是水稻。分区域来看，华北小麦的社会化服务生产工作量所占的比例高于五省份样本，但是玉米和水稻两种作物五省份样本的社会化服务生产工作量所占比例较高。需要注意的是，当地的机械化操作一方面来自自己购买的机械，一方面来自购买的机械服务，因此农机社会化服务工作量占整村工作量比例的高低并不能够代表当地机械化的发展水平，机械化生产工作量所占比例会比社会化服务生产工作量所占比例要高。

专题表 2-29　2005～2015 年样本村主粮作物社会化服务占整体生产工作量的比例

地区与环节	小麦			玉米			水稻		
	2005 年	2010 年	2015 年	2005 年	2010 年	2015 年	2005 年	2010 年	2015 年
东北									
耕整地				17.4	33	35	28.1	37.4	23.1
播种				2.1	23.7	26.3	0.3	8	9.7
打药				0	21.6	17.0	0	8.2	11.6
施肥				1.9	24.1	24.6	0	0	12.0
收获				8.6	40.0	51.6	8.2	33.1	46.8
华北									
耕整地	87.8	99.7	99.3	0	0	0			
播种	78.9	96.8	99.3	36.2	56.1	64.0			
打药	31.3	36.2	36.2	25.6	31.7	31.7			
施肥	0	0	9.1	0	0	5.8			
收获	88.5	99.7	99.3	30.0	52.5	70.0			
五省份									
耕整地	79.1	79.1	79.4	64.9	66.3	68.4	21.5	38.4	44.6
播种	58.5	66.2	65.2	43.7	48	48.9	3.5	7.3	8.0
打药	33.7	34.1	33.1	30.3	31.5	31.0	0	0	1.7
施肥	38.8	45.1	43.8	34.8	35.3	34.4	0	1.7	1.7
收获	70.8	74.7	73.2	42.7	51.2	59.6	18.8	37.2	53.0

注：生产工作量=作物播种面积×环节需要完成的次数；数据来源于 CCAP 微观调查

2. 农机社会化服务提供主体及其特征

（1）服务主体机械拥有情况

不同类型的农机社会化服务主体拥有的机械种类和数量存在较大的差异。随着机械制造价格相对下降，两类服务主体拥有的每一类机械平均数量都在增加（专题表 2-30）。2015 年个体农机户主要拥有拖拉机（1.3 台）、旋耕机（1.3 台）、联合收割机（0.9 台）和农业运输车（0.8 台），其余机器几乎没有，其业务范围主要是耕整地和收割。服务组织拥有的拖拉机、旋耕机和联合收割机的数量，分别是农机户的 6.2 倍、3.4 倍和 2.8 倍，并且除了农机户主要拥有的机械类型以外，还拥有起垄机、秸秆还田机、普通播种机、喷药机等，使得一个服务主体可以提供耕地、播种、植保、收获和收获后处理等多个农业生产环节的机械服务。总体来看，服务主体的机械总资产现值都在逐渐增加（专题表 2-31），提供服务的能力有所增强。但服务组织的资产增长更加迅速，到 2015 年其资产现值大概是农机户的 8.5 倍。

专题表 2-30　2013～2015 年农机社会化服务主体平均拥有的机械数量

机械类型	农机户（台）			服务组织（台）		
	2013 年	2014 年	2015 年	2013 年	2014 年	2015 年
拖拉机	1.2	1.3	1.3	5.1	7.5	8.1
旋耕机	0.8	1.1	1.3	3.3	3.8	4.4
联合收割机	0.8	0.8	0.9	1.6	2.0	2.5
起垄机	0.1	0.1	0.1	0.7	1.1	1.3
深松机	0.04	0.04	0.03	0.20	0.20	0.30
免耕播种机	0.0	0.0	0.02	0.4	0.5	0.8
插秧机	0.3	0.3	0.3	1.8	2.0	2.2
秸秆还田机	0.3	0.3	0.3	0.7	0.9	1.0
排灌机	0.02	0.02	0.10	0.20	0.20	0.20
脱粒机	0.1	0.1	0.1	0.2	0.2	0.3
烘干机	0.02	0.02	0.02	0.10	0.20	0.40
普通播种机	0.2	0.2	0.2	0.7	0.8	1.1
喷药机	0.1	0.1	0.2	0.5	0.8	1.1
秸秆打包机	0.0	0.0	0.0	0.1	0.1	0.2
灭茬机	0.1	0.1	0.1	0.4	0.8	0.9
农用运输车	0.8	0.7	0.8	1.6	1.6	1.7
其他机器	0.1	0.2	0.2	0.4	0.5	0.8

数据来源：CCAP 微观调查

专题表 2-31　2013～2015 年农机社会化服务提供主体机械资产现值

年份	资产现值（元）	
	农机户	服务组织
2013	13.5	95.3
2014	15.0	113.2
2015	16.3	138.3

数据来源：CCAP 微观调查

（2）服务主体的服务供给情况

1）提供服务的对象。机械服务主要针对水稻、玉米、小麦三大主粮作物（专题图 2-28），其他作物采用社会化服务的面积非常少。农机户主要为水稻生产提供服务，其次是玉米，为小麦服务的面积较少，但是农机户服务的水稻面积逐年略有下降，玉米面积略有上升。服务组织为玉米和水稻生产服务的面积相差不多，小麦依然是服务面积最少的作物。不同区域的服务主体之间由于当地作物种植情况和地形地貌的不同，服务面积中各类作物所占的比例差异较大。东北和东部的服务主体主要是水稻，中部的服务面积中 40%是玉米，西部地区的主要服务对象是小麦。

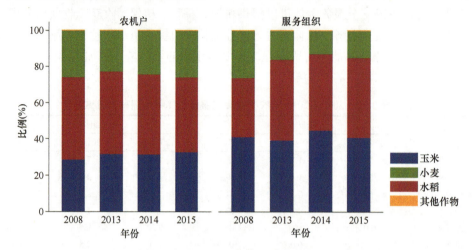

专题图 2-28　2008~2015 年机械服务主体服务各类作物的面积分布

数据来源：CCAP 微观调查

2）提供服务的面积。在主粮作物生产的各个环节上，单个机械服务组织服务的面积几乎都大于农机户服务的面积（专题表 2-32）。分作物来看，两种机械服务主体为水稻提供的操作面积最多，玉米其次，小麦最少。但与此相反的是，服务面积占操作面积比例最高的是小麦，其次是玉米，最低是水稻，这意味着服务主体自己主要经营水稻，而主要为小麦提供社会化服务。分环节来看，个体户和服务组织主要为小麦与玉米提供打药及收获服务，提供施肥服务最少。当为水稻提供服务的时候，农机户主要提供施肥和普通播种服务，而服务组织主要提供施肥和打药服务。

专题表 2-32　2016 年机械服务主体在主粮作物各环节的操作面积　　　　（单位：hm²）

粮食和机械服务主体		耕整地	播种	施肥	打药	收获	总计
小麦							
	农机户	26.1	26.7	9.3	26.7	28.6	69.1
	服务组织	164.0	70.0	0.0	266.7	179.0	409.6
玉米							
	农机户	33.3	21.1	20.3	20.0	41.8	95.9
	服务组织	129.7	78.3	98.9	815.0	195.5	600.7
水稻							
	农机户	22.8	48.9	100.0	26.7	33.1	101.3
	服务组织	167.8	205.2	224.0	306.7	224.9	572.0

数据来源：CCAP 微观调查

单个农机户服务的面积远小于服务组织，并且每万元的操作面积也小于服务组织（专题表 2-33）。由于不同机械操作环节所消耗的机械力差异较大，因此不同环节的机械服务面积不能直接相加，我们采用标准稻麦收割系数对不同环节的操作面积进行加和。2013~2015 年，农机户的实际操作面积（为自己服务加上为别人服务的面积）在 2014

年有所降低之后略有升高，其提供的服务面积的变化趋势也是如此。机械服务组织的实际操作面积约为农机户操作面积的 10 倍，并且三年内一直在快速增长，2015 年（1305.6hm²）比 2013 年多出 259.0hm²，增长约为农机户实际操作面积的两倍，其服务面积也在增长，但是增长率低于操作面积。综合来看，农机户的服务面积占总操作面积的比例在逐渐上涨，2015 年达到了 85.9%，体现了农机户机械服务的专业性在增强。而与此相反，机械服务组织虽然操作面积在快速上涨，但是服务面积所占的比例在缓慢下降，各年均低于农机户。机械服务组织更加专注于自己大面积的生产经营。

专题表 2-33　2013～2015 年机械服务主体的操作面积和每万元服务面积

主体和年份	总操作面积（hm²）	提供服务面积（hm²）	资产现值（万元）	每万元操作面积[①]
农机户				
2013 年	130.6	101.7	13.5	17.2
2014 年	124.6	98.5	15.0	14.2
2015 年	126.5	101.5	16.3	11.0
服务组织				
2013 年	1046.6	702.6	95.3	23.4
2014 年	1226.6	814.7	113.2	15.4
2015 年	1305.6	836.0	138.3	12.1

数据来源：CCAP 微观调查

虽然单个机械服务组织提供的机械社会化服务面积远大于单个农机户，但是由于农机户数量众多，目前中国的社会化服务主要由农机户提供（专题表 2-34）。在耕作和收割这两个最重要的生产阶段，农机户提供的服务覆盖全国 54.9% 的耕地面积和 42.3% 的收获面积，分别是机械服务组织的 5 倍和 4 倍左右。农机户提供服务的能力和技术水平，将较大地影响中国机械服务发展的水平。之前的分析显示，农机户拥有的机械较少，且单个机械的机械原值较低，因此目前中国农机社会化服务的发展水平还有待提高。

专题表 2-34　2013～2015 年机械服务主体数量和服务总面积

主体和年份	数量（万）	平均服务面积（hm²）		估计服务总面积（hm²）		服务面积占总面积比例（%）	
		耕整地	收获	耕整地	收获	耕整地	收获
农机户							
2013 年	526	19	15	9770	7740	59	47
2014 年	524	16	12	8610	6160	52	37
2015 年	525	17	13	9140	7040	55	42
服务组织							
2013 年	17	94	115	1580	1930	10	12
2014 年	18	91	104	1600	1810	10	11
2015 年	18	104	118	1900	2150	11	13

数据来源：依据 CCAP 微观调查和历年《中国农业机械工业年鉴》估算

---

① 每万元操作面积=机械现值/实际操作面积。

（3）服务主体的成本、收益和补贴情况

服务组织是比农机户提供服务成本更低的服务提供者（专题表 2-35）。机械服务的成本主要由劳动力、机械折旧、油费、维修费和其他费用组成。劳动力成本又分成自有劳动力的机会成本折价[①]和雇佣劳动力的实际支出。由于不同服务主体操作面积之间的差异较大，我们用每公顷的服务成本对比来说明两者提供服务的效率差异。分单项成本来看，农机户的雇佣劳动力成本、油费和维修成本均高于服务组织，而由于服务组织拥有更多的机械，其机械折旧成本高出农机户 1/9～1/3。综合来看，农机户和服务组织的每公顷总成本从 2013 年开始都有所上升，而每年农机户的总成本均高于机械服务组织。到 2015 年的时候，农机户的每公顷成本为 1034.8 元，机械服务组织的每公顷成本为 881.7 元。机械服务组织更低的单位服务成本代表其是服务更加有效的一种机械服务主体。

专题表 2-35　　2013～2015 年机械服务主体服务每公顷的各项成本　　（元/hm²）

主体和年份	自家劳动力	雇佣劳动力	机械折旧	油费	维修费	其他	成本总计
农机户							
2013 年	123.7	124.4	263.6	278.6	86.4	6.0	882.7
2014 年	159.4	128.8	305.2	289.6	89.8	5.5	978.3
2015 年	164.0	134.5	329.4	298.4	102.4	6.0	1034.8
服务组织							
2013 年	131.7	96.4	344.4	215.7	70.6	12.6	871.4
2014 年	126.1	112.8	355.6	201.5	70.2	12.3	878.4
2015 年	114.1	125.8	367.4	199.3	62.0	13.1	881.7

数据来源：CCAP 微观调查

随着各类机械服务组织的增加和发展，农机户的营业额在缓慢下降，在 2015 年达到了 9.1 万元，但是机械服务组织的营业额在逐年增长，在 2015 年的时候达到了 124.8 万元，是农机户的 13.7 倍（专题表 2-36）。两者之间的利润也呈现农机户下降，而服务组织增长的趋势。农机户和服务组织的每公顷营业额相差不多，在 0.1 万元左右，说明不同组织在收费方面相差不大，但由于成本存在差异，农机户的每公顷利润逐渐下降，甚至变成平均值为负数，而机械服务组织还保有约 0.02 万元每公顷的利润。由于农机购置补贴的出现，平均每个农机户得到约 0.07 万元的机械补贴，约为机械服务组织的 1/6。从补贴率来看，各机械服务组织的补贴率历年略有下降，说明政策性补贴的力度有所下降，但机械服务组织得到的补贴率高于农机户，说明服务组织更受到政策的偏爱。

机械购置补贴是国家为了机械化的发展而实施的普惠性补贴。农机户的机械补贴额随着每年购买机械数量的不同有所差异，补贴额在 2013 年到 2015 年略有下降；而机械服务组织的补贴额在逐年增加。但由于两者拥有的机械现值有差异，因此两者的补贴率其实差异较小，补贴率均在 2%～4%。机械购置补贴使得机械变得便宜，从而使机械服务主体能够获得更多的利润，因此一些本来利润为负值的主体进入了机械服务提供行

[①] 自家劳动力折价按历年《农产品成本收益资料汇编》中家庭劳动力日均折价来计算其机会成本。

专题表 2-36　2013～2015 年机械服务主体的营业额和利润

主体和年份	营业额/万元	总成本（万元）	利润（万元）	每公顷营业额（万元）	每公顷利润（万元）	补贴额（万元）	补贴率（%）
农机户							
2013 年	9.8	6.7	3.1	0.1	0	0.07	2.3
2014 年	9.6	7.0	2.6	0.1	−0.001	0.07	2.4
2015 年	9.1	6.9	2.2	0.1	−0.01	0.07	2.1
服务组织							
2013 年	98.2	53.9	44.3	0.1	0.02	0.4	3.5
2014 年	113.3	60.1	53.2	0.1	0.02	0.4	3.1
2015 年	124.8	65.0	59.8	0.1	0.02	0.5	2.9

数据来源：CCAP 微观调查

业。对于农机户而言，2013 年有 2.08% 的农机户考虑补贴后利润为正，2014 年为 0，2015 年为 5.17%。而对于服务组织而言，前两年有 3% 左右的组织利润为正，2015 年没有组织有变化。补贴对农机户和服务组织在机械服务的成本收益方面影响较小。

3. 影响机械服务主体社会化服务供给的政策因素

（1）农业机械购置补贴

1）农机购置补贴的发展与变化。中国对农业机械的补贴可以追溯到 20 世纪 50 年代末，当时以国营拖拉机站的"机耕定额亏损补贴"方式出现。50 年代末至 70 年代末农业机械化的发展主要依赖行政计划，国家和集体直接购置农业机械并提供农机服务。大中型农业机械是当时发展的重点。为了解决中国大型农机具老化的问题，加快大型拖拉机及配套农具的更新步伐，中央财政决定从 1998 年开始，每年安排专项资金对部分省（区）县以下（含县）农机服务组织更新大型拖拉机及配套农具进行定额补助（国有企业除外）。为了管好、用好此项资金，特制定《大型拖拉机及配套农具更新补助资金使用管理暂行办法》，该项补贴也被称为"大中型拖拉机及配套农具更新补贴"。该政策要求按照中央财政每台（套）补助 5000 元，地方财政按不低于 1∶3 的比例配套。

2002 年，国家实施"农业机械装备结构调整补助费项目"，该专项经费调整为"农业机械装备结构调整补助费"。为机械设备较多、机械化较发达的黑龙江、吉林、辽宁、内蒙古、山东、河南、新疆、陕西、湖北 9 个地区提供了补贴。补贴的对象为为农民服务的农机作业服务组织、种粮大户和农机专业户。补贴的机械依然以大中型拖拉机及配套农具为主，同时对牧草收获及青贮机械、玉米收获机械、大豆收获机械等推进优势农产品发展急需的农业机械也进行扶持。并且规定：中央资金对每台大中型机械平均补助其购置价格的 30%（一般不超过 3 万元）。

2004 年，国家颁布实施《中华人民共和国农业机械化促进法》，从法律上确定了政府发展农业机械化的责任。同年的中央一号文件明确提出对农民、农机服务组织购买农业机械给予一定补助。该年专项资金改为"新型农机具购置补贴"，也就是现在说的"农机购置补贴"。该补贴从 2005 年开始覆盖全国所有农牧业县，变为普惠性政策。补贴对象也由农业机械服务主体，扩展为纳入实施范围并符合补贴条件的农牧渔民、农场（林场）职工、农民合作社和从事农机作业的农业生产经营组织，再到 2015 年将所有直接从事农业生产的个人和农业生产经营组织都纳入补贴对象的范畴。

2005～2014 年，补贴机械的范围和种类不断扩大，囊括了耕整地机械、种植施肥机械、田间管理机械、收获机械、收获后处理机械、农产品初加工机械、排灌机械、畜牧水产养殖机械、动力机械、农田基本建设机械、设施农业设备和其他机械十二大类。2015年与之前农机购置补贴不断扩大补贴机械类型的做法有所不同，发布的《2015—2017年农业机械购置补贴实施指导意见》收紧了支持机械的种类，降到了 11 个大类，43 个小类，并且财政资金重点补贴粮棉油糖等主要农作物关键生产环节所需机具，兼顾畜牧业、渔业、设施农业、林果业及农产品初加工发展等所需机具。

为进一步鼓励农民购置先进适用、技术成熟、安全可靠、节能环保、服务到位的农业机械，推进老旧农机报废更新，优化农机装备结构，2012 年中央财政新增安排农机购置补贴资金，在继续实施农机购置补贴的同时，根据农业机械报废更新需求情况，提供"农机报废更新补贴"。初期选取山西、江苏、浙江、安徽、山东、河南、新疆、浙江宁波、山东青岛、新疆生产建设兵团和黑龙江省农垦总局开展农机报废更新补贴试点工作。试点省份和单位要将农机报废更新补贴与农机购置补贴相衔接，同步实施。自 2016 年起，该项补贴已经在各省、自治区、直辖市、计划单列市和中央直属垦区全面铺开。

2）农机购置补贴的标准。对于补贴的标准，政策逐年在发生变化。2004～2008 年，机械购置补贴一直按照中央财政资金的补贴率不超过机械价格的 30%，且单机补贴额原则上不超过 3 万元，并且利用地方财政资金自主决定给予累加补贴来实施。各省份可以对一些国家没有统一规定的机械在进行申报的前提下，按照本省的情况进行补贴。2009年开始，全国总体上继续执行 30%的补贴比例，但对于血吸虫防疫区和个别发生大型灾害地区县补贴比例提高到 50%，单机补贴额最高不超过 5 万元。并且对于 100 马力以上大型拖拉机、高性能青饲料收获机、大型免耕播种机、挤奶机械、大型联合收割机、水稻大型浸种催芽程控设备、烘干机单机、甘蔗收获机、200 马力以上拖拉机、大型棉花采摘机单机提高了补贴限额。2012 年的《农业机械购置补贴实施指导意见》强调中央财政农机购置补贴资金实行定额补贴，即同一种类、同一档次农业机械在省域内实行统一的补贴标准，使得机械补贴只与机械功能与效率有关，而与品牌无关，促进了农业机械市场的良性发展。

农机报废更新补贴主要针对已在农业机械安全监理机构登记，并达到报废标准或超过报废年限的拖拉机、联合收割机。针对不同的型号进行定额补贴，最高可以享受 18 000 元的补贴。

3）农机购置补贴发放方式。关于补贴发放的方式，农机购置补贴在 2004～2008 年是实行集中支付制。购机时，农民按扣除补贴金额后的机械价格交款提货，供货方出具购机发票，由省级农机主管部门统一与供货方结算。随着农业机械化的发展，购买机械的数量不断增加，2009 年起变为申请制，在申请补贴人数超过计划指标时，补贴对象的优选条件是：农机大户、种粮大户，农民专业合作组织（包括农机专业化组织），配套购置机具的（购置主机和与其匹配的作业机具）对象；列入农业部科技入户工程中的科技示范户，"平安农机"示范户、奶农专业合作社、奶畜养殖场所办生鲜乳收购站、乳品生产企业参股经营的生鲜乳收购站。申请人员的条件相同或不易认定时，优先安排没有享受过补贴的农民。2011 年为进一步落实好农机购置补贴政策，推进工作创新，堵塞各种可能的漏洞，简化程序，提高效率，在为企业创造公平竞争环境的前提下，提倡农机生产企业采取直销的方式直接配送农机产品，减少购机环节，实现供需对接。2012年开展选择部分市县实行全价购机后凭发票领取补贴等试点。2013年、2014年采用"全价购机、县级结算、直补到卡"兑付方式的区域不断扩大。农机购置补贴政策实施采用自主购机、定额补贴、县级结算、直补到卡（户）的方式，使得农机购置补贴成为一种收入补贴。

要获得农机报废更新补贴，首先需要将达到报废标准的农机送到政府定点回收站回收，然后到当地农机管理部门申请换购新机，获得领取补贴的资格，在购置新机的同时享受报废更新补贴和购机补贴，申请批复后，补贴会直接打到农机主的惠农一卡通中。

（2）其他政策

除了农机购置补贴以外，我们还关注三类对农机社会化服务的供给有影响的政策：①促进经营主体规模扩大的补贴，包括针对家庭农场、专业大户和合作社的流转补贴、粮食直补、直接资金补贴等；②针对农业机械的补贴，除了普惠性的农机购置补贴，针对个别经营主体的机械补贴；③对农业技术的补贴，如对免耕、深松、秸秆还田等保护性耕作的补贴。

第一类补贴会扩大经营主体的规模，当经营主体扩大规模之后，一方面对农机社会化服务的需求可能会增加，另一方面经营主体可能会购买机械成为服务的提供者。这个补贴主要是导致机械的购买数量发生变化。第二类补贴一方面会降低农户购买机械的成本，使得农户自己购买机械进行自我服务，另一方面使得机械服务主体的投资成本降低，因此会购买更多高级设备，促进了机械社会化服务的发展。这个补贴一定会使机械数量增加，但是结构会发生什么样的变化是不清楚的。第三类补贴需要分开来看，如免耕技术的推广打破了传统的农业操作流程，一方面减少了传统的农业机械服务需求，另一方面对免耕机这种特殊机械的需求快速上升，使得该类机械社会化服务的增长比较快。而其他的保护性耕作补贴，如深松和秸秆还田，只是会增加特定类型机械的需求，可能会增加该类的农机社会化服务。免耕会减少机械数量和改变机械结构；深松和秸秆还田等只会增加特定类型机械的数量。

如专题表 2-37 所示，针对专业新型主体的补贴，使得农机社会化服务的供给减少了，主要是由于该类补贴扩大了农户经营的规模，因此在其提供服务的能力不变条件下，对外提供服务的数量就减少了。其他类的机械补贴也出人意料地显示出补贴后机耕服务主体提供的机械服务面积减少了，这也可能是因为该类补贴降低了机械的价格，所以更多人购买机械，单个机械服务主体提供的服务面积就减少了。而保护性耕作政策（除了秸秆还田政策）的实施使得农机社会化服务的供给增加。

4. 服务主体发展案例

（1）个体农机户的发展案例

1）农机专业户。山东省汶上县次五乡合力村的宋小五家里虽然只有 4 亩多地，但其是村里的农机大户。从 2000 年购买了一台拖拉机和旋耕机开始进行机械服务以来，他逐渐购买了新型拖拉机、旋耕机、播种机、起垄机、联合收割机和运输车量等 13 台机械。每年"三夏"时节，宋小五一家都会拉着农业机械前往南方，再从南往北，进行

专题表 2-37 2013~2015 年样本村提供补贴与农机社会化服务的平均面积比例比较 （%）

不同补贴与是否有	年份		
	2013	2014	2015
大户转入土地补贴			
没有	82	76	73
有	18	24	27
种粮大户粮食补贴			
没有	59	64	64
有	41	36	36
种粮大户机械补贴			
没有	79	82	83
有	21	18	17
合作社补贴			
没有	40	37	48
有	60	63	52
燃料补贴			
没有	74	76	76
有	26	24	24
免耕补贴			
没有	27	36	36
有	73	64	64
深松补贴			
没有	34	39	36
有	66	61	64
秸秆还田补贴			
没有	68	70	68
有	32	30	32

数据来源：CCAP 微观调查

20 多天的耕、种和收各项服务。其服务面积从 2000 年的 100 亩，发展到现在各环节合计 3600 多亩，并且本村以外的服务面积占比达 50%以上，外省服务占总服务面积的 20%。按照播种 20 元/亩，其他服务 50 元/亩的收费标准，2015 年宋小五的农业机械服务实现营业额 17.5 万元，获得收益 4 万多元。

2）种植大户农机户。广东省惠来县东陇镇钓石村的林成福曾经是一名企业员工，20 世纪 90 年代下岗之后，返回农村经营种植业，成为当地的种植大户。从最开始的 70 亩地，逐渐流转发展到了 150 亩地。为了满足自己的生产需要，林成福早在 1996 年就购买了农业机械，并且开始用剩余的机械力为其他农户提供机械服务。2012 年左右，林成福重新购买了拖拉机、农用喷药机、排灌机和运输车辆等 9 台机械，除了自己使用外，在本县内对油菜和水稻进行耕地与收获后运输服务。近三年，每年他对外服务的总面积超过 1000 亩，机械服务总营业额达到 8.5 万元，利润约为 3.5 万元。

（2）机械服务组织的发展案例

1）农机合作社。山东汶上县郭楼镇古城村的村主任徐建华于 2011 年在村里成立了农机合作社，将村里有农业机械的农户组织了起来。最开始只有 7 户农户参与，到 2015 年的时候增加到了 20 户。参与农机合作社的农户每家都至少有一台拖拉机、一台旋耕机、一台深松机、一台联合收割机和秸秆还田机，部分农户还拥有播种机、排灌机和农业运车辆，他们全部都机械入股，听从社长徐建华对机械服务的组织、协调和安排，并且统一服务定价和作业标准。该农机合作社主要对玉米和小麦进行耕地、播种、收获及秸秆处理等服务，各服务项目的操作总面积在 8.4 万亩左右。由于参与服务农户的自有土地规模狭小，户均自有 4 亩左右，在服务完本村（占 60%）后都可以进行跨区作业，外省的作业面积占总面积的 10%。近三年来，机械服务的收费差异不大，分别是耕地 60 元/亩，播种 20 元/亩，小麦收割 60 元/亩和玉米收割 100 元/亩。2015 年 40 天左右的作业时间里，整个合作社完成营业额 424 万元，实现盈利约 150 万元，帮助农机户快速增收。

2）种植合作社。浙江省江山市大桥镇大桥村的返乡企业家林项霞成立了大型的水稻种植合作社。该合作社从 2005 年的 1200 亩已经发展到 2015 年的 4200 亩。由于合作社经营规模较大，陆续购买了拖拉机、播种机、联合收割机等 100 多台机械，覆盖了农业生产的各个环节，这也使得该合作社具备对外提供耕地、播种、施肥、打药、收获以及产后环节的一系列服务的能力。该合作社只对水稻进行机械服务，总服务面积也从成立当年的 5000 多亩扩大到了 2015 年的 5 万多亩，并且服务面积的 95%以上是合作社所在村以及附近的村庄。2015 年该种植合作社实现了机械服务营业额 585 万元，获得利润约 200 万元。

5. 小结

本章首先运用宏观统计数据对中国的机械化发展进行了一个全面的描述，在此基础上分析了社会化服务在中国的整体发展趋势。然后运用微观调研数据，对比研究了两大社会化服务主体——农机户和机械服务组织的特征（包括机械拥有情况、服务供给情况以及服务的成本与收益）。之后对影响机械服务最大的补贴——农机购置补贴进行了系统梳理，阐明了政府为促进机械发展实施的一系列举措。最后对不同类型的服务主体进行了案例分析。本章分析之后得出以下的结论。

第一，各类机械的数量在中国都有较大幅度的增长，农业机械数量的快速增加也带动了农业机械总动力的上升，随着中国机械投资的扩张，各类作物和各生产环节的机械化率均有不同程度的增加。农机社会化服务从最初的跨区服务方式逐渐发展起来，农机户和机械服务组织的数量都有一定程度的增长。

第二，农机户和机械服务组织两类主体之间存在较大的差异。农机户主要拥有拖拉机、旋耕机，联合收割机，主要提供耕整地和收获环节的服务；服务组织拥有较多的机械，机械的资产现值大概是农机户的 8.5 倍，可以提供耕地、播种、植保、收获和收获后处理等多个生产环节的机械服务。由于使用的机械存在差异，单个机械服务组织提供的社会化服务面积远远大于单个农机户的服务面积。但是由于农机户数量远多于机械服务组织，目前中国的社会化服务主要由农机户提供。此外，机械服务组织提供单位面积服务的成本更低，更有效率。

（四）农户对农机社会化服务的需求及其影响因素

本节针对农户的农机社会化服务需求的影响因素、农户生产力的测度以及农机社会化服务对农业生产力的影响设定了相关实证模型。需要说明的是，本部分的模型设定是整体关系的设定，详细的模型设定会在实证分析的相关部分详细说明。

1. 农户的农机社会化服务需求

由于农户对机械的使用在不同区域、作物品种和生产环节之间具有差异，因此本小节将样本分为东北、华北和五省份三个区域，小麦、玉米和水稻三个品种，耕整地、播种、施肥和打药及收获 4 个环节进行分析。

（1）小麦

华北地区主要种植两季作物，第一季是冬小麦，第二季是秋玉米。从 2003 年开始，华北地区小麦的机械化率快速提升，机械操作已经成为生产的基本操作方式。在 2015 年，耕整地环节、播种环节和收获环节，华北地区小麦的机械化率几乎达到了 100%。农业生产中，需要多次进行施肥、除草和杀虫，劳动强度不高，但是需要农户在操作的过程中进行仔细控制和反复检查。因此施肥和打药环节是唯一还需要大量手工操作的环节，2015 年的机械化率仅为 49.1%，不及半数。小麦所有环节的机械化操作主要由社会化服务提供，但是机械操作来源的变化存在趋势，耕整地、播种和收获这三个环节使用自有机械服务的比例在慢慢降低，使用自有机械比例最低的是收获环节。施肥和打药环节使用自有机械服务的比例在逐渐上升（专题图 2-29）。

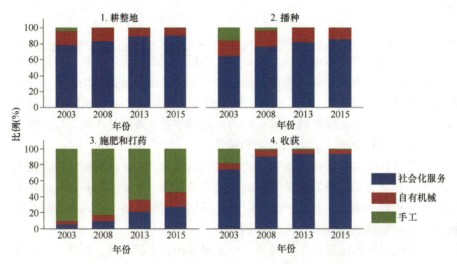

专题图 2-29　2003～2015 年华北小麦生产各环节机械使用情况
数据来源：CCAP 微观调查；图例从上到下与图中柱形从下到上逐一对应

从 2005 年开始，五省份种植冬小麦的机械化率增长比较缓慢，到 2015 年其机械化率低于华北地区。耕整地和收获环节的机械化率较高，分别为 88.7% 和 82.1%；播种环节的机械化率为 61.1%；施肥和打药环节的机械化率最低，为 32.9%。与华北地区类似，耕整地、播种和收获环节的机械化服务主要由社会化服务提供，但是使用自有机械的面积比例有缓慢上升。施肥和打药环节有近一半的机械操作面积由自有机械提供，但是机械化率的增长主要是由社会化服务的发展贡献的（专题图 2-30）。

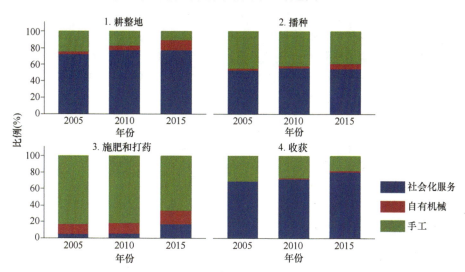

专题图 2-30 2005～2015 年五省份小麦生产各环节机械使用情况
数据来源：CCAP 微观调查；图例从上到下与图中柱形从下到上逐一对应

（2）玉米

东北地区地域广阔、生产条件优良，是规模化种植玉米的主要区域。从 2003 年开始，东北地区玉米生产各环节的机械化程度在不断提高，并且达到了较高的水平（专题图 2-31）。东北地区每年只播种一季作物，由于冬季低温时间长，地表较为坚硬，2015年扣除免耕面积后，耕整地的机械化率近 100%。播种、施肥和打药与收获环节的机械化率分别达到了 77.5%、87.1% 和 80.0%。东北地区由于农户的平均经营规模较大，农户主要以农业生产作为收入来源，因此购买自有机械满足自家的需求变得较为划算，社会化服务只是自有机械操作的补充，耕整地、播种、施肥和打药环节社会化服务面积占整体机械化服务面积的比例分别为 46.5%、33.3% 和 36.7%。但是由于玉米的收割对机械的要求较高，一般需要较为专业的大型机械，因此收割环节的服务主要为社会化服务。

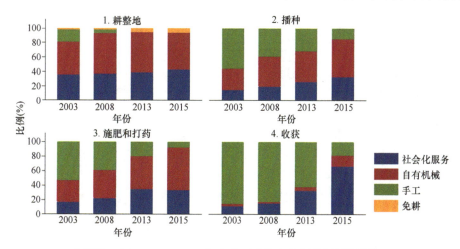

专题图 2-31 2003～2015 年东北玉米生产各环节机械使用情况
数据来源：CCAP 微观调查；图例从上到下与图中柱形从下到上逐一对应

与东北地区极为不同的是，华北地区的玉米由于要在小麦收割后赶墒情快速种植，因此有 76.1%农户选择采用免耕种植的方法。由于免耕播种之后，土壤比较坚硬，需要采用免耕播种机才能播种，因此播种环节的机械化率非常高，2015 年达到了 96.3%。施肥和打药、收获环节的机械化率也快速上升，2015 年分别达到了 64.7%和 91.3%。耕整地、施肥和打药、收获这三个环节使用自有机械和社会化服务的面积都有上升，而播种环节使用自有机械的面积没有变化，机械化率的提升主要是由社会化服务面积的增长所导致（专题图 2-32）。

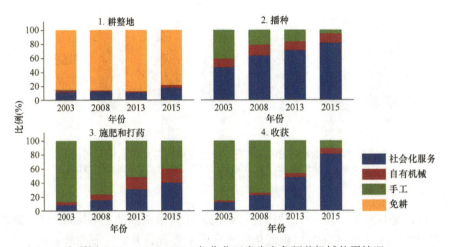

专题图 2-32　2003～2015 年华北玉米生产各环节机械使用情况
数据来源：CCAP 微观调查；图例从上到下与图中柱形从下到上逐一对应

由于生产经营规模狭小，五省份种植玉米所有环节的机械化率都远低于东北和华北地区，并且其整体机械化率增长都较为缓慢。2015 年，耕整地环节的机械化率为 55.4%，播种环节的机械化率为 24.5%，施肥和打药环节的机械化率为 18.7%，收获环节的机械化率为 28.0%。社会化服务是耕整地、播种和收获环节机械操作的主要来源。农户在施肥和打药环节主要使用自有机械，2015 年自有机械服务率占机械化服务率的 54.5%（专题图 2-33）。

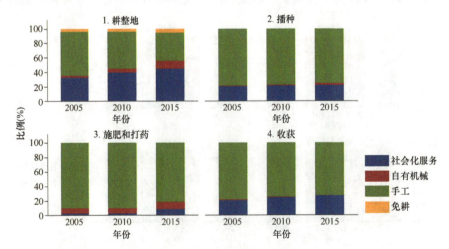

专题图 2-33　2005～2015 年五省份玉米生产各环节机械使用情况百分比
数据来源：CCAP 微观调查；图例从上到下与图中柱形从下到上逐一对应

（3）水稻

东北地区近些年逐渐成为粳稻种植的主要区域。由于水稻是水田作物，各个环节的机械化率差异非常大。在 2015 年耕整地是机械化率最高的环节，达到了 100%；收获环节的机械化率略低于耕整地环节，达到了 87.3%。播种、施肥和打药环节主要由农户手工完成，机械化率分别为 47.8% 和 48.1%。东北地区水稻生产与玉米生产的情况类似，自有机械在农业生产中起主导作用。耕整地环节，约半数的农户倾向于自己购买机械来生产，但是社会化服务在机械化服务中所占的比例略有提升。播种环节的机械化操作中有 65.7%，施肥和打药环节的机械化操作中有 81.9% 是由自有机械完成的，并且这些环节机械化率的提升主要是由自有机械使用面积的增加而得以实现的。农户在收获水稻时，主要是采用购买社会化服务的方式，但是随着机械化的发展，购买自有机械的农户数量也在逐渐地上升（专题图 2-34）。

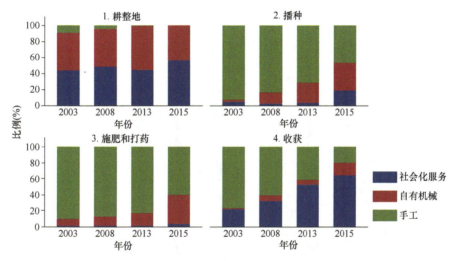

专题图 2-34 2003～2015 年东北水稻生产各环节机械使用情况
数据来源：CCAP 微观调查；图例从上到下与图中柱形从下到上逐一对应

五省份种植水稻不仅机械化率低于东北地区，而且各环节之间的机械化率差异很大。耕整地和收获环节的机械化率较高，2015 年分别为 79.8% 和 69.7%，施肥和打药环节的机械化率为 29.0%，播种环节的机械化率仅为 2.4%。耕整地和收获环节主要采用社会化服务的方式，但是随着机械化的发展，社会化服务和自有机械的操作面积都有所增加。播种环节全部由社会化服务来完成，施肥和打药环节则几乎都由自有机械来完成（专题图 2-35）。

（4）综合机械化率

本研究计算出了东北、华北地区和五省份小麦、玉米与水稻的综合机械化率。专题图 2-36 展示了华北地区和五省份小麦的综合机械化率。小麦的综合机械化率是逐渐上升的，在 2015 年，华北地区达到了 87.8%，五省份达到了 73.6%。华北地区小麦的机械化操作主要是由社会化服务组织提供，机械社会化服务占机械化服务的 82%。同时，2003～2015 年，自有机械操作面积所占的比例在逐步减少，机械化的发展主要由社会化服务的发展来实现。五省份虽与华北地区一样，小麦的机械化操作主要是通过购买社会

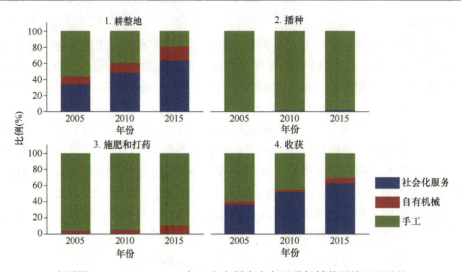

专题图 2-35　2005～2015 年五省水稻生产各环节机械使用情况百分比
数据来源：CCAP 微观调查；图例从上到下与图中柱形从下到上逐一对应

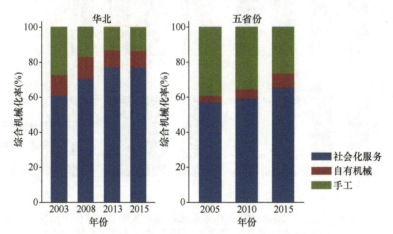

专题图 2-36　2003～2015 年各区域小麦的综合机械化率
数据来源：CCAP 微观调查；图例从上到下与图中柱形从下到上逐一对应

化服务来实现的，社会化服务占机械化服务的 **88.9%**，但是自有机械操作所占比例占机械化操作的比例在逐年上升。

专题图 2-37 展示了东北、华北地区和五省份玉米的综合机械化率。东北、华北地区和五省份都种植玉米，东北地区种植的是夏玉米，其余区域都是秋玉米，由于种植要求有所区别，因此在操作方式上有所差异。东北地区的综合机械化率快速上涨，并且综合机械化率最高，2015 达到了 79.6%。华北地区由于农户使用了免耕技术，从 2003 年开始采用免耕技术的农户数量变化不大，但是使用机械的农户数量呈现出快速上涨的趋势。五省份玉米的综合机械化率是三个区域中最低的，并且增长速度较慢，到 2015 年综合机械化率仅有 33.4%。社会化服务是所有区域机械操作的主要来源，但是东北地区有较大比例的操作面积由自有机械完成（41.5%），而其他区域自有机械所占比例则较低。

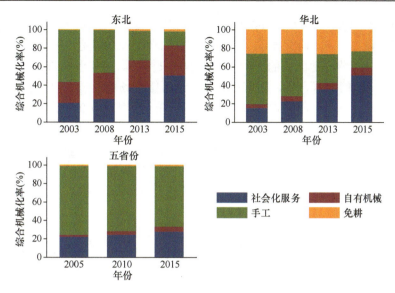

专题图 2-37 2003～2015 年各区域玉米的综合机械化率
数据来源：CCAP 微观调查；图例从左到右与图中柱形从下到上逐一对应

专题图 2-38 展示了东北地区和五省份水稻的综合机械化率。东北地区和五省份水稻的综合机械化率都在逐年快速上升，2015 年东北地区的综合机械化率为 77.0%，五省份的综合机械化率为 52.9%。东北地区中自有机械化率所占比例增长比较慢，在 2015 年的时候自有机械化率占综合机械化率的 37.2%。五省份自有机械化率所占比例增长较快，但所占比例较低，仅为 17.0%。

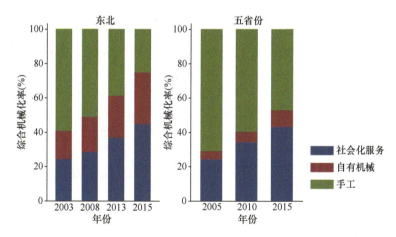

专题图 2-38 2003～2015 年各区域水稻的综合机械化率
数据来源：CCAP 微观调查；图例从上到下与图中柱形从下到上逐一对应

2. 影响农机社会化服务采用的因素分析

（1）经营规模

已有的研究表明，农业机械的采用必然受到农场规模的影响（David，1966；Ruttan，2000；Hou，2008；Lu *et al.*，2015）。为了了解经营规模对社会化服务采用所产生的影响，本部分先分析农户经营规模的变化。由于采集样本数据时采用的是分层随机抽样方法，因此在研究中样本平均数需要赋予权重才能得出具有代表性的结果。需要注意的是，在农户数量的计算中，本研究排除了完全从事非农业就业的家庭，因此农户平均经营规模是实际的农户经营土地面积的平均值，而不是农村户均拥有土地的面积。

专题表 2-38 的数据显示，随着近些年土地租赁市场的发展，中国农户的平均经营规模在不断扩大。从 2005 年到 2016 年，全国平均经营规模由 0.6hm² 扩张到了 0.9hm²，11 年间面积扩张了 50%。农业经营规模大小在区域间也存在较为明显的差异。由于东北地区（黑龙江和吉林）相对其他区域土地资源较为丰富，加之农业人口较少，东北地区平均农业经营规模远大于其他区域。2016 年时，黑龙江省是 9 省中平均经营规模最大的一个省份，达到了 4.1hm²，吉林省排第二位，达到 2.6hm²。而剩下地区的平均经营规模在 1.0hm² 或以下，最小的四川省仅有 0.3hm²。

专题表 2-38　2003～2016 年全国和样本省份农户平均经营规模　　（单位：hm²）

年份	全国	黑龙江	吉林	山东	河南	山西	浙江	四川	湖北	广东
2000	—	—	—	—	—	0.4	0.3	0.3	0.3	—
2001	—	—	—	—	—	0.4	0.3	0.2	0.3	—
2002	—	—	—	—	—	0.4	0.4	0.2	0.3	—
2003	—	3.0	1.7	0.5	0.5	0.3	0.4	0.2	0.3	—
2004	—	3.0	1.8	0.5	0.5	0.3	0.4	0.2	0.3	—
2005	0.6	3.0	1.8	0.6	0.5	0.3	0.4	0.2	0.3	0.3
2006	0.6	3.0	1.9	0.6	0.5	0.3	0.4	0.2	0.3	0.3
2007	0.6	3.1	2.0	0.7	0.5	0.3	0.4	0.2	0.4	0.3
2008	0.6	3.1	2.1	0.7	0.5	0.3	0.4	0.2	0.4	0.4
2009	0.7	3.4	2.2	0.7	0.6	0.4	0.4	0.2	0.4	0.4
2010	0.7	3.4	2.2	0.8	0.7	0.4	0.5	0.2	0.5	0.4
2011	0.8	3.8	2.3	0.9	0.7	0.4	0.5	0.2	0.5	0.4
2012	0.8	3.9	2.4	1.0	0.7	0.4	0.5	0.2	0.5	0.4
2013	0.8	3.9	2.4	1.0	0.7	0.4	0.5	0.2	0.5	0.4
2014	0.8	4.0	2.4	1.1	0.7	0.5	0.5	0.3	0.6	0.4
2015	0.9	3.9	2.5	1.0	0.7	0.4	0.5	0.2	0.6	0.4
2016	0.9	4.1	2.6	1.0	0.7	0.5	0.5	0.3	0.8	0.4

数据来源：由 CCAP 微观调查数据估算得到

通常情况下，农民会种植多种或者多季作物来充分利用他们的土地，所以农作物的播种面积通常不同于土地经营规模。而农户在决策以何种方式进行农业生产的时候，是针对单一作物的生产特征以及生产规模进行考虑的。因此，为了更好地分析经营规模与农机社会化服务采用程度之间的关系，本研究将作物的播种面积作为一个更好的生产规模指标来进行分析。

专题表 2-39 显示了不同地区种植小麦、玉米和水稻农户的经营规模、农作物播种面积以及播种面积占经营规模的比例。综合来看，主粮作物的播种面积占农户经营规模中较大的部分。在东北地区，黑龙江和吉林农户主要种植玉米或者水稻，其余面积种植一些大豆、高粱和薯类等作物。2015 年的时候,东北地区玉米和水稻播种面积占经营规模的比例分别为 68.7%和 76.5%。山东和河南的农民主要种植一季小麦与一季玉米,小麦和玉米播种面积占经营规模的比例超过了 92%,播种面积接近经营规模,具有较高的生产专业性。在五省份,土地的细碎化导致了经营规模狭小,农民为了维持生计,更喜欢种植多种植物,所以粮食作物播种面积占经营规模的比例在 60%~70%。由于种植粮食作物的比较效益较低,普通农户种植粮食作物的面积逐渐降低,所有区域播种面积占经营规模的比例在逐年缓慢下降。

专题表 2-39　2003~2015 年主粮作物种植户的播种面积占经营规模的比例

地区和年份	小麦			玉米			水稻		
	经营规模 (hm²)	播种面积 (hm²)	播种面积占经营规模比例 (%)	经营规模 (hm²)	播种面积 (hm²)	播种面积占经营规模比例 (%)	经营规模 (hm²)	播种面积 (hm²)	播种面积占经营规模比例 (%)
东北									
2003	—	—	—	2.5	1.7	73.5	2.2	1.8	83.4
2008	—	—	—	2.9	1.9	71.7	2.7	2.0	80.9
2013	—	—	—	3.8	2.1	66.5	3.4	2.3	77.3
2015	—	—	—	3.8	2.1	68.7	3.2	2.2	76.5
华北									
2003	0.6	0.6	97.6	0.6	0.6	97.2	—	—	—
2008	0.7	0.7	96.7	0.8	0.8	96.9	—	—	—
2013	1.2	1.2	96.3	1.3	1.2	96.5	—	—	—
2015	1.0	0.8	94.3	1.4	0.9	92.4	—	—	—
五省份									
2005	0.4	0.3	70.5	0.4	0.2	61.7	0.3	0.2	71.8
2010	0.5	0.3	69.4	0.4	0.2	61.0	0.4	0.2	71.3
2015	0.5	0.3	68.9	0.4	0.2	60.2	0.4	0.3	70.6

数据来源:CCAP 微观调查;播种面积占经营规模比例是针对每一季作物而言的,计算公式为播种面积/经营规模,因此该比值不会超过 100%

（2）劳动力工资和机械服务价格比

随着非农就业工资快速上涨,农村劳动力逐渐转移到城镇,农村劳动力的工资也在快速上涨。工资是劳动力的价格,其上涨被视为是推动农业生产从劳动密集型向资本密集型技术转变的重要因素之一（韩俊,2014）。已有文献多采用《全国农产品成本收益资料汇编》中家庭劳动力的折价来代替农业劳动力的价格。但是这个家庭折价只能表示一般情况下农业劳动力的机会成本,而在农忙时节,劳动力的价格相较平时会有较大的上涨,而这时才是对农业机械最有需求的时候。为了更好地体现农户在抉择购买服务和手工操作的时候所面对的劳动力价格,本研究采用村平均的农忙时节日雇工工资来表示劳动力价格。

专题图 2-39 中展现了 2003~2015 年 9 个省农忙时节日雇工工资的变化趋势,所有的数据已经除以 2015 年基期的农村 CPI。所有省份的农忙时节日雇工工资都在快速上涨,但是上涨的幅度略有不同。在 2015 年,东北地区的农忙时节工资约为 138 元/d。黑龙江是全国平均农忙时节工资最高的省份，达到了 155 元/d。华北地区的河南省和山东省由于劳动力较多，劳动力日平均工资为 73 元左右，仅为东北地区农忙时节工资的一半。其余 5 省中陕西省的劳动力价格较低，浙江省由于整体经济较为发达，农忙时节工资也较高，达到了 127 元/d。

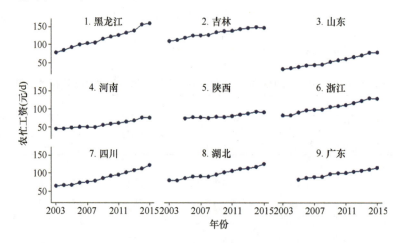

专题图 2-39　2003～2015 年 9 省农户农忙时节雇工的平均工资

数据来源：CCAP 微观调查

农户对农机社会化服务的需求与服务价格的高低密不可分。机械服务价格越便宜，农户就越会选择用更多的机械服务去替代劳动力。专题图 2-40～专题图 2-42 展现了各省小麦、玉米和水稻这三种主粮作物耕整地、播种、植保与收获环节的服务价格，所有的数据已经除以 2015 年基期的农村 CPI。综合来看，小麦各环节的服务价格都在逐年上涨。各个环节的服务价格与各个环节消耗能量的程度有关，因此耕整地环节和收获环节是所有环节中服务价格较高的两项。山东省的耕整地环节服务价格最高，达到了 70.9元/亩，湖北省的收获环节服务价格最高，达到了 90 元/亩。播种、施肥和打药这两个环节的平均价格在各个省份相差不多。

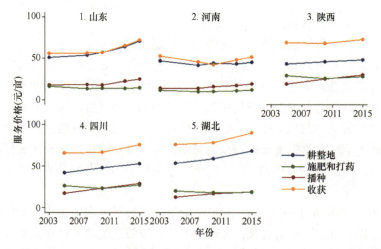

专题图 2-40　2003～2015 年小麦生产中各环节雇佣社会化服务的平均价格

数据来源：CCAP 微观调查

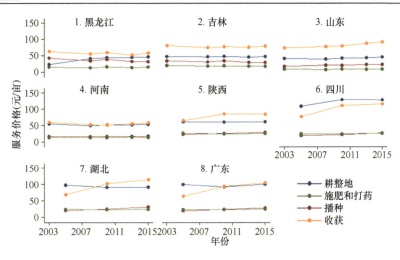

专题图 2-41　2003～2015 年玉米生产中各环节雇佣社会化服务的平均价格
数据来源：CCAP 微观调查

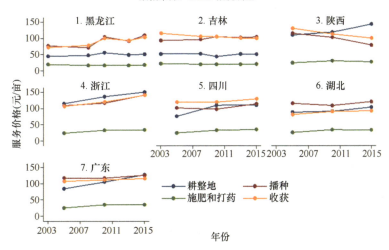

专题图 2-42　2003～2015 年水稻生产中各环节雇佣社会化服务的平均价格
数据来源：CCAP 微观调查

　　玉米生产与小麦生产类似，也是收获和耕整地这两个环节农机服务价格比较高，播种、施肥和打药环节的价格较低一些。需要特别关注四川省，由于交通不便和地块狭小，耕整地和收获环节的亩均服务价格远高于其他任何省份。除此之外，黑龙江、吉林、山东和河南这 4 个东北、华北粮食主产区的服务价格相对比较平稳，扣除物价因素后，各个环节的真实服务价格从 2003 年开始几乎没有变化。而其余省份从 2005 年到 2010 年收获环节的服务价格有小幅上涨。

　　由于水稻采用水田生产，农业劳动强度较其他作物大，因此水稻的农机社会化服务价格平均来看是所有作物中最高的。与小麦生产和玉米生产一样，水稻生产中收获和耕整地环节的服务价格较高。并且由于播种环节较旱地作物麻烦很多，因此播种环节的服务价格与耕整地环节接近。值得注意的是，从 2003 年开始，各个环节的农业机械服务价格涨幅较小，许多社会化服务的价格几乎没有变化，这说明在剔除了物价上涨的因素之后，机械服务的价格其实一直相对比较平稳。

劳动力的价格在快速上涨，而机械服务的价格有小幅度增加，对绝对值分析并不能很好地判定机械服务和劳动力之间价格相对变动的情况。因此我们需要求得机械服务和劳动力的价格的比值，进而探讨这种价格比的变动对农户机械需求的影响。专题表 2-40 展示了东北、华北和五省份样本 2003～2015 年机械服务平均价格、农忙时节日均工资，以及机械服务平均价格与日均工资之间的比值。

专题表 2-40 2003～2015 年机械服务平均价格、农忙时节日均工资和两者的比值

地区和年份	小麦			玉米			水稻		
	（1）	（2）	（3）	（1）	（2）	（3）	（1）	（2）	（3）
东北									
2003	—	—	—	44.3	105.7	0.4	66.0	91.7	0.7
2008	—	—	—	45.8	117.7	0.4	64.2	123.3	0.5
2013	—	—	—	44.3	130.5	0.3	68.4	151.3	0.5
2015	—	—	—	48.5	138.3	0.4	72.7	161.3	0.5
华北									
2003	40.2	39.0	1.3	45.3	38.6	1.2	—	—	—
2008	37.8	47.6	0.8	44.1	47.5	0.9	—	—	—
2013	41.9	70.4	0.6	47.8	70.5	0.7	—	—	—
2015	46.4	78.4	0.6	50.4	79.2	0.6	—	—	—
五省份									
2005	47.1	78.2	0.6	65.5	70.4	0.9	86.8	82.5	1.1
2010	48.3	83.1	0.6	75.6	87.4	0.9	95.6	100.7	0.9
2015	52.3	98.4	0.5	79.9	108.6	0.7	104.3	120.4	0.9

数据来源：CCAP 微观调查；（1）表示机械服务价格（元/标准亩）；（2）表示农忙时节日均工资（元/d）；（3）机械服务价格与农忙时节日均工资的比值

本研究计算出了"标准稻麦亩服务价格"（简称标准亩价格）。总体来看，标准亩价格呈现整体缓慢上升的趋势。2015 年，小麦生产中五省份样本的服务价格（52.3 元/标准亩）高于华北地区（46.4 元/标准亩）。玉米生产的服务价格中五省份是最高的，达到了 79.9 元/标准亩，华北地区其次，由于东北地区机械发达，服务价格是所有区域中最低的，只有 48.5 元/标准亩。水稻是所有作物中服务价格最高的，东北地区和五省份分别为 72.7 元/标准亩和 104.3 元/标准亩。

随着农业劳动力价格的快速上涨，以及农机社会化服务价格的缓慢上涨，服务价格和劳动力工资的比值逐渐变小。服务价格和劳动力工资之间的比值越低，说明社会化服务相对于劳动力越来越便宜。东北地区服务价格与工资的比值是所有区域中最低的，说明东北地区是使用机械服务最便宜的一个区域。而五省份由于经济收入水平较差，缺乏资本，因此是比值最高的区域。分作物来看，2015 年的时候，华北和五省份小麦的比值分别为 0.6 和 0.5；同年东北地区玉米的比值为 0.4，仅为五省份（0.7）的一半多。水稻是服务价格与劳动力价格比值最高的作物，2015 年东北地区为 0.5，五省份为 0.9。农户会依据机械服务价格与劳动力价格的比值来进行农业生产方式的选择。

3. 关键因素与农机社会化服务需求关系的分析

（1）机械使用与播种面积

为了探讨经营规模如何影响农业机械的使用，我们在专题图 2-43 中绘制了农机社会化服务面积比例和作物播种面积之间的散点图，以及 Lowess 拟合曲线。三种主粮作物都在播种面积较小时，机械社会化服务面积比例会大幅上升，并且拟合曲线会很快达到它的转折点。有 75%种植小麦的农户和不到 40%种植玉米和水稻的农户在转折点的左边。此后，随着播种面积的增加，机械社会化服务面积比例逐渐降低。

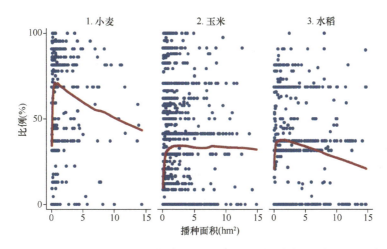

专题图 2-43　2003～2015 年社会化服务面积比例与播种面积之间的关系
数据来源：CCAP 微观调查

在专题图 2-44 中绘制了三种主粮作物自有机械服务面积比例与播种面积之间的散点图和 Lowess 拟合曲线。与社会化服务不同的是，操作自有机械完成农业生产的面积比例随着作物播种面积的扩大而增加。从交叉关系中得出，当播种面积相对较小时，农民会首先使用农机社会化服务。随着农场规模的不断扩大，农民将开始购买自己的机器来代替购买服务。这种替代性在多大规模上会出现是本研究所关心的内容。

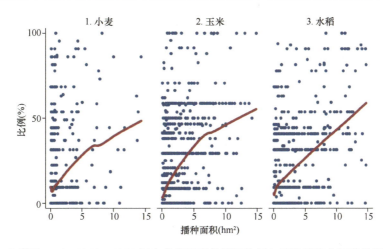

专题图 2-44　2003～2015 年自有机械服务面积比例与播种面积之间的关系
数据来源：CCAP 微观调查

（2）机械使用与价格的比值

专题图 2-45 显示了农机社会化服务面积比例和服务价格与劳动力价格的比值之间的散点图及 Lowess 拟合曲线。服务价格与劳动力价格的比值可反映服务价格与劳动力价格相对变动的趋势，比值越小，说明机械服务相对而言越便宜；比值越大，说明机械服务相对越昂贵。随着机械服务的价格相对变得昂贵，社会化服务面积比例会逐渐下降。需要注意的是，在相同的服务价格和劳动力价格比值下，小麦社会化服务面积比例最高，水稻其次，玉米的比例最低。

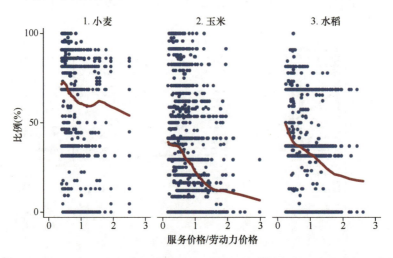

专题图 2-45　2003～2015 年社会化服务面积比例和服务价格与劳动力价格的比值的关系
数据来源：CCAP 微观调查

在专题图 2-46 中绘制了自有机械服务面积比例和服务价格与劳动力价格的比值之间的散点图及 Lowess 拟合曲线。由于农业机械服务价格中有很大部分是去补偿机械折旧的，从某种程度上代表了农业机械的价格，因此服务价格与劳动力价格之间的比值上升，也体现出了机械相对于劳动力越来越贵。随着服务价格与劳动力价格比值的上升，自有机械服务面积比例也在逐渐地下降。

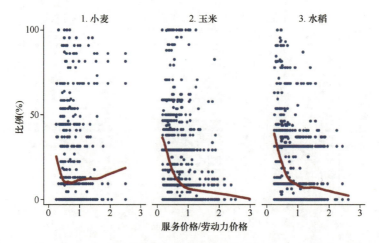

专题图 2-46　2003～2015 年自有机械服务面积比例和服务价格与劳动力价格之间的比值的关系
数据来源：CCAP 微观调查

4. 农户的农机社会化服务需求的影响因素模型设定

在本研究中，农机社会化服务影响因素研究主要包括两部分：第一部分将研究某个生产环节选择何种生产操作方式的影响因素，第二部分主要研究农户在包括所有环节的整体水平上选择何种生产操作方式的影响因素。对于这两部分的内容，本研究将设定不同的计量模型，以探讨当前中国农业生产的基本特征，以及发展过程中出现新变化对生产操作方式采用所产生的影响。

关于农机社会化服务采用影响因素的文献不多，我们主要参考农业机械化采用影响因素的文献。文献中主要探讨农户家庭特征、市场因素和制度因素对农业机械化服务采用的影响。为了探讨这些因素对某个生产环节的影响，具体的模型设定如下：

$$I = f(L, R, P, S, H, D_c, D_P, Z) \qquad 专题式（2-15）$$

$$M = f(L, R, P, S, H, D_c, D_P, Z) \qquad 专题式（2-16）$$

式中，I 为某个生产环节（耕整地、播种、施肥和打药、收获）选择的模式（社会化服务、自有机械和手工）；M 为户均服务面积（社会化服务和自有机械）的比例；L 为农户经营耕地的面积；R 为服务价格与劳动力价格的比值；P 为农产品的价格；S 为当地社会化服务的供给情况；H 为农户劳动力的特征；D_c 为农户受到相关扶持政策的虚拟变量；D_P 为省级虚拟变量，包括黑龙江、吉林、山东、河南、山西、浙江、四川、湖北和广东 9 个省；Z 为其他影响因素。

（1）数据说明和描述统计

为了分析农户对农机社会化服务和自有机械采用需求的长期变化，本部分使用户层面主粮作物的农业生产情况的面板数据。东北、华北地区样本调研时间为 2003 年、2008 年、2013 年和 2015 年，五省份样本的调研时间是 2005 年、2010 年和 2015 年。为了更好地描绘不同作物农业生产中各种类型机械服务的差异，之后的研究将分成小麦、玉米和水稻三种作物分别回归。最终小麦样本为 1389 个，玉米样本为 2600 个，水稻样本为 2325 个（专题表 2-41）。

专题表 2-41　变量定义和样本描述性统计

变量	变量定义	小麦			玉米			水稻		
		样本量	均值	标准差	样本量	均值	标准差	样本量	均值	标准差
使用服务比例	使用农机社会化服务的比例（%）	1389	65.6	28.6	2600	28.4	30.7	2325	33.9	28.5
自有机械比例	采用自有机械的比例（%）	1389	10.8	20.9	2600	12.2	21.2	2325	12.2	19.9
播种面积	农户种植作物的播种面积（亩）	1389	16.8	51.1	2600	22.9	56.5	2325	21.4	46.2
服务价格/劳动力价格	社会化服务平均价格除以劳动力农忙时节日均工资	1389	0.8	0.5	2600	0.8	0.5	2325	0.9	0.4
农产品价格	农产品价格（元/kg）	1389	0.6	0.3	2600	0.6	0.3	2325	0.8	0.3
劳动力年龄	务农劳动力的平均年龄	1389	48.7	9.4	2600	48.0	9.5	2325	48.7	9.8
男性比例	务农劳动力中男性的比例/%	1389	48.7	24.0	2600	48.6	23.8	2325	48.5	23.5
受教育年限	务农劳动力中最高受教育年限	1389	7.9	2.9	2600	7.8	2.9	2325	7.2	2.9
服务的可得性	该村两年前是否提供社会化服务（0=否；1=是）	1389	0.8	0.4	2600	0.8	0.4	2325	0.7	0.5
自有机械价值	自有机械的原值（元）（以 2015 年为基期）	1389	0.1	0.2	2600	0.1	0.3	2325	0.1	0.3

续表

变量	变量定义	小麦			玉米			水稻		
		样本量	均值	标准差	样本量	均值	标准差	样本量	均值	标准差
保护性耕作补贴	是否有保护性耕作补贴（0=否；1=是）	1389	0.1	0.3	2600	0.1	0.3	2325	0.0	0.2
深松补贴	该村是否有深松补贴（0=否；0=是）	1389	0.0	0.0	2600	0.3	0.5	2325	0.0	0.0
第一茬作物	是否是当年的第一茬作物（0=否；1=是）	1389	1.0	0.0	2600	0.3	0.5	2325	0.3	0.5
时间趋势	时间趋势，以 2003 年为基期	1389	6.7	4.4	2600	6.8	4.4	2325	7.0	4.2

（2）模型结果分析

1）单环节机械使用。本研究将样本分为小麦、玉米和水稻进行分组分析。由于玉米的样本量最大，我们将玉米的回归结果放在正文中进行仔细分析（专题表 2-42），其余作物的回归结果放在附录中进行比对。为了更好地分析影响每个环节生产方式选择的因素，我们将分析三组回归结果：①以手工操作作为基础方案，影响因素对社会化服务选择的作用；②以手工操作作为基础方案，影响因素对自有机械选择的作用；③以自有机械作为基础方案，影响因素对社会化服务选择的作用。而且特别需要说明的是，专题表 2-42 中的系数展现的是相对风险，因此所有的系数均大于 0。当系数大于 1 的时候，表示变量的正向变动能够使得该方案能够比基础方案以更高的概率出现；当系数小于 1 的时候，表示变量的正向变动使该方案比基础方案出现的概率更低。

专题表 2-42　影响玉米各环节社会化服务采用的因素的回归
（a）耕整地和播种环节

因素	耕整地			播种		
	MCS/NO	OM/NO	MCS/OM	MCS/NO	OM/NO	MCS/OM
播种面积	1.087（0.093）	1.217**（0.104）	0.893***（0.020）	1.109***（0.038）	1.242***（0.042）	0.893***（0.017）
服务价格与劳动力价格比值	0.191***（0.039）	0.316***（0.074）	0.605**（0.123）	0.097***（0.032）	0.213***（0.086）	0.455*（0.187）
农产品价格	29.813***（27.44）	8.601**（8.861）	3.466*（2.471）	0.821（0.387）	0.678（0.477）	1.21（0.801）
劳动力年龄	1.018***（0.009）	0.997（0.01）	1.021***（0.008）	1.000（0.007）	0.960***（0.009）	1.042***（0.009）
男性比例	1.004（0.003）	1.002（0.004）	1.002（0.003）	1.006**（0.002）	1.005（0.003）	1.001（0.003）
受教育年限	1.053*（0.028）	1.055（0.035）	0.998（0.029）	1.040*（0.022）	1.006（0.029）	1.034（0.028）
服务的可得性	1.308（0.258）	0.797（0.177）	1.641**（0.324）	2.492***（0.451）	1.722**（0.398）	1.447（0.342）
保护性耕作补贴	2.395**（1.015）	1.375（0.61）	1.742**（0.377）	2.330***（0.484）	1.590（0.401）	1.465（0.367）
深松补贴	11.280（226）	103.000（181）	0（0）	1.088（0.247）	0.570（0.151）	1.908***（0.417）
第一茬作物	36.490***（22.522）	216.885***（191.662）	0.168**（0.135）	773.000（199）	253.000（949）	0.306（139.608）
时间趋势	0.905**（0.036）	1.039（0.056）	0.871***（0.042）	1.046（0.033）	1.106**（0.055）	0.946（0.044）

续表

因素	耕整地			播种		
	MCS/NO	OM/NO	MCS/OM	MCS/NO	OM/NO	MCS/OM
区域控制变量	YES	YES	YES	YES	YES	YES
常数项	0.083*** （0.058）	0.030*** （0.029）	2.767 （2.536）	0 （0）	0 （0）	0.331 （1506.692）
R^2	0.524	0.524	0.524	0.349	0.349	0.349
豪斯曼检验	0	6.519	6.778	4.6	−2.46	−0.23
观测值	2600	2600	2600	2600	2600	2600

注：系数展现的是相对风险；括号中是标准差；"*"、"**"和"***"分别表示在10%、5%和1%水平显著

（b）施肥和打药、收获环节

因素	施肥和打药			收获		
	MCS/NO	OM/NO	MCS/OM	MCS/NO	OM/NO	MCS/OM
播种面积	1.035 （0.023）	1.160*** （0.027）	0.892*** （0.015）	1.208*** （0.035）	1.290*** （0.040）	0.937*** （0.012）
服务价格与劳动力价格比值	0.072*** （0.042）	0.010*** （0.014）	7.04 （9.722）	0.478*** （0.055）	0.931 （0.176）	0.514 （0.105）
农产品价格	0.411* （0.203）	0.136 （0.17）	3.029 （3.787）	1.093 （0.521）	0.807 （0.911）	1.356 （1.574）
劳动力年龄	0.997 （0.006）	0.963*** （0.01）	1.035*** （0.011）	1.010 （0.006）	0.995 （0.013）	1.014 （0.013）
男性比例	1.001 （0.002）	0.996 （0.004）	1.005 （0.004）	1.006** （0.002）	0.999 （0.005）	1.006 （0.005）
受教育年限	1.013 （0.021）	1.047 （0.04）	0.967 （0.036）	1.013 （0.02）	1.070 （0.047）	0.947 （0.042）
服务的可得性	1.337 （0.25）	1.146 （0.355）	1.167 （0.37）	2.543*** （0.51）	1.122 （0.466）	2.267* （1.009）
保护性耕作补贴	1.887*** （0.329）	1.782** （0.507）	1.059 （0.287）	3.763*** （0.796）	2.055** （0.687）	1.831* （0.61）
深松补贴	1.689*** （0.339）	0.947 （0.33）	1.784* （0.59）	0.698* （0.136）	0.492** （0.162）	1.418 （0.452）
第一茬作物	658.000 （206）	196.000 （978）	0.335 （1974.367）	494.000 （233）	481.000 （583）	1.027 （1335.426）
时间趋势	1.198*** （0.041）	1.359*** （0.121）	0.881 （0.078）	1.098*** （0.033）	1.204** （0.089）	0.912 （0.068）
区域控制变量	Yes	Yes	Yes	Yes	Yes	Yes
常数项	0 （0）	0 （0）	0.494 （2908.548）	0 （0）	0 （0）	6.523 （8479.142）
R^2	0.337	0.337	0.337	0.269	0.269	0.269
豪斯曼检验	0	6.519	6.778	2.277	0	2.277
观测值	2600	2600	2600	2600	2600	2600

注：系数展现的是相对风险；括号中是标准差；"*"、"**"和"***"分别表示在10%、5%和1%水平显著

　　总体而言，回归的结果是合理的，大多数的回归系数具有之前分析的符号。经营规模（播种面积）对作物生产方案的选择起到了显著的作用。小麦和玉米的耕整地、播种、收获环节，以及玉米的播种和收获环节在社会化服务/手工操作（MCS/NO）类型下，播

种面积的系数大于 1，并且在 1%水平显著。这说明相对于使用手工操作，主粮作物随着经营规模的增加，都会更高概率地选择使用社会化服务。玉米耕整地环节由于有相当大的面积使用了免耕技术，即不需要进行耕地的操作，因此玉米该环节的社会化服务的使用与经营规模之间没有关联。而施肥和打药环节与其他环节存在差异，不需要像其余环节消耗较多的能量，反而是需要较多人的判断和控制力（Pingali，2007）。而社会化服务作为由第三方提供的服务，存在着一定的道德风险，所以施肥和打药环节的社会化服务面积与经营规模之间也不存在关系。与社会化服务的使用类似，在自有机械/手工操作（OM/NO）类型下，播种面积的系数都大于 1。只要作物播种面积扩大了，农户就会更倾向于自己购买机械来完成工作，而不会单纯用劳动力去完成。而在社会化服务/自有机械（MCS/OM）类型下，播种面积的系数都显著地小于 1（约 0.9 左右），专题表 2-42展现出随着经营规模的扩大，社会化服务会逐渐地被自有机械所取代。这也意味着在中国现有条件下，自有机械在规模扩大的情况下比社会化服务展现出一定的优势，这对于将大力推广社会化服务发展作为促进农业发展的重要途径的中国来说是一个值得关注的结论。

我们关注服务价格与劳动力价格比值的影响。除了小麦的耕整地、施肥和打药环节之外，主粮作物的其他环节在社会化服务/手工操作类型下，服务价格与劳动力价格比值的系数显著小于 1。在普通的需求模型中，在其他因素不变的条件下，价格越便宜，对该项产品的需求就会越多，因此随着机械服务相对于手工操作越来越便宜，农户会减少手工操作的使用，更多地使用社会化服务去完成工作。在自有机械/手工操作类型和社会化服务/自有机械类型下，农产品价格的系数没有受到明显的影响，这说明生产环节在考虑是使用社会化服务还是自有机械的时候，还有其他比价格比值更加重要的因素。

还有一些农业生产特征和技术推广对社会化服务的采用存在影响。当该种作物是年度种植的第一茬作物的时候，耕整地环节使用社会化服务和自有机械的概率就会上升。这是由于经历了冬季，土层较为坚硬，需要对土地进行全面翻耕平整才能便于耕作，这样耗费体力的操作自然更倾向于使用机械。而新农业技术的采用，如免耕操作，虽然减少了耕整地环节的机械使用，但是必须使用大功率的免耕播种机才能在不耕地的情况下进行播种。因此免耕技术的采用要求播种环节一定要机械化。并且由于该种机械比较昂贵，因此购买社会化服务就比自己购买机器更加便宜。

2）综合机械使用情况。以上的回归结果表明，播种面积和服务价格与劳动力价格比值对农业生产的机械使用决策产生了显著的影响，并且对不同环节的影响程度不尽相同。本部分我们以农机社会化服比例和自有机械采用比例作为因变量来研究关键因素对农业生产中各类机械综合采用程度的影响。本研究将样本分为小麦、玉米和水稻进行分组分析。由于玉米的样本量最大，我们将玉米的回归结果放在正文中进行仔细分析（专题表 2-43），其余作物的回归结果放在附录中。回归中我们主要分析固定效应 Tobit（Fixed-effects Tobit）的回归结果，并对 OLS、Fixed-effects model 和随机效应 Tobit（Random-effects Tobit）模型做稳健性回归分析，进行结果对比。

专题表 2-43　影响玉米生产社会化服务和自有机械需求因素的回归分析

（a）农机社会化服务比例

因素	社会化服务			
	OLS	Fix-effect	Random-effects Tobit	Fixed-effects Tobit
播种面积	0.259（0.568）	0.840**（0.374）	0.845*（0.486）	0.662（0.790）
播种面积平方项	−0.028（0.019）	−0.036***（0.011）	−0.046***（0.014）	−0.034***（0.010）
服务价格与劳动力价格比值	−11.66***（3.299）	−4.836***（1.297）	−13.02***（2.009）	−22.04***（5.727）
农产品价格	4.361（4.087）	6.559**（2.832）	−5.983（4.613）	4.197（6.12）
劳动力年龄	0.143*（0.076）	−0.054（0.092）	0.035（0.107）	0.321***（0.104）
男性比例	0.063*（0.032）	0.026（0.027）	0.072**（0.035）	0.072***（0.017）
受教育年限	0.177（0.277）	0.244（0.238）	0.217（0.301）	1.218***（0.33）
服务的可得性	6.706***（2.429）	−2.347*（1.321）	5.666***（2.035）	30.03***（3.409）
自有机械价值	−11.06***（2.347）	−5.278***（1.844）	−9.279***（2.559）	−17.18***（2.994）
保护性耕作补贴	15.70***（3.31）	3.798**（1.627）	5.504**（2.234）	12.67***（1.162）
免耕补贴	−18.19***（3.017）	−20.25***（2.27）	−23.86***（2.849）	—
时间趋势	0.652*（0.374）	1.470***（0.197）	2.554***（0.314）	—
区域控制变量	Yes	Yes	Yes	—
常数项	20.61***（6.586）	25.70***（4.959）	11.59*（6.857）	—
sigma_u	—	—	30.89***（1.184）	—
sigma_e	—	—	22.54***（0.498）	—
观测值	2600	2600	2600	2600

注：括号中是标准差；"*"、"**"和"***"分别表示在10%、5%和1%水平显著

（b）采用自有机械比例

因素	自有机械			
	OLS	Fix-effect	Random-effects Tobit	Fixed-effects Tobit
播种面积	2.986***（0.500）	0.691***（0.259）	2.050***（0.435）	7.092***（0.224）
播种面积平方项	−0.044***（0.014）	0.002（0.007）	−0.031**（0.012）	−0.126***（0.001）
服务价格与劳动力价格比值	−0.535（1.045）	1.227（0.9）	−5.267**（2.318）	−14.37***（0.993）

续表

因素	自有机械			
	OLS	Fix-effect	Random-effects Tobit	Fixed-effects Tobit
农产品价格	−2.398（2.183）	2.864（1.965）	−6.97（4.847）	−13.26***（3.417）
劳动力年龄	−0.083*（0.048）	0.034（0.064）	−0.086（0.104）	−0.153***（0.036）
男性比例	0.003（0.017）	−0.003（0.019）	0.030（0.035）	−0.007*（0.004）
受教育年限	0.139（0.159）	0.0196（0.165）	0.15（0.312）	0.777*（0.406）
服务的可得性	−0.905（1.153）	0.912（0.916）	−0.249（1.987）	0.452（1.992）
自有机械价值	15.51***（2.052）	9.701***（1.279）	15.08***（2.236）	27.06***（0.775）
保护性耕作补贴	−1.188（2.266）	1.689（1.129）	1.712（2.309）	−2.195*（1.181）
免耕补贴	−8.893***（2.418）	−10.59***（1.575）	−17.70***（2.79）	—
时间趋势	0.387***（0.114）	0.244*（0.137）	1.431***（0.33）	—
区域控制变量	Yes	Yes	Yes	—
常数项	26.78***（3.795）	6.820**（3.441）	19.64***（6.534）	—
sigma_u	—	—	27.34***（1.308）	—
sigma_e	—	—	19.40***（0.52）	—
观测值	2600	2600	2600	2600

注：括号中是标准差；"*"、"**"和"***"分别表示在10%、5%和1%水平显著

虽然不同主粮作物在单环节时的机械采用决策稍有不同，但依据 Fixed-effects Tobit 的回归结果，主粮作物所有环节综合来看回归结果是一致的。所有作物的播种面积平方项对社会化服务比例和自有机械比例都在 1%水平的统计性上显著，并且系数的方向都是负值。证明了播种面积是农户采用何种生产方式的重要决策依据，并且随着播种面积的扩大，社会化服务使用的比例会先上升再下降，具有非线性。有研究认为随经营规模的扩大，农户从购买服务转换为购买机械的结果一致。服务价格与劳动力价格比值与所有作物的农机社会化服务比例呈现负向相关性，进一步证明机械服务价格相对于劳动力更便宜之后会促进社会化服务的使用。

其他控制变量对因变量也会产生影响。农产品价格的增长会增加最终的利润，这会减缓农户对各类机械的使用。农户家庭特征对使用机械的选择也有显著的影响。农业劳

动力的老龄化程度越高，农户社会化服务比例越增加，而需要自己操作机械的自有机械的使用率会有所降低。而与此相反的是，农业劳动力中男性所占比例越高的家庭，则越会选择自己操作农用机械而不是购买机械服务。但是受教育程度越高的农户，越注意农业生产的效率，农户自有机械和社会化服务比例都会增加。深松等保护性耕作补贴的发展，使得农户需要使用更多的机械，但是由于深松所需要的机械比较大型和昂贵，因此农户更多会购买社会化服务，而更少购买机械自己操作。

在求出了经营规模与农机社会化服务比例和农户自有机械比例之间的相关系数后，我们在98%农户播种面积的范围（小麦小于20hm²，玉米和水稻小于30hm²）内，描绘出经营规模与社会化服务比例和自有机械比例之间的替代关系（专题图 2-47）。在经营规模比较小的时候，自己购买机械是不太划算的，农户主要使用社会化服务，使用自有机械的比例很少。随着经营规模的逐渐扩大，社会化服务比例在逐渐下降，采用自有机械比例随着经营规模的增加而上升，两者之间的替代性随着经营规模的扩大逐渐显现。小麦在8hm²左右，玉米在4hm²左右，水稻在6亩左右，存在着一个交叉点，在这个经营规模之前，社会化服务比例高于自有机械比例，超过这个经营规模，社会化服务比例小于自有机械比例，农户的生产变得以自有机械操作为主。最终农户可以利用自有机械达到比只使用社会化服务更高的机械化率。

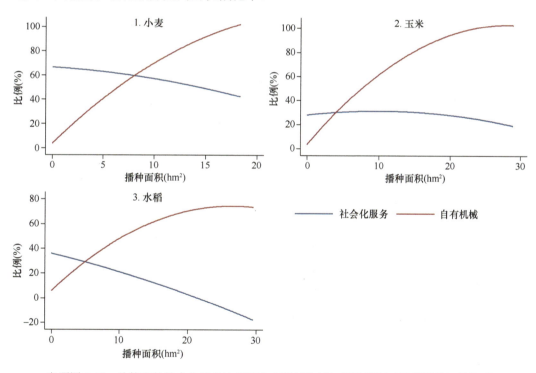

专题图 2-47   估算出的社会化服务比例和自有机械比例与播种面积（经营规模）的关系

5. 小结

本章使用户层面各类作物生产操作的面板数据，首先分区域、作物和环节分析了农业生产中农户采用农机社会化服务、自有机械和手工操作这三种方式的变动趋势。然后运用交叉分析发现农业经营规模、社会化服务价格与劳动力价格比值对农户社会化服务和自有机械比例存在影响。之后运用多元 Logit 模型分析了关键因素对小麦、玉米与水稻耕整地、播种、施肥和打药、收获这 4 个环节生产方案采用的影响程度。最后运用面板的 Tobit 模型分析了经营规模、社会化服务价格与劳动力价格比值对三大主粮作物社会化服务百分比和自有机械百分比的影响。本部分得出以下几点结论。

第一，主粮作物的生产操作方式在作物品种、生产环节和区域之间具有较大的差异。小麦是机械化率最高的作物，玉米其次，而水稻的整体机械化率最低。耕整地和收获由于生产操作较为标准且操作需要消耗较多能量，是生产中机械化率较高的两个生产环节；施肥和打药由于需要较多人的判断，并且对时效性和劳动强度的要求小于其他环节，因此这两个环节一般机械化率较低，如果需要使用机械，多是使用自有机械去完成。东北和华北地区的整体机械化率远高于五省份，并且东北地区自有机械提供了机械化操作中的相当大一部分，而五省份则主要是依靠购买社会化服务实现机械化。

第二，分环节来看，经营规模、社会化服务与劳动力价格比值对作物生产方式的选择和不同方式之间的替代有显著作用。随着经营规模的增加和社会化服务相对手工操作而言更便宜，农户会更多地购买社会化服务和自有机械，而不会自己去手工操作。但是在农户已经使用机械的情况下，经营规模的扩张会导致操作方案之间的替代，社会化服务逐渐被自有机械所取代。

第三，综合所有生产环节来看，作物经营规模、社会化服务与劳动力价格比值依然是农户社会化服务比例和自有机械比例的重要影响因素。特别是随着经营规模的逐渐扩大，社会化服务比例在逐渐下降，自有机械比例随着经营规模的增加而上升，社会化服务逐渐被替代。小麦在 $8hm^2$ 左右，玉米在 $4hm^2$ 左右，水稻在 6 亩左右，存在着一个交叉点，在这个规模之前，社会化服务比例高于自有机械比例，超过这个规模，社会化服务比例小于自有机械比例，农户的生产变得以自有机械操作为主。最终农户可以利用自有机械达到比只使用社会化服务更高的机械化率。

（五）本小节附录

1. 数据介绍

根据研究内容，我们拟采用 1978～2015 年的宏观数据以及北京大学中国农业政策研究中心（PKU-CCAP）的实地调查数据。

（1）1978～2015 年的省级面板数据

省级面板数据主要来自各年的《中国统计年鉴》、《中国农村统计年鉴》、《中国农业统计资料》、《中国农业机械工业年鉴》和《全国农产品成本收益资料汇编》。这些省级数据一方面主要展现了农业生产的整体情况，让我们对中国农业的发展有一个宏观的认知，另一方面主要描述了中国农业机械化发展和农机社会化服务发展的历程、现状与特征，勾画出了农机社会化服务在中国发展的整体图，为本研究之后的微观研究做了充分的铺垫。

（2）北京大学中国农业政策研究中心（PKU-CCAP）的实地调查数据

本研究采用的数据由三个调研共 5 轮的数据合并而成。一个调研是 2000 年、2008 年和 2013 年进行了三轮的"农村土地劳动力变迁研究"项目（以下简称土地劳动力调研），在陕西、浙江、辽宁、湖北、四川、河南 6 个省份开展。一个调研是 2013 年在东北、华北地区开展的"东北华北现代农业政策和制度保障研究"项目（以下简称东北华北调研），在黑龙江、吉林、山东和河南 4 个省份开展，并于 2016 年对东北和华北开展的追踪调研。另外一个数据库是根据北京大学中国农业政策研究中心多轮调研构建的五省份面板数据库，包括陕西、浙江、四川、湖北、广东。

需要特别说明的是，为了更加清晰地展现农户在家庭特征、经营规模和农业生产行为方面的差异，本研究之后会将样本数据分为"东北"、"华北"和"五省份"三大子样本。将东北华北调研中的两大区域分开，主要是因为东北地区主要是单季作物，华北地区是双季作物，生产制度存在较大差异。另外 5 个样本省作为一个子样本，称为"五省份"样本。

2. 调研内容

（1）县、乡、村问卷

县级调查问卷的受访者主要包括县农业局局长、农业经济经营管理站（农经站）站长、农业综合生产办公室（农业生产办）等主管农业的相关部门领导或负责人。乡镇级调查问卷的受访者主要包括镇长（乡长）、农经站站长、农业生产办主任等主管农业的相关部门领导或者负责人。县级和乡级调查问卷主要内容包括 2005 年、2010 年、2015 年耕地经营管理情况、基本社会经济信息情况及政策执行情况等。村级调查问卷除包括以上县及乡调查问卷的内容外，还扩充了其他一些问题，如村里的非农就业情况、机械使用情况、土地调整情况、社会化服务情况等。

（2）农户问卷

农户问卷主要详细搜集了农户家庭基本信息和地块信息、样本地块的农业投入产出信息，以及农户在过去 10 年农业生产经营活动各个环节的人力和机械使用情况三方面的微观数据。具体的数据内容如下。

第一部分，家庭基本信息和地块信息。这一部分主要包括：家庭成员的年龄、受教育程度、农业和非农就业情况、耕地变化和对耕地的投资以及地块基本属性等信息。

第二部分，样本地块的投入产出信息。问卷询问两个地块的分环节生产投入状况。样本地块的抽取原则为：每户抽取两块目前自己在经营的耕地，以种植粮食作物（小麦、玉米、水稻、大豆）、油料作物（油菜籽和花生）和蔬菜的地块优先；农户没有种植以上作物的，则随机抽取两块在经营的地块。

具体的生产环节包括耕整地、育秧、播种（插秧）、苗期活动（地膜、深松）、施肥、除草、打药、灌溉、收获、晾晒与烘干、脱粒、秋后深松和保护性耕作。调查员针对每一个生产环节详细记录劳动力、机械、物质投入品的使用和来源情况。其中劳动力主要分为自家劳动力、雇佣劳动力和监督生产的劳动力的使用时间与具体费用；机械成本则分为租赁机械费用和购买机械社会化服务的费用；物质投入包括除购买机械社会化服务之外的机械使用的油费、各环节所用物质资料（秧苗、种子、地膜、化肥、除草剂和杀虫剂等）的数量和价格。

第三部分，过去 10 年农业经营劳动力和机械使用情况。这部分生产经营活动主要包括耕地、播种、施肥、灌溉、打药和收获。此部分详细记录了农户在过去 10 年各个农业生产环节的生产经营方式信息，包括机械的使用情况、机械的来源和除操作机械以外的劳动力性质等。

3. 机械服务主体问卷

样本机械服务主体的数据包括：负责人的个人情况、农机服务队的基本情况、机械服务主体的资产以及机械服务主体的服务这四个方面的信息。其中机械服务主体的资产包括具体机械的种类和数量、购买的时间、购买时候的价格与补贴、实际的使用天数和目前剩余的残值。机械服务主体的服务情况则包括服务的范围、服务的作物、提供服务的环节、每环节的收费标准等具体信息。

专题表 2-44　各省样本调研县（市、区）名单

省　份	样本县（市、区）
黑龙江	海伦、庆安、肇源、五常
吉林	德惠、永吉、梅河口、梨树
山东	临邑、汶上、肥城
河南	封丘、虞城、临颍
陕西	长安、临潼、洋县、淳化、旬阳
四川	都江堰、丹棱、元坝、广安、雷波
浙江	义乌、临海、象山、江山、庆元
湖北	黄梅、云梦、枝江、监利、利川
广东	大埔、英德、惠来、阳春、高要

4. 影响小麦和水稻生产及生产各个环节社会化服务需求因素分析

此处使用表格形式分析影响小麦和水稻生产及生产各个环节社会化服务需求的相关因素，相关回归分析的结果见专题表 2-45～专题表 2-48。

专题表 2-45　影响小麦生产各个环节社会化服务需求因素的回归分析
（a）耕整地和播种环节

项目	耕整地			播种		
	MCS/NO	OM/NO	MCS/OM	MCS/NO	OM/NO	MCS/OM
播种面积	10.355***（7.619）	11.500***（8.464）	0.900***（0.016）	1.519***（0.236）	1.677***（0.262）	0.906***（0.016）
服务价格与劳动力价格比值	0.783（0.194）	1.031（0.275）	0.760**（0.102）	0.101***（0.039）	0.121***（0.062）	0.829（0.359）
农产品价格	2.519（2.367）	0.564（0.618）	4.464**（2.805）	0.435（0.221）	0.211**（0.159）	2.06（1.314）
劳动力年龄	1.013（0.015）	0.978（0.016）	1.036***（0.01）	1.005（0.01）	0.982（0.013）	1.023**（0.01）
男性比例	1.004（0.005）	1.004（0.006）	0.999（0.004）	1.001（0.003）	1.005（0.005）	0.996（0.004）
受教育年限	1.044（0.046）	0.997（0.051）	1.047（0.031）	1.025（0.03）	0.965（0.037）	1.062**（0.032）

续表

项目	耕整地			播种		
	MCS/NO	OM/NO	MCS/OM	MCS/NO	OM/NO	MCS/OM
服务的可得性	2.263*** (0.717)	2.307** (0.885)	0.981 (0.266)	1.815** (0.436)	1.792* (0.599)	1.013 (0.282)
保护性耕作补贴	599 (599)	568.700 (323)	1.855* (0.676)	1.747 (0.685)	1.224 (0.617)	1.428 (0.492)
时间趋势	1.014 (0.047)	1.163** (0.07)	0.872*** (0.039)	1.088*** (0.036)	1.142** (0.062)	0.953 (0.045)
区域控制变量	Yes	Yes	Yes	Yes	Yes	Yes
常数项	0.441 (0.498)	0.260 (0.353)	1.693 (1.454)	0.055*** (0.046)	0.162* (0.166)	0.341 (0.335)
观测值	1389	1389	1389	1389	1389	1389

注：括号中是标准差；"*"、"**"和"***"分别表示在10%、5%和1%水平显著

（b）施肥和打药、收获环节

项目	施肥和打药			收获		
	MCS/NO	OM/NO	MCS/OM	MCS/NO	OM/NO	MCS/OM
播种面积	1.015 (0.016)	1.115*** (0.022)	0.911*** (0.017)	3.996*** (1.455)	4.329*** (1.577)	0.923*** (0.015)
服务价格与劳动力价格比值	0.790 (0.395)	0*** (0)	175*** (734)	0.598*** (0.081)	0.703* (0.136)	0.851 (0.146)
农产品价格	0.251** (0.136)	0.028 (0.087)	8.834 (27.262)	0.658 (0.336)	0.142* (0.165)	4.646 (5.088)
劳动力年龄	0.994 (0.008)	0.989 (0.024)	1.006 (0.024)	1.028*** (0.011)	0.961** (0.018)	1.070*** (0.018)
男性比例	1.000 (0.003)	1.004 (0.01)	0.996 (0.01)	1.002 (0.004)	1.000 (0.007)	1.002 (0.006)
受教育年限	1.016 (0.025)	0.988 (0.081)	1.028 (0.085)	1.006 (0.031)	1.095 (0.062)	0.918* (0.046)
服务的可得性	3.599*** (1.242)	513 (354)	0 (0.005)	1.905*** (0.427)	2.931** (1.336)	0.65 (0.279)
保护性耕作补贴	0.880 (0.194)	2.740** (1.346)	0.321** (0.159)	769 (682)	785 (696)	0.98 (0.421)
时间趋势	1.224*** (0.043)	1.468 (0.281)	0.834 (0.16)	1.058* (0.036)	1.191** (0.103)	0.889 (0.073)
区域控制变量	Yes	Yes	Yes	Yes	Yes	Yes
常数项	0.048*** (0.036)	0.000 (0.001)	40330.19 (278)	0.529 (0.404)	0.223 (0.349)	2.377 (3.414)
观测值	1389	1389	1389	1389	1389	1389

注：括号中是标准差；"*"、"**"和"***"分别表示在10%、5%和1%水平显著

专题表 2-46　影响水稻生产各个环节社会化服务需求因素的回归分析

（a）耕整地和播种环节

因素	耕整地			播种		
	MCS/NO	OM/NO	MCS/OM	MCS/NO	OM/NO	MCS/OM
播种面积	1.359*** (0.169)	1.608*** (0.201)	0.845*** (0.020)	1.059** (0.029)	1.116*** (0.028)	0.949* (0.027)
服务价格与劳动力价格比值	0.456*** (0.064)	0.626*** (0.121)	0.728* (0.134)	0.298*** (0.114)	0.060*** (0.033)	4.928*** (3.04)
农产品价格	1.315 (0.848)	1.329 (0.909)	0.99 (0.382)	0.085** (0.089)	0.043** (0.055)	1.96 (2.903)
劳动力年龄	1.004 (0.007)	0.990 (0.008)	1.014** (0.007)	1.015 (0.015)	0.974* (0.015)	1.042** (0.019)
男性比例	0.995*** (0.002)	1.003 (0.003)	0.992*** (0.003)	1.000 (0.006)	0.994 (0.008)	1.005 (0.009)
受教育年限	1.082*** (0.021)	1.145*** (0.031)	0.945** (0.022)	0.967 (0.046)	1.097 (0.067)	0.882* (0.062)
服务的可得性	1.461*** (0.194)	1.135 (0.19)	1.287* (0.186)	0.847 (0.27)	0.897 (0.335)	0.944 (0.421)
保护性耕作补贴	184.000 (767)	143.000 (598)	1.284 (0.324)	0.715 (0.267)	0.231*** (0.094)	3.103** (1.48)
第一茬作物	5.669*** (2.9)	13.519*** (7.19)	0.419*** (0.101)	33.635*** (20.736)	531.000 (365)	0 (0)
时间趋势	1.140*** (0.036)	1.153*** (0.044)	0.989 (0.031)	1.439*** (0.14)	1.685*** (0.203)	0.854 (0.117)
区域控制变量	Yes	Yes	Yes	Yes	Yes	Yes
常数项	0.602 (0.322)	0.142*** (0.09)	4.233*** (2.029)	0.006*** (0.007)	0.000 (0)	316 (217)
观测值	2328	2328	2328	2328	2328	2328

注：括号中是标准差；"*"、"**"和"***"分别表示在10%、5%和1%水平显著

（b）施肥和打药、收获环节

项目	施肥和打药			收获		
	MCS/NO	OM/NO	MCS/OM	MCS/NO	OM/NO	MCS/OM
播种面积	1.000 (0.036)	1.078*** (0.029)	0.900** (0.039)	1.125*** (0.029)	1.260*** (0.039)	0.892*** (0.019)
服务价格与劳动力价格比值	123.862** (288.54)	1474.099*** (4031.727)	0.084 (0.293)	0.585*** (0.069)	1.198 (0.295)	0.488*** (0.122)
农产品价格	0.197 (0.271)	0.044* (0.078)	4.487 (9.863)	1.398 (0.517)	3.707 (3.768)	0.377 (0.384)
劳动力年龄	0.964** (0.018)	0.947** (0.021)	1.019 (0.028)	0.983*** (0.006)	0.975** (0.012)	1.008 (0.012)
男性比例	0.998 (0.008)	0.999 (0.009)	0.999 (0.012)	1.001 (0.002)	1.004 (0.005)	0.997 (0.005)
受教育年限	1.076 (0.07)	1.014 (0.077)	1.06 (0.102)	1.021 (0.018)	1.077* (0.044)	0.949 (0.038)
服务的可得性	0.505 (0.22)	0.448 (0.238)	1.127 (0.748)	1.368*** (0.156)	1.025 (0.277)	1.335 (0.361)
保护性耕作补贴	1.204 (0.468)	0.434 (0.241)	2.777 (1.8)	0.824 (0.215)	0.481* (0.212)	1.714 (0.698)

续表

项目	施肥和打药			收获		
	MCS/NO	OM/NO	MCS/OM	MCS/NO	OM/NO	MCS/OM
第一茬作物	21.684*** (17.58)	45.566*** (44.132)	0.476 (0.585)	0.300*** (0.061)	0.691 (0.285)	0.434** (0.172)
时间趋势	1.480*** (0.183)	1.808 (0.289)	0.818 (0.161)	1.132*** (0.028)	1.191 (0.075)	0.951 (0.06)
区域控制变量	Yes	Yes	Yes	Yes	Yes	Yes
常数项	0.002*** (0.003)	0.001*** (0.002)	1.574 (3.785)	1.417 (0.565)	0.012*** (0.011)	120.824*** (112.689)
观测值	2325	2325	2325	2325	2325	2325

注：括号中是标准差；"*"、"**"和"***"分别表示在10%、5%和1%水平显著

专题表 2-47 影响小麦生产社会化服务和自有机械需求因素的回归分析
（a）农机社会化服务比例

因素	社会化服务			
	OLS	Fix-effect	Random-effects Tobit	Fixed-effects Tobit
播种面积	−1.834** (0.869)	−0.644 (0.525)	−0.794 (0.540)	−0.493*** (0.031)
播种面积平方项	−0.0002 (0.024)	0.006 (0.017)	−0.007 (0.018)	−0.045*** (0.004)
服务价格与劳动力价格比值	−7.771* (4.076)	−1.744 (1.591)	−3.834** (1.585)	−5.190*** (0.027)
农产品价格	−5.095 (4.188)	2.838 (3.007)	−0.020 (3.221)	−5.057*** (0.089)
劳动力年龄	0.270*** (0.093)	0.077 (0.12)	0.167 (0.102)	0.306*** (0.001)
男性比例	0.004 (0.039)	−0.030 (0.034)	−0.012 (0.032)	−0.008*** (0.001)
受教育年限	0.369 (0.329)	0.114 (0.286)	0.186 (0.266)	0.661*** (0.00001)
服务的可得性	7.770* (4.11)	2.014 (1.723)	4.013** (1.805)	17.13*** (0.004)
自有机械价值	−22.04*** (4.382)	−12.58*** (2.901)	−15.98*** (2.894)	−22.84*** (0.012)
保护性耕作补贴	7.162** (3.36)	−3.23 (2.073)	−1.41 (2.139)	10.82*** (0.094)
免耕补贴	1.187 (13.55)	−20.88 (13.05)	−12.68 (13.73)	—
时间趋势	0.770** (0.34)	0.957*** (0.223)	0.965*** (0.232)	—
区域控制变量	Yes	Yes	Yes	—
常数项	54.90*** (8.352)	—	54.90*** (6.349)	—
sigma_u	—	—	23.87*** (1.056)	—
sigma_e	—	—	54.90*** (6.349)	—
观测值	1389	1389	1389	1389

注：括号中是标准差；"*"、"**"和"***"分别表示在10%、5%和1%水平显著

（b）自有机械比例

因素	自有机械			
	OLS	Fix-effect	Random-effects Tobit	Fixed-effects Tobit
播种面积	3.522*** (0.789)	1.773*** (0.368)	3.488*** (0.700)	8.196*** ($7.38×10^{-9}$)
播种面积平方项	−0.042* (0.023)	−0.037*** (0.012)	−0.078*** (0.022)	−0.154*** ($1.82×10^{-10}$)
服务价格与劳动力价格比值	0.295 (2.323)	−1.139 (1.116)	−7.194** (3.05)	1.094*** ($4.89×10^{-10}$)
农产品价格	−7.620*** (2.364)	−3.37 (2.109)	−14.15*** (5.375)	−22.04*** ($4.93×10^{-9}$)
劳动力年龄	−0.166** (0.064)	0.077 (0.084)	−0.238 (0.163)	−0.372*** ($3.15×10^{-10}$)

续表

因素	自有机械			
	OLS	Fix-effect	Random-effects Tobit	Fixed-effects Tobit
男性比例	0.027（0.027）	0.0132（0.024）	0.063（0.052）	0.053***（$9.41×10^{-11}$）
受教育年限	−0.136（0.225）	0.087（0.201）	−0.214（0.438）	0.083***（$7.54×10^{-10}$）
服务的可得性	1.516（2.117）	0.685（1.208）	3.438（2.941）	7.064***（$2.22×10^{-9}$）
自有机械价值	23.15***（3.545）	18.93***（2.035）	30.47***（3.852）	40.66***（$8.42×10^{-9}$）
保护性耕作补贴	−3.485**（1.734）	−0.237（1.454）	−1.159（3.614）	−6.038***（$2.32×10^{-8}$）
免耕补贴	−26.51**（12.57）	−5.837（9.15）	−10.58（21.72）	—
时间趋势	0.331***（0.12）	0.086（0.156）	0.800**（0.388）	—
区域控制变量	Yes	Yes	Yes	—
常数项	15.27***（5.279）	—	−1.347（10.28）	—
sigma_u	—	—	35.18***（2.195）	—
sigma_e	—	—	19.29***（0.731）	—
观测值	1389	1389	1389	1389

注：括号中是标准差；"*"、"**"和"***"分别表示在10%、5%和1%水下显著

专题表 2-48　影响水稻生产社会化服务和自有机械需求因素的回归分析
（a）农机社会化服务比例

项目	社会化服务			
	OLS	Fix-effect	Random-effects Tobit	Fixed-effects Tobit
播种面积	−0.302（0.956）	−0.249（0.575）	−0.265（0.720）	−1.300***（0.014）
播种面积平方项	−0.036（0.036）	−0.019（0.024）	−0.039（0.034）	−0.017***（0.001）
服务价格与劳动力价格比值	−13.040***（4.495）	−0.397（1.991）	−9.234***（2.573）	−18.680***（0.033）
农产品价格	−5.454（4.788）	−6.550**（2.749）	−14.210***（3.868）	20.200***（0.076）
劳动力年龄	−0.062（0.100）	0.180*（0.095）	0.095（0.105）	0.130***（0.0001）
男性比例	−0.028（0.032）	−0.008（0.028）	−0.013（0.034）	−0.017***（0.0002）
受教育年限	0.321（0.318）	0.207（0.256）	0.389（0.303）	0.270***（0.020）
服务的可得性	4.943（3.21）	2.143*（1.298）	4.764***（1.723）	9.603***（0.080）
自有机械价值	−7.908***（2.755）	−3.797**（1.743）	−5.652**（2.353）	−9.341***（0.245）
保护性耕作补贴	2.760（7.854）	9.990***（2.493）	12.440***（3.35）	0.484（0.413）
免耕补贴	−6.628（5.692）	−4.424（7.987）	−0.15（9.617）	
时间趋势	1.827***（0.332）	1.996***（0.209）	3.016***（0.280）	
区域控制变量	Yes	Yes	Yes	
常数项	30.99***（8.726）	14.72***（5.458）	9.552（6.779）	
sigma_u			32.42***（1.167）	
sigma_e			20.86***（0.476）	
观测值	2325	2325	2325	2325

注：括号中是标准差；"*"、"**"和"***"分别表示在10%、5%和1%水平显著

（b）自有机械比例

项目	自有机械			
	OLS	Fix-effect	Random-effects Tobit	Fixed-effects Tobit
播种面积	2.122*** （0.002）	0.949** （0.387）	1.937*** （0.586）	5.178*** （0.020）
播种面积平方项	0.002 （0.022）	0.003 （0.016）	−0.024 （0.025）	−0.098*** （0.001）
服务价格与劳动力价格比值	0.128 （2.067）	1.807 （1.341）	0.657 （2.831）	−10.570*** （0.124）
农产品价格	−0.487 （3.172）	3.406* （1.852）	−8.045** （3.787）	−1.209*** （0.111）
劳动力年龄	−0.049 （0.052）	−0.152** （0.064）	−0.178 （0.108）	−0.144*** （0.007）
男性比例	0.017 （0.018）	−0.019 （0.019）	0.002 （0.037）	0.035*** （0.003）
受教育年限	0.374** （0.159）	0.154 （0.172）	0.858*** （0.324）	1.217*** （0.008）
服务的可得性	−1.483 （1.257）	−1.126 （0.875）	−3.499* （1.876）	−2.197*** （0.125）
自有机械价值	15.580*** （2.45）	12.86*** （1.174）	19.36*** （2.085）	25.68*** （0.0491）
保护性耕作补贴	−6.958** （3.222）	−3.649** （1.679）	−7.942*** （3.07）	−2.207*** （0.36）
免耕补贴	−4.401* （2.545）	−2.873 （5.380）	−0.331 （9.146）	—
时间趋势	0.449** （0.185）	0.484*** （0.141）	2.046*** （0.321）	—
区域控制变量	Yes	Yes	Yes	—
常数项	14.85*** （3.848）	9.881*** （3.677）	9.568 （6.699）	—
sigma_u	—	—	28.10*** （1.324）	—
sigma_e	—	—	18.08*** （0.522）	—
观测值	2325	2325	2325	2325

注：括号中是标准差；"*"、"**"和"***"分别表示在10%、5%和1%水平显著

六、中国农产品供需趋势与未来农业结构调整和食物安全

本部分预测了基线方案下中国未来主要农产品供需变动趋势，进而分析了未来主要政策方案对农产品供需的影响。

（一）基线方案下中国未来主要农产品供需变动趋势

1. 基准方案宏观经济与社会指标设定

为了分析中国不同农产品中长期（2015～2035年）的供需变化，2019年我们对GDP增长率、农村和城镇居民收入差距、人口增长率、城镇化率等做了一系列假设和判断，主要内容包括以下方面。

1）GDP增长率。在2016～2020年，年均GDP增长6%～7%；在2021～2025年，年均GDP增长5%～6%；在2026～2030年，年均GDP增长4%～5%；在2031～2035年，年均GDP增长保持在4%以上。

2）农村和城镇居民收入差距。未来农村和城镇居民之间的收入差距会逐渐减小。与此同时，最近的变化趋势表明农村居民收入增长快于城镇居民。例如，在2010～2015年，农村居民人均可支配收入年均实际增长9.6%，高于城镇居民人均可支配收

入年均实际增长 7.7%。因此，我们假设在 2016～2025 年，农村居民人均可支配收入年均实际增长 6.2%，2026～2035 年，年均实际增长 5.3%；2016～2025 年，城镇居民人均可支配收入年均实际增长 5.6%，2026～2035 年，年均实际增长 4.8%，低于农村居民人均实际可支配收入增长率。

3）人口增长率。根据《国家人口发展规划（2016—2030 年）》，中国总人口将在 2030 年前后达到峰值。因此，预计在 2016～2020 年，年均人口增长率为 0.65%，到 2020 年人口达到 14.2 亿；2021～2025 年，年均人口增长率为 0.21%；2026～2030 年，年均人口增长率为 0.10%，到 2030 年人口达到 14.5 亿；2031～2035 年，人口总量略微下降，维持在 14 亿～14.5 亿的水平。

4）城镇化率不断提高。2016～2020 年城镇化率年均提高 1.4%，到 2020 年达到 60%；2021～2025 年城镇化率年均提高 1.5%，到 2025 年达到 64%；2025～2030 年城镇化率年均提高 1.6%，到 2030 年达到 70%；2031～2035 年城镇化率年均提高 1.7%，到 2035 年达到 75%左右。

5）农业研发状况。国家将继续加大农业科技投入，但是随着单产提高的边际成本增加，科技水平的贡献率有下降趋势。

6）全球粮食价格。国际农产品价格在 2016～2025 年主要参考美国农业部（USDA）、经济合作与发展组织（OECD）、联合国粮食及农业组织（FAO）农业展望的预测结果，在 2026～2035 年国际农产品价格平稳。

2. 基准方案下农产品供需变动趋势预测

粮食等主要农产品 2025 年和 2035 年的预测结果见专题图 2-48（需求量）和专题图 2-49（产量）。总体结论：未来中国许多农产品供需失衡将更为突出，这种局面将延续到 2035 年左右。下面按产品介绍主要的预测结果。

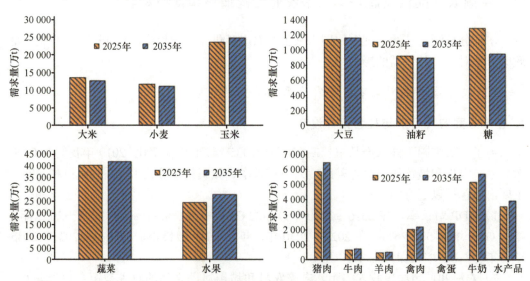

专题图 2-48　主要农产品 2025 年和 2035 年的需求量预测

中国饲料需求增长将显著高于国内生产增长，自给率将不断下降。在现有农业生产资源、政策、技术进步和需求变化条件下，到 2035 年，大米和小麦等口粮基本可以自给；尽管玉米之前受政策干预而出现供过于求，但随着畜产品需求增长，中国对玉米饲料的需求将显著增长。如果不采用关税配额制管理，到 2035 年，玉米进口将超过 5600 万 t，玉米自给率在 2035 年将下降到 82%左右。大豆供需缺口也将进一步加大。

中国糖和油的需求将显著高于国内生产需求，供需缺口将逐渐扩大。我们预测，糖自给率也将降低到 2035 年的 40%；油自给率到 2035 年将保持在 87%左右。

中国棉花生产将逐渐萎缩，棉花供需缺口进一步扩大。在保障新疆棉花生产的情况下，棉花自给率也将降低到 2035 年的 67%。但棉花生产挤占了新疆等地有限的水土资源。

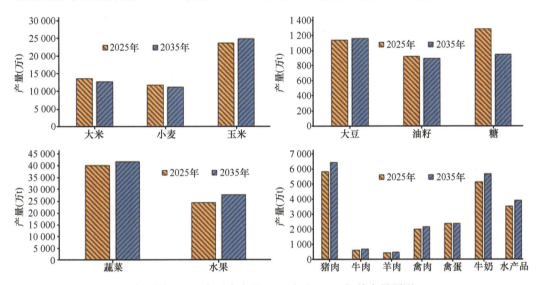

专题图 2-49 主要农产品 2025 年和 2035 年的产量预测
数据来源：CAPSiM 模拟结果

蔬菜和水果（包括瓜果）产量将稳定增长，而且将依然保持一定的出口比较优势。中国是世界上最主要的蔬菜和水果出口国之一，未来将继续保持较弱的比较优势，蔬菜自给率到 2035 年将保持在 104%左右，水果自给率到 2035 年将保持在 100%左右。

在养殖业，除了水产品外，许多畜产品的生产和供需缺口在很大程度上取决于饲料粮贸易政策与草牧业发展政策。我们预测到 2035 年左右水产品供需基本平衡，略有进口，但畜产品供需平衡存在不确定性。预测结果表明，中国未来的食物安全，主要是指畜产品的供给安全，是增加畜产品进口，还是增加饲料粮进口，需要有明确的战略和稳定的政策。如果放开饲料粮市场，通过进口饲料发展国内畜牧业，除了牛羊肉和奶制品以外，其他畜产品供需基本保持平衡。但在限制玉米进口且不重视草牧业发展的情况下，中国畜产品进口将显著增长，并高度依赖于不可靠的国际市场供给；除了猪肉和禽肉、禽蛋外，牛羊肉和奶制品进口增速将更为显著，到 2035 年，这些产品自给率将下降到 70%～80%。

（二）未来转基因玉米产业化的经济影响

本节就中长期对农产品供需影响较大的政策方案开展评估研究，主要包括影响种植业生产力的政策方案（以转基因玉米产业化为例）和资源安全与食物安全政策方案（如完全自给还是适度进口食物的战略选择，提高灌溉效率政策方案）。

1. 预测模型的情景方案设定

本研究总结了转基因玉米产业化对农业和国民经济的影响。玉米生产性试验表明，转基因玉米可以有效控制玉米螟和其他害虫，在虫害一般年份玉米产量增加 6%～11%。通常，玉米产量在虫害年份会降低 5%～20%。虫害越严重，转基因玉米生产的优势就越明显。因此，本研究根据生产性试验阶段转基因玉米的表现和农户采用后的反馈等，设定模型研究了不同虫害严重程度下转基因玉米产业化的影响。

本研究侧重分析在放开玉米进口配额限制下转基因玉米产业化的影响。虽然玉米进口有关税配额，但是鉴于国内肉类市场的重要性以及进口肉类产品可能面临的卫生风险，中国对进口配额（720 万 t）以外的玉米征收起点关税（65%）的可能性不大。在这种情况下，中国放开玉米贸易，促进国内畜产品生产，以满足国内对肉类产品日益增长的需求，这个方案称为"放开玉米进口配额限制下的基准方案"。然而，中国也可能实施玉米进口配额限制，这一情景称为"进口配额限制下的基准方案"。两者主要影响差异来自玉米和畜牧业。因此，该研究比较了在玉米进口配额限制和放开两种情景下，转基因玉米产业化对玉米及畜牧业的影响。

2. 转基因玉米产业化对农业生产和贸易的影响

未来 10 年，除水稻和小麦之外，其他谷物和饲料的需求及进口量都将增加（专题表 2-49）。到 2025 年，中国玉米需求量将达到 2.545 亿 t，进口量将达到 1989 万 t。玉米进口量快速增长主要是由国内畜牧业的扩张导致的，前提是政府对超出配额的玉米进口不征收 65%的关税。另一个影响显著的作物是大豆。国内肉类需求大幅增长，玉米和大豆作为饲料与用于加工，进口量增多，预计 2025 年中国几乎可以实现畜牧业的自给自足。

专题表 2-49　2015 年和 2025 年主要农产品的产量与贸易影响（单位：×10³ t）

作物种类	2015 年			2025 年		
	产量	出口量	进口量	产量量	出口量	进口量
水稻	145 772	287	3 377	135 460	344	2 820
小麦	130 247	122	3 007	116 692	177	2 074
玉米	225 000	11	4 730	234 590	10	19 890
其他谷物	13 090	583	21 432	12 220	707	17 661
蔬菜、水果	562 705	13 186	3 461	644 302	18 251	3 626
大豆	10 800	134	81 694	11 338	111	98 556
其他油料作物	8 863	21	1 458	9 184	21	1 447
糖类	15 211	75	4 846	12 839	39	9 285
棉花	5 605	30	1 759	5 215	29	1 831
生猪和家禽	63 812	681	1 188	78 270	720	1 550

数据来源：作者计算

转基因玉米将释放更多生产要素，降低玉米价格，提高其他农产品的产量（专题表 2-50）。对各种农产品的影响的差异取决于这些农产品是否与玉米互为替代品或是以玉米作为原料以及利用生产要素的效率。因此，其他农产品的产量将会提高（通过使用额外的土地），而更低的饲料价格会促进畜牧业扩张。作为玉米饲料消费方，畜牧业受益最多。在虫害较轻年份，由于玉米价格下降，畜牧业产量增长率达到 0.11%，而在虫害较重年份，这一增长率预计达 0.35%。其他谷物（如大麦、小米）在所有农产品中产量增幅最大（虫害较轻年份为 0.20%，虫害严重年份为 0.56%）。

专题表 2-50　2025 年转基因玉米对其他行业的影响

作物种类	不同虫害严重程度下对产量增长率的影响（%）		
	较轻	一般	较重
水稻	0.01	0.02	0.01
小麦	0.01	0.02	0.09
其他谷物	0.20	0.39	0.56
蔬菜和水果	0.04	0.06	0.09
大豆	0.02	0.01	0.06
其他油料作物	0.02	0.03	0.03
糖	0.05	0.09	0.12
棉花	0.04	0.05	0.06
其他作物	0.06	0.08	0.09
生猪和家禽	0.11	0.23	0.35

注：数据来源于作者计算；基线方案下不执行 TRQ 政策

3. 转基因玉米产业化对玉米产业利益攸关方的影响

除农药产业外，玉米产业的所有利益攸关方都将从转基因玉米技术中获益。农产品产量更高，价格将会更低，消费者在所有情景下都将获利（专题表 2-51），虫害较轻年份消费者福利增加 31.9 亿美元，虫害严重年份将增加 93.4 亿美元。以玉米作为饲料的畜牧业也是主要受益方，其产值将增加 7.9 亿美元（虫害较轻年份）到 25.3 亿美元（虫害严重年份）。

专题表 2-51　2025 年转基因玉米对其他利益攸关方的经济影响　　（单位：$\times 10^{10}$ 美元）

利益攸关方面	不同虫害严重程度下转基因玉米产生的影响		
	较轻	一般	较重
消费者福利	3.19	6.20	9.34
生猪和家禽产业	0.79	1.67	2.53
农药产业	−0.06	−0.15	−0.22

农药产业是转基因玉米产业化最大的受损方（专题表 2-51）。显然，随着抗虫转基因玉米的采用，农药的使用量将会大幅减少。在虫害一般年份，每年农药产业产值将减少 1.5 亿美元。然而，更低的农药使用量将会对环境及人类牲畜的健康产生积极影响。

4. 执行关税配额政策下转基因玉米产业化对中国宏观经济的影响

本研究还模拟了中国在执行关税配额政策（TRQ 政策）下转基因玉米的影响。在基线方案中，玉米进口将限制在配额水平（720 万 t）以内，2025 年玉米自给率将达到 97.1%。

但是，因为不得不使用国内更贵的玉米饲料，畜牧业将受到负面影响。2025 年，其产量将会减少 3.7%，从 7.83 万 t 减少到 7.55 万 t。同时，肉类进口将会增加，导致肉类自给率从下降。

专题表 2-52 比较了虫害严重年份和基线方案中不同关税配额政策下转基因玉米对玉米产业和畜牧业的影响。在进口配额限制下，国内的玉米价格将会增加（由于进口量减少），产量提高 9.26%（不执行 TRQ 政策），将带来产量增长 8.1%（相比不执行 TRQ 政策的情景下为 7.7%）。玉米进口量并不会明显改变，因为进口配额的限制。在执行 TRQ 政策下，受国内产值增加及玉米进口量不变的综合影响，国内玉米自给率小幅增长 0.21%。

专题表 2-52　2025 年不同关税配额政策下转基因玉米对中国宏观经济的影响

宏观指标	基线方案		虫害严重	
	执行 TRQ	不执行 TRQ	执行 TRQ	不执行 TRQ
实际 GDP（%）	—	—	0.09	0.08
总农产品贸易（百万美元）	−112 107	−123 525	1 808	1 933
消费者福利（百万美元）	—	—	10.10	9.34
玉米				
产量（%）	—	—	8.1	7.7
进口（%）	—	—	0.0	−33.2
出口（%）	—	—	17.0	30.4
产量（×10³t）	238 820	234 590	19 344	18 063
进口（×10³t）	7 200	19 890	0	−6 610
出口（×10³t）	6	10	1	3
自给率（%）	97.1	92.2	0.21	2.82
生猪和家禽产业				
产量（%）	—	—	1.1	0.4
进口（%）	—	—	−18.3	−8.9
出口（%）	—	—	5.0	3.4
产量（×10³t）	75 596	78 270	832	274
进口（×10³t）	4 090	1 550	−747	−138
出口（×10³t）	638	720	32	25
自给率（%）	95.6	99.0	1.00	0.21

对于畜牧业而言，在 TRQ 限制下，玉米产量将会增长（1.1% 对 0.4%），进口下降幅度增大（18.9% 对 8.9%），进一步刺激国内畜牧业生产。在 TRQ 政策下，中国的畜牧业自给率将提高 1.00%，而不执行 TRQ 政策下仅为 0.21%。这些结果表明，虽然采用转基因技术主要是因为它的抗虫能力，但它也有助于缓解玉米和畜牧业的需求压力。

（三）粮食市场改革和干预政策的影响：以玉米为例

如何保障国家粮食安全和缩小城乡居民收入差距，成为 21 世纪初以来中国农业农村发展面临的两大挑战。为了保障粮食安全和提高农民收入，全国于 2004 年取消农业税费的同时启动了农业的补贴政策，2012 年的农业 4 项补贴（粮食直补、良种补贴、农资综合补贴和农机购买补贴）达到 1638.5 亿。也是从 2004 年开始，为了保护农民利益，国家出台了直接干预农产品市场的政策。在 2004 年启动水稻最低收购价政策之后，于 2006 年又启动了小麦最低收购价政策，并于 2008 年启动了玉米、大豆和油菜籽的临时收储政策。这些政策无疑对促进农民增收起到了积极的作用，但 2004～2009 年城乡居民收入比还是不降反升，到 2009 年更是突破 3.3（国家统计局，2010）。在这种情况下，一方面政府在 2010～2013 年继续加大已有的市场干预政策力度（如提高最低收购价和临时收储价以及收购数量），另一方面于 2011 年启动了棉花的临时收储政策。在加大农产品市场干预、非农收入增长和城镇居民收入增长减缓的共同作用下，城乡居民收入比终于从 2010 年开始出现了下降势头。下面我们以玉米为例，进一步分析政府市场干预对玉米生产的影响。

1. 粮食市场干预政策的影响

实际上，过去中国玉米在国际市场上还具有一些竞争力，中国从玉米的净出口国转变为净进口国发生在 2010 年之后。在 2008 年启动玉米临时收储政策之前，国内玉米批发价显著低于玉米进口到岸价；2008 年后，虽然玉米批发价随着临时收储价上升也同步上升，但在 2013 年前批发价格总体上都低于进口玉米到岸价（专题图 2-50）。

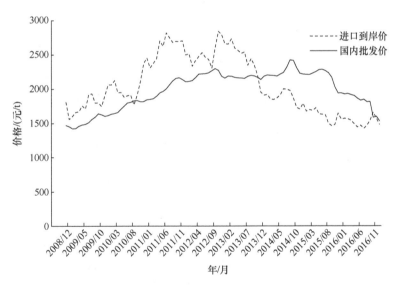

专题图 2-50　2008～2016 年玉米国内与进口到岸价（元/t）
数据来源：进口到岸价来自《中国进出口贸易统计月报》（2008～2016 年）；国内批发价格来自国家粮油信息中心

玉米国内外市场价格倒挂，库存、生产和进口同时增长等供给侧结构性突出问题主要是在 2013 年之后发生的，特别是 2014～2015 年的"价格倒挂"（专题图 2-50）。在这短期内发生的供给侧问题，不能主要归因于国内生产成本的上升。例如，根据国家发展和改革委员会价格司的《全国农产品成本收益资料汇编 2017》数据，2013 年、2014 年和 2015 年亩均玉米生产总成本分别为 1012 元、1064 元和 1084 元，每千克玉米生产成本分别为 2.07 元、2.13 元和 2.22 元,扣除物价增长因素后亩均生产成本(元/kg)基本没有变化;如果考虑人民币的贬值因素,国内玉米以美元计算的生产成本更没有发生显著变化。那么,在这短时期内导致玉米供给侧出现问题的根本原因是什么?

玉米在 2013 年后出现突出问题是国内临时收储政策和国际市场价格下降共同作用的结果。外因是无法改变,内因是可以避免的。从外因上看,从 2012 年底以来,国际市场玉米需求疲软,导致玉米价格呈现逐年下降的趋势(专题图 2-50)。但在国内,玉米收购价格则从玉米临时收储政策实施初期(2008~2009 年)的 1500 元/t 提高到 2013 年的 2240 元/t,增长了 49%;收购价格的大幅提高刺激了农民玉米生产的积极性,玉米开始替代其他农作物,产量从 2009 年的 18 397.3 万 t 增加到 2013 年的 21 848.9 万 t,增长了 19%。实际上从 2012 年开始国内玉米生产已经出现明显的供过于求局面,之后国内玉米价格本应同国际价格同步下降。但为了稳定玉米市场,根据作者的分析,国家从 2013 年开始又显著加大玉米临时收储量,从 2013/2014 年度的 6920 万 t 增加到 2014/2015 年度的 8300 多万 t 和 2015/2016 年度的 1.25 亿 t,而这三年玉米出库拍卖总量只有 5200 多万 t,从 2013 年底到 2016 年底,估计三年内由于临时收储政策净增加的库存达 2.3 亿 t 左右,这一数量超过了 2015 年玉米破历史纪录的产量 2.246 亿 t。

玉米市场干预政策也对玉米下游产业产生巨大的冲击。首先,因为玉米主要是用作饲料的,其价格上升必然会对畜牧业生产产生负面影响。例如,生猪年底存栏头数在 2014~2016 年年均下降了 2.8%,猪肉产量在 2015 年和 2016 年也分别下降了 3.3% 和 3.4%。其次,高价玉米也冲击了玉米的加工业。玉米深加工业曾经历了快速发展时期,虽然 2007 年之后为防止其过快发展还实施了多年的限制政策,但据估计,用于深加工的玉米还是从 2007 年的 3200 万 t 增长到 2010 年的 5200 多万 t;最后真正抑制了其发展的还是前几年高企的玉米价格。最后,受国内玉米价格上涨影响,畜牧业比较优势显著下降,从而出现近年来各种畜产品出口量下降而进口量上升的局面。

玉米市场的干预政策还对许多玉米替代农产品产生显著的负面影响。玉米国内外价格的差价扩大,使玉米进口压力增大,但为了减缓国内玉米库存压力,国家实施了限制玉米进口的政策,这导致玉米替代品(如大麦、高粱、玉米干酒糟高蛋白饲料、木薯等)进口量的剧增,同时对国内生产杂粮地区的农民造成了生产和价格冲击。

2. 玉米市场改革及其影响

随着近年来国际玉米价格的持续低迷和下降,政府对玉米市场干预带来了一系列问题,临时收储政策已经难以持续,改革势在必行,最终于 2016 年取消玉米临时收储政策,实施"价补分离"政策。政府不再按保护价收购玉米,让价格随行就市;同时,政府给予生产者一定的补贴。

那么,实施玉米"价补分离"改革政策效果如何?总的来说,玉米市场改革使玉米供需开始逐渐恢复平衡。首先,玉米市场改革转变了玉米供需差距不断扩大的局面。例如,当玉米临时收储价格首次出现下降,从 2014 年的 2240 元/t 下降到 2015 的 2000 元/t,之后继续下降,玉米产量从 2016 年开始首次逆转了 21 世纪初以来年年增长的趋势。其次,玉米价格的下降促进了各行业玉米需求的增长,市场供需严重不平衡的格局得到显著改善。最后,玉米市场改革不但为玉米去库存减少了过去生产年年增长带来的压力，玉米价格下降也避免了过去玉米库存拍卖常常流拍的局面。

玉米市场的力量是巨大的，玉米市场改革的效果是极其显著的。首先，玉米回归到市场价格，价格下降促进了畜牧业的生产，改变了近年来畜产品进口显著上升的趋势。其次，有迹象表明，2016 年以来玉米加工业又出现了发展势头。再次，玉米价格的下降结束了过去几年高粱、大麦、DDG 和木薯等许多玉米替代产品进口急剧上升的局面，2016 年这些农产品进口已开始迅速下降。最后，实施"价补分离"政策后，玉米的批发价格迅速回落，从 2016 年 10 月开始国内玉米批发价已等于进口到岸价，国内外玉米价格倒挂现象从此消失（专题图 2-50）。国内玉米价格同国际价格趋同具有极其深远的意义，这意味着中国玉米生产可能不像多数学者所认为的"没有市场竞争力"，也意味着过去几年玉米及相关产业出现的种种问题不是来自生产本身，而主要是来自国家对市场的干预。

3. 玉米市场改革的中长期影响

下面以玉米市场为例，对中国当前农产品市场改革的中期影响进行深入分析。玉米市场改革的效果是极其显著的，玉米价格的下降推动了玉米市场恢复竞争力。然而玉米市场改革对玉米生产、消费、贸易以及自给率具有中长期影响。本部分利用国家农业部门均衡模型（CAPSiM）模拟分析玉米市场改革（玉米去库存）的中长期影响，模拟从 2017 年开始调减中国玉米库存。未来 5 年（2017～2021 年）玉米库存需减少 1.2 亿 t，其中，每年玉米库存分别减少 1000 万 t、3000 万 t、4000 万 t、3000 万 t、1000 万 t。

玉米去库存将会降低中国玉米播种面积，减少玉米产量，但是对中国玉米生产的影响比较有限。在去库存的当年（2017 年），玉米库存下降 1000 万 t；玉米国内价格将明显降低，导致玉米的播种面积下降，与基准情景相比，2017 年玉米播种面积下降了 0.62%（专题图 2-51），从而导致当年玉米产量下降了 198 万 t，约 0.93%（专题图 2-52）。2017～2019 年，随着每年玉米去库存量的增加，玉米播种面积和产量的降幅也逐渐增加，在 2019 年达到最高峰，2019 年玉米播种面积下降了 2.84%，玉米产量下降了 912 万 t（4.16%）。随着玉米库存量的减少，2020 年和 2021 年玉米库存每年分别减少 3000 万 t 和 1000 万 t，玉米播种面积和产量的降幅也分别下降，2020 年和 2021 年玉米播种面积

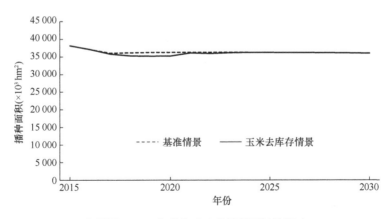

专题图 2-51 去库存对玉米播种面积的影响
数据来源：CAPSiM 模拟结果

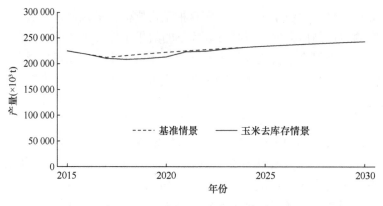

专题图 2-52　去库存对玉米产量的影响
数据来源：CAPSiM 模拟结果

分别下降了 2.62% 和 0.20%，由此导致玉米产量分别下降了 3.73% 和 0.38%。5 年间玉米产量累计减少了 2772 万 t，约占同期玉米去库存量（1.2 亿 t）的 23.1%。在 2021 年后，随着玉米去库存量的减少，玉米播种面积和产量逐渐上升，并逐步恢复到基准情景的水平。因此，玉米去库存将在中短期内对中国玉米生产产生负面影响。

然而，相比于玉米的生产规模，玉米去库存对玉米生产的影响比较有限。2015 年中国玉米产量达到 2.25 亿 t，在基准情景下 2017~2021 年中国玉米产量在 2.11 亿~2.23 亿 t。同期，受玉米去库存的影响，玉米产量累计减少 2772 万 t，年均减少 554 万 t，仅占同期玉米产量的 2.6%。

玉米去库存将小幅刺激玉米需求。在 2017~2021 年，国内玉米库存将累计减少 1.2 亿 t。为了满足玉米去库存的需要，玉米的国内需求也将发生相应的变化。玉米的国内需求主要包括口粮需求、饲料粮需求和工业需求。从总体来看，5 年间玉米需求将明显增加。在 2017~2019 年，玉米需求的增幅逐渐加大；与基期相比，2019 年玉米国内需求增加了 2854 万 t，约 12.6%（专题图 2-52）。2020~2021 年玉米需求增幅逐步减少，直至 2022 年后恢复到基准情景的玉米需求水平（专题图 2-53）。5 年间玉米需求累计增加 8497 万 t，约占玉米库存变化量的 70.8%。但玉米去库存政策对玉米国内不同用途需求的影响却存在较大差异。

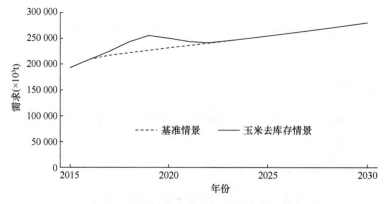

专题图 2-53　去库存对玉米总需求的影响
数据来源：CAPSiM 模拟结果

由于玉米去库存，国内玉米价格下降，玉米的食物需求和饲料需求增加。由于玉米直接使用的比例较低，2017~2021 年玉米的食物需求仅累计增加 65.2 万 t。但与玉米的口粮需求相比，饲料需求增加较多，5 年间饲料需求累计增加 3632 万 t，接近于 2015 年玉米替代品的进口量。这是由两方面因素共同作用而导致的。一方面玉米价格降低，饲料成本下降，促进了畜产品的生产，另一方面玉米价格的下降促使畜牧业生产使用更多的玉米，减少了高粱、大麦等玉米替代品的使用。此外，由于玉米库存巨大，且陈粮出售存在较大困难，可以预期玉米的产后损失在流通、仓储环节将显著增加，我们预期在未来 5 年间，玉米产量损失累计为 1200 万 t。

玉米去库存调整将会显著减少中国的玉米净进口，提高玉米的自给率。在 2017~2019 年，玉米去库存将显著降低玉米的净进口，2019 年玉米的净进口将下降 32.0%，约为 233.8 万 t；前三年玉米净进口累计下降 427.6 万 t。2020~2021 年玉米净进口累计下降 302.3 万 t。2022 年后随着玉米库存的减少，净进口降幅逐渐减小，直至收敛到基准情景方案的水平。玉米去库存在减少玉米净进口的同时，也增加了玉米的国内需求，玉米去库存在一定程度上提高了玉米自给率。根据 CAPSiM 预测结果，2019 年玉米自给率提高到 97.7%，增加 0.9%。

在玉米库存调整结束后，玉米库存-消费比最终将恢复到正常水平。玉米库存量在 2016 年达到 2.42 亿 t 以后，在 2021 年下降到 1.22 亿 t，在 2021 年后保持在这一水平。2017~2021 年玉米库存-消费比逐步降低，并在 2021 年下降到 50% 以下。随着玉米的消费需求进一步增加，玉米库存-消费比仍将缓慢下降，可以看出去库存使玉米库存-消费比恢复到了正常水平。

因此，玉米库存调减政策将导致玉米产量短期内小幅下降，玉米价格下降将刺激玉米需求增长，最终玉米库存调减并不会显著冲击国内的玉米产业。但是本研究假设 5 年内完成玉米库存调减任务，如果政府追求更短时间完成玉米调减任务，如 2~3 年，对国内玉米产业的影响可能会大于本研究估计的结果。因此在玉米调减政策实施时，需要制定稳妥、切实可行的玉米去库存路径。

4. 小结

作为渐进式改革理论在中国农产品市场改革中的实践，粮食收购双轨制如何影响粮食生产一直是学术界所关注的重要问题。因为国情差异，虽然这种改革效果无法同苏联不太成功的"休克疗法"式改革效果直接进行对比，但中国粮食等主要农产品产量在双轨制改革期间总体持续增长的事实，说明双轨制改革适合中国国情。本部分在以往研究的基础上，以小麦为例，进一步论证了粮食收购双轨制改革对粮食生产产生的积极影响。

实证研究结果表明，粮食收购双轨制改革促进粮食生产的作用是通过 4 个途径来实现的。这 4 个途径按其影响大小依次为：提高农民的自留量、提高议购价格、降低定购数量和提高议购收购量。同时，本研究结果还表明，粮食收购双轨制改革中的定购价格对小麦播种面积没有产生影响。

本项研究还表明，1985~1996 年的粮食收购双轨制改革在渐进地推进粮食的市场化中产生了作用并验证了农民对边际价格的反应。降低政府的总收购量后，农民自己可掌握的粮食数量增加，其可以较高的价格在当地农贸市场销售，获得更高的收入，这是促进农民增加粮食播种面积的重要原因。因为议购价格比定购价格高，所以提高议购价格和议购数量都提高了农民生产的积极性，从而促进了粮食生产。因为定购价格低于议购价格，不是边际价格，所以农民只是对更高的议购价格作出生产决策的反应。

本研究结果不但丰富了我们对粮食收购双轨制改革作用的认识，而且有极其重要的现实意义。粮食收购双轨制改革是中国农产品市场渐进性改革的特色，其实施为 21 世纪初重新开始的粮食市场改革奠定了基础。重新探究粮食收购双轨制改革，有助于我们全面认识其在中国农产品市场改革过程中发挥的重要地位和作用，从而凸显其深刻历史意义。另外，本项研究结果进一步证实了市场改革在中国粮食生产中的作用。同 20 世纪 90 年代末期的粮食"三项政策"等干预政策的效果比较，本研究结果说明，只要推进粮食市场改革，中国粮食生产和市场就能够健康发展，否则粮食生产和市场就会面临诸多问题与挑战。但无可否认的是，渐进式的粮食流通市场改革也为政府有时采取不必要的市场干预政策提供了空间和可能，如何权衡政府对粮食市场的调控和充分发挥市场资源配置的作用始终是学术界的重要研究议题。

21 世纪初以来对粮食等主要农产品市场进行干预所带来的一系列问题，以及近年来又启动的市场改革，进一步证明了市场在资源配置和优化农业生产结构中的作用。任何时期都要推进市场改革，这样农业生产结构就能得到优化，否则就会产生一系列供给侧结构性问题。

（四）资源安全与食物安全政策方案

中国以往的农业增产建立在以牺牲环境和可持续发展为代价的基础之上。过度开采地下水一直是中国面临的最严重问题之一，其中有 11% 的平原地区地下水开采已超过自身的可持续水平。海河流域是中国的粮食主产区之一，该流域 91% 的地区存在地下水过度开采的问题。地下水的过度开采将导致地下水位下降、地面沉降和海水入侵等严峻问题。中国的许多地区都面临土壤退化的严重问题，由人类不合理利用造成的土地退化面积高达 5.4 亿 hm^2，约占全国总面积的 56.2%（Long，2013）。除此之外，国内 50% 以上的耕地出现了土地退化现象（Li et al.，2011）。据 Deng 和 Li（2016）估计，2007 年，中国土地退化造成的年损失达到 370 亿美元，约占当年中国 GDP 的 1%。就农业的资源利用情况来看，2000～2015 年，中国的农业用水量从 3780 亿 m^3 增加到了 3900 亿 m^3，增长了 3.2%；耕地面积也从 1.28 亿 hm^2 增加到了 1.35 亿 hm^2，增长了 5.5%，这表明中国对这些资源的使用强度增加（FAOSTAT，2016）。

20 世纪 90 年代以来，在国内水资源、土地资源短缺以及粮食需求上升的背景下，中国越来越倾向于依赖国际市场来保障粮食供应安全。以往的研究表明，中国基于自身的比较优势，通过增加土地密集型作物（如谷物、大豆、食用油和糖）的进口量和劳动密集型作物（蔬菜、水果和加工食品）的出口量来促进食品贸易（Huang et al.，2010）。到 2013 年，中国食品净进口量占食品消费总量的 6.7%（FAOSTAT，2016）。鉴于农产品贸易也是一种资源交换，近年来涌现了大量文献探究贸易流通的增加对水和土地等隐性资源的影响（Kastner et al.，2012）。不同地区在生产单位作物所需的水量（虚拟水含量，VWC）和土地资源量（虚拟土地含量，VLC）方面的差异，可以用来减缓地区水和土地资源短缺的问题。一些研究表明，尽管中国的农产品贸易受到经济和政治因素的影响，但中国在不知不觉中已经进口了虚拟水（VW）和虚拟土地（VL），这种虚拟水和虚拟土地贸易在国家与全球层面都将产生影响。少数研究分析了中国食品贸易（涉及不同的时间、地区和商品）中的水和土地足迹（Liu *et al.*，2007；Liu and Savenije，2008；Dalin *et al.*，2012a，2012b，2014；Qiang *et al.*，2013；Shi *et al.*，2014；Chen and Han，2015）。

本部分研究主要有以下两个目标：①通过农产品贸易研究得出中国虚拟水贸易（VWT）与虚拟土地贸易（VLT）的主要结论；②更新并提供过去 10 年及未来虚拟水贸易和虚拟土地贸易的一致性结果。

1. 21 世纪以来中国虚拟水和虚拟土地的变化趋势

为了研究近年来中国食品贸易对虚拟水和虚拟土地的影响，本部分选择了 6 种主要农作物（水稻、小麦、玉米、大豆、水果和蔬菜）和 3 种畜牧品（禽肉、牛肉和猪肉）进行深入分析。在中国，95%以上的热量来自这些商品（FAOSTAT，2016）。

本研究结果表明，中国近期的食品贸易促使中国的虚拟水净进口量呈现空前增长。2000～2015 年，中国的食品贸易导致了年均 548 亿 m^3 的虚拟水净进口量，中国的虚拟水净进口量从 2000 年的 69 亿 m^3（相当于中国当年农业用水量的 1.8%）增加到 2015 年的 1201 亿 m^3（相当于中国当年农业用水量的 30.7%）。大豆进口量的增加，是推动虚拟水净进口量快速增长的关键因素；大豆对 2015 年虚拟水净进口量的贡献率达到近 88%。值得注意的是，2000 年玉米对中国虚拟水净进口量的贡献为负（–118 亿 m^3），但在 2010 年左右由负转正（专题图 2-54a）。与此同时，大米和小麦对虚拟水净进口量的贡献由正转负；水果和蔬菜贸易对中国虚拟水净进口量的贡献为负，但是自 2010 年以来这种负贡献一直在减少，主要原因是水果出口减少，也部分得益于用水效率提高；中国肉类（禽肉、牛肉和猪肉）对中国虚拟水净进口量的贡献从 2012 年左右开始转为正值（专题图 2-54a），表明中国人食用的动物蛋白增加，这归因于经济条件的改善和食物偏好的改变。

自 2000 年以来，中国净进口虚拟水的地理来源也发生了很大变化。2004 年左右，南美洲超过北美洲成为中国净进口虚拟水的主要来源（专题图 2-54b）。自那以后，来自南北美洲的虚拟水净进口量之间的差异不断扩大，这主要是因为中国增加了从巴西和阿根廷进口大豆的量。2014～2015 年，伴随着牛肉进口量的增加，来自澳大利亚和新西兰的虚拟水净进口量出现大幅增长。近年来，对东欧玉米的进口量增加，使得来自该地区的虚拟水净进口量增加。中国向东亚和东南亚出口水果与蔬菜，是中国对这些地区的虚拟水净进口量为负值的主要原因。但是，近年来，这种趋势一直在稳步下降，如前所述，这主要是因为中国减少了对这些地区出口水果的量，同时中国生产水果的用水效率有所提高。

食品贸易导致中国的虚拟土地贸易大幅增长，基本上与虚拟水贸易趋势保持一致。2000 年、2005 年、2010 年和 2015 年，中国的虚拟土地净进口面积分别为 170 万 hm^2、920 万 hm^2、1940 万 hm^2 和 3160 万 hm^2，分别相当于中国相对应年份 1.3%、7.6%、15.9% 和 23.4%的耕地总面积。中国通过大豆实现的虚拟土地净进口面积，从 2000 年的 410 万 hm^2（相当于耕地总面积的 3.2%）急剧增至 2015 年的 2960 万 hm^2（相当于耕地总面积的 21.9%），达到了 622%的惊人增长速度（专题图 2-54c）。中国玉米贸易对虚拟土地净进口面积的贡献在 2003 年达到最低值（–340 万 hm^2），随后从 2010 年起变为正值。

2000～2015 年，大米和小麦贸易对中国虚拟土地净进口面积作出了较小的贡献。过去 15 年来，中国由水果和蔬菜实现的虚拟土地净进口值为负（专题图 2-54c）。

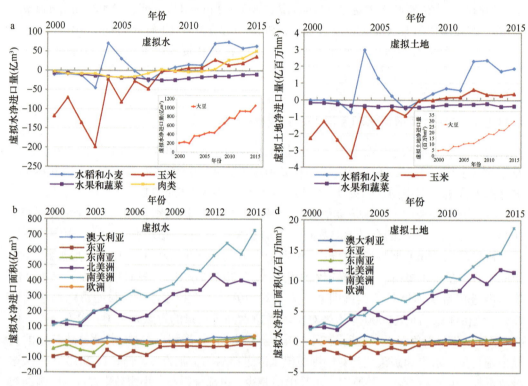

专题图 2-54　中国来自不同地区主要农产品隐含的虚拟水净进口量（a 和 c）和虚拟土地净进口面积（b 和 d）（2000～2015 年）

　　就地理分布来看，南美洲和北美洲是中国虚拟土地净进口面积的两个主要来源，两者在 2015 年的贡献分别为 1870 万 hm² 和 1150 万 hm²（专题图 2-54d）。与东亚进行的贸易活动对中国虚拟土地净进口面积的贡献为负，但近年来这种负贡献有所降低。澳大利亚和新西兰对中国虚拟土地净进口面积的贡献较小但仍为正。在过去 15 年的大部分时间里，欧洲对中国虚拟土地净进口面积的贡献一直为负，但 2014～2015 年例外，因为中国在这期间通过从东欧，尤其是从乌克兰和俄罗斯进口大豆与玉米实现了贸易多元化。

2. 未来中国食品贸易对虚拟水和虚拟土地的影响

　　为了分析未来中国食品贸易对虚拟水和虚拟土地的影响，我们根据全球贸易分析模型（GTAP）（Hertel，1997）的递归动态方法及其最新数据库，预测了中国 2015～2035 年的食品贸易情况。在此基础上，为中国制定了三种情景：①参考情景（S_0）：除了对 2015～2035 年 GDP（5.5%）和人口年均增长率（0.14%）假设外，还假定根据历史趋势，中国不同作物产量的年增长率在 0.3%～1.87%，畜牧品产量的年增长率为 0.2%；②情景 1（S_1）：在 S_0 基础上，中国的灌溉效率（定义为作物消耗的水量与通过灌溉供应的水量的比值）每年将提高 0.5%；③情景 2（S_2）：在 S0 基础上，中国的灌溉效率每年将提高 1.0%。

对 2035 年食品供给、需求和贸易情况的预测表明，中国在大米和小麦方面几乎完全能够实现自给自足，但由于收入增加，动物蛋白的消费量将显著增加。随着肉类需求的增加，畜牧业生产扩大，将导致中国进口大量的饲料谷物。例如，预计玉米进口量将从 2015 年的 470 万 t 增加到 2035 年的 5624 万 t；玉米的自给率将从 2015 年的 97% 下降到 2035 年的 82%。同时，大豆进口量将继续增加，从 2015 年的 8170 万 t 增加到 2035 年的 1.05 亿 t。另外，水果和蔬菜将保持明显的净出口优势。对于肉类而言，中国猪肉和鸡肉的自给率相对较高，但牛肉的自给率会略有下降；需求的增加将导致牛肉进口量的增加。

在基准情景下，到 2035 年，中国基于食品贸易的虚拟水和虚拟土地净进口水平将远高于当前水平。其中，中国的虚拟水净进口总量将从 2015 年的 1201 亿 m³ 增加到 2035 年的 1673 亿 m³，而虚拟土地净进口面积将从 2015 年的 3160 万 hm² 增加到 2035 年的 4522 万 hm²。虚拟水和虚拟土地的净进口水平增长得益于大豆与玉米进口量的大幅增加，尽管总净虚拟水和虚拟土地进口水平部分由于降低的 VWC 和 VLC 所抵消，但是反过来又受到 2035 年产量提高的支配。2035 年，玉米对虚拟水和虚拟土地总净进口的贡献与大豆（两个主要贡献者）相比将显著增加。2000～2015 年，与大豆相比，玉米对虚拟水和虚拟土地总净进口水平的贡献为负或可忽略不计。但是，2035 年玉米和大豆对虚拟水与虚拟土地总净进口水平的贡献率将分别为 1/5 和 1/8（专题图 2-55a）。从欧洲净进口的虚拟水量将从 2015 年的 38 亿 m³ 增加到 2035 年的 333 亿 m³，这主要得益于玉米进口量的增加（专题图 2-55b）。这表明中国虚拟水净进口将逐渐从南美洲转移到北美洲。

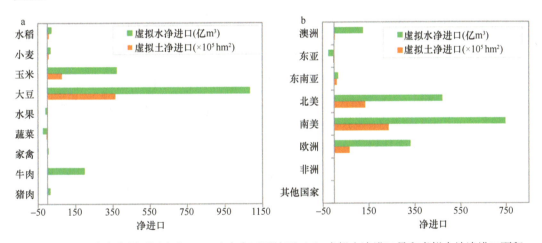

专题图 2-55　未来中国不同食品（a）及来自不同地区（b）虚拟水净进口量和虚拟土地净进口面积

未来，中国基于食品贸易的虚拟水净进口将会节约大量的国内用水和土地资源。根据参考情景，2035 年虚拟水国内总节约量将达到 2948 亿 m³（2015 年灌溉用水量的 75.3%），而 2015 年为 2155 亿 m³（2015 年灌溉用水量的 55.0%）。中国的食品贸易也将大大促进国内土地资源的节约，即从 2015 年的 4670 万 hm²（2015 年耕地总面积的 34.6%）增加到 2035 年的 5931 万 hm²（2015 年耕地总面积的 44.0%）。与 2015 年相比，2035

年大米和小麦对国内虚拟水与虚拟土地节约的贡献将减少，而大豆和玉米的贡献将显著增加。与此同时，水果和蔬菜的负贡献也将增加。

（五）未来农业结构调整方向与食物安全保障政策

1. 新时期食物/粮食安全与"两个市场"

（1）需要对"国际市场"的农业资源禀赋和生产能力有所了解

从分地区看，东亚地区的耕地面积仅占全球耕地面积的 9%，而人口占比却高达 22%；北美洲地区的耕地面积占比达到 14%，但是人口占比仅为 5%。不同国家的粮食单产也有显著差异。虽然全球谷物单产的平均水平不足 5t/ hm²，但是美国和中国的单产分别达到了 8t/hm²、6t/hm²，而单产低于 3t/hm² 的国家合计生产全球 30%的谷物。全球主要粮食进出口国都有促进贸易的诉求，粮食等大宗农产品的贸易增长趋势难以逆转。正是由于耕地资源和人口分布、生产能力、市场需求在地区/国家间存在差异，因此，贸易是解决全球和中国粮食及食物安全问题的重要途径，更是充分利用"两种资源"和"两个市场"的现实基础。

（2）有必要辨析一下表述上接近但内涵上不同的几个"概念"

所谓"口粮"，其实是指稻谷和小麦；谷物一般是指稻谷、小麦和玉米等；饲料粮主要包括玉米和大豆。食物的范围更为广泛，包括口粮、副食品和其他食物。中国目前的粮食安全目标是"谷物基本自给、口粮绝对安全"。事实上，2019 年全国粮食产量达到 6.64 亿 t，2020 年夏粮产量更是在 2019 年的基础上增长 0.9%，秋粮面积也稳中有增。另有数据指出，中国目前的稻谷、小麦库存相当于城乡居民一年的消费量；虽然 2020 年进口玉米约 700 万 t，主要是为了满足国内畜牧产品发展的需要。对于近年来的大豆进口量，常年维持在 9000 万 t 上下（占国内消费量的近 90%），其中 80%用于蛋白饲料，20%用于生产食用油，勿要将大豆安全等同于粮食安全。

（3）近期的国内外粮食市场现状

虽然最近几年经济全球化受到挑战等加剧了短期内的市场不确定性，但总的影响应该不大。例如，越南在 2020 年 3 月底出台大米出口管制，4 月初便取消管制政策；哈萨克斯坦在 2021 年也只是 3～4 月出台过短期限制面粉出口的政策。在国内，国家小麦收购量同比下降也引发媒体热议，这里有必要对中国"粮食最低收购价政策"机制作出必要解释。该政策适用的前提是当市场价格低于最低收购价格时，国家按最低收购价格收购农民出售的粮食，进而让农民从国家政策中受益；否则，国家粮食最低收购价政策就无须启动，即农户从市场机制中受益。

2. 未来农业发展与食物/粮食安全展望

（1）未来 15 年是中国农业发展和转型的关键期

首先，农业劳动力数量将持续减少，但是农民素质将不断提高；其次，食物消费总量预计在 2035 年前后达到高峰，但是食物需求结构向多样化、高价值及安全方向转变；再次，养殖业向规模化、专业化方向转型，同时种植业的生产社会化服务水平不断提高。

（2）国民食物消费更加向园艺作物（主要是蔬菜、水果）、畜产品、水产品等倾斜

根据 2025 年和 2035 年的模拟预测结果，稻谷和小麦的需求将有所下降；与此同时，

蔬菜和水果、肉类、牛奶、水产品的需求将大幅增加。虽然主要食物的自给率仍然为接近 90%，但是玉米、牛羊肉和牛奶的自给率会明显下降。此外，2035 年净进口虚拟作物种植面积将约占中国耕地面积的 47%，其中南美洲和北美洲是中国进口农作物的主要来源地。

（3）未来政策建议

近期，应当进一步夯实"藏粮于地、藏粮于技"战略。对于口粮，应当推进供给侧结构性改革，建议实施水稻、小麦的"价补分离"政策，加大补偿政策力度；建立高效的粮食库存保障体系。中长期，口粮绝对安全与谷物基本自给是底线，坚持"藏粮于地、藏粮于技"战略，增加饲料粮或畜产品供给，发展草牧业，坚持绿色高效高值和永续农业的转型发展战略。

参 考 文 献

曹阳, 胡继亮. 2010. 中国土地家庭承包制度下的农业机械化: 基于中国 17 省(区、市)的调查数据. 中国农村经济, (10): 57-65, 76.

崔海霞, 宗义湘. 2017. 美国农业无追索权贷款政策的演进阶段、特征与启示. 世界农业, (6): 90-93, 127.

第二次气候变化国家评估报告编委会. 2011. 第二次气候变化国家评估报告. 北京: 科学出版社.

董利苹, 李先婷, 高峰, 等. 2017. 美国和欧盟农业政策发展研究及对中国的启示. 世界农业, (1): 91-97.

窦晓杨. 2015. 中国农产品贸易竞争力分析: 基于 RCA 指数的探究. 经贸实践, (7): 21-21, 23.

高鸣, 宋洪远. 2014. 粮食生产技术效率的空间收敛及功能区差异: 兼论技术扩散的空间涟漪效应. 管理世界, (7): 83-92.

郭天宝, 李美佳, 于洁, 等. 2013. 中国玉米国际竞争力的分析及启示. 玉米科学, (6): 148-152.

国家发展和改革委员会价格司. 2004. 全国农产品成本收益资料汇编. 北京: 中国统计出版社.

国家发展和改革委员会价格司. 2009. 全国农产品成本收益资料汇编. 北京: 中国统计出版社.

国家发展和改革委员会价格司. 2014. 全国农产品成本收益资料汇编. 北京: 中国统计出版社.

国家发展和改革委员会价格司. 2015. 全国农产品成本收益资料汇编. 北京: 中国统计出版社.

国家统计局. 1978-2018. 中国统计年鉴. 北京: 中国统计出版社.

国家统计局农村社会经济调查司. 1985-2013. 中国农村住户调查年鉴. 北京: 中国统计出版社.

国家统计局农村社会经济调查司. 1985-2015. 中国农村统计年鉴. 北京: 中国统计出版社.

国家统计局社会科技和文化产业统计司, 科学技术部创新发展司. 1985-2013. 中国科技统计年鉴. 北京: 中国统计出版社.

国务院发展研究中心. 2017. 我国农业规模经济的变化与政策含义. http://www.drc.gov.cn/xscg/2017 0124/182-474-2892568.htm [2017-10-20].

韩俊. 2014. 在家庭经营基础上推进农业现代化. 中国农业信息, (1): 13-16.

韩喜平, 李罡. 2007. 从价格支持到农村发展: 欧盟共同农业政策的演变与启示. 理论探讨, (2): 69-72.

郝爱民. 2015. 提升农业生产性服务业外溢效应的路径选择. 农业现代化研究, 36(4): 580-584.

何秀荣. 2009. 公司农场: 中国农业微观组织的未来选择. 中国农村经济, (11): 4-16.

黄季焜. 2013a. 新时期的中国农业发展: 机遇、挑战和战略选择. 中国科学院院刊, (3): 295-300.

黄季焜. 2013b. 深化农业科技体系改革, 提高农业科技创新能力. 农业经济与管理, (2): 5-8.

黄季焜, 陶然, 徐志刚, 等. 2008. 制度变迁和可持续发展: 30 年中国农业与农村. 上海: 格致出版社, 上海人民出版社.

黄季焜, 王晓兵, 智华勇, 等. 2011. 粮食直补和农资综合补贴对农业生产的影响. 农业技术经济, (1): 4-12.

黄季焜, 杨军, 仇焕广. 2013. 中国未来主要粮食及其他农产品供需预测及政策建议. 北京: 中国科学院农业政策研究中心(内部资料).

黄祖辉, 俞宁. 2010. 新型农业经营主体、现状、约束与发展思路: 以浙江省为例的分析. 中国农村经济, (10): 16-26.

纪月清, 钟甫宁. 2013. 非农就业与农户农机服务利用. 南京农业大学学报(社会科学版), (5): 47-52.

纪月清. 2010. 非农就业与农机支持的政策选择研究. 南京: 南京农业大学博士学位论文.

姜长云. 2016. 关于发展农业生产性服务业的思考. 农业经济问题, 37(5): 8-15, 110.

姜楠, 方天堃, 聂凤英. 2006. 开放经济体系下汇率变动对农产品价格的影响. 农业技术经济, (5): 50-53.

李谷成, 冯中朝, 范丽霞. 2009. 小农户真的更加具有效率吗? 来自湖北省的经验证据. 经济学, 9(1): 95-123.

廖洪乐. 2005. 中国南方稻作区农户水稻生产函数估计. 中国农村经济, (6): 11-18.

廖翼, 周发明. 2011. 中国猪肉产品国际竞争力的实证研究. 国际经贸探索, 27(12): 25-33.

刘凤芹. 2003. 中国农业土地经营的规模研究: 小块农地经营的案例分析. 财经问题研究, (10): 60-65.

刘凤芹. 2006. 农业土地规模经营的条件与效果研究: 以东北农村为例. 管理世界, (9): 71-79.

吕晓英, 李先德. 2014. 美国农业政策支持水平及改革走向. 农业经济问题, 35(2): 102-109.

栾立明, 郭庆海. 2010. 中国大豆产业国际竞争力现状与提升途径. 农业经济问题, 31(2): 99-103.

罗必良, 汪沙, 李尚蒲. 2012. 交易费用、农户认知与农地流转: 来自广东省的农户问卷调查. 农业技术经济, (1): 11-21.

马建蕾, 吕向东. 2013. 大宗农产品国内外价差形成的原因、影响及对策. 世界农业, (12): 6-11, 16.

农业部经管总站体系与信息处. 2017. 2016 年农村家庭承包耕地流转及纠纷调处情况. 农村经营管理, (8): 40-41.

钱贵霞, 李宁辉. 2006. 粮食生产经营规模与粮农收入的研究. 农业经济问题, 27(6): 57-60.

乔娟, 康敏. 2002. 中国大豆国际竞争力及其影响因素分析. 调研世界, (10): 18-21.

日本米粮机构. 2014. 大米生产相关信息. http://www.komenet.jp/jukyuudb/826.html[2016-2-8].

日本农林水产省. 2014. 农业生产收入统计. http://www.maff.go.jp/j/tokei/kouhyou/nougyou_sansyutu/ [2016-2-8].

日本首相官邸内阁府. 2013. 日本复兴战略: http://www.kantei.go.jp/jp/singi/keizaisaisei/pdf/saikou_jpn. pdf [2016-2-8].

世界银行. 2008. 2008 年世界发展报告: 以农业促发展. 北京: 清华大学出版社.

帅传敏, 程国强, 张金隆. 2003. 中国农产品国际竞争力的估计. 管理世界, (1): 97-103.

田富强, 胡钢, 田富利. 2006. 麦客民俗研究. 西北工业大学学报(社会科学版), (2): 13-15.

王济民. 2016. 饲料与畜产品的国际贸易. 兽医导刊, (23): 10-11.

王新利, 赵琨. 2014. 黑龙江省农业机械化水平对农业经济增长的影响研究. 农业技术经济, (6): 31-37.

温铁军, 侯宏伟, 计晗. 2016. 日本高米价背后的农协垄断及其政党联系. 农业经济问题, (2): 100-109.

吴娜伟, 李琳. 2017. 美国畜禽养殖污染防治管理对我国的启示. 环境与可持续发展, 42(6): 40-42.

伍骏骞, 方师乐, 李谷成, 等. 2017. 中国农业机械化发展水平对粮食产量的空间溢出效应分析: 基于跨区作业的视角. 中国农村经济, (6): 44-57.

夏永祥. 2002. 农业效率与土地经营规模. 农业经济问题, 23(7): 43-47.

肖卫东. 2012. 中国种植业地理集聚: 时空特征、变化趋势及影响因素. 中国农村经济, (5): 19-31.

许庆, 尹荣梁, 章辉. 2011. 规模经济、规模报酬与农业适度规模经营: 基于我国粮食生产的实证研究. 经济研究, 3: 59-71.

杨秋菊, 常伟. 2015. 汇率波动视角下中国农产品贸易竞争力研究, 金融与经济, (8): 16-21.

杨树果, 刘丽, 杨英会. 2016. 我国农业机械化发展演变历程与问题分析. 黑龙江八一农垦大学学报, 28(3): 148-153.

杨婷. 2013. 我国农产品国际竞争力的实证分析. 石河子大学学报(哲学社会科学版), (3): 80-87.

尹彬. 2016. 荷兰农业知识创新体系的考察鱼借鉴. 世界农业, (6): 170-174.

詹琳. 2015. 美国农业政策的历史演变及启示. 世界农业, (6): 86-90, 169.

张斌. 2016. 日本农业发展的困境及政策调整. 日本问题研究, 30(6): 36-44.

张天佐, 张海阳, 居立. 2017. 新一轮欧盟共同农业政策改革的特点与启示: 基于比利时和德国的考察. 世界农业, (1): 18-26.

张月群, 李群. 2012. 新中国前 30 年农业机械化发展及其当代启示. 毛泽东邓小平理论研究, (4): 53-59, 115.

张振, 乔娟. 2011. 影响我国猪肉产品国际竞争力的实证分析. 国际贸易问题, (7): 39-48.

中共中央, 国务院. 2013. 2013 年中央一号文件: 中共中央 国务院关于加快发展现代农业 进一步增强农村发展活力的若干意见. http://www.moa.gov.cn/ztzl/yhwj2013/ [2013-2-1].

中共中央, 国务院. 2014. 2014 年中央一号文件: 中共中央 国务院印发《关于全面深化农村改革加快推进农业现代化的若干意见》. http://www.moa.gov.cn/ztzl/yhwj2014/zywj/ [2014-1-28].

中共中央, 国务院. 2015. 2015 年中央一号文件: 中共中央 国务院关于加大改革创新力度加快农业现代化建设的若干意见. http://www.moa.gov.cn/ztzl/yhwj2015/zywj/ [2015-2-8].

中国机械工业年鉴编辑委员会, 中国农业机械工业协会. 2009-2017. 中国农业机械工业年鉴. 北京: 机械工业出版社.

中国科学院农业领域战略研究组. 2009. 中国至 2050 年农业科技发展路线图. 北京: 科学出版社.

中国农业年鉴编辑委员会. 1990-2017. 中国农业年鉴. 北京: 农业出版社, 中国农业出版社.

中国畜牧业统计年鉴编辑委员会. 1990-2013. 中国畜牧业统计年鉴. 北京: 中国农业出版社.

中华人民共和国海关总署. 2011-2013. 海关统计. 北京: 中国海关出版社.

钟甫宁, 王兴稳. 2010. 现阶段农地流转市场化能减轻土地细碎化程度吗?——来自江苏兴化和黑龙江宾县的初步证据. 农业经济问题, 31(1): 23-31.

朱艳菊. 2015. 以色列农业技术推广体系的分析和借鉴. 世界农业, (2): 33-38.

庄丽娟, 贺梅英, 张杰. 2011. 农业生产性服务需求意愿及影响因素分析: 以广东省 450 户荔枝生产者的调查为例. 中国农村经济, (3): 70-78.

宗会来. 2016. 以色列发展现代农业的经验. 农业世界, (11): 136-143.

Adamopoulos T L, Brandt J, Leight J, et al. 2017. Misallocation, selection and productivity: a quantitative analysis with panel data from China. Cambridge: National Bureau of Economic Research.

Adesina A A, Djato K K. 1996. Farm size, relative efficiency and agrarian policy in Cote d'Ivoire: profit function analysis of rice farms. Agricultural Economics, 14(2): 93-102.

Ali D A, Deininger K. 2014. Is there a farm-size productivity relationship in African agriculture? Policy Research Working Paper, 91(2): 317-343.

Ali T, Huang J, Wang J, Xie W. 2017. Global footprints of water and land resources through China's food trade. Global Food Security, 12: 139-145.

Arnold U. 2000. New dimensions of outsourcing: a combination of transaction cost economics and the core competencies concept. European Journal of Purchasing & Supply Management, 6(1): 100-115.

Bai J F, Wahl T I, Lohmar B T, et al. 2010. Food away from home in Beijing: Effects of wealth, time and "free" meals. China Economic Review, 21(3): 432-441.

Ball E, Hallahan C, Nehring R. 2004. Convergence of productivity: an analysis of the catch-up hypothesis within a panel of states. American Journal of Agricultural Economics, 86(5): 1315-1321.

Bardhan P K. 1973. Size, productivity, and returns to scale: an analysis of farm-level data in Indian agriculture. Journal of Political Economy, 81(6): 1370-1386.

Barrett C B, Bellemare M F, Hou J Y. 2010. Reconsidering conventional explanations of the inverse productivity-size relationship. World Development, 38(1): 88-97.

Barro R J, Sala-I-Martin X. 1991. Convergence across states and regions. Brookings Papers on Economic Activity, 22(1): 107-182.

Barro R J, Sala-I-Martin X. 1995. Economic Growth. New York: McGraw Hill Book Co.

Bellemare M F. 2012. The inverse farm size-productivity relationship: "proof" that small holders can feed the world? http: //marcfbellemare.com/wordpress/7610 [2020-1-8].

Benjamin D, Brandt L. 2002. Property rights, labour markets, and efficiency in a transition economy: the case of rural China. Canadian Journal of Economics-Revue Canadienne D Economique, 35(4): 689-716.

Benjamin D. 1995. Can unobserved land quality explain the inverse productivity relationship. Journal of Development Economics, 46(1): 51-84.

Bernard A B, Durlauf S N. 1995. Convergence in international output. Journal of Applied Econometrics, 10(2): 97-108.

Bevis L E M, Barrett C B. 2017. Close to the edge: high productivity at plot peripheries and the inverse size-productivity relationship. Journal of Development Economics, 143: doi.org/10.1016/j.jdeveco.2019.102377.

Bhalla S S, Roy P. 1988. Mis-specification in farm productivity analysis: the role of land quality. Oxford Economic Papers, 40(1): 55-73.

Binswanger H P, Deininger K, Feder G. 1995. Chapter 42 Power, distortions, revolt and reform in agricultural land relations. *In*: Behrman J, Srinivasan T N. Handbook of Development Economics. Vol. III B. Amsterdam: Elsevier: 2659-2772.

Bowlus A J, Sicular T. 2003. Moving toward markets? Labor allocation in rural China. Journal of Development Economics, 71(2): 561-583.

Brandt L, Huang J K, Rozelle S. 2004. Land tenure and transfer rights in China: an assessment of the issues. China Economic Quarterly, 3(4): 951-981.

Carletto C, Savastano S, Zezza A. 2013. Fact or artefact: the impact of measurement errors on the farm size-productivity relationship. Journal of Development Economics, 103: 254-261.

Carlino G, Mills L. 1996. Convergence and the US states: a time series analysis. Journal of Regional Science, 36(4): 597-616.

Carter M R. 1984. Identification of the inverse relationship between farm size and productivity: an empirical analysis of peasant agricultural production. Oxford Economic Papers, 36(1): 131-145.

Chavas J P. 2001. Structural change in agricultural production: economics, technology and policy. Hand Book of Agricultral Economics, 1(Part A): 263-285.

Chayanov A V. 1969. The theory of peasant economy. The Economic Journal, 78(310): 469

Chen A. 2010. Reducing China's regional disparities: is there a growth cost? China Economic Review, 21(1): 2-13.

Chen G Q, Han M Y. 2015. Virtual land use change in China 2002-2010: internal transition and trade imbalance. Land Use Policy, 47: 55-65.

Chen J, Fleisher B M. 1996. Regional income inequality and economic growth in China. Journal of Comparative Economics, 22(2): 141-164.

Chen P C, Ming-Miin Y U, Chang C C, et al. 2008. Total factor productivity growth in China's agricultural sector. China Economic Review, 19(4): 580-593.

Chen Z, Huffman W E, Rozelle S. 2005. The relationship between farm size and productivity in chinese agriculture(Contributed Paper of 2005 Annual Meeting of American Agricultural Economics Association, New Name in 2008: Agricultural and Applied Economics Association)(Internal Data).

Chen Z, Huffman W E, Rozelle S. 2011. Inverse relationship between productivity and farm size: the case of China. Contemporary Economic Policy, 29(4): 580-592.

Coffey, William J. 2000. The geographies of producer services. Urban Geography, 21(2): 170-183.

Dalin C, Hanasaki N, Qiu H, et al. 2014. Water resources transfers through Chinese interprovincial and foreign food trade. Proceedings of the National Academy of Sciences, 111(27): 9774-9779.

Dalin C, Konar M, Hanasaki N, et al. 2012a. Evolution of the global virtual water trade network. Proceedings of the National Academy of Sciences, 109(16): 5989-5994.

Dalin C, Suweis S, Konar M, et al. 2012b. Modeling past and future structure of the global virtual water trade network. Geophysical Research Letters, 39(24): doi.org/10.1029/2012GL053871.

David P. 1966. The Mechanization of Reaping in the Ante-Bellum Midwest. Cambridge: Cambridge University Press.

Deininger K, Byerlee D. 2012. The rise of large farms in land abundant countries: do they have a future? World Development, 40(4): 701-714.

Deininger K, Feder G. 2001. Land institutions and land markets. Handbook of Agricultural Economics, 1: 287-331.

Deininger K, Jin S, Liu Y, et al. 2014. Labor Market Efficiency and Inverse Productivity-Farm Size in India. Washington: International Food Policy Research Institute (Internal Data).

Deng X Z, Huang J, Rozelle S, et al. 2006. Cultivated land conversion and potential agricultural productivity in China. Land Use Policy, 23(4): 372-384.

Deng X, Li Z. 2016. Economics of Land Degradation in China. *In*: Nkonya E, Mirzabaev A, von Braun, et al. Economics of Land Degradation and Improvement: A Global Assessment for Sustainable Development. Berlin: Springer: 385-399.

Deolalikar A B. 1981. The inverse relationship between productivity and farm size: a test using regional data from India. American Journal of Agricultural Economics, 63(2): 275-279.

Desiere S, Jolliffe D. 2018. Land productivity and plot size: is measurement error driving the inverse relationship? Journal of Development Economics, 130: 84-98.

Domberger S. 1998. The Contracting Organization: A Strategic Guide to Outsourcing. Oxford: Oxford University Press.

Dyer G. 1996. Output per acre and size of holding: the Logic of peasant agriculture under Semi-Feudulism. The Journal of Peasant Studies, 24(1-2): 103-131.

Eswaran M, Kotwal A. 1986. Access to capital and agrarian production organization. The Economic Journal, 96(382): 482-498.

Fan S, Kanbur R, Zhang X. 2011. China's regional disparities: experience and policy. Review of Development Finance, 1(1): 47-56.

Fan S, Zhang X. 2002. Production and productivity growth in Chinese agriculture: new national and regional measures. Economic Development and Cultural Change, 50(4): 819-838.

Fan S. 1991. Effects of technological change and institutional reform on production growth in Chinese agriculture. American Journal of Agricultural Economics, 73(2): 266-275.

FAO. 2013. World Census of Agriculture 2000 (1996–2005). FAO statistical development series 13. Rome: FAO (Internal Data).

FAO. 2014. Household income and expenditure survey of FAOSTAT. http://faostat3.fao.org/search/*/E [2017-9-10].

FAO. 2015a. Crops. Retrieved from: FADSTAT. http://faostat3.fao.org/download/Q/QC/E [2017-9-10].

FAO. 2015b. Value of agricultural production. retrieved from: FAOSTAT. http://faostat3.fao.org/download/Q/*/E [2017-9-10].

FAOSTAT. 2016. FAOSTAT Online Database. http://faostat3.fao.org/home/E [2016-9-5].

Feder G. 1985. The relation between farm size and farm productivity. Journal of Development Economics, 18(2-3): 297-313.

Fleisher B M, Liu Y. 1992. Economies of scale, plot size, human capital, and productivity in Chinese agriculture. Quarterly Review of Economics and Finance, 32(3): 112-123.

Foster A, Rosenzweig M R. 2010. Barriers to farm profitability in India: mechanization, scale and credit markets. Berkeley: University of California at Berkeley (Internal Data).

Foster A, Rosenzweig M R. 2017. Input transaction costs, mechanization and mis-allocation of land. Washington: paper presented at conference on farm size and productivity—a global look (Internal Data).

Fuglie K O, Wang S L, Ball V E. 2012. Productivity growth and technology capital in the global agricultural economy. In: Fuglie K, Wang S L, Ball E. Productivity Growth in Agriculture: An International Perspective. Oxford: CAB International: 1-38.

Gao L, Huang J, Rozelle S. 2012. Rental markets for cultivated land and agricultural investments in China. Agricultural Economics, 43(4): 391-403.

Glauber J W, Anne Effland. 2016. United States Agricultural Policy: Its Evolution and Impact. Washington: IFPRI (Internal Data).

Gourlay S, Kilic T, Lobell D. 2017. Could the debate be over? Errors in farmer-reported production and their implications for the inverse scale-productivity relationship in Uganda. Washington: The World Bank (Internal Data).

Greenfield H I. 1966. Manpower and the growth of producer services. Economic Development, 1: 163.

Groenewold N, Lee G, Chen A. 2008. Inter-regional spillovers in China: the importance of common shocks and the definition of the regions. China Economic Review, 19(1): 32-52.

Gulati A, Minot N, Delgado C, et al. 2007. Growth in high-value agriculture in Asia and the emergence of vertical links with farmers. London: CABI Press.

Hanasaki N. 2015. Estimating virtual water contents using a global hydrological model: basis and applications. In: Tang Q, Oki T. Terrestrial Water Cycle and Climate Change: Natural and Human-induced Impacts. Washington D. C.: American Geophysical Union (Internal Data).

Hayami Y. 2001. Ecology, history, and development: a perspective from rural southeast Asia. The World

Bank Research Observer, 16(2): 169-198.

Hayami Y. 2009. Plantations Agriculture. *In*: Pingli P, Evenson R E. Handbook of Agricultural Economics. Amsterdam: Elsevier.

Hazell P B. 2005. Is there a future for small farms? Agricultural Economics, 32(s1): 93-101.

Headey D, Fan S G. 2008. Anatomy of crisis: the causes and consequences of surging food price. Agriculture Economics, 39: 375-391.

Helfand S M, Levine E S. 2004. Farm size and the determinants of productive efficiency in the Brazilian Center–West. Agricultural Economics, 31(2-3): 241-249.

Heltberg R. 1998. Rural market imperfections and the farm size-productivity relationship: evidence from Pakistan. World Development, 26(10): 1807-1826.

Hertel T. 1997. Global Trade Analysis: Modelling and Applications. New York: Cambridge University Press.

Hoepner A, Kant B, Scholtens B, *et al.* 2012. Environmental and ecological economics in the 21st century: an age adjusted citation analysis of the influential articles, journals, authors and institutions. Ecological Economics, 77: 193-206.

Hou F. 2008. Analysis of influencing factors of agricultural mechanization promotion mechanism and policy implications: on the impact of farmland fragmentation management mode on agricultural mechanization. China Rural Observation, 5: 42-48.

Huang J, Bai J, Yang J, *et al.* 2014. Urbanization and Food Consumption in China: A Report Submitted to World Bank and Development Research Center of the State Council, China, and a Working Paper, Center for Chinese Agricultural Policy. Beijing: Chinese Academy of Science (Internal Data).

Huang J, Cui Q. 2016. Food consumptions at home and away from home in urban China. Submitted International Institute for Applied Systems Analysis IIASA. http://www.iiasa.ac.at/search/fulltext. php?quickSearchButton=+&globalSearch=1&searchTerm=climate+constraint#searchResult [2017-6-9].

Huang J, Ding J. 2016. Institutional innovation and policy support to facilitate small-scale farming transformation in China. Agricultural Economics, 47(S1): 227-237.

Huang J, Gao L, Rozelle S. 2012. The effect of off-farm employment on the decisions of households to rent out and rent in cultivated land in China. China Agricultural Economic Review, 4(1): 5-17.

Huang J, Rozelle S. 1996. Technological change: the re-discovery of the engine of productivity growth in china's rice economy. Journal of Development Economics, 49: 337-369.

Huang J, Rozelle S. 2014. Agricultural R&D and Extension. Oxford: Oxford University Press: 315-319.

Huang J, Wu Y, Zhi H. *et al.* 2008. Small holder incomes, food safety and producing, and marketing China's fruit. Review of Agricultural Economics, 30(3): 469-479.

Huang J, Yang J, Rozelle S. 2010. China's agriculture: drivers of change and implications for China and the rest of world. Agricultural Economics, 41(s1): 47-55.

Hui W, Riedinger J, Jin S. 2015. Land tenure security and performance of land rental market: evidence from China. China Economic Review, 36: 220-235.

Innes R D, Rausser G C. 1989. Incomplete markets and government agricultural policy. American Journal of Agricultural Policy, 71(4): 915-931.

Ji Y, Yu X, Zhong F. 2012. Machinery investment decision and off-farm employment in rural China, China Economic Review, 23(1): 71-80.

Jia L, Petrick M. 2013. How does land fragmentation affect off-farm labor supply: panel data evidence from China. Agricultural Economics, 45: 369-380.

Jin S, Ma H, Huang J, *et al.* 2010. Productivity, efficiency and technical change: measuring the performance of China's transforming agriculture. Journal of Productivity Analysis, 33(3): 191-207.

Kastner T, Ibarrola R M, Koch W, *et al.* 2012. Global changes in diets and the consequences for land requirements for food. Proceedings of the National Academy of Sciences of the United States of America, 109(18): 6868-6872.

Kimura S, Otsuka K, Sonobe T, *et al.* 2011. Efficiency of land allocation through tenancy markets: evidence from China. Economic Development and Cultural Change, 59(3): 485-510.

Lamb R L. 2003. Inverse productivity: land quality, labor markets, and measurement error. Journal of Development Economics, 71(1): 71-95.

Larson D F, Otsuka K, Matsumoto T, et al. 2014. Should African rural development strategies depend on smallholder farms? An exploration of the inverse-productivity hypothesis. Agricultural Economics, 45(3): 355-367.

Lau L J, Yotopoulos P A. 1971. A test for relative efficiency and application to Indian agriculture. The American Economic Review, 61(1): 94-105.

Li G, Feng Z, You L, et al. 2013. Re-examining the inverse relationship between farm size and efficiency: the empirical evidence in China. China Agricultural Economic Review, 5(4): 473-488.

Li G, Zeng X, Zhang L. 2008. Study of agricultural productivity and its convergence across China's regions. The Review of Regional Studies, 38: 361-79.

Li H, Liu Z, Zheng L, et al. 2011. Resilience analysis for agricultural systems of north China plain based on a dynamic system model. Scientia Agricola, 68(1): 8-17.

Lichtenberg F R. 1994. Testing the convergence hypothesis. The Review of Economics and Statistics, 76: 576-79.

Lin J Y. 1992. Rural reforms and agricultural growth in China. The American Economic Review, 82(1): 34-51.

Lin J Y. 1997. Institutional reforms and dynamics of agricultural growth in China. Food Policy, 22(3): 201-212.

Lipton M. 1993. Land reform as commenced business: the evidence agaist stopping. World Development, 21(4): 641-657.

Liu J, Savenije H H G. 2008. Food consumption patterns and their effect on water requirement in China. Hydrology and Earth System Sciences, 12(92): 887-898.

Liu J, Zehnder A J B, Yang H. 2007. Historical trends in China's virtual water trade. Water International, 32(1): 78-90.

Liu Y, Violette W, Barrett C. 2013. Real Wage, Machine Use, and Inverse Farm Size-Productivity Relationship in Vietnam. Washington: International Food Policy Research Institute (Internal Data).

Lowder S, Skoet J, Singh S. 2014. What Do We Really Know about the Number and Distribution of Farms and Family Farms in the World? Background paper for The State of Food and Agriculture 2014, ESA Working Paper No. 14-02. Rome: Food and Agriculture Organization.

Lu Y, Jenkins A, Ferrier R C, et al. 2015. Addressing China's grand challenge of achieving food security while ensuring environmental sustainability. Science Advances, 1(1): 10.1126/sciadv.1400039.

MacDonald J M, Hoppe R, Newton D. 2017. Tracking Consolidation in US Agriculture. Washington: Paper Presented at Conference on Farm Size and Productivity: A Global Look (Internal Data).

Manjunatha A V, Anik A R, Speelman S, et al. 2013. Impact of land fragmentation, farm size, land ownership and crop diversity on profit and efficiency of irrigated farms in India. Land Use Policy, 31: 397-405.

Masterson T. 2007. Productivity, Technical Efficiency and Farm Size in Paraquayan Agriculture. The Levy Economics Institute of Bard College. Working Paper No. 490 (Internal Data).

McCunn A, Huffman W E. 2000. Convergence in U. S. productivity growth for agriculture: implications of interstate research spillovers for funding agricultural research. American Journal of Agriculture Economics, 82(2): 370-388.

McErlean S, Wu Z. 2003. Regional agricultural labour productivity convergence in China. Food Policy, 28(3): 237-252.

McMillan J, Walley J, Zhu L. 1989. The impact of china's economic reforms on agricultural productivity growth. J Polit Econ, 97: 781-807.

Newbery D M, Stiglitz J E. 1981. The Theory of Commodity Price Stabilization: A Study in the Economics of Risk. Oxford: Clarendon Press.

Organization for Economic Co-operation and Development (OECD). 2009a. Evaluation of Agricultural Policy Reforms in Japan. https://doi.org/10.1787/9789264061545-en [2017-9-10].

Organization for Economic Co-operation and Development (OECD). 2009b. Agricultural Policies in Emerging Economies 2009: Monitoring and Evaluation. Paris: OECD Publishing. https://doi.org/10.1787/agr_emerging-2009-en [2017-9-10].

Organization for Economic Co-operation and Development (OECD). 2015. Agricultural Policy Monitoring and Evaluation 2015. Paris: OECD Publishing. https://doi.org/10.1787/agr_pol-2015-en [2017-9-10].

Organization for Economic Co-operation and Development (OECD). 2018. https://data.oecd.org/. [2018-3-20].

Otsuka K, Liu Y, Yamauchi F. 2013. Factor endowments, wage growth, and changing food self-sufficiency: evidence from country-level panel data. American Journal of Agricultural Economics, 95(5): 1252-1258.

Otsuka K, Liu Y, Yamauchi F. 2016. The future of small farms in Asia. Development Policy Review, 34(3): 441-461.

Otsuka K. 2013. Food insecurity, income inequality, and the changing comparative advantage in world agriculture. Agricultural Economics, 44(s1): 7-18.

Picazo-Tadeo A J, Reig-Martínez E. 2006. Outsourcing and efficiency: the case of spanish citrus farming. Agricultural Economics, 35(2): 213-222.

Pingali P L. 2007. Agricultural mechanization: adoption patterns and economic impact. Handbook of Agricultural Economics, 3: 2779-2805.

Population Reference Bureau (PRB). 2012. World Population Data Sheet 2012. http://www.prb.org/ Publications/Datasheets/2012/world-population-data-sheet/data-sheet.aspx [2017-8-10].

Qiang W, Liu A, Cheng S, et al. 2013. Agricultural trade and virtual land use: the case of China's crop trade. Land Use Policy, 33: 141-150.

Quinn J, Hilmer F. 1994. Strategic outsourcing. Sloan Management Review, (35): 43-55.

Reardon T, Timmer C P. 2007. Transformation of markets for agricultural output in developing countries since 1950: how has thinking changed? Handbook of Agricultural Economics, 3: 2808-2855.

Research Group of Strategies to Ensure Grassland Ecological and Food Security in China. 2016. Strategies and policies for the ecological and food security of china's grassland. Journal of Chinese Engineering Sciences, 18(1): 8-16.

Ruttan V W. 2000. Technology, growth, and development: an induced innovation perspective. Oup Catalogue, 62(1): 272-273.

Sen A K. 1962. An aspect of Indian agriculture. Economic Weekly, 14(4-6): 243-246.

Sen A K. 1966. Peasants and dualism with or without surplus labor. Journal of Political Economy, 74(5): 425-450.

Sen A K. 1975. Technology, employment and development. International Labor Organization Report (Internal Data).

Sheng Y, Chancellor W. 2018. Exploring the relationship between farm size and productivity: evidence from the Australian grains industry. Food Policy, 84(SI): 196-204.

Sheng Y, Davidson A, Fuglie K, et al. 2016. Input substitution, productivity performance and farm size. Australian Journal of Agricultural and Resource Economics, 60(3): 327-347.

Shi J, Liu J, Pinter L. 2014. Recent evolution of China's virtual water trade: analysis of selected crops and considerations for policy. Hydrology and Earth System Sciences, 18(4): 1349-1357.

Shi Y, Rao Y. 2010. China's research culture. Science, 329(5996): 1128.

Simelton E. 2011. Food self-sufficiency and natural hazards in China. Food Security, 3: 35-52.

Solow R M. 1956. A contribution to the theory of economic growth. Quarterly Journal of Economics, 70(1): 65-94.

Taylor J E, Adelman I. 2003. Agricultural household models: genesis, evolution, and extensions. Review of Economics of the Household, 1(1): 33-58.

Temple J. 1999. The new growth evidence. Journal of Economic Literature, 37(1): 112-156.

U. S. International Trade Commission. 2010. China's Agricultural Trade: Competitive Conditions and Effects on U. S. Exports. Washington: U. S. International Trade Commission (Internal Data).

Vernimmen T, Verbeke W, Huylenbroeck G V. 2013. Transaction cost analysis of outsourcing farm administration by Belgian farmers . European Review of Agricultural Economics, 27(3): 325-345.

Wang S L, Tuan F, Galec F, et al. 2013. China's regional agricultural productivity growth in 1985–2007: a multilateral comparison. Agricultural Economics 44(2): 241-251.

Wang X, Yamauchi F, Otsuka K, et al. 2016. Wage growth, landholding and mechanization in Chinese agriculture. World Development, 86: 30-45.

World Bank. 2010. The World Bank Global Consumption Database. http://datatopics.worldbank.org/consumption/ [2017-9-9].

World Resources Institute (WRI). 2014a. Aqueduct Overall Water Risk Map Launched on Bloomberg. http://www.wri.org/news/2014/05/release-wri-aqueduct-overall-water-risk-map-launched-bloomberg [2018-9-3].

World Resources Institute (WRI). 2014b. Creating a Sustainable Food Future: A Menu of Solutions to Sustainably Feed More Than 9 Billion People by 2050. Washington: World Resources Institute.

Yamauchi F. 2016. Rising real wages, mechanization and growing advantage of large farms: evidence from Indonesia. Food Policy, 58: 62-69.

Yang J, Huang J, Li N, et al. 2011. The impact of the Doha trade proposals on farmers' incomes in China. Journal of Policy Modeling, 33(3): 439-452.

Yang J, Huang Z, Zhang X, et al. 2013. The rapid rise of cross regional agricultural mechanization services in china. American Journal of Agricultural Economics, 95(5): 1245-1251.

Yi F J, Sun D Q, Zhou Y H. 2015. Grain subsidy, liquidity constraints and food security-impact of the grain subsidy program on the grain-sown areas in China. Food Policy, 50: 114-124.

Yi F, Lu W, Zhou Y. 2016. Cash transfers and multiplier effect: lessons from the grain subsidy program in China. China Agricultural Economic Review, 8(1): 81-99.

Zhang X, Yang J, Thomas R. 2017. Mechanization outsourcing clusters and division of labor in Chinese agriculture. China Economic Review, 43: 184-195.

Zhu K L, Prosterman R. 2007. Securing land rights for Chinese farmers: a leap forward for stability and growth. Cato Development Policy Analysis Series 3. https://ssrn.com/abstract=1066812 [2018-10-8].